哈佛百年经典

爱默生文集

[美]拉尔夫·瓦尔多·爱默生◎著
[美]查尔斯·艾略特◎主编
孔令翠/蒋　橹◎译

北京理工大学出版社
BEIJING INSTITUTE OF TECHNOLOGY PRESS

图书在版编目（CIP）数据

爱默生文集 / （美）爱默生著；孔令翠，蒋橹译. —北京：北京理工大学出版社，2014.4（2019.9 重印）

（哈佛百年经典）

ISBN 978-7-5640-8872-9

Ⅰ. ①爱… Ⅱ. ①爱… ②孔… ③蒋… Ⅲ. ①文学-作品综合集-美国-近代 Ⅳ. ①I712.14

中国版本图书馆 CIP 数据核字（2014）第 029896 号

出版发行 / 北京理工大学出版社有限责任公司
社　　址 / 北京市海淀区中关村南大街 5 号
邮　　编 / 100081
电　　话 / (010)68914775（总编室）
　　　　　82562903（教材售后服务热线）
　　　　　68948351（其他图书服务热线）
网　　址 / http://www.bitpress.com.cn
经　　销 / 全国各地新华书店
印　　刷 / 三河市金元印装有限公司
开　　本 / 700 毫米×1000 毫米　1/16
印　　张 / 28.25
字　　数 / 405 千字
版　　次 / 2014 年 4 月第 1 版　2019 年 9 月第 2 次印刷
定　　价 / 76.00 元

责任编辑 / 刘　娟
文案编辑 / 李文文
责任校对 / 周瑞红
责任印制 / 边心超

出版前言

人类对知识的追求是永无止境的，从苏格拉底到亚里士多德，从孔子到释迦摩尼，人类先哲的思想闪烁着智慧的光芒。将这些优秀的文明汇编成书奉献给大家，是一件多么功德无量、造福人类的事情！1901年，哈佛大学第二任校长查尔斯·艾略特，联合哈佛大学及美国其他名校一百多位享誉全球的教授，历时四年整理推出了一系列这样的书——《Harvard Classics》。这套丛书一经推出即引起了西方教育界、文化界的广泛关注和热烈赞扬，并因其庞大的规模，被文化界人士称为The Five-foot Shelf of Books——五尺丛书。

关于这套丛书的出版，我们不得不谈一下与哈佛的渊源。当然，《Harvard Classics》与哈佛的渊源并不仅仅限于主编是哈佛大学的校长，《Harvard Classics》其实是哈佛精神传承的载体，是哈佛学子之所以优秀的底层基因。

哈佛，早已成为一个璀璨夺目的文化名词。就像两千多年前的雅典学院，或者山东曲阜的“杏坛”，哈佛大学已经取得了人类文化史上的“经典”地位。哈佛人以“先有哈佛，后有美国”而自豪。在1775—1783年美国独立战争中，几乎所有著名的革命者都是哈佛大学的毕业生。从1636年建校至今，哈佛大学已培养出了7位美国总统、40位诺贝尔奖得主和30位普利策奖获奖者。这是一个高不可攀的记录。它还培养了数不清的社会精英，其中包括政治家、科学家、企业家、作家、学者和卓有成就的新闻记者。哈佛是美国精神的代表，同时也是世界人文的奇迹。

而将哈佛的魅力承载起来的，正是这套《Harvard Classics》。在本丛书里，你会看到精英文化的本质：崇尚真理。正如哈佛大学的校训："与柏拉图为友，与亚里士多德为友，更与真理为友。"这种求真、求实的精神，正代表了现代文明的本质和方向。

哈佛人相信以柏拉图、亚里士多德为代表的希腊人文传统，相信在伟大的传统中有永恒的智慧，所以哈佛人从来不全盘反传统、反历史。哈佛人强调，追求真理是最高的原则，无论是世俗的权贵，还是神圣的权威都不能代替真理，都不能阻碍人对真理的追求。

对于这套承载着哈佛精神的丛书，丛书主编查尔斯·艾略特说："我选编《Harvard Classics》，旨在为认真、执著的读者提供文学养分，他们将可以从中大致了解人类从古代直至19世纪末观察、记录、发明以及想象的进程。"

"在这50卷书、约22000页的篇幅内，我试图为一个20世纪的文化人提供获取古代和现代知识的手段。"

"作为一个20世纪的文化人，他不仅理所当然的要有开明的理念或思维方法，而且还必须拥有一座人类从蛮荒发展到文明的进程中所积累起来的、有文字记载的关于发现、经历以及思索的宝藏。"

可以说，50卷的《Harvard Classics》忠实记录了人类文明的发展历程，传承了人类探索和发现的精神和勇气。而对于这类书籍的阅读，是每一个时代的人都不可错过的。

这套丛书内容极其丰富。从学科领域来看，涵盖了历史、传记、哲学、宗教、游记、自然科学、政府与政治、教育、评论、戏剧、叙事和抒情诗、散文等各大学科领域。从文化的代表性来看，既展现了希腊、罗马、法国、意大利、西班牙、英国、德国、美国等西方国家古代和近代文明的最优秀成果，也撷取了中国、印度、希伯来、阿拉伯、斯堪的纳维亚、爱尔兰文明最有代表性的作品。从年代来看，从最古老的宗教经典和作为西方文明起源的古希腊和罗马文化，到东方、意大利、法国、斯堪的纳维亚、爱尔兰、英国、德国、拉丁美洲的中世纪文化，其中包括意大利、法国、德国、英国、西班牙等国文艺复兴时期的思想，再到意大利、法国三个世纪、德国两个世纪、英格兰三个世纪和美国两个多世纪的现代文明。从特色来看，纳入了17、18、19世纪科学发展的最权威文献，收集了近代以来最有影响的随笔、历史文献、前言、后记，可为读者进入某一学科领域起到引导的作用。

这套丛书自1901年开始推出至今，已经影响西方百余年。然而，遗憾的是中文版本却因为各种各样的原因，始终未能面市。

2006年，万卷出版公司推出了《Harvard Classics》全套英文版本，这套经典著作才得以和国人见面。但是能够阅读英文著作的中国读者毕竟有限，于是2010年，我社开始酝酿推出这套经典著作的中文版本。

在确定这套丛书的中文出版系列名时，我们考虑到这套丛书已经诞生并畅销百余年，故选用了“哈佛百年经典”这个系列名，以向国内读者传达这套丛书的不朽地位。

同时，根据国情以及国人的阅读习惯，本次出版的中文版做了如下变动：

第一，因这套丛书的工程浩大，考虑到翻译、制作、印刷等各种环节的不可掌控因素，中文版的序号没有按照英文原书的序号排列。

第二，这套丛书原有50卷，由于种种原因，以下几卷暂不能出版：

英文原书第4卷：《弥尔顿诗集》

英文原书第6卷：《彭斯诗集》

英文原书第7卷：《圣奥古斯丁忏悔录 效法基督》

英文原书第27卷：《英国名家随笔》

英文原书第40卷：《英文诗集1：从乔叟到格雷》

英文原书第41卷：《英文诗集2：从科林斯到费兹杰拉德》

英文原书第42卷：《英文诗集3：从丁尼生到惠特曼》

英文原书第44卷：《圣书（卷Ⅰ）：孔子；希伯来书；基督圣经（Ⅰ）》

英文原书第45卷：《圣书（卷Ⅱ）：基督圣经（Ⅱ）；佛陀；印度教；穆罕默德》

英文原书第48卷：《帕斯卡尔文集》

这套丛书的出版，耗费了我社众多工作人员的心血。首先，翻译的工作就非常困难。为了保证译文的质量，我们向全国各大院校的数百位教授发出翻译邀请，从中择优选出了最能体现原书风范的译文。之后，我们又对译文进行了大量的勘校，以确保译文的准确和精炼。

由于这套丛书所使用的英语年代相对比较早，丛书中收录的作品很多还是由其他文字翻译成英文的，翻译的难度非常大。所以，我们的译文还可能存在艰涩、不准确等问题。感谢读者的谅解，同时也欢迎各界人士批评和指正。

我们期待这套丛书能为读者提供一个相对完善的中文读本，也期待这套承载着哈佛精神、影响西方百年的经典图书，可以拨动中国读者的心灵，影响人们的情感、性格、精神与灵魂。

目
Contents
录

随 笔 003

〔美〕 拉尔夫·瓦尔多·爱默生

美国学者 004
神学院演讲 021
人，即改革者 037
自立 052
补偿 076
友谊 093
英雄主义 106
超灵 117
圆 133
诗人 145
性格 167
礼貌 181
礼物 199
自然 203
政治 217
新英格兰改革家 230
崇拜 246
美 271

目
Contents
录

英国印象 285

〔美〕 拉尔夫·瓦尔多·爱默生

第一次访问英国 286

航海第二次赴英访问 297

英国的国土 302

英国人的种族 307

英国人的能力 321

英国人的风俗 335

英国人的真诚 342

英国人的性格 348

英国人的安乐乡 357

英国人的财富 363

英国的贵族 372

英国的大学 384

英国的宗教 392

英国的文学 401

《泰晤士报》 415

英国的史前巨石阵 421

英国的民众 430

我的结论 434

曼彻斯特演讲 439

主编序言

拉尔夫·瓦尔多·爱默生于1803年5月25日出生在马萨诸塞州波士顿，他是一位著名的一神论派牧师的儿子。他受教于波士顿拉丁学校和哈佛大学，十八岁时毕业于哈佛大学。毕业后他当了一段时间的教师，在1825年又回到坎布里奇学习神学，第二年开始传道。在1829年他与埃伦·塔克结婚，被选作波士顿汉诺威街历史教堂瑞维·亨利·维尔牧师的同事。自此，他的人生一帆风顺，但在1831年他的妻子去世了。第二年，他对圣餐服务的治理权心存疑虑，于是辞去了教堂职位。1832年12月，由于悲伤和健康问题，爱默生开始了他第一次去欧洲的游历，他去了意大利、瑞士、法国和英国，结识了兰德、柯尔律治、华兹华斯。最为重要的是他结识了卡莱尔，并保持了一生的友谊。爱默生回到美国后开始从事演讲活动，近四十年来，他一直用这种形式来表达他的宗教、政治、文学和哲学思想。1835年，爱默生在马萨诸塞州的康科德购买了一所屋子，在那里他娶了第二任妻子利迪亚·杰克逊，就表面而言，那之后他的人生太平无事。他经常在各地做巡回演说，1840年创办了《日晷》，1857年创办了《大西洋月刊》。他在这两种期刊上都自由投稿，还做过《日晷》杂志一小段时间的主编，把卡莱尔的作品介绍到美国，发表了一系列的随笔、演讲和诗歌。之后他又两次访问了欧洲，在英格兰和苏格兰的重要城市做了一些早期的演讲。之后他的记忆力开始渐渐衰退，在这几年里，他的社会活动理所当然地大大减少，在1882年4月27日死于康科德。

在爱默生去世后，他被公认为是美国最重要的作家和思想家，但是这种赞誉也是逐步得来的。思想的直率和气势常使他拥戴不受欢迎的事物，他早年背离一神论派正统的身份，这使他倍受敌视。在废奴运动中他同样占有重要的地位，这也使他在波士顿和坎布里奇受到围攻。但在这些争论中，他在表达观点时的直率与雄辩力，他的机智和理性，都显示出他非凡的素质，这也阻止了反对他的人对其相关联的事物带有过激的看法，维护了他的尊严。

对爱默生卓越成就的认同并不限于他的同胞们。英国的卡莱尔和德国的赫尔曼·格林只是他众多的欧洲崇拜者中的代表。可以很确切地说，再没有其他美国知识分子比爱默生对欧洲的影响力更大。

精神和理念构成了他教义的本质，并在这一卷作品中得到了完整的表达。这里选编的作品属于他早期的半数文学活动，但可以公正地说，到1860年，爱默生已经提出了他所有重要的基本思想，后来的言论主要是重述和应用这些思想。他华美凝练的文风，使我们能从这卷作品中洞悉一位最伟大的美国思想家哲学思想的全貌。

查尔斯·艾略特

随　笔

Essays

〔美〕 拉尔夫·瓦尔多·爱默生

美国学者

1837 年 8 月 31 日，在麻省剑桥城美国大学生联谊会上的致辞

尊敬的会长，各位同仁：

在又一个文学年开始之际，我谨向你们致敬。我们的周年纪念日是充满希望的，也许，过去的一年我们的努力依然不够。我们不像古希腊人那样，为进行力量和技巧的较量，朗诵过往历史、悲剧、颂歌而聚会，也不像中世纪行吟诗人那样为爱情和诗歌而聚会，更不像当代英国和欧洲都会里的人那样为科学的进步而聚会。到目前，我们的聚会仅仅是我们这个民族爱好文艺的一个良好的象征，它象征着我们由于忙碌无心于文艺欣赏而又爱好着文艺。即使如此，这个象征也弥足珍贵，它预示了文艺爱好是不能被摧毁的人类本能。也许这样的时代已经到来，它应该更进一步，也必须更进一步了。在这样的时代里，这个大陆的睡狮开始睁开惺忪睡眼，它给这世界带来期盼已久的奉献，这奉献远胜于机械技巧的运用。我们依赖他人的日子，我们向其他大陆学习的漫长学徒期，就快要结束了。

周遭成百万涌向生活的同胞，我们不可能总是用异邦干枯的陈粮来喂养他们。新的事件和新的行为在涌现，我们要对他们高唱赞歌，他们也要自我歌唱。谁也不会怀疑诗歌将会重生，并将引领一个新的时代。就像高

悬在我们头顶上空的天琴星座中那颗闪闪发光的星星，天文学家宣称它将成为千年照耀的新北极星。

带着这样的愿望，我接受这个演讲话题，不仅由于惯例，而且由于我们协会的性质，决定了我今天演讲的话题应该是——美国学者。一年一年，我们翻开他传记里的新篇章。让我们来探究新的时代、新的事件是如何来诠释他的特质——他的未来的。

有这样一个寓言，它的年代已无法考证——它传达了出人预料的智慧。人世之初，神将人分为众人，以便更有助于自己，就像手要分出手指以便能更好地使用手一样。

这古老的寓言蕴藏着一个永恒、新奇而又庄重的教义，就是有一个大写的人，他只是部分地存在于所有的个体之中，或通过某种能力表现出来，你只有审视整个社会才能找到全部的他。这个大写的人不是农夫，不是教授，也不是工程师，他是他们的总和。这个人是牧师，是学者，是政客，是生产者，也是战士。在分工的或社会的形态里，这些功能分给了不同的个体，每个个体做好共同工作中其分内的工作，人人各司其职。这个寓言预示着每个个体要想拥有整体，有时得从他从事的工作里抽身去拥抱其他劳动者。但是不幸的是，这最初的整体，这力量的源泉，已经被分散给群体，已经被细分，被兜售，被分成水滴而难以聚拢了。这种社会形态如同肢体与躯干分离，一个完好的手指，一段脖颈，一个胃，一段肘臂，如同妖怪在东闯西撞，从来都不是一个完整的人。

这样大写的人变形为物，变形为种种物品。耕种的人被派往田间采集食物，但他很少因此崇高的事业而受到喝彩。他看到的只是他的箩筐和他的推车，此外，别无所见。于是，他降身为农夫，大写的人湮灭了。从事买卖的人几乎从未给予他的工作一种理想价值的认可，他羁绊于行规，灵魂被金钱所奴役。牧师成为形式，律师变为律典，技工退化为机器，水手则成了船上的缆绳。

在这样的分工下，学者被分派去代表智力。在正常的状态下，他是作为大写的人在思考。在社会分工的状态下，作为分工社会的牺牲品，他只是纯粹的思想者，更坏的可能是成为他人思想的学舌者。

从思考着大写的人的角度来审视他，有关学者职能的理论就包含其中了。大自然用它的平和、它充满寓意的景致启发他，过往的事故引导着他，未来吸引着他。实在地说，难道我们所有人不都是学子，周遭的一切不都是为了学子们的进步而存在的吗？而且，终究说来，真正的学者不正是仅有的那位真正的大师吗？但是古谚说："万事皆有两面，要当心坠入谬误的一面。"在生活中，学者也常会因犯常人的错误而失去特权。我们来看看校园里的他，就他所受到的主要影响来对他加以考察。

一、大自然对人心智的影响在时间上来说是首位的，在重要性上来说也是首位的。每一天，阳光照耀；日落之后，夜幕降临，群星闪烁；风在吹拂，草在生长。每一天，男人女人，他们相互攀谈，彼此关注。所有人中，学者是最易融入大自然的这些景象的。他把大自然的价值根植于他的头脑。对他来说，大自然究竟意味着什么呢？这张上帝织就的网，它那说不清道不明的连续性，既无起始亦无终结，却总有一股循环往复的力量使它往返自身。这情形恰如学者自身的精神，他总也找不到它的起点和终点——如此完全，如此浩瀚。大自然的光辉普照着，广阔深远，一环又一环。这光芒向上、向下，没有中心也没有边界——聚集起来抑或分散开来，大自然急切地向人们展示着它的光艳。

于是有了分类。对于年轻人来说，每件事物都是独立的，它们没有关联。不久以后，他们发现了如何把两件事物联系起来找出它们之间的共性。接下来是三件事物，三千件事物。就这样，他们受自身综合本能的支配把不同事物联系起来，淡化它们的个性，找出它们的共性。基于此，互不相干、相去甚远的事物得以联系起来，它们成为同一株根茎上绽放的花朵。他很快就会明白，自有历史以来，就开始了事实的不断积累和分类。但是，分类是什么呢？无非是感知到这些物体并非杂乱无章，并非没有关联，它们是有规律可循的，这也同时是人类思维的规则。几何学是人类思维的抽象产物，天文学家找到它来作为测量行星运行的手段。化学家通过物质关系发现了比例关系和明了的方法。而科学就是在相去甚远的事物中找到其相似性和同一性。志向远大的人以其深刻的洞察力面对各种纷繁复杂的情况，一个一个地归纳各种奇异的成分和能量分布，将它们归类，找出它们的规律，不停歇地努力，直至组织里的最后一丝纤维也被赋予生命，直至大自然的边缘都鲜活而充满生机。

这样对于他，这个穹宇下的学龄孩子，他感知到他和自然是同根而生，一个是叶，一个是花，相生相怜，活跃在每一片叶脉中。而那根又是什么呢？那不就是他灵魂的灵魂吗？多大胆的设想，多荒诞的梦啊！然而，当这精神之光揭示出更多尘世的物性的规律时，当他了解到所崇拜的灵魂、所看清的自然哲学只是它巨手的最初探索时，他就会期待去不断扩大知识成为一名创造者。他就会明白自然是人类灵魂的映像，它们一一对应，一个是印章，一个是印记。自然的美就是他的思想之美，自然的规律就是他的意念的规律。这样，自然就成了测量他成就的度量衡。他对自然有多无知，对自身的认识就有多肤浅。总而言之，那句古语“了解你自己”就和现代箴言“研究大自然”成为同一概念了！

二、对学者的精神第二个比较大的影响是人类已经形成的思想——无论是什么形式，文学的、艺术的抑或是制度性的，都深深地铭刻在人们的头脑中。在这种影响中，书籍是最好的一类，单就书籍的价值而论，也许我们就能获取真相，更方便地了解这种影响的深度。

书本里的理论是崇高的。最初的学者通过接触他周围的世界，开始思考，通过思维重新组织，而后再次表述出来。进入他头脑的是生活，从中产生的是真理；进入他头脑的是短暂的行为，从中产生的是不朽的思想；进入他头脑的是闲事，从中产生的是诗歌。先前无生命的事实，却成了现实鲜活的思想。这思想能立、能行、能持久、能飞越、能感召。思想的深度与孕育思想的深度成正比，孕育思想有多深，思想就能飞多高，就能唱多久。

或许我也可以说，思想有赖于将生活转化为真理的进程。蒸馏的完备程度与产品的纯度是成正比的。但是，没有绝对完美的事物，一如没有可以制作绝对真空的真空泵。也没有这样的大师，他可以在书中消除所有常规陋习，突破所有局限，摈弃所有腐朽思想。他也写不出一本纯粹的思想著作，这本著作在方方面面适合于后世子孙，这辈人，甚或下辈人。我们能够发现，每一个时代的人都得写出适合自己时代的书籍，或者上一代人为下一代人书写。太古老的著作不适合目前的需求。

然而这样就会产生一个严重的危害。神圣依附于创造行为，即思想行动，而转化为文字记载。人们把朗诵诗歌的诗人看作圣人，此后他的诗歌也成了圣歌。作者的心智正直、聪慧，那么，人们会定式地认为他的书也完美无缺。这好比人们本该热爱英雄本人，却对他的雕像顶礼膜拜。转瞬之间，那书就成了毒害人的东西，指导者成了专制的暴君。普通民众迟缓的头脑，缓慢地接纳着理性学说，一旦对其接纳，一旦接受了那书本上的观点，就会顽固地认同，如果受到贬抑就会做出强烈反应。大学就建立在理性学说之上。据此理性学说写成的一本本书的作者是思想者，而不是真正思考着的有才能的人。也就是说，他们开始就错了，他们从所接受的教条着手写作，而不是以他们个人对原理的见解来写作。在图书馆里成长起来的谦恭的年轻学子，他们认为有义务去接受西塞罗、洛克和培根的见解。然而他们却忘了，西塞罗、洛克、培根撰写这些书时，也只是坐在图书馆里的年轻人。

从此，我们拥有的是书呆子而没有善于思考的人。从此，这个读书阶层重视书籍，却不与自然和人类的体制发生关联，俨然成了独立于尘世和灵魂的第三阶层。从此，就有了书籍修订者、校勘者和不同层级的藏书者。

书本知识运用得当，书籍就是最好的东西；如果滥用，就会变为最有害的东西。那么，什么是运用得当呢？各种手段都为一个结果，什么是其终极目标呢？无非就是书籍能给人以启迪。如果我受书本吸引而被束缚，彻底偏离了我的思想轨迹，成为绕着他人思想运行的卫星而失去自我的思想体系，我宁愿不看书。世上最具价值的就是富有生气的心智，每个人都有权利享有，每个人身上都蕴含着，尽管绝大多数人的心智被蒙昧着，至今仍未启蒙。充满生气的心灵能辨析绝对的真理，能表述真理，也能创立真理。就这一行为过程，它是天才，但它不是散落四处的少数几个幸运儿的特权，它是人皆拥有的财富。就其实质而言，它是先进的。书籍、大学、艺术流派和各种机构，都止于往昔天才的某句言语。他们说，这些观点很好，咱们得坚持。他们把我的思想禁锢于此，他们向后看而不是向前看。但是，天才却是向前看的，人的眼睛长在前额上，而不是后脑勺上。普通民众只是心怀梦想，天才却着手创造。无论有什么样的天分，要是他不去创造，他就得不到上帝赋予的精纯之物，或许有灰烬和烟雾，却没有火焰。有去创造的态度，有去创造的行动，有去创造的豪言壮语，这些态度、行动和言语不是源于某种习俗或某种权威，而是心智自身感知善与美的自然喷涌。

从另一个层面来看，如果心灵没有自己的预见性，只是接受别人头脑里的真理，尽管它光焰照身，如果没有长期的静想、反思和自我修复，心灵就会受到致命的伤害。由于其过度的影响力，天才已然是天才的敌人了。各个国家的文学发展就是证据，英国戏剧“莎士比亚化”已经长达两百年了。

不容置疑，有一种正确的阅读方法，它使书籍严格地居于从属地位。思考着的大写的人必定不会成为受制于他手中的工具。书籍是学者用以打发闲暇的。当我们能直接与上帝交心时，这时光太宝贵，就不要浪费它去阅读他人的读书笔记了。但当黑暗间或袭来——它们定会袭来，太阳被遮蔽，星星收回光芒——我们走到灯下，借助它们的光亮，又一次把我们引向黎明的东方。我们聆听，只为我们能够宣讲。阿拉伯的一句格言这样说道：“一棵无花果树，观望着另一棵无花果树，而后硕果满树。”

我们阅读优秀书籍能得到快乐这个特征是显著的。这些书给我们这样的印象，它们让我们相信写作和阅读具有同一性。我们以最现代的乐趣来品读伟大的英语诗歌——品读乔叟的、品读马维尔的、品读屈莱顿的——我的意思是，这乐趣在很大程度上是由于一直受到他们诗歌的吸引。我们阅读的乐趣里混杂着一些对诗人的敬畏与惊叹：他生活在两三百年前世界的某个角落里，所说的却如此贴近我的心灵，几近我所思想的、我想表述的。倘使没有证据来支撑“所有的思想都具有同一性”这一哲学学说，我们得假定某些预先已建立的和谐，即将所指的某些心灵预见，和为未来需求所做的某些储藏准备，就像我们观察昆虫得到的情况，昆虫在死前就为它们从未谋面的幼虫存储食物。

我不会因为偏爱方法、夸赞直觉，就草率地轻视书籍的价值。大家都知道任何食物都能滋养我们的身体，尽管这食物可能是煮熟的草，也可能是用动物的皮炖的汤，因此人的头脑也能通过获取各种知识来滋养。也存在过这样一些伟大的、英雄的人物，然而他们获取的知识几乎都源于书本。我只是想说，需要多么强大的头脑才能接受这大餐啊！一个人得是一个创造者才会有效阅读。俗话说："要想把西印度群岛的财宝带回家，西印度群岛得先有财宝。"先有创造性的作品，其后才有创造性的阅读。我们的思维受到劳动和创造激励时，我们阅读的字里行间充满种种暗示而变得光彩明亮。每个句子都有加倍的意义，作者的感知像大千世界一样广阔。于是我们明白这是千真万确的：在漫长的岁月里，预言者洞悉未来的灵感是短暂而珍贵的，它的记录也是如此，或许只是他书卷中的极少部分。眼光敏锐的读者在看柏拉图和莎士比亚的著作时，只读那几页富有真知灼见的部分，其余的部分则走马观花地看过，好像它真真切切不为柏拉图和莎士比亚所著述。

当然，对于一个明智的人，有一部分阅读是不可或缺的——历史书籍和严密科学书籍他必须勤读苦学。同样地，大学也该有必不可少的部门来教授基本知识。但是，只有当他们的目的是为了创造不是为了训练的时候，当他们把远近各种天才的光芒会聚于他们热情友好的会堂，用这汇集起的火焰点燃年轻人心中的火苗的时候，才对我们充分有用。思想和知识是这样的性质，设备和要求毫无用处。礼服与金钱，即便贵重如黄金之城，也永远抵不上智慧的一句话，抵不上智慧的一个音节。如果我们忘记了这一点，美国大学逐年富有的同时，它们在公共领域的重要性却会减弱。

三、世上盛行这样一种观点，学者就是隐居者，就是羸弱多病的人——不适合从事体力劳动或参加公共活动，就像不能把铅笔刀用作斧头。所谓的"实践者"取笑爱思索的人，似乎他们只能思索或观察，别的什么不会做。我听说过，神职人员往往比他们同时代其他阶层的人更普遍地成为学者——他们被视为女性，因为他们没听过男人粗俗的、自然的言谈，他们听到的只是一种装腔作势的、苍白无力的话语。事实上，他们的公民权常被剥夺，更有甚者，鼓吹让他们独身、禁欲。即或读书阶层确然如此，这种说法也不公正、不明智。亲身行动在学者方面是次要的，但也是基本的、必要的。没有学者的亲身体验，他就不是一个完全的人。没有学者的亲身体验，他的思想也就成不了真理。世界如美丽的浮云悬于眼前，我们甚至不能看到它的美丽。不去行动只是一种怯懦，但没有勇敢的精神，就造就不了真正的学者。行动是思想产生的前提，是从无意识到有意识的转化过程。仅仅因为经历过，懂得如此多的道理，我们才能立刻明白谁的言辞里承载着生活的真谛，谁的言辞空洞无物。

世界，这心灵的影子，或者说另一个自我，广阔地围绕着我们。它的吸引力是开启我思想的钥匙，使我认识了自我。我急切地涌入这响亮的喧嚣声中，我抓住前边人的手，在这竞技场上找到我的位置，去吃苦卖力、去拼搏耕耘，本能告诉我，如此这样，哑然的深渊就会回荡起话语之声。我刺探它的规则，驱散它的恐怖，理顺它在我不断扩展的生命轨迹上的万千线路。我经历了多少生活，就征服和开垦了多少荒野，或者说就延伸了多少我的存在、我的王权。我不明白人怎么会为了放松神经、为了片刻的小憩就放弃他能够参与的行动体验，这可是他论述中的珍珠宝石。苦差、灾祸、愤懑和贫困是辩才和智慧的导师。真正的学者舍不得行动体验机会流逝，因为这意味着力量的损失。

行动是智慧铸就其灿烂产品的原材料。把经验转化为思想，这也是一个奇特的过程，这过程就如同把桑叶转化为锦缎。这转化过程时时刻刻都在进行。

我们孩提时代和青年时期的行为和事件，是我们现在最冷静观察着的事情。它们像美丽的画卷在空中飘动。我们近期的行为、我们手头正处理着的事务却并非如此。对此我们还不能推测，我们的情感还在围绕着它绕转。我们感知了解它仅仅如同感觉我们的脚、手，或我们身体上的脑袋。

这新的行为还只是生活的一部分，它浸没于我们的潜意识中才一段时间。在某一个沉思的时刻，它就像成熟了的果子从我们的生活中分离出来，成为我们头脑中的思想。顷刻间，它被升华、被净化，腐朽化为了不朽。从此以后，它成了一件美丽的物体，虽然它的出身和环境如此卑微。我们也要注意到这种情况在前期的不可能性，在幼虫阶段，它不能飞翔，它不能发光，它只是一个呆滞的蛹。但是，突然地，没经察觉，这东西就展开了美丽的翅膀，变成了一个智慧的天使。在我们的个人历史中，或迟或早，没有什么情况，没有什么事件，不会失去它黏性的、迟缓的形式，令我们吃惊地从我们的身体里昂扬而出，一飞冲天。摇篮和婴儿期，学校和运动场，对男孩、对狗和对教鞭的恐惧，对小女孩和浆果的喜爱等这些曾充斥着我们的天空，这些已经消失了。朋友与亲戚，职业与党派，城市与乡村，国家与世界，也必定会高飞和歌唱。

当然，把全身心投入到恰当的行动中的人，会收获到最丰厚的智慧回报。我不会把自己隔绝在行动的世界之外，也不会把橡树移植于花盆之中，让它去挨饿、去凋零。我也不相信单一本领能有所收获而耗尽一脉思想，就像萨瓦人靠为欧洲人雕刻牧羊人、牧羊女和吸烟的荷兰人来维持他们的生计，有一天他们又上山来找木料，才发现他们已经砍掉了最后一棵松树。很多作家用尽了创作源泉之后，他们精明地安排出行，航海到希腊或巴勒斯坦，跟随着捕猎者进入大草原，或者去阿尔及尔游历，来补充他们对路的创作素材。

即或只是为了一个词语，学者也会有去行动的渴求。生活是我们的词典。在乡村的劳作中，在城市里对贸易和制造业的洞悉中，在与众多男男女女的坦诚交流中，在科学研究中，在艺术活动中，岁月美好地流转，其结果就是从方方面面掌握一门语言，用以说明和表达我们的认知。透过一个人言辞的贫乏或丰富，我能很快判明他有多少生活阅历。生活于我们就像采石场，在那里我们获取瓷砖和墙瓦用于今天的石工行业，这便是学习语法的方法。大学和书本只是搬用从田间和工场里产生的语言。

但是行动的最终价值在于它是一种源泉，如同书本的价值，又优于书本。自然界里伟大的波动原理，它表现在呼与吸、渴望与满足、大海的潮涨潮落、白昼与黑夜、热与冷的交替变化中。它更根深蒂固于每个原子、每种流体中，我们称之为对立性原则，牛顿则将其叫作“流畅的传播与反射的配合”，因为它们是精神法则，也是自然定律。

人的头脑思索着、行动着，它们互相配合、彼此相生。当艺术家耗尽素材，当想象力已趋枯竭，当思维不再领会，而书本又让人厌倦的时候——他总有能生活下去的资源。品质比智慧崇高，思想是一种功能，生活是具体的工作人员。溪流回溯到它的源头，伟大的心灵强于思想，也强于生活。他缺少传递真理的器官或媒介吗？他依然可以借助于生活的基本力量。这是一个完整的行为，思想是部分的行为，让那正义的庄严在他的事务里闪光，让那情爱之美愉悦他低矮的房顶。那些“远离名声”，与他同居同行的人，能感受到日常行为和日常行径里他的体质的力量，要好于任何公开的、有计划的展示所作的衡量。岁月教导他说学者不会虚度生活中的每寸光阴。在这里他展开了本能中的神圣幼芽，又庇护着它免受影响。在表象中失去的会从力量中获得。不是从被教育体制耗尽了他们文化的人中走出了摧毁旧的、建立新的这些有帮助作用的巨人，而是从野性、从德鲁伊教团员和狂暴战士中最终走出了阿尔弗雷德和莎士比亚。

因此，我欣喜地听见有人开始说，对每一个人来说劳动是高贵的、劳动是必需的。在锄头和铁锹里也有美德，无论握住它们的人是生疏的还是熟练的。而劳动处处受到欢迎，我们总是被邀请去工作。只是要注意到这样一个限制：我们不应为了能更广泛地参加这些活动，就放弃自己对流行观念和行事方式的看法。

我已经谈论了自然、书本和行动对学者的教育。接下来我们来谈一谈学者应担负的责任。

他们是那类大写的思考着的人。他们可能都由自信组成。学者所在的场所通过在表象中揭示事实去鼓舞他人、提高他人、引导他人。他勤奋地从事着缓慢的、不受尊敬的、没有报酬的观察工作。弗拉姆斯蒂德和赫舍尔因在他们装着玻璃的天文台里能够将星辰编目分类而获得世人的赞扬，研究成果也灿烂辉煌、益处多多，获得荣誉是确信无疑的。但是，他在自己的天文台里，把人们心中还模糊的呈星云状的星群进行编目分类，而这些至今还没有人触及。为了很少的几种情况，有时他得一连数日、一连数月地观察，修正过去的记录，还一定得放弃表现以及即刻获得的名声。在长期的准备里，他在流行艺术领域露出的迹象常常是无知无能，遭致能人的鄙视和排斥。他长期地不善言谈，常常为了观察无感知的东西而放弃眼前鲜活的东西。更糟糕的是，他必须得常常接受贫穷与孤独。沿袭老路，接受时尚、教育和社会宗教原本是轻松而愉快的，他却宁愿背负十字架而走自己的路。当然，自责、气馁、彷徨和时光蹉跎，都是他自力更生、自我引导路上的荆棘和羁绊。甚至于，他似乎处于社会的敌对状态，尤其是对于受过教育的社会阶层。他的所有这些损失和轻慢，拿什么来平衡呢？他在实践人类天性的最高功能中找到了安慰。他是一个没有私心杂念的人，在公众和杰出的思想里呼吸、生活。他是世界的眼睛，他是世界的心脏。他通过保守和传播英雄的情操、高尚的人物传记、旋律优美的诗篇、历史的结论来抵制让社会倒退到蛮荒状态的粗俗的富足。在一切紧急关头，在一切庄严时刻，人类心灵的任何神谕发出对行动世界的评论，他都得接受、透露。理性在它神圣的宝座上对今天过往的人和事做出全新评判——无论是怎样的评判，他都得倾听、传播。

这些都是他的职责，这让他浑身充满自信，而不人云亦云。他，唯有他懂得这世界。这世界的时时刻刻仅仅只是表象。某种隆重的礼仪，某个被迷信的政府，某桩短暂的买卖，某场战争，某个人物，半数的人赞同，半数的人反对，似乎一切都有赖于这赞成或反对。更大的可能是，整个争论还不值学者花费在倾听这些争论上的些许思维。要让他坚守信念，玩具枪的声音就是玩具枪的声音，尽管这世界的古人和圣贤断定那是最后审判日的雷声。让他以沉着、坚定、超然物外坚守住自己，反复观察，甘于寂寞，忍受责备，等待时机——只要他能自我、满足于今天确有所获，他就足够欣喜。成功来自正确的每一步。本能自信地提示他将所思所想告知他的兄弟。随后他了解到他在探知自身内心的秘密时，也深入到了所有人内心的秘密中。他也明白掌握了自身思维的规律，也就掌握了那个范围内讲同一门语言的所有人的思维规律，能翻译成自己语言的所有人的思维规律。人们发现诗人在极度孤独中记忆记录下的自然迸发的思想，拥挤的城市里的人也觉得是真实的。讲演者起初并不确信他的直率表白是适宜的——他对听众所知甚少——直到他意识到他在补充听众所需，他们聆听他的话语是因为他满足了他们的天性。使他惊奇的是，他越深潜入他最私密的预感，就越发现这是最可接受的、最为公开的、最具普遍真实意义的。人们欢悦地融入这感念中最好的部分。这是我的音乐，这是真实的我。

所有的美德都包含在自信里。学者应当自由——自由而且勇敢。自由，甚至显露于自由的定义，“没有任何妨碍，除非源于他自身组织的妨碍”。勇敢，因为恐惧是学者因其功能定要抛于身后的。恐惧总是源于无知。假使在危急时刻，他的镇定起因于推想他像孩童和妇女一样是受保护的阶层；或为了寻求一时的安宁，从政治的或争论不休的问题上避开他的想法，像鸵鸟一样把头藏入开花的灌木丛中，向显微镜里窥视探测或转向作诗，如同小孩子吹着口哨给自己壮胆，这于他是一种耻辱。危险依然还是危险，而恐惧会更为严重。男子汉气概让他转过身去坦然面对现实，让他正视它的眼睛，探寻它的本质，检测它的起源——看到这狮子刚生下来的样子，追溯回去没什么伟大之处。随后他就会对它的本质和范畴有一个全然的理解，他就会敲山震虎，从此以后藐视它，传递出他的优越性。这世界是他的，他透过它的自负看到了这一点。你所目睹的那些装聋作哑之事，那些完全盲目的习俗，那些过分滋生的错误，它们的流传就是因为默许——你的默许。把它当作谎言，你就已经给了它致命一击。

是的，我们是怯懦的人——我们是不可信赖的人。有一种有害的观点认为我们人类是大自然的晚到者，很久以前这世界就已经建构完成。如同世界在上帝的手中是可塑的、流动的，它也永远有此属性，我们带给世界的变化也是一样的。对于无知和罪孽而言，世界是极硬的东西。他们尽他们的可能适应这个世界，但是当一个人心中怀有神圣的东西，苍穹就在他面前流动起来并带走他的印记身形。他的伟大不在于能改变物质世界，而在于改变人的精神世界。他们是世界的王者，把他们思想的色彩献给了万物和一切艺术。他们以爽心的宁静看待问题来规劝人，而他们所做的事正是世世代代的人想摘的那个苹果，现在它终于成熟了，他们邀请来很多国家的人分享这丰收的果实。伟人创造伟业。无论麦克唐纳坐在何处，此处就是桌子的首席。林奈使植物学成为最吸引人的研究，把它从农夫和采集草药的妇女手中接过来。戴维之于化学，居维叶之于化石采集，都是如此。一个心胸宁静、目标远大的工作着的人，这日子总是属于他的。评价易变的人涌向头脑充满真理的人，就像大西洋的层层波涛追随月亮。

对于自信，其理由比能测量的深度还要幽深，比能照亮的远处还要幽暗。我在陈词我个人的观点时，或许没有考虑到听众的感受，但在我谈及人类是一个整体这一信条时，就已经显现了我的希望所在。我认为人类在受着委屈，他在委屈自己。他几乎失去了引领他重归特权的光亮。人类已变得无足轻重。历史上的人，今朝的人，是虫子，是鱼卵，他们被称作大众、人群。在一个世纪里，在一千年里，有那么一两个人，也就是说有一两个人接近于每个人正常的状态，其余的在英雄或诗人身上能看到他们自己青涩、粗鄙的身形在慢慢成长。是的，他们甘于渺小，为的是能至臻完美。这证词，充满了庄严、充满了仁慈，诞生于可怜的那些同族、同党们自己天性里的要求，他们为头领的荣耀而欢欣。这些贫贱卑微的人为他们默认政治上、社会上处于劣等找到了对巨大道德能力的补偿。在伟人的道路上他们甘于像苍蝇一样被扫开，为的是他能将正义实施于共同的天性，那是所有人最珍贵的愿望——都想看到它被发扬光大。他们沐浴在伟人的光辉里，感到那光辉就是自身的要素。从他们被践踏的身上，他们将人的尊严披上英雄的双肩，以死来为那伟大心脏的跳动加入一滴血，让那巨人能战斗、能攻掠。他为我们活着，我们活在他的生命里。

像他们那样的人，追求金钱、权力是极其自然的；而追求权力是因为权力即为金钱——即所谓的职位战利品。为什么不会如此呢？因为他们渴望身居最高位，在他们的梦游中，他们梦见的就是最高职位。唤醒他们，他们就会放弃那虚假的好处，然后跃向真实，把政事留给办事人员。这革命要由文化观念来逐步驯化。论及壮丽和广度，这世界最重要的事业就是塑造人，这就是我们播种的材料。与历史上的任何王国相比，一个人的私人生活应是更辉煌的君主政体——对敌人更为强大，对朋友的影响更为甜美宁静。从正确的观念来看，一个人包含了所有人的特质。每位哲学家，每位吟游诗人，每位演员，只在为我做事，就像我的一个代表，将来某一天我也能够自己来做的。那些我们曾经极为珍视的书，我们已经烂熟于心了。这就是说我们已经形成了一个观点，这普遍性的思维通过一个人的眼睛来描述——我们就是那个人，并将其传递下来。起初是一个，再到下一个，我们喝干了所有的水池，并且，这些给养使我们更为光亮，我们渴望更好、更丰盛的食粮。从来没有一个人能永远喂饱我们。人类的智慧不可能为一人所包容，他怎可为这无边无垠的王国划上边界。它是地心之火，火苗从埃特纳火山之巅吐出，它就照亮西西里岛的岬角；而当它从维苏威火山咽喉中蹿出，它就照亮那不勒斯的高塔和葡萄园。它是一种光亮，从一千颗星星中照射出来。它是一个灵魂，让所有人充满生气。

但是，我也许过于长久地停留在学者的抽象概念上而感到乏味了。我应该毫不耽搁地谈论与我们这个时代、这个国家关系较近的话题。

从历史的观点来说，人们认为各个时期的主流思想是有区别的，并且有很多资料标示出古典时代的天才、浪漫时代的天才，而现在是反思时代或是哲学时代的天才。前面我已经表明了所有人的思想都是一个整体、都具有同一性的看法，因此我不会过多地考虑这些差别。而事实上，我认为每个人都会经历这三个时期：少年时期是希腊风格的，青年时期是浪漫的，而成年时期则是反思性的。然而，我不否认，占主导地位的思想的革命是明显可以追寻的。

人们悲叹我们的时代是内省性的时代。那偏偏是有害的吗？我们似乎有些挑剔，我们为事情需要重新考虑而光火。我们不能好好享受，因为我们渴望了解快乐是由什么组成的。我们长有眼睛，我们借助于脚来看待事物。这个时代感染上了哈姆雷特的忧郁——

“被审慎的思维盖上了一层灰色。”

那么，情况真这么糟糕吗？有眼界是最不需要同情的。我们会是瞎子吗？我们会担心视野远过大自然和上帝、会担心饮尽真理吗？我把文化阶层的不满看作在诏告这样一个事实：他们发现他们自己已经不再处于他们父辈的思想状态中，又对即将面临的状况尚未实践心怀歉意，就像一个孩子在知道他能游泳之前怕水一样。要是有这样的时代，且人们愿意生活在这样的时代里，这时代难道不是革命的时代？在这样的时代里新老并陈，容许被比较；在这样的时代里敬畏和希望消耗着所有人的精力；在这样的时代里，过往的历史荣耀能为新时代丰富的潜力所补偿。这时代像所有的时代一样，是一个好的时代，只要我们知道该如何善待它。

我欣喜地读到了未来岁月的些许吉兆，它们在诗歌与艺术、哲学与科学、教堂与政府中闪烁着它们的光芒。

吉兆之一是影响所谓的下层人在国家中的地位的那场运动，在文艺领域呈现出一个显著的、良性的面貌。文艺不再只表现崇高的和美丽的，那些贴近生活的、地位卑微的、普普通通的形象被发掘出来写进诗篇。那些被曾经只为去遥远国度旅行准备粮秣的作者浑然不觉地踩在脚下的东西，突然被发现比所有异域都要富饶。穷人的文艺、孩子们的情感、市井生活的哲学、居家生活的意义都成了我们这个时代的话题。这是一个大的飞越。当四肢开始活动，当生活的热流注入那些手和脚，它是新活力的征兆，能不是吗？我不要求得到那些伟大的、遥远的、浪漫的事物，不要求了解在意大利或在阿拉伯世界发生了什么，也不要求明白什么是希腊艺术、什么是普罗旺斯的吟游技艺。我要拥抱平凡的生活，我要探知那些熟悉的、卑微的东西，我要坐在它们脚边熟知它们。请给我对今朝的洞察力，而你去占尽古老的和未来的世界吧。我们真正了解这一切的含义吗？小桶里的饭菜，锅中的牛奶，街上的民谣，船头来的消息，眼睛的一瞥，体形和步态——请昭示我它们的终极理由，隐藏其中的最高精神缘由的超群表现，因为它总是隐藏在自然的边缘和尽头。它让我明了每一种琐事都充满着对立，并立刻将其归类为一条永恒的定律。那店铺、那耕地、那账簿，它们为光亮照耀，为诗人咏唱，其类似原因在前面我已经提及——这样，世界不再是阴暗的杂物堆、木材场，而是有型、有序的；这里没有琐事，也没有谜团，只有一种图案把最高的山峰和最低的谷地连接起来，使它们充满生机。

这理念激发了戈德史密斯、彭斯、考珀的天分，还有在较新的时代里的歌德、华兹华斯和卡莱尔，他们的天分也因此迸发出来。这理念，他们以不同的方式追随，也取得了不尽相同的成就。与他们的作品相比，蒲伯、约翰逊、吉本的文章显得冷峻、迂腐，而他们的作品却温暖人心。人们惊奇地发现近处的事物跟渺远的事物一样美丽、一样奇妙。近处的昭示着远方的，一滴水是微缩的大洋，个体人关联着大自然的一切，这种通俗的价值观会有丰硕的发现。歌德——现代人中最现代的人物，向我们展示了以前从未有人展示过的古人中的天才。

有这样一位天才人物，他对生活方面的哲学思想做出很多贡献，他的文学价值迄今还没有得到正确的估量——我指的是伊曼纽尔·斯韦登伯格。这个最富有想象力的人，却用数学家的精确来写作，他致力于将纯粹的哲学道德标准灌输到他那个时代流行的基督教里。自然，这样的尝试定会遇到任何天才都无法逾越的困难。但是，他发现并揭示了大自然与心灵中情感的联系。他看透了可见到的、可听到的、可触摸到的世界那表象的或精神上的特性。特别是他喜阴的灵感盘旋在大自然中较低的地方并对其加以阐释，揭示了连接道德罪恶与物质腐败的神秘关联，并且以史诗般的预言阐明了有关精神错乱、野兽、行为不检点与恐怖事物的理论。

我们时代的另一征兆，它也为类似的政治运动所标示，就是赋予个人一种新的重要性。每样事情都倾向于将个体隔离开来，出于自然的尊重将其用栅栏围住，这样每个人都会感到这世界是他的，人与人之间的相处就如同主权国家之间的关系——倾向于伟大和一种真正的联盟。忧郁的裴斯塔洛齐说："我认识到在上帝广阔的土地上，没有人情愿或者能够帮助他人。"帮助他人必定只能源于内心的意愿。学者就是那样的人，他得拥有现代的所有能力，吸纳过去的所有贡献、充满未来的所有希望，他得是知识的大学。如果有一种教训更能让他倾听，那该是世界都无关紧要，人才是所有一切。所有的自然定律都潜在于你身上，而你还不知道活力的水滴是如何上升的，所有的理性都蛰伏在你身上，你得去知晓，去挑战。会长、各位同仁，各种动机、各种预言、各种准备都显示，人类尚未显露力量的信心属于美国学者。我们长久都在聆听欧洲温文尔雅的缪斯女神。人们已经开始怀疑美国自由人的精神是胆小的、爱模仿的、易驯服的。公众的和私人的贪婪使我们呼吸的空气凝重、油腻。学者们体面、内敛、谦恭。你们已经看到了那悲剧性的后果。这个国家的思维，被教授以低等目标为目标，吞噬了它自己。只有礼貌、顺从的人才能找到工作。拥有最美希望的年轻人，他们在我们的海岸开始他们的生命，山风吹拂着他们，上帝的所有星辰照耀着他们，他们却发现脚下的土地与这些不一致，他们的行为因对行业所鼓励的行事规则的厌恶受到妨碍，因此一些人或去做苦工，或死于这种厌恶——他们中的一些人自杀而亡。补救的办法是什么呢？他们还没有觉察到，千千万万充满了希望、聚集在栅栏面前想开创事业的年轻人也还没有觉察到，要是一个人执着于自己的本能，坚守在那里，那巨大的世界就会由他问鼎。耐心，再耐心一些，在所有好人和伟人余荫的陪护下，无限生命的前景是你的安慰；对原理的研究和交流是你的工作，它使本能流行，世界变换。不被视为一个独立单元，不被认为有独立的性格，长不出特别的果子，而人被创造出来就是要结出果实。只被总体地、成百上千地估算我们属于哪个政党、哪个部分，我们的观点也以地理的不同分作南方或北方，那岂不是一种奇耻大辱？不能这样，兄弟们、朋友们，祈求上帝，我们的状况不应如此。我们要用自己的脚来走路，我们要用自己的手来工作，我们要说出自己的想法。对文学的研究不再是同情、怀疑、感觉放任的一个代称。人的恐惧、人的爱应是环绕一切的防御墙和欢乐花环。人类的国度将初次存在，因为每一个人都认为他受到了神灵启示，神灵也启示着所有人类。

神学院演讲

1838 年 7 月 15 日，周日晚间，在坎布里奇哈佛神学院高级班的致辞

在这个绚烂的夏天，草木生长，花儿绽放，缤纷的花朵如火似金，点缀着青青草场，连生命的呼吸也变得绮丽。天空中满眼是飞翔的小鸟，空气中弥漫着松木、香叶、杨树脂和新鲜干草吐露的芬芳。黑夜并不让人感到阴郁，却带来令人欢欣的清凉。穿过澄澈的夜空，星星的幽光如神灵般倾泻。星光下的人类就像是孩童一般，而他们的地球俨然是一个玩具。清冷的夜像河流一样沐浴着这个世界，而世界又将睁开双眸，迎接那破晓的一抹红霞。大自然的奥妙尽情展现，从未如此欢愉！粮食和美酒慷慨馈赠所有生灵，而丰饶好施的大自然保持一贯的沉默，踽踽前行，没有只言片语的解释。人们无法不崇拜这个完美的世界，在这里我们心灵相通。世界如此广袤，如此富饶，其间每一个元素都牵引着人类的每一个感官！那肥沃多产的土地、通行无阻的海洋、蕴藏着金属和矿石的山脉、孕育着各种林木的森林、各种各样的动物、种类繁多的化学物质，光、热、磁以及生命的力量与轨迹！而这一切，都值得伟大而优秀的人类去征服与享用。种田人、机械师、发明家、天文学家、城市建设者和船长们的光辉，都将被历史铭记！

然而，当我们开启心智，揭示宇宙的规律，认清事物的本质，这个巨大的世界瞬间缩小成为这心灵的图解和譬喻。带着新近燃起、永不磨灭的好奇心，人的精神追问着“我是谁”、“是什么”这类问题。面对那些难以捕捉的规律，我们有限的理解力只能见到这样或那样发展的现象，但无法做出圆满解释。面对事物间无限的关联，如此相似，又如此千差万别；如此丰富多彩，又如此和谐统一。我将研习之、了解之、永远颂扬之！这些思想的杰作一直是人类世代生生不息的精神财富。

当人的心智向往美德时，一种更神秘、更甜美、更让人无法抗拒的美会展现在他的眼前。他会得到上苍的指引。他会明白，他的生命没有边界；他也会明白，他为完美至臻而生，尽管此时此刻，他正深陷于邪恶与懦弱当中。他所尊奉的正是他自己，然而他至今仍未意识到这一点。他应该意识到！虽然他的分析完全不能做出解释，但他知道那个伟大词语的意义。无论是借由天真无邪的直觉，还是通过理性的认知，只要他说出：“我热爱正确。真理的内在和外在都永远是美丽的。美德，我是属于你的，请拯救我，使用我，我将为你服务，不论白天还是黑夜，不论是要事还是琐事。终将有一天，我将不仅是一个有美德的人，而且本身就是美德。”这样，上帝达到了造人的目的，亦将感到欣慰。

道德感是在一些神圣律法面前感到的敬畏和快乐。它使我们察知我们进行的这场平凡的人生游戏，表面上看无非是些荒唐的琐碎小事，其实掩藏着惊人的律法。置身于玩具堆中的孩童慢慢了解了光、运动、地心引力以及肌肉力量的作用。在人生游戏中，他又将领悟到爱、恐惧、正义、欲望、人、上帝和它们之间的关联。这些规则难以清楚表述，不会被写在纸上或是被人口头讲述。我们不屈不挠冥思苦想也无从解密，但是我们却每时每刻都能够在旁人的脸上、行为中，以及我们的自省中读到它们。道德的种种特征已融入人们高尚的行为和思想之中；在演讲中，我们必须不厌其烦地列举大量事例来分辨、描述和暗示美德。但是，鉴于这种道德感是所有宗教的本质，请容许我列举突显道德感的一些事实，引领大家看清道德感的本性。

道德感的直觉是洞察灵魂法则的完美。这些法则有自己的规律，超越时间，超越空间，不受制于外物。因此，人的灵魂自有公道，其回报及时而全面。人做了善事，顿时变得高尚；做了恶事，恶行本身让他变得猥琐。摒弃污浊，意味着纯净。人如果内心充满正义，他便成为上帝。上帝的平安，上帝的不朽，上帝的威严就会伴随正义进入他的身体。人如果作假行骗，他其实在欺骗自己，终将迷失自我。看到绝对的善，人满怀谦卑，全心仰慕。每一次放低自己的身段都意味着他抬高了自己。一个放弃自我身份的人终将回归真实的自我。这种内在的力量迅速地到处发挥作用，纠正错误，消除误解，并让事实与思想能够形成统一。它对生活的改变虽然只能让人缓慢地感知，但归根结底是实实在在的，就像其对灵魂的改变一样真切。如此，人成为自己的上帝，行善者积善，行恶者积恶。本性终会公开。

偷窃从不会让人真正富裕，施舍永不会令人贫穷，而谋杀也终究会大白天下。哪怕是掺杂了一丝谎言，比如些许的虚荣，想要给人留下好印象、想要博得好感的丝毫企图都会立刻产生不良后果。而如果实话实说，则整个大自然、全体神灵都会助你取得意想不到的进展。如果实话实说，则全体生灵都会作为你的见证，甚至连你脚底下小草的根都将活络起来，为你作证。再看看这些法则运用到情感方面、成为社会的律法时，也是那么完美。物以类聚，人以群分。自然而然地，好人追寻好人，恶人追寻恶人。因而，一些灵魂进入天堂，一些灵魂下到地狱，这也是各从所愿。

这些事实一直在向人暗示那个崇高的信念：这个世界不是多种力量的产物，而是一种意志、一种信念的产物。且这种信念无处不在，在每一束星光里，在池塘的每一片涟漪里。任何与它相抵触的东西都将受阻、溃败。因为造化如此，别无选择。善是绝对的，而恶是短缺所致，并非绝对，正如冷其实是热量缺乏。所有的恶都是空泛与虚无的。而仁慈却是绝对与真切的。一个人有多少仁慈，就有多长的生命，因为所有的存在都源于这同一种精神。这种精神在不同的场合有着不同的名字：爱、公道、节制，就如同海洋在不同的海岸被赋予不同的名称一样。所有的存在都源于同一种精神，而所有的存在又支撑着它。人追求善业，他得自然之助，变得强壮。

他若在向善的路上背道而驰，他就将剥夺自己的力量和外援，他的生命之路将会越来越窄，他将变得越来越渺小，像一粒尘埃、一个小点，直至绝对的恶将他带到绝对的死亡。

洞察了法则之法则，便唤醒了人内心的某种情感，我们称之为宗教情感。它能够带给我们最大的幸福。它的魅力和控制力非常奇妙。它是山峦，是这世界的防腐香料，是没药[①]、是安息香、是氯气、是迷迭香。它令天空和山峰变得庄严。它仿佛是星星吟唱的静谧歌谣。是它而不是科学或力量令宇宙变得安全而适宜居住。思考可能会令事物变得冷漠、自私，找不到终点或是统一，但道德感在心中的萌生规定并确保这法则才是自然界最高的主宰。大千世界、时间、空间、永恒，都似乎因此而欢呼雀跃。

这种情感是神圣而备受尊崇的。这是人类的至福。它令人类再也没有了束缚。通过它，灵魂第一次了解了自己。它纠正了人们早年的大错，即为了出人头地而追随大人物，希冀从旁人那里得到益处——他们力图显示自己是万善之源，显示自己同每个人一样，都是通往理性深处的一个入口。当他说出“我应该”，当爱温暖着他，当他接受上天的警示，选择行善举为善行时，来自无上智慧的美妙乐音将会回荡在他的灵魂深处。然后，他便开始做礼拜，而这礼拜将让他变得伟大，因为他将永远不会背弃这种情感。在灵魂最崇高的升华中，正义永不被超越，爱永不停歇。

这种情感存在社会基础之上，并相继形成了各种形式的礼拜。那崇拜的原则从来不曾消逝。人堕入迷信，贪恋感官享乐，却从未全然将道德情感抛诸脑后。同样，所有关乎这种情感的表述有多么纯洁，就会有多么神圣、多么永恒。关乎这种情感的表述比其他任何文字都更能感染我们。即便是最古老的文字，只要喷薄出了这份虔诚，那么它依然清新而芬芳。这种思想总是深埋在虔诚而多思的东方人的内心深处，不但在巴勒斯坦得到了最纯粹的抒发，在埃及、波斯、印度和中国也一样。欧洲人总是从东方

---

① 又名末药，为橄榄科植物地丁树或哈地丁树的干燥树脂。主产于非洲索马里、埃塞俄比亚等地。有活血止痛、消肿生肌等功效。

人的智慧中得到神圣的启发。那些神圣的吟游诗人的话语，让所有神智清明的人感到愉悦和真实。耶稣给人的印象是独一无二的——他的名字与其说是载入世界的史册，不如说是植入其中——他留给世人的这种印象证明了这种潜移默化的微妙是多么美好。

同时，虽然庙宇之门不分昼夜为每一个祷告者敞开，真理的启示也从未间断，但真理却处于一个严苛的条件守护之下，这个条件就是直觉。它不能被转告。老实说，我愿意从另一个灵魂那里得到的不是指示，而是挑战。他所宣称的，我必须内心认同，否则就断然拒绝。相反的，缺乏这个基本信念，堕落就将出现，就像涨潮和退潮一样。若允许这信念消逝，那么所有言语，所有行为，都将变成谬误、贻害无穷。随之，教会、国家、艺术、文学甚至生活都会坍塌。人性神圣的信条将被遗忘，国家体制会受到顽疾侵袭。曾几何时，人是主宰，如今他成为附庸，令人嫌弃。由于这至高无上的精神已然深入人心，不可能完全弃绝，但信条却遭到扭曲：人性的神圣被赋予少数一两个人，所有人的神性被否定，而且是坚决地被否定。启示的信条被抛却了，相信多数人的声音的鄙俗信条取代了灵魂的信条。圣迹、预言、诗歌、理想生活、神圣生活都成了古老的历史。它们不再是人的信仰，不再是社会的追求，即便有人提及，也显得荒诞可笑。崇高的追求一旦淡出了人们的视野，人一旦变得鼠目寸光，只关注感官感受，生活就将变得滑稽而可悲。

这些普遍的观点——因为普遍，没有人会提出异议——可以在宗教史上，特别是基督教会史上找到大量丰富的佐证。在那里，我们得到我们的生命并且得到抚育。其中所蕴含的真理，你们，我年轻的朋友们，就要开始对他人宣扬。作为一种祭仪，或者说是文明世界一种历史悠久的信仰，基督教对于我们来说有着重大的历史意义。关于教会那些慰藉人类心灵的神圣话语，都不需要再由我来传达。在这个场合，我将竭力履行我对你们的职责，我要指出教会运行中的两个错误，这两个错误，站在我们刚才的立场上，已显得日益突出。

耶稣基督是真正的先知。他睁大眼睛，看到了灵魂的秘密。他沉醉在灵魂的无比和谐里，沉浸在灵魂的别样美丽中。他生活于斯，他存在于斯。在漫漫历史的长河里，只有耶稣估量到了人的伟大，只有他忠实于你我的内心世界。他看到上帝附身于凡胎俗体之上，不断进取，掌控人类的世界。在这个情感激越的快乐节日，耶稣说，“我是神。上帝通过我行动，通过我发言。你想见上帝，就看我吧；或者看你自己，只要你的思维和我现在的思维一样。”但是在当时，在后来和以后的年代里，他的教义和有关他的回忆遭受了多么大的曲解啊！理性的教义是用感性无法传授的。感性从诗人口中听到高亢的赞歌，等到下一个时代，它说，“这是耶和华降临尘世了。如果你说他是普通人，我就杀了你。”它语言中的习语、修饰的辞藻侵占了真理的位置。教会并非建立在原则的基础上，而是建立在夸饰的譬喻之上。基督教成为一个神话，正如同诗歌里传诵的希腊和埃及一样。耶稣谈论奇迹，是因为他觉得人的生活就是一个奇迹，人类的一切行为也是奇迹。他还知道，随着人的品格的不断升华，这种日常的奇迹会大放异彩。然而，基督教会口中的“奇迹”一词给人一种虚假的感觉，俨然是个怪物，丝毫不符合风中的三叶草和飘落的雨滴形象。

耶稣对摩西和先知们怀着崇敬之心，但并未因此表现出不合时宜的优柔寡断。他将摩西和先知们的最初启示延迟到此时此刻，归结到凡人，归结到心灵深处永恒的启示，因此他是一个真正的人。看到我们内心的律法在统领着世界，他不愿这个律法受到控制。于是，他勇敢地用手、用心、用生命宣称我们内心的律法就是上帝。所以如我所想，耶稣是历史上唯一一个欣赏人的价值的灵魂。

一、从这个角度来看，我们能够清楚认识到历史上基督教的第一个缺陷。历史上的基督教陷入了所有宗教传播都不可避免的一个误区之中。基督教呈现在我们面前的，正像它这么多年来呈现的那样，不是灵魂的信条，而是对个人能力、绝对性和仪式的夸大。它过去和现在都一直在令人反感地过分夸大耶稣这个人。灵魂是不会只归属于任何一个人的。它鼓励每个人发展自己，拓展到宇宙外围；它不会偏爱，只有油然而生的爱。然而，在这个由懒惰和恐惧建成的东方基督教王国，人的朋友被看成了人的伤害者。他的名字被许多辞藻包围着，在过去表达了人们的赞美和爱戴，而现在却已僵化成各种官衔，这样就毁掉了所有慷慨的同情和喜爱。所有听我演说的人都感觉到，向欧洲和美洲描述基督的语言采用的不是友好热情，像一颗善良、高贵的心灵进行描述的风格，而是生搬硬套、非常正式——是描述半人半神的风格，就像东方人或希腊人描述欧西里斯或阿波罗那样。如果接受的是早期那种不公平的问答式教育，那么诚实与克己都将被定为堂皇的罪孽，倘若它们没有被赐予基督的名义的话。人们宁可做“一个异教徒，生活在陈腐信条里”，而不愿做一个拥有了本性却被剥夺了人权、没有自我、没有家园、没有土地、没有职业甚至连美与真都被取消独占的教徒。你甚至都不能算一个真正的人！你将不再拥有这个世界，不再敢于挑战，甚至不能遵照你心中的法则来生活，也不敢与天地赐予你的无限美好的存在相伴生存。你不得不臣服于基督的本性，你不得不接受我们的阐释，接受庸人为他描绘的画像。

能让人回归自我的事物是最美好的。斯多噶派伟大的教义激起我内心的崇高之情：听从自己的内心吧。那显示了上帝在我内心，让我变得坚强。那显示上帝离开了我，使我成为赘疣肉瘤。我再也没有必然的理由存活于世。不合时宜的遗忘的阴影向我蔓延开来，我就要永远离开了。

神圣的吟游诗人是我美德的朋友，智识的朋友，力量的朋友。他们曾谆谆告诫我，那些我头脑中闪现的光芒不属于我，而属于上帝。曾经他们也有过同样的经历，并顺从于上天的启示。因此，我心中对他们充满了爱意。他们发出高贵的激励，叫我抵制邪恶，征服世界，做真实的自我，让耶稣以他的神圣思想指引我们，仅此而已。借由神迹引人皈依是对灵魂的亵渎。要成就一次真正的皈依和成为一个真正的基督徒，古往今来都需要接受美的情感。诚然，一个伟大、丰富的灵魂，如像耶稣那样，一旦堕入凡间，必将是得天独厚，得以主宰世界。对于他们来说，世界就是为他而存在，而他们还没有从他的身上汲取足够的智慧，还意识不到，只有再度回归自我，或者回归内心深处的神明，他们才能不断壮大。“授人以鱼”是小恩，“授人以渔”才是大惠。那样的时刻快要到来，所有人都会意识到，上帝对灵魂的恩赐并不是炫人耳目、无法抗拒和独一无二的神圣，而不过是甜蜜而自然的善良，正如你我的善良一样，并吸引着你我的善良继续存在、不断成长。

布道者粗鄙的不道义口吻流露出的不仅对被布道者灵魂的亵渎，甚至也是对耶稣的罪恶。布道者没有意识到他们这么做使耶稣的福音书变得令人不快，仿佛剪掉了耶稣的美发，剥掉了天堂的印记。当我看到高贵的伊巴密浓达或者华盛顿，当我在同龄人中看到一位真正的演说家、一位正直的法官和一位亲密的朋友；当我醉心于一首诗歌，为它的美妙和节奏触动时，我就听到了向往已久的美丽在我耳边鸣响着，如此美妙，如此令我全身心为之倾倒的是那些浪漫的吟游诗人的冷峻歌声。他们世世代代歌唱着真实的上帝。现在请不要用隔绝和奇特将基督的生活和对话摒弃于这个充满魅力的圈外。让它们顺其自然、生气勃勃、暖意融融，成为人生的一部分，景致的一部分，幸福日子的一部分。

二、历史上基督教的第二个缺点是以传统的、限制性的方式运用基督的心灵，它是第一个缺点的后果，即道德的本质。“法中之法”的昭示将伟大——即上帝本尊引入开放的灵魂，但道德本质作为社会上颇为确定的教义的源泉，尚未被认真探究。人们如今讨论的口吻，仿佛启示早就已经发生，早已完成，仿佛上帝已经死了。对信仰的伤害对传道者来说如刺在喉，即使是最杰出的教会也变得举棋不定，模棱两可。

毫无疑问，与美丽的灵魂进行对话的结果是让人产生分享同样知识和情谊的渴望和需求。倘若不能表达，思想便会成为人的负担。预言家同时也是言说者。不知怎地，他的梦境就被讲述出来，他怀着肃穆的欢愉来表达梦境：有时候用铅笔画在画布上，有时候用凿子刻在石头上，有时候刻在花岗岩的塔楼上或回廊里，总之他建立起了灵魂崇拜。有时候是在朦胧的圣歌里，但最清晰和最永恒的，却是在文字里。

有些人十分喜爱这种语言技巧，他们最终都成了牧师或诗人。这项职业与世界同在。但是请注意它的条件，即这份职业的精神局限。只有精神可以为师。异教分子不能，耽于肉欲之人不能，江湖骗子不能，身无自由之人也不能。只有拥有精神的人才能给予，只有精神自身才能创造。灵魂附身在一个人身上，通过这个躯体发言，只有这样的人才可以为师。勇气、虔敬、爱、智慧都可以教导我们。每个人都可以对这些天使敞开心门。天使们会赋予他语言天才。但如果一个人只想在言谈中显示学识、只想像宗教会议那样巧舌如簧，只想附庸风雅高谈阔论，只想由着兴趣讲话，那么他的谈话最多是咿咿呀呀不知所云。让这样的人闭嘴吧。

为这个神圣的职业，你们决意奉献自己。我希望你们能在渴望与希望的悸动中感受到上帝对你们的呼唤。这项职业是世上第一职业。它如此实在，不容许半点掺假。我有责任告诉你们，我们急需新的启示，从未像现在这样紧迫。从我已经表达的观点中，你们可以推测出我和很多人的共识：人们普遍堕落，信仰几近消亡。没有人宣扬灵魂的存在。教会也是风雨飘摇，所有生气荡然无存。在这个时刻，任何阿谀奉迎者若是告诉你们说基督的信仰已得到宣扬，就是在犯罪，因为你们的希望和职责就在于传播基督的信仰。

所有有识之士针对教会精神饥荒发出的低声抗议遭到压制，人们的心灵被剥夺了。只有经过道德天性的培养才能感知的慰藉、希望和庄严发出阵阵呻吟。到了让那些慵懒沉睡的人和沉浸在喧嚣的日常劳作中的人听到这些抗议和呻吟了。传教士的职业是光辉伟大而永垂不朽的，但并未很好履行。传道就是要表达出日常生活中如何体现道德感。告诉我，有多少个教会、有多少个先知让人们意识到，他是一个力量无穷的灵魂？天地万物在他心中？他将无止境地汲取上帝之灵？如今在哪里可以听到那曾经的劝导？那劝导优美的旋律让我如临天堂，让我坚信它就是来自天堂。在哪里可以听到那样的话语？在过去的岁月里，这些话语足以让人放弃他们的父母、房产、土地、妻儿，去追随信仰。在哪里可以听到道德之士宣扬威严之法呢？那些宣讲萦绕在我耳边，使我最大限度地付出行动，献出热忱，并为之感到高尚。检验真正的信仰当然要看它吸引、指挥灵魂的力量，好比自然法则指挥双手的行为——指挥要恰到好处，让人愉悦，感到服从是一种荣耀。信仰要融合晨光暮色、飞翔的云彩、歌唱的小鸟以及花朵的芬芳。但是现在牧师的安息日失去了自然的光彩，再也不可爱了。安息日结束了，我们如释重负。即便坐在教堂的长凳上，我们自己可以创造出，我们也的确创造出了，更好、更神圣、更甜美的安息日。

在任何时候，如果布道坛被一个形式主义者篡夺，教众就受到欺骗，郁郁不乐。祈祷一开始，我们就畏缩。祷告并没有让我们振奋精神，反而打击冒犯我们。我们乐得裹紧斗篷，尽量制造一方独立天地，对祷告充耳不闻。曾经我听过一个传教士的布道，使我痛苦地几乎要宣称再也不去教堂了。我当时想，人们都喜欢去自己习以为常的地方，否则不会有人在下午跨进教堂。当时我们四周风雪连天。暴风雪是真的，牧师只不过是幽灵一般的存在。看着他，再将目光转移到他身后的窗户，窗外是如流星陨落般的美丽的雪花，我们都感到了令人伤感的对比。他虚度一生，没有丝毫的言语表明他曾开怀大笑或独自垂泪，是否已结连理，是否沐浴爱河，可曾受到称赞或被人欺骗，是否也曾烦恼伤神。就算他曾经精彩地生活过，轰轰烈烈行动过，我们也无从知晓。传教士这个职业最大的秘诀，就是要把生活转化为真理。不幸的是，他还没有学会。他甚至没有将他的人生经历中的任何一件事转化为他的教义。这个人也曾辛勤耕耘，也曾辛苦劳作，也会侃侃而谈，也曾做过买卖交易。他也曾博览群书，也吃饭饮酒。他也会头疼，会心动，会微笑，会痛苦。但是在他说过的话语里，却全然找不到他曾活过的痕迹，甚至连一个揣测暗示都没有。没有一点信息是来自真实的历史。真正的传教士可以这样来评判，他和教众分享他的人生经历——这些经历往往都在思想的火焰中千锤百炼过。但对于差劲的传教士，从他们的布道中，你对他本人的信息一无所知：他何时出生？他父母是否健在？他是否有小孩？他是生活富足或是一贫如洗？他是城里人还是乡下人？这些问题都得不到解答。很奇怪人们还会到教堂。仿佛他们家里十分无聊乏味，所以他们宁愿来这听一场毫无思想可言的喧哗。这其实就告诉我们，道德情操对于人类来说有着不可抗拒的吸引力，以恰当的名义，在恰当的地方，它可以使沉闷以及愚昧都闪烁出一丝微弱的光亮。一个好的倾听者，确信他有时被打动，确信有些东西可以被触及，用一些词就可以。

他听着这些空洞无味的话，聊以自慰的是，从这些话中联想到曾经有过的美好时光，因而这些话语仍得以喧闹着、重复着，没有异议。

我并非不知道，即使我们的传教毫无价值，也并非完全无用。有些人的“耳朵”很好，他们能够从毫无养分的素材中获得营养供给美德。在所有平淡无奇的祷告和布道中隐藏着诗一般的真理，虽然讲得痴愚可笑，听的人仍能从中领悟到智慧之言。这是因为每一个措辞都经过精心挑选，都是心灵遭受打击或身心幸福愉悦的灵魂在某个虔诚的瞬间喷涌出来的表达，其精妙令人难忘。我们教会的祈祷文，甚至是教条，就像是丹德拉神庙里的黄道十二宫，也像是印度的天文学纪念碑，是同人们工作生活中的一切事物完全隔绝的。他们标志着潮水曾经涨到的高度。但是这种恭顺可以防止善良、虔诚的人做坏事。在社区的大多数地方，宗教仪式往往引起完全不同的思想和情感。我们无需谴责疏忽大意的神职人员。在他们的惫懒很快遭到报应时，我们反而心生同情。啊！这个不幸的人被召唤到讲坛上，而不是从事生产活动。发生了任何事，大家都会责怪他。他要不要请求大家捐资赞助国内或国外的传教活动？如果他向管辖内教区的人们提议，说他们应该不远千里向贫困家庭提供资金帮助，即使他们跟这些家庭一样贫穷。这个时候神职人员就会无比羞愧，宁愿不远千里地躲起来。他要不要督促人们像圣人一样生活——他能不能要求同胞们来参加安息日聚会？反正他知道，他们也都知道，在那里他们的期望少得多么可怜。他要不要私下里邀请他们参加“上帝的晚餐”？他当然不敢。如果没有心灵来温暖这场仪式，那么这个空洞乏味、干瘪枯燥、吱吱嘎嘎的仪式就太过简陋无趣了。他无法面对一个聪慧睿智、精力充沛的人，无法毫无畏惧地向他发出邀请。走在大街上，面对亵渎上帝的大胆村民，他又能说什么呢？那亵渎上帝的村民在牧师的脸上、身上和步履中看到了恐惧。

我不能忽视了善良人们的诉求，从而玷污这次祷告的神圣。我知道很多牧师都是清白的，他们严于律己，这让我十分敬重他们。公共礼拜所剩无几的生机要归功于散居各地的虔诚的人。他们在各地的教会担任牧师。有时候他们太过谦卑地接受了先辈的教义，但他们那真诚的道德情操却不是来自他人，而是发自内心的，由此仍然激发我们对神圣个性的爱戴和尊重。此外，例外的个案并不是只体现在寥寥几个优异的传教士身上，而体现在所有人表现突出的美好时段，所有人得到真正启示的时刻——不，其实是体现在每个人真诚的瞬间。不过，尽管有着这样一些例外，真实的情况仍然是——这个国家的布道的特点仍是囿于传统；仍然诉诸记忆，而不是灵魂；仍然追求习惯，而不是追求必然和永恒。基督教历史将布道与探索人的道德本性相分离，而崇高就存在于人的道德本性，令人震惊的力量也存在于人的道德本性，由此，基督教历史破坏了布道的力量。这律法是全世界的快乐，唯有它才使思想清晰、丰富。这律法的笃定连天文学轨道都难以抗衡，而今它却遭到贬抑，被拙劣地模仿、被嘲弄、被呵斥，它的特点、它的内容完全被忽视，这对于律法来说是多么残酷的不公啊！讲经说法的人看不到这律法，就丧失了理性，摸索着不知道在寻求什么。而且由于缺乏道德情操的培养，社区人们的灵魂被疾病缠身，毫无信仰。人们急需一种严苛、高尚、坚韧的基督教戒律来指引它了解自己，了解通过它发言的神意。如今，人们感到自惭形秽；他们混迹于这世上，偷偷摸摸，鬼鬼祟祟，等待他人的宽容、怜悯。一千年来，几乎没有人敢于表现聪明才智和善良敦厚，也没有人赢得同胞在身后的眼泪和祝福。

当然也有过一些时期，由于对一些真相懒于理解，人们会对一些人或名利萌生更大信仰。英国和美国的清教徒在天主教会的基督中，从继承于罗马的教条中，界定了他们严苛简朴的虔诚信仰，找到了他们对公民自由的渴望。但是他们的信念正在消逝，却没有新的信条填补这个真空。我想，每一个有思想的人走进我们的教堂，都会感到，公共礼拜对人的凝聚力已经消失殆尽或者正在消逝。公共礼拜已不能激起良善之人的慈爱，不能引起恶人的畏惧。在乡下，在居民区，半数的教区正在逐渐停止活动——这是当地人的说法。已经有迹象表明有个性的人、虔诚的人正在离开宗教聚会。我曾听到一个虔诚、非常重视安息日的信徒痛心疾首地说：“星期天去教堂似乎是邪恶的。”宗教的念想曾是吸引好人们留在教会的理由，现在只是一个希冀和等待。教区里最好的人和最坏的人，穷人、富人，博学的人、无知的人，年轻人、老年人应该每周花一天聚在同一个屋檐下，证明大家的灵魂平等，这在过去只是寻常事件，而现在，它已成为去教堂的重要动机。

我的朋友们，从在这两个错误中我想我找到了教堂衰落、信仰缺失的原因。对一个国家来说，有什么灾难比失去信仰还大呢？紧接着所有事物都将腐朽。智者离开神殿，去参与政治或经商。文学变得无足轻重，科学遭遇冷板凳。年轻人的目光不会为了彼岸世界的希望而熠熠生辉，长者不再备受尊重。整个社会都为了鸡毛蒜皮的事情而忙忙碌碌。人死如灯灭，再也没有人会提到他们。

此时此刻，我的兄弟们，你们一定会问，在这个意志消沉的时代，我们能够做些什么呢？事实上，在我们对控诉教会的理由中已显示补救办法。我们把教会放在了灵魂的对立面。那么，让我们在灵魂里去找寻救赎吧！只要有人，就有革命。老一套的东西只对奴隶适用。只要有人，书本都浅显易懂起来了，一切都透明可见了，所有的宗教都形式化了。他是无比的虔诚。人创造奇迹，我们也能在奇迹中看见他。每个人都会祝福，也都会诅咒。他只说“是”或者“不是”。宗教如同一潭死水；启示时代已经过去，《圣经》已经合上；害怕如果把耶稣塑造成普通人会贬低了他的人格，这些清晰无误地指明了我们神学的谬误。真正的老师，职责是告诉我们上帝不是过去时，而是现在时；他还在发声，不是发过声音。真正的基督教——像基督相信人的无穷力量那样的坚定信仰——已经不复存在了。没有人相信人的灵魂，而是只相信某些老人或已死之人。呜呼！没有人特立独行。所有人一窝蜂拥向这个圣人或那个诗人，躲避着上帝，而上帝在暗处看得明明白白。人们不会暗地洞明世情，只喜欢盲目随波逐流。他们以为社会大众比自己的灵魂更明智，却不知他们自己的灵魂，就比全世界加起来还要睿智。看国家和民族是如何在时光的长河上轻轻掠过，却不曾泛起一个涟漪，来显示他们曾经的漂浮和沉沦。然而，一个杰出的灵魂却成就了摩西、奇诺、索罗亚德斯的盛名，使他们成为永恒的宗教领袖。没有人尝试着立下雄心壮志，成为国家的自我、自然的自我，却轻易地沦为某个基督教计划、某个教派或者某个优秀的人的追随者。一旦你抛弃了对上帝的认知，抛弃了你自己的情感，而开始接受二手知识，管它是圣保罗、乔治·福克斯还是斯韦登伯格的知识，随着这二手知识延续一年又一年，你与上帝的距离也越来越远。如果这种情况持续多个世纪，这个鸿沟已无法逾越，像现在这样，人们几乎不会再相信，他们内心有什么神圣可言。

首先，我要告诫你的是：独自探索。拒绝榜样，即便是人们心目中想象的那些神圣榜样。勇敢去爱上帝，不需借助任何中介也不必自我掩饰。你会找到足够多的朋友，他们总想把你和韦斯利们、奥柏林们、圣人和先知进行攀比。感谢这些好心的人，但是请对他们说："我也是同他们一样的人啊。"模仿无法超越榜样，所以模仿者从一开始就注定是无望的平庸之辈。创造者那样做是出于本能，他自身就有一种内在的魅力。而模仿者却认为其他东西才是本能，他剥夺了自己的美，却无法完整获得他人的美。

你自己就是新诞生的游吟诗人，歌唱圣灵——将所有陈规抛诸身后，让人们直接认识上帝。你首先且唯一需要注意的是，时尚、习俗、权威、享乐和金钱，这些对你而言毫无意义——这些东西也不应遮蔽双眼，让你看不见——而应接受无限的心灵所赋予你的特权。不要急于定期挨家挨户地拜访你教区附近的所有家庭——当你接触他们其中任何一个人的时候，应像圣人一样待他们，带给他们思想与美德，让他们胆怯的愿望在你身上找到鼓励，让他们被压抑的本能在你的引导下释放出来，让充满疑虑的他们知道你也曾怀疑过，让困惑的他们知道你也曾困惑过。相信你自己的心灵，你也会获得更多的信任。尽管我们智慧浅薄，尽管我们受到习惯的奴役，这摧毁了我们的灵魂，然而毋庸置疑的是，所有人都具有崇高的思想，所有人都珍惜生活中短暂的真实。他们喜欢倾诉，喜欢沉浸在对教义的憧憬中。我们轻快地回忆起，在那些充满琐碎与罪恶的沉闷日子里，我们曾与智慧的灵魂有过几次难得的交流。他们让我们的灵魂更加智慧。他们说出我们所想，告诉我们所知，让我们做真实的自己。如果你们为人们履行了牧师的职责，那么你们在或不在，他们的爱都会追随你们，就像天使一样。

同时，为了达到这一目的，让我们不要以常规的美德为目标。有人热爱那种闪耀着社会褒奖的光辉的美德，那我们何不让与他们，自己努力去穿透追求绝对能力和价值时承受的深深的孤寂？我们轻易地就可以达到社会大众的美德标准。社会褒奖来得轻松廉价，而几乎所有人都满足于这些毫不费力的美德。但与上帝交流的直接后果却是抛弃他们。有些人不是演员也不是演说家，但却具有影响力；有些人太伟大而不屑于名誉和作秀；还有人蔑视雄辩之才。对于他们而言，我们所谓的艺术和艺术家都近乎炫耀和出于私心，是对有限和自私的夸大，以至于失去了对普遍的追寻。演说家、诗人和统治者侵入我们的世界，正如漂亮女人一样，其实是由于我们对他们表达了赞许和尊敬。你全神贯注地思索，不理睬他们，尽你所能忽视他们，因你有着高远和普遍的目标，那么他们立刻会感到你有权这么做，他们应该在更低的层次绽放光彩。他们也会感觉到你的权利，因为，他们和你在一起时，可以接收到全知圣灵的注入，圣灵的烈日光芒消弭了小块的阴影，抹去了对智慧等级的划分。

在此种神圣的交流中，让我们学习那些高尚正直的行为：大胆的仁爱之心，不受朋友的影响，倒不是为了避免爱我们的人对我们的不当期许会损失我们的自由，而是我们要为真理防止过分随意地表露关爱，防止过早求助于同情心。那么什么是我们了解这种美的元素最崇高的形式呢？某种坚定的美德，与见解无关。这美德如此纯粹明显，以至于无须证明，拥有它就能够做出正直、勇敢、慷慨之举，但却没有人想到要刻意去赞颂它。你会称赞花花公子的一次善行，却不会颂扬天使的襄助。把美德作为这世上最自然的东西，安静地接纳它，才是给了最高的赞誉。这样的灵魂，一旦出现，就是美德的崇高卫士，是它永恒的存留，是命运的统治者。人们不需要赞扬他们的勇气——他们是自然的灵与肉。我的朋友啊，我们自身尚有未开发的潜能。有的人在面对威胁时重新振作精神。面对危机，大多数人胆战心惊，惊慌失措，而对有些人，危机就像优雅从容、惹人喜爱的新娘。它要求的并非是谨慎和节俭，而是理解、坚定和牺牲的准备。拿破仑曾说，马塞纳只有在战事艰难时才显现大将风范，眼见身边横尸遍野时才能使他唤醒内在的力量，并轻而易举地使敌人心生畏惧，自己赢得胜利。所以，只有处于艰难危机中，在不倦的忍耐中，在让同情变得理所当然的目标中，人们内在的天使才会显现。然而，没有悔悟和羞耻心，这种高度是我们鲜能铭记和仰望的。让我们感谢上帝，这些东西的确存在。

现在，让我们尽最大努力重新点燃圣坛上濒临熄灭的残火。当前教会的邪恶已昭然若揭。又回到那个问题了：我们应该做些什么呢？我承认，尝试构想并建立一种仪式和模式截然不同的宗教崇拜，注定是徒劳。是信仰造就了我们，而不是我们造就了信仰，信仰有自己存在的形式。所有费尽心思建立新体系的尝试都只能如法国人对理性女神的膜拜一样冰冷——今天，开始于纸牌和花边；明天，就终止于疯狂和谋杀。与其如此，不如就通过既有的形式来让你焕发新生命。因为，一旦你获得了新生，你会发现他们具有可塑性并且是崭新的。对于其缺陷的补救首先是灵魂，其次还是灵魂，且永远都是灵魂。美德的每一次脉搏跳动都可以向教皇制度的所有形式注入活力，得以升华。基督教给了我们两项无法估量的好处：第一，安息日是整个世界的节日。它的曙光照进哲学家的陋室，照进苦工的阁楼，也照进监狱，向所有人表示欢迎。它所照耀的每个地方，即使是在邪恶的人群里，都暗示着精神的尊严。让它永远屹立，像一座神殿，让新的爱、新的信仰、新的视野使它恢复、乃至超越往日的辉煌。第二，布道—— 一个人向众多人直接讲道，这是所有机制、所有形式中最灵活的一种。现在，还有什么阻力呢？在布道坛、在学术厅、在家里、在野外、在任何受人邀请或自觉有需要的地方，你都可以说出生命与良知教与你的真理，用新的希望、新的启示提振人们昏睡、苦等的心灵。

我期待那个时刻的到来：那至高无上的美，曾让东方人，特别是希伯来人的灵魂为之神迷，并通过他们的双唇向所有时代诉说神谕。我期待着这美向西方开启神谕的时刻。希伯来和希腊经文中蕴含着不朽的词句，一直以来它们就像是千百万人生命的面包。但它们不具有史诗般的完整，而是以零散的碎片，无序地呈现在智者面前。我期待着新的老师，他将紧随那些闪光的法则，看到它们的全貌，看到它们完整的美姿，看到这世界就是灵魂的映照，看到地心引力与心灵的纯净和谐统一。他将展现义务、责任同科学、美好、快乐的同一性。

人，即改革者

一八四一年一月廿五日在波士顿机械学徒图书馆协会发表的演说

会长，诸位，关于人作为改革者的特殊性和一般性的方方面面，我想与诸位分享一些观点。我假定本协会里每一个青年都抱有最崇高的目标，每一个理性的心灵都会有的目标。我们承认，我们过的生活平凡而卑贱。尽管上帝当初创造我们的主要目的是为了在担任某些职务时发挥一些作用，这些职务与功能在当今社会已然罕见，只有在古书与黯淡的传统里还保存着一些回忆。现在的我们不是先知与诗人，不是那些美好的完人，甚至也没有见过那样的人。某些人类教育的资源，在我们这里几乎无人提及，甚至无人知晓。如果告诉我们这个社会上的人说，每个人都应当以开放的心态感受迷狂，迎接神的启示，精神世界的交流会升华他们的日常生活，他们根本听不进去。即使我们必须承认上述这一切，我猜想，在座诸位没有人会否认，我们应当竭力建立行为规范、明确前进方向，使我们可以得到指引，可以更清楚明白地与内心世界交流。此外，我也无意遮遮掩掩。我希望在座的每一个人都能感悟到内心的感召，摒除所有恶习、怯懦与弱点，在自己的岗位上做一个自由的、有用的人，做一个改革者，一个造福人类的人；不甘心像仆役或是间谍那样从这个世界溜过去，凭着耍小聪明和不断地致歉退让来躲避各种打击，而要做一个勇敢正直的人；必须找到或是开辟一条直路，通向世界上所有美好的事物，不但自己光荣地走过去，也让路途变得轻松，使所有追随者也都能光荣地跟过去，并从中受益匪浅。

在世界历史的长河里，改革的思潮从未像现在这样发展壮大。路德教徒、赫恩赫特教徒、耶稣会会徒、修道士、贵格教徒、诺克斯、韦斯利、斯韦登伯格、边沁，他们虽然都谴责社会，但都有所顾忌——教会或是国家，文学或历史，家庭习俗、集市、餐桌、钱币。但是现在，这一切与所有其他事物一样，像是全都听到了世界末日的号角，都必须匆匆前去听候裁判——基督教、法律、商业、学校、农场、实验室，没有哪个国家、城市、法规、仪式、职业、男人或女人，没有任何一个人能够逃脱这新风气的威胁。

那些抨击我们制度的意见有些颇为极端，有些仅是臆测，而且有些改革者倾向于理想主义。即便这样又如何呢？这不过是证明了那些将心灵驱赶到相反极端的弊端积习之深。一旦熟悉的事实证明是欺骗，了解的人说的都是谎言，一切都那么虚无缥缈，学者们就会飞奔到理念世界寻求庇护，试图在那里为大自然滋补养分、重整旗鼓。一旦各种观念在社会上树立起合法权威，人生如诗如画，学者们就会欣然像恋人般吟诵风月、奉公守法、乐善好施。

古老的国家、沿用了千百年的法律，一百个城市形成的产业与机构，它们都建立在不同的基础之上，但也不能保证自己不受到新思想的影响。改革的恶魔有一扇秘密的门，可以进入每一个城市的每一个法律制定者和每一个居民的心里。一种新思想、新希望出现在你的心里，你应该就此明白：在同一时刻，一束新的光芒照进了一千个人的心田。你乐得把这个秘密藏在心里——只要你一到外面，就会有一个人站在门口的台阶上告诉你同样的秘密。即使是最铁石心肠、敏锐犀利的商人，一听见新思想引发的问题，也没有一个不畏惧、不颤抖——这倒令人十分错愕。我们以为他必定会坚守某种似是而非的立场，至少像他这徉的人不会轻易屈服，但是他战战兢兢地逃走了。然后学者说，“城市与马车再也不会影响我了，因为，你会发现我的每一个孤独的梦想正在飞快地变成现实。我曾经有过一个幻想，因为怕你嘲笑就犹豫着没有说出口，但现在商人、律师、市井百姓都在说同样的话。如果我晚一天说出来，我就太迟了。看啊，道富银行在质疑，华尔街也在怀疑，甚至开始预言了！”

考虑到品行端正的年轻人在前进的道路上面临着诸多的现实困难，世人心中普遍兴起的对社会弊端的质疑也就不足为怪了。年轻人踏进社会，却发现通往有利可图的职业道路上充满了各种弊端，且困难重重。经商的方法已变得自私自利，就差没有偷窃了，甚至灵巧地游走在欺诈的边缘(有时甚至越过欺诈的边缘)。经商这个行业并没有什么内在特点使人不适，或使人不宜发挥才干，但是现在，其普遍的运作过程被人们纵容默许的玩忽职守和滥用权力所玷污，已然污秽不堪，使得每个身处其中的年轻人必须具备过人的精力和出众的才华方可出淤泥而不染。他终于迷失其间，无法施展拳脚。难道他不具备才华和品德？如果他资质驽钝，品行不端，他或许更适合生长其间，而现在如果他想要在那样的环境下茁壮成长，就必须牺牲孩提时代和青年时期的美好憧憬，认定那只是南柯一梦，就必须遗忘童年的祈祷，套上例行公事与逢迎谄媚的枷锁。如果他不这样想，那就只有重新开天辟地，就像用铁锹翻土觅食的人一样。当然，这项控诉，我们全部无法摆脱。只要问一问食物怎样从它们生长的田地里来到我们家里，我们就会发现，我们的吃穿用，成百上千的商品，都涉及欺诈和虚假。有多少日常消费品是西印度群岛供给我们的！但是据说，在那些西班牙属岛屿上，政府官员贪赃枉法已经习以为常，运到我们船上来的物品，没有一件不经过欺诈性压价。在那些西属岛屿上，每一个美国人的代理商或销售商，除领事之外，都必须宣誓他是天主教徒，或是找一个神父替他证明。废奴主义者向我们指明了我们对南方黑人欠下的可怕的债。在古巴岛，除了奴隶制度通常的恶劣行径之外，似乎那些种植园只买男人。这些可怜的单身汉，每年每十个人里面就会死去一个人，就为了给我们生产蔗糖。我把审核我们海关誓言的工作交给那些了解情况的人。我不想追查水手受到的压迫，也不想打探我们零售业的行规。我们的整个贸易体制（暂不谈那些更加阴暗的内幕，我希望那些是所有爱惜声誉的人都极力谴责，都不参与的）是一种自私的体制，其指导原则不是人性的高尚情操，其衡量尺度不是切实的互利互惠原则，更不是仁爱和英雄主义，而是一种猜疑、隐匿的体制，一种擅长占便宜而不是给予的体制。在这样一种体制下，人们断不会乐意与品德高尚的朋友分享，也不会在心怀仁爱、壮志凌云的时刻，满心欢喜地细细回味、自我嘉许。他宁愿立刻将此事置之脑后，只炫耀那辉煌的成果，用他花钱的方式为他赚钱的方式赎罪。我不去控诉商人或制造商。我们的贸易罪恶不属于任何阶级，任何个人。一个人采摘、一个人销售、一个人享用。每个人都参与、每个人都忏悔、每个人都脱帽下跪，主动忏悔，然而没有人认为自己应当负责。他没有制造恶习，他也无法改变恶习。他是谁呀？不过是一个名不见经传的人，他必须赚钱糊口。这就是恶习：没有一个人感到自己有义务站出来，而只认为自己是人类的一分子。因此结果就是，所有这些朴实的人，他们感知到内心深处一个崇高的目标在不可阻挡地奋进着，他们的天性使他们行为正直，这些人发现这些经商的方法不适合他们，于是放弃经商。这样的事与年俱增。

即使放弃经商，你也不能洗清罪恶。罪恶的踪迹已经蔓延到了人类一切有利可图的职业和活动中。每一个行业都有其罪恶的一面。在各行各业，一个人若有良心，他也就失去了成功的资格。每一行都需要从业者睁一只眼闭一只眼，头脑灵活、顺应环境、入乡随俗、摒弃慷慨和仁爱的高尚情操，不再坚持个人主见和崇高气节。而且，这罪恶的习气已经渗透到了整个财产制度中，直至把我们制定的确立财产保护财产的法律变得不再充满仁爱和理智，而是充满 了自私。假设有那么一个人如此不幸，生而为圣人，拥有敏锐的认知力，亦有着天使般的良知与慈爱，但他必须在这俗世谋生。他发现自己找不到一份有利可图的工作，他没有土地，也无法得到土地，因为要挣到足够多的钱来购买土地。他必须聚拢钱财，也就是要出卖自己的劳动力很多年。但对于他来说，现有的时光和以后的所有时间都是神圣不可侵犯的。当然，只要有一个人没有土地，那么你我对土地的所有权，都是名不正言不顺的。这罪恶枝枝蔓蔓、蜿蜒盘旋，剪不断、理还乱。我们大家都深陷于妻子儿女、债权债务纠结而成的关系网中。

诸如此类的考量使得许多慈善家和智者转移注意力，开始主张在年轻人的教育中包含体力劳动这一项。假如说过去几辈人积累的财富是不干净的——不管我们继承了多少，我们必须开始思考，如果我们放弃这笔财富，让自己回归到与土地、自然最原始的关系，拒绝接受一切不诚实和不干净的事物，勇敢地用自己的双手，在体力劳动的世界中，担负起自己的职责，也许这才是更加高尚的做法。

但是有人说道："什么！你要摈弃由劳动分工带来的极大利益，让每个人自己做鞋、橱柜、小刀、货车、船帆和针线吗？这无异于人自己把自己送回到原始社会！"我想不会立即发生一场道德革命，然而，我承认，如果有一场变革让世人失去一些奢侈享受或便利，我不会感到难过，只要它倾向于农耕生活的出发点是由于相信务农可以使我们更好地履行作为人的首要职责。如果高尚的品德和纯粹的志趣给年轻人择业带来明智的影响，从而减少商业、法律和政府工作职位的竞争，有谁不乐见呢？显而易见，不便只是暂时的。这将是一项伟大的行动，而伟大的行动总使人大开眼界。当许多人都这么做了时，当大多数人都承认所有机构都有进行改革的必要性，恶习就会得到纠正，又会有新的道路被开辟，让人们享受劳动分工带来的益处，人们就可以选择最适合的职位来施展自己的特殊才能而不用委曲求全。

现在这个时代特别推崇这一观点，即"社会中的体力劳动应该由每一位公民分担"。其实每个人都不应该被剥夺参与体力劳动的权利，除了社会推崇这一原因，从每个人自身来讲也可以做出解释。体力劳动从来都不过时，而且适合每一个人。人需要掌握一门农场技艺或机械手艺来提高自身修养。我们那些更高的造诣、高雅的诗歌与哲学娱乐，必须以我们双手的劳动为基础。我们所有各种各样的精神才情必须在艰难的物质世界里拥有与之抗衡的力量，否则它们根本无从诞生。体力劳动是对外部世界的研究。财富的好处只有创造财富的人才能体会，继承财富的人则不能。当我拿着铁锹走进花园，挖出一个花床，这时我感受到了愉悦和健康，我突然发现我一直都在欺骗自己，让别人帮我做我本能自己亲自做的事情。从体力劳动中不仅可以获得健康，还可以受到教育。我只需要每三个月签一张支票给约翰·史密斯有限公司的贸易员，就能得到不计其数的糖、玉米、棉花、木桶、瓷器与信纸。大自然让我舒适的生活倚重这些来自远方的物品，也期望我能够让我的各项官能得到足够锻炼，难道我只是偶尔动动笔、签签名就能够做到吗？是史密斯自己和他的搬运工、经销商、制造商、水手、运输商、屠夫、黑奴、猎人、种植者拦路截取了糖中之糖，棉花之棉花。他们得到了其中的教育，我却只得到商品。如果我是因自己的工作而耽搁，像他们那样的工作，运用同样的官能，那么一切都还好，那样我还确信我的手脚尚在。但现在，面对我的樵夫、农夫和厨子，我感到十分羞愧，因为他们有某种自给自足的能力，没有我的帮助他们也可以设法过好每一天、每一年，但是我却必须依靠他们：我没有获得依靠自己的手脚养活自己的权利。

让我们进一步思考财产的第一个拥有者和第二个拥有者之间的差别。每一种财物都被它的天敌侵扰，就像铁会生锈，木材会腐烂，布会被飞蛾蛀坏，食物会发霉、腐烂、生虫，钱会被偷，果园会长虫，田野会长野草，或被家畜践踏，家畜会挨饿，道路会被大雨冲刷，霜冻侵蚀，桥梁会被洪水冲毁。无论是谁拥有这些财物中的任何一项，都应该负起责任抵御成群结队的敌人，保护它们或保养它们。一个自给自足的人，自己造筏子或小船打渔，会发现很容易就堵住船上的漏洞，或是装上桨脚栓，又或是修补船舵。他需要的东西立马就能到手，不会让他为难，不会因为要看管它们而彻夜难眠。但是到了某个时刻，他把自己积年攒下来的所有物品，一股脑儿都转交给他的儿子——房子、果园、耕地、牲畜、桥梁、五金器具、地毯、衣物、食品、书籍、钱财——但是制造或积累这些东西的技巧和经验，以及这些东西在他生活中的秩序和地位，却不能传授给他。儿子发现自己忙得不可开交——不是忙着使用这些东西，而是疲于照看它们，保护它们不受天敌的侵扰。对于他来说，这些东西不是工具，而是主人。他们的天敌丝毫不懈怠：铁锈、霉斑、毒虫、雨、太阳、洪水、火都掠夺着自己的天敌，使他万分苦恼。他由主人变成了看守人、看门狗，照看着这堆装满了旧的或新的物品的库房。多么大的改变啊！从前他父亲有主人的好脾气，有力量感，体内蕴含丰富的才智，又有强有力的善学的双手，敏锐善学的双眼，灵活的身体，强大有力的内心。大自然爱他敬他，雨和雪，水与土地，野兽和鱼类似乎都认识他、服侍他。但现在的这个人却变得孱弱，习惯被呵护，城墙、帘幕、火炉、鸭绒被、马车、男仆和女仆，将守护他不与丰产地作接触，从小受到的教育让他依赖这一切。凡是威胁到那些财产的东西都让他焦虑不安，他被迫花费大量的时间看守它们，以至于完全忽视了它们最初的用途。它们本应帮助他达到自己的目的——追求爱情、帮助朋友、崇拜神灵、增长知识、报效国家、放纵情感。他现在是所谓的富人了，却成为自己财富的仆人和管家。

所以，事实上整个历史的兴趣都在于穷人的命运。知识、美德、力量，都是人战胜日常所需获得的战利品，是人向统治全世界的进军。每个人都应该有这样的机会为自己去征服世界。我们只对这样的人感兴趣——斯巴达人、罗马人、撒拉逊人、英国人、美国人——即使贫困快要将他们吞噬，也能靠自己的智慧和力量将自己解脱出来并赢得胜利。

我不想夸大这个劳动信条，也不会坚持认为每个人都应该当农夫，同样也不会认为每个人都应该当词典编撰者。通常情况下，人们或许会说农夫是最古老、最普遍的职业，当一个人还没有发现更适合自己的职业时，务农还是比较好的。但农场的学说不过就是说，每个人应该与世俗劳动保持原始的关系，应该身体力行；即便碰巧口袋里有几个钱，碰巧从小学习了某种不光彩的有害技艺，也不应该因此而推卸自己的职责。由于这些原因：劳动是上帝的教育。只有领会了劳动的真谛，只有通过真正的机智夺过大自然的权杖，他才是一个真诚的学习者，才能成为主人。

我也不会捂住耳朵，不去理会那些学者、诗人、牧师、立法者和一般读书人的申辩。他们说，根据那个阶级所有人的经验，为了养家糊口而进行必要的体力劳动使他们不再适合也不够资格从事脑力劳动。我知道这样的情况时有发生：假如有个诗歌或哲学的社团活动，那些人就会好几天放着正事不做，而是一门心思苦等灵感的降临，仅仅为了给那一天增光添彩，不惜浪费好几天大好时光。为了要实现某一天的价值，让其光芒四射，不惜浪费大量的时间去做适度而优雅的运动，例如在田野中漫步、划船、溜冰、打猎，相对于农夫与铁匠做的纯粹苦工来说，反而对他有更好的教育意义。我决不会忘记那埃及神秘宗教的至理名言，它宣布说："人类有两双眼睛，上面这双眼睛在观察的时候，下面的一双必须闭着；上面这双闭起来的时候，下面这双必须张开。"然而我的意见是：如果与劳动隔离开来，先知的力量和真理必然会遭受一定的损失。而且，我毫不怀疑我们文学与哲学的错误与罪恶，它们的过分精致、阴柔和忧郁，全都可以归结于文艺分子们柔弱、病态的习惯。书本身不一定太好，但写书的人要更好、更能干，而不是像现在这样，作者往往和所写的书形成荒唐的对照。

我们承认，要达到这样神圣而重要的目标，需要一定的消遣。即便这样，我想，如果一个人发现自己内心对诗歌、艺术、沉思的生活有强烈的偏爱，被这些事情完全吸引住，使他不能从事体力劳动，那么这个人应该尽早为自己做打算。他必须尊重这宇宙间的补偿法则，养成一种艰苦朴素、安贫乐道的生活习惯，才能将自己从经济生产的职责中脱开身来。因为他享有了如此珍贵和庄严的特权，他应不吝惜钱财去支付一大笔税费。他应当栖身于寺庙，成为一名乞丐，如果必要的话，还必须独身。他应当学会站着吃饭，学会品味清水和黑面包的滋味。他恐怕需要让别人去享受昂贵、便利的家居生活，让别人去殷勤大方的待客，让别人去拥有各类艺术品。他应当感到天赋已经是一种礼遇，因而创造艺术品的人不必收藏艺术品。他应当身居陋室，避免自我放纵；天赋异禀的人往往因为追求奢华而为天赋所伤。这样的教训他应当早有所闻，并早已有备无患。天才的悲剧就在于，他们试图赶着马车在天空行走，但是却同时套着一匹天庭的马和一匹人间的马，势必步调不合，最终导致车毁人亡。

履行自己的誓言，质疑各种社会体制，审核它们是否适合自己，这是每个人的责任。如果我们审视自己的生活方式，这种责任就变得更加重要。我们的家务管理是否神圣可敬？它是否提升、激励了我们？抑或相反牵制了我们？我家里的每一部分，每一种功能，我的社会功能、经济、盛宴、选举、交际，都应该使我变得强大。然而这一切似乎都与我无关。社会习俗替我打点一切，没有让我从中获得力量，反倒让我负债累累。我们将收入花费在油漆画纸和无数我不清楚的琐碎事物上而没有花费在人身上。我们的花费几乎都是为了顺应潮流。我们负债累累是因为我们追逐声色享乐，才智、心灵、美感、信仰等耗费不会如此巨大。人为什么要有钱呢？为什么他一定要有成群的马匹，精致的衣服，漂亮的住宅，要出入公共场合和娱乐场所？这一切只因思想贫乏。给内心一个新的画面，他就会躲进僻静的花园或阁楼欣赏它，这个梦想使他富有，就算赠予他一个城邦，也不及万分之一。因为我们一开始没有思想，然后我们才会觉得自己没有钱。是因为我们最开始沉溺于物欲，才想到我们必须要有钱。我们不相信自己的智慧可以让朋友在家里住得舒心，所以我们去买冰激凌。他习惯了地毯，而我们没有足够的人格力量使他住在我家时把地毯抛诸脑后，所以我们就在地板上铺了地毯。我宁愿把这房屋变成拉塞戴门复仇女神的庙宇，对所有人来说都是可畏的、神圣的，除了斯巴达人，谁都不能进来，甚至于不能直视。一旦有了信仰，一旦有了社会，就会把水果和软垫留给奴隶。花费金钱是需要创造力和英雄气概的。我们应该粗茶淡饭、睡硬板床。我们要像古罗马人一样，住在狭小的房间里，但我们的公共建筑也应像他们的一样，配得上它们在风景中占据的比例，配得上交谈，配得上艺术，配得上音乐，配得上礼拜上帝。对于伟大的目标，我们是富有的；但若只为一己私利，我们则是贫穷的。

那现在我们该如何补救这些罪行？一个只学会一种技艺的人，怎样才能诚实地拥有生活中的一切便利？我们能说出心中所想么？或许是用他自己的双手。假定他不擅于采集、制造这些东西，但是他也学到了其中的经验教训。如果他实在做不到，那么他大可以不要这些东西。这其中蕴含着极大的智慧与财富。如果需要付出昂贵的代价去得到那些东西，还不如不要的好。我们要懂得节俭之道。如果我们节俭的目的是崇高的，或是出于简单品味的审慎，或是为了自由，或为了爱，或为了信仰，那么节俭就是一种高尚的人道职责，是一种圣礼。我们在许多人家里看到的节俭是出于卑鄙的动机，最好避人耳目。今天吃烤玉米是为了星期日能吃上烤鸡，这是卑劣的。但是吃烤玉米，住只有一间屋子的房屋，能使我免于一切纷争，使我能够真诚、顺从地听从心灵的指引，随时整装待发，准备去完成知识与善意的哪怕是最卑微的使命，这是神祇和英雄的节俭。

我们能不学习自立这门课程吗？社会中意志薄弱的人比比皆是，他们总是不停地召唤别人来服侍自己。他们为了一己之私，用尽了一切迄今为止发明出来供人类享乐的工具和电器。沙发、垫脚软凳、火炉、酒、猎获的鸟、香料、香水、坐骑、剧院和游乐场，所有这些他们都想要，都需要，除此之外，凡是能想到的，他们都渴望得到。对于他们来说，那些东西简直就像面包，不吃就会挨饿。要是他们错过了其中任意一项，他们便觉得自己是这世上最冤屈、最可怜的人。一个人必须一出生就和他们在一起，与他们一起长大，才知道如何为他们那挑剔的肠胃准备饭菜。同时，他们从不愿意去照顾别人——他们不是那种人！他们要为自己做的事都多得忙不过来。他们也从未意识到他们的生活是一个残酷的笑话。他们变得越发让人厌恶，抱怨与渴求的声调却越发尖锐。如果我们清心寡欲，能够自给自足，还能略有剩余馈赠他人，而不总是争先恐后地抢夺，还有什么比这更高雅呢？相比于享受奢华的服务，自己的需求自己满足更为高雅。也许今日对于少数人来说它不高雅，但对于所有人来说那是一种永恒的高雅。

我并不希望在改革潮流中扮演荒唐可笑、迂腐呆板的角色。我不希望对周围的事情进行言辞过分激烈的批评，让自己走投无路，只能自杀身亡，也绝对无意与世隔绝，放着文明社会的种种优越性而不加以利用。如果我们突然停住脚步说，我不吃不喝不碰任何食物或不穿任何布料，除非确知它们来路清楚；我不与任何人打交道，除非他的生活方式清晰合理，那么我们将陷入僵局。谁的生活方式是纯粹合理的？我的不是，你的不是，他的也不是。但我认为，我们每个人都需要通过这样的盘问洗清罪过，我们是否将自己的精力衷心地奉献给大众的福利，赚来我们今天的食物？同时我们必须坚持每天摆正一块石头，以不断纠正那些明显的过失。

现在开始在社会上引起波澜的思想，影响范围远远不止我们的日常工作、家庭以及财产制度。我们要修正整个社会结构、国家、学校、宗教、婚姻、贸易、科学等，在人的天性中探寻它们的根基。我们要设法让这个世界不仅适合先人，同样也适合我们，每一个习俗，如果不是出自我们的心灵，我们都要一一摒弃。人生而何用？就是为了做一个改革者，重塑人的产物，摒弃谎言，重建真理和善良。我们应当模仿那包容一切的大自然，她从不安于旧貌，而是每时每刻修缮自己，每个清晨都为我们呈现崭新的一天，随着每一次悸动，开启全新的生命。人应当抛开一切他认为不真实的事情，以最初的直觉来重新归置他所有的行为，每做一件事情都为全世界着想。即使会遇到各种麻烦，甚至遭受所谓的毁灭（因为我们已经变得衰弱颓废），但是，如果我们努力重新建立日常琐事与神圣、神秘莫测的生命的联系，即使沦亡也如死于香水馥郁的芬芳中，死得其所。

一切在改革方面的努力，都有一种力量作为它的动力和调节器，那是一种信念，相信人拥有无穷尽的价值，会因价值感召而生，相信一切特定的改革都是为了扫清某种障碍。我们的最高职责不就是要在自己身上体现人格吗？我不容许任何大地主在我面前觉得他很富有。我应该让他觉得，没有他那样的财富我依旧很好。我不会被收买，不管是舒适的生活还是骄傲的尊严都不能收买我，尽管我身无分文，从他那里领取粮食，但在我面前他是个穷人。同时，如果妇女或是小孩发现了一种虔诚的情感，或是一种更加公正的想法，我会认可它们，向他们表示敬意和顺从，尽管那可能会改变我整个的生活方式。

美国人有很多美德，但是他们没有信仰和希望。我不知道还有哪两个词的意思遭到这样的忽视。我们使用这两个词语，就像他们和“西拉”、“阿门”这两个词一样过时。但是，这两个词意义极为宽泛，用于 1841 年的波士顿最为恰当。美国人没有信念。他们仰仗金钱的力量，他们对于情感充耳不闻。他们认为提升社会整体素质，如同说服北风变得轻柔一样不可能。最没有信仰的一群人就是学者和知识分子。现在，如果我和一位真诚的智者，也是我的朋友聊天，和一位诗人聊天，和一位积极进取的年轻人聊天——这年轻人的思想依旧自由狂放，还没有和世人一起被套上马套，拖拽着马车沿着社会习俗的车辙前行——我立刻看出，这帮没有信仰的人多么卑鄙，他们的制度多么不可靠，如同纸牌做的房子。我也看到，一个勇敢的人的影响力，一个伟大的想法实施后会产生怎样的结果。我明白实干家之所以不相信任何理论，是因为他们不能认识我们的工作所使用的方法。“看呐”，他说，“看这些工具，你要用它们来创造这个世界。我们用最好的木匠和工程师的工具，再加上化学家的实验室和铁匠的锻炉，也不能创造一个行星，上面有大气，河流和森林。同理我们也不能把这些愚蠢、病态、自私的男男女女（我们所知道的人类就是这样）打造成那个你喋喋不休谈论的神圣的人类社会。但是，有信仰的人不仅坚持那样的天国是可能的，而且认为它已经开始出现。那个天国中的人和物不是政客们心中的人和物，而是由信念的力量改造、升华之后超越了自我的人。对于有信仰的人而言，总有那么一种东西存在，它超越了一切利益驱动的力量。”

每一个载入史册的伟大时刻，都是某种热情的胜利。一个具体的例子就是阿拉伯人在穆罕默德之后取得的一系列胜利。他们在短短几年内，从一个不起眼、卑贱的开始，建立了比罗马帝国更加伟大的帝国。他们全无计划，就凭着一股子热情。德雷尔突发奇想，裸露上身跳上战马，结果大败罗马骑兵。女人们像男人一样英勇善战，征服了罗马男人。他们军备落后，粮草不足，但他们是有自制力的军队。他们不需要白兰地也不要大鱼大肉。他们吃着粗糙的大麦就征服了亚洲、非洲、西班牙。当人们看到哈利法奥马尔的手杖时，比看到其他人的剑更加恐惧。他吃的是大麦面包，调味料只有盐；若逢斋戒，他甚至连盐也不加。他的饮料是水，他的宫殿由泥土筑成；当他离开麦地那去征服耶路撒冷的时候，只骑着一匹红骆驼，一只木制的盘子悬挂在鞍上，还有一瓶水与两只麻布口袋，一只装着大麦，另一只装着风干的水果。

我们的政治，我们的生活方式即将迎来黎明，那是一种比阿拉伯信仰更为高尚的博爱的情操。它能医治所有的疾病，是大自然的灵丹妙药。我们必须爱别人，这样不可能的事情会成为可能。我们的时代和历史，在过去的几千年中，不是仁爱的历史，而是自私的历史。因为彼此的不信任我们付出了巨大的代价。我们在法庭和监狱上花费的钱是非常不值得的。我们的不信任造就了小偷、强盗、纵火犯，而我们的法庭和监狱则让他们没有改过的机会。基督教世界如果有博爱的情操，哪怕一小会儿，都会让重罪犯和被放逐的人们重新回到我们身边，并且一边流着悔恨的眼泪，一边贡献自己的力量为我们服务。你看，在这大千世界中忙碌着的男男女女。我们坦然接受他们的服务，我们的居所远离他们，在街上遇见也不打招呼。我们从不赞美他们的才能，不因他们的好运感到欣喜，不去点燃他们的希望，也不会在集会时为他们的利益投票。就这样，我们自打世界奠基以来，就扮演着自私的贵族和国王的角色。你看，这树永远只结出一种果子。在每一个家庭中，佣仆的恶意、狡猾、懒惰和离间搅扰了夫妻生活的安宁。任意两个主妇一碰面，没过多久，我们就发现她们的谈话转移到“帮佣”引发的麻烦。有钱人置身于每一群劳动者中时，都不会感到是和友人在一起，而在投票站，他就会发现这些劳动者集合起来与他分庭抗礼。他们抱怨群众的政治思想被居心叵测的人们所操控，引领大众反对显而易见的正义，反对共同的福祉，也损害了他们自己的利益。但是人们并不愿意让愚昧、卑鄙的人们来代表或统治自己。他们之所以会把票投给那些人，是因为那些人用仁慈的口吻和伪善的外表请求他们帮助。但是，他们不会一直选举那些人。他们必然会选择智慧廉洁的人。用一则埃及的暗喻来解释，他们不愿意长期“抬高野兽的脚爪，降低圣鸟的头颅。”让我们将这样的情感传播给大众；那么一天之内就会爆发最伟大的革命。要改善那些制度，和煦的阳光好过凛冽的寒风。国家必须体恤贫穷的人们，所有的声音应该为他们说话。每一个新生儿都应享有公平的喂食机会。物权法的改善应该起始于富人的让步，而不是穷人的强抢。让我们从日常的教育做起。让我们懂得公平的法则是人人只拥有自己应有的份额，即使他十分富裕。让我感到我愿意去爱别人。我将努力确保这个世界变得更好，自己的行动也有所回报。在这个积弱的旧世界里，我们像异教徒、像敌人，我们已经这样生活得太久了，爱将让世界焕然一新。爱将会温暖人心，让我们看到，政客们虚伪的外交手腕，无能的陆军、海军和军事防线将很快被这赤手空拳的孩童取代。不能堂而皇之登堂入室的地方，仁爱会悄悄地爬进去，悄无声息地到达目的地——它们做自己的杠杆、支点、力量——而暴力永远是不能达成这些目的的。你可曾见过，在森林里，一个深秋的清晨，一只卑微的菌或是蘑菇——它们没有坚固的根基，不，他们看起来简直就像是一团柔软的粉糊或是果胶——就那样不停地推挤着，全力以赴、轻轻柔柔、令人难以想象，终于成功穿透那霜冻的地面，头顶上还实实在在地顶着一块坚硬的地皮。这就象征着仁爱的力量。这条原则在人类社会中可实现巨大利益，但它的这个作用已经过时并被人们所遗忘。历史上这条原则曾经有那么一两次被实际运用，并取得了辉煌显赫的成就。我们这庞大、过度膨胀、死气沉沉的基督教仍然在名义上热爱着人类。终究有一天，所有人都会去爱别人，所有的不幸都会在普世的阳光中渐渐消融。

能不能请你容许我在改革者的肖像中再加上一条特征？在精神世界和现实世界之间游走的沉思者应该有一种伟大的、前瞻的审慎。一位阿拉伯诗人这样描述他的英雄：

> “在寒冷的冬日
> 他是阳光
> 在炎热的盛夏
> 他是凉爽”

一个自立并乐于助人的人，不应受制于不规则的、间歇性的美德冲动，而应当作一个有自制力、持之以恒、坚定不移的人。我们曾经见过寥寥几个这样的人，零零落落分散在历史时光中，为了世界的福祉努力工作。这样的人，他们天性中有一种沉着的气度，就像是磨坊里的飞轮，将动力平均分布到所有的轮盘上，以免它因不平衡而坠落，发生破坏性的撞击。同样的道理，快乐应以力量的形式在一天中分摊开来，而不是集中起来成为狂喜，充满了危险，而且随后还有反作用。有一种崇高的审慎，那是我们所知道的人性中最高的一种；它相信一个广阔的未来，确信将要到来的比眼下见到的多，总是看重整个人生胜于当下一刻；看重天才胜于某项才能；看重人格胜于某个结果。正如商人欣然地从他的收入里取出钱来，加到他的资本里，伟大的人也非常愿意放弃个别能力与才干，只要有益于提升整个生命。精神感官的开启，使人们愿意做出更大的牺牲，放弃他们卓越的才能，放弃能够帮助他们获得眼前成功的最好工具与技巧，放弃他们的权力与声誉，将这一切都抛之脑后，因为他们与神灵交流的愿望永不满足。作为这牺牲的回报，他们将赢得更纯洁的声誉、更伟大的能力。它将我们的收获变为种子，就像农民将他最好的谷粒播种到地里。总有一天，我们将义无反顾，毫无保留，急切地将我们拥有的一切，甚至比那更多的一切都转换成工具与能力；我们将甘愿把太阳与月亮也当作种子去播撒。

自立

(1841)

不要在你自身之外寻找你自己。
人就是自己的宿命之星；
拥有缔造诚实完美能力的灵魂啊，
主宰着一切光明、权势和命运；
不迟不早，这一切终将降临。
我们的行为如果善，就是我们的守护神；
如果恶，就是从身边悄悄走过的那夺命的阎罗。

——博蒙特与弗莱彻《老实人的命运·尾声》

婴儿被丢在荒野的宕石上，
吮吸着母狼的乳汁；
由冬天的鹰狐护养着他，
手脚必定灵活，体格必然强壮。

前些日子，我读到了一位杰出画家的诗。这些作品新颖别致且不落俗套。先不论其主题，灵魂在这些诗里行间往往能聆听到忠告。诗作流露出的情感比其所包含的思想更加珍贵。相信自己的思想，相信自己心灵深处认同的东西所有人也都会认同——这就是天赋。说出你潜藏在心里的信念，它其实就是普遍的感受，因为在恰当的时候，最内在的思想往往会成为公开的真理——我们最初的想法将在“末日审判”的号角声中得到回应。虽然心灵的声音为每个人所熟悉，但我们认为，摩西、柏拉图和弥尔顿最伟大的成就在于他们对于书本和传统的藐视。他们只谈论自己的思想，而不去人云亦云。人应当学会捕捉和发现内心稍纵即逝的心灵之光，而非诗人和智者们苍穹下的耀目光芒。然而，人们在不经意间就摒弃了自己的思想，仅仅因为这不过是他自己的思想。在每一部天才的作品中，我们发现了那些曾经被抛弃的想法，带着某种疏离的庄严来到我们身边。伟大的艺术作品对人们的教育意义莫过于此。它们告诫我们，当所有人的声音都与我们不一致时，我们要心平气和、执着地坚持着我们发自内心的信念。否则到了明天，当某个陌生人用权威的口吻谈论的思想恰恰是我们一直以来的所想所感，我们不得不惭愧地接受原本是自己的见地。

在受教育的过程中，总有那么一天，每个人都会认识到：嫉妒等同无知，模仿就是自取灭亡；无论好坏，都要把自己看作自己的命数。广阔的世界虽然无比美好，可除了在属于自己的那块土地上辛勤耕种之外，一粒营养的粮食绝不会从天而降。事实上，人人体内都蕴含着一种全新的能量，只有他自己知道能做什么，而且除非经过尝试，否则连他自己都不知晓。某张面孔，某个人物，某个事件给他留下深刻的印象，而其他面孔、人物或事件则印象全无，这不是没有缘由的。记忆中这种深刻的印象带着某种预先存在的和谐。眼睛只有在光线投射到的地方，才能看到这束光线。让他勇敢地说出告白的每一个音节吧。我们还不会完全表达自己，还羞于表达自己所代表的神圣的想法。这种想法理应被如实地表达出来，并且是非常恰当的，一定会产生良好的效果。不过上帝可不会让懦夫来证明他的成就。只有神圣的人才能展现神圣。当一个人对工作全心投入且尽力而为时，他就会感到宽慰和愉悦，否则说什么做什么都得不到安宁，只不过是没有解脱的解脱罢了。他还在尝试的时候就已经被天赋抛弃了；没有灵感为伴，没有创意在脑，没有希望在前。

相信自己吧：每颗心都随着那铁链颤抖。顺从天意为你所做的安排，接受同代人的社会圈子以及种种事件的关联。伟大的人物总是如此，他们像孩子一样向他们那个时代的天才倾吐心事，表露自己的认知：永恒在他们心中激荡，通过他们双手的努力，慢慢主导着他们的整个生命。我们如今已然成年，必须以最高贵的心灵接受同样超凡的命运。我们不能畏缩在角落里，不能在革命关头像懦夫一样逃跑。我们应该是救世主和恩人，是万能的造物主用高贵的黏土创造出的虔诚志士，向着混沌和黑暗进军。

关于这个问题，大自然借助孩童、婴儿甚至是野兽的面孔和行为，已经给了我们多么神奇的启示。由于我们分裂的性情和反叛的人格，只要算术计算出来的力量和方式与目的相抵触，我们就对其产生不信任感，而这些在他们身上都不会有。因为他们的心灵是完整的，他们的眼睛迄今还未被征服。看着他们面孔的时候，我们反而感到惶恐不安。幼儿不去顺从他人，所有的人都要顺从他。一个婴儿往往使逗他说话陪他玩耍的四五个大人都成了孩子。同样上帝也赋予青少年和成年人独特的朝气和魅力，使之令人羡慕且雅致可亲，使人们无法忽视他的要求，如果他坚持己见的话。不要因为年轻人无法与你我沟通就认为他没有能力。听呀！在隔壁的房间里，是谁的声音那么清晰且铿锵有力？天呐！是他！过去几个星期里，有你在近旁，他就是一个羞怯愚钝的人，而现在他侃侃而谈，句句好似洪亮的钟声。他好像确知如何跟同龄人讲话。不论腼腆或是冒失，他知道如何让我们这些老年人变得无足轻重。

不用为吃饭发愁的孩子们像贵族老爷那样不屑于讨好别人的言行。这种淡然处之的态度正是人性健康的表现。孩子就像是社会的主人：他们特立独行，不负责任，躲在角落里注视着经过的形形色色的人和事。他们以孩子特有的迅捷、简明的方式审视、裁判人们的功过，评判他们好或坏，生动或愚蠢，能言善辩或惹人生厌。孩子既不计较后果，也不在意得失，他的判决是独立和诚实的。你得去讨好他，但他不会来讨好你。可是一旦成年，人就像被自我意识投入了监牢。一旦有了什么了不起的言行，他就如同身陷牢笼，活在众人或同情或憎恨的目光之下，而他还不得不考虑这些人的喜好。没有忘川河的水供他饮用。唉，他多想回到原来那自由而神圣的独立状态呀！谁能丢弃所有的承诺，即使是已经实践的承诺，也要用从前那种真挚、公正、无法收买、无所畏惧的纯真重新实践，谁就会令人钦佩，被诗人和人们称颂，就会感受到青春永恒的力量。他会对所有发生的事情加以评论，不是一己私见，而是事所必然；这些言辞像飞刀刺耳，让人们心生忧惧。

这些是我们独处时听到的声音，但当我们进入尘世间，这些声音变得越来越微弱，直至完全消逝。社会处处都在密谋，防止每个成员长大成熟。社会是个股份公司，为了更好地保证每个股东获得自己的面包，成员一致同意放弃食面包者的自由和修养。最需要的美德是循规蹈矩，自助则被人厌弃。社会热爱的不是现实和创造者，而是名声和习俗。

要想成为名副其实的人，就不能做一个恭敬顺从的人。要想获得永恒的荣耀，就不应该局限于善这个空名，而要去探求它是否是真善。除了真诚的心灵，其他一切终究都不是神圣的。摆脱束缚，返璞归真，你也将获得世人的认可。还记得我小时候，一位颇受人尊重的智者，总是不厌其烦地给我灌输宗教陈旧的教义。有一次我忍不住反驳他。我说如果完全遵从内心真实地生活，那些神圣的传统与我还有什么相干？我的朋友引导我："可这些动力可能来自地下的撒旦，而不是上帝。"我回答道："我倒不这么认为，如果我是魔鬼的孩子，我就按魔鬼那样生活好了。"对我而言，除了天性的法则，没有什么法则是神圣的。好与坏不过是些名头而已，可以轻易加诸这件事或者那件事。符合我本性的才是唯一正确的，违背我本性的都是错的。面对反对意见时，要坚定不移，仿佛除了自己外，一切都是虚幻和转瞬即逝的。可使我惭愧的是，我们多么容易向虚名浮誉俯首称臣，屈服于这个庞大的社会和僵死的体制。举止高贵，谈吐得体的人对我的影响往往超过合理的范畴。我应该正直坦诚，生机勃勃，用尽方法宣扬出那不加粉饰的真理。如果邪恶和虚伪披上了仁慈的外衣，能蒙混过去吗？如果一个怒气冲冲的偏执狂承担了宏大的废奴事业，从巴巴多斯带来了最新的消息，我为什么不对他说，“去爱你的孩子吧，去爱你的伐木工吧！做个善良谦虚的人！怀着慈悲之心，不要试图用对千里之外的黑人异乎寻常的温柔，来掩饰你那坚硬冷酷的野心。对远方的爱无异于对家人的恨”。虽然这样的欢迎辞粗俗无理，但是真理往往比虚情假意更美好。你的善意必须尖锐深刻，否则就一无是处。当爱在呜咽悲鸣时，恨的教义，作为爱的教义的反面也要得到宣扬。当我的天赋呼唤我时，我就避开父母妻儿和兄弟，在门楣上写上“突发奇想”。我希望最终它能比突发奇想好那么一点，但我们不能把时间虚耗在解释上。别指望我来解释为什么我要群居或独处。也不要像今天有个善良的人那样告诉我，我有义务使所有穷人过上好日子。他们是我的穷人吗？告诉你，你这愚蠢的慈善家，我可不愿把我的一分一厘送给那些与我毫不相干的人，他们不属于我，我也不属于他们。有这么一群人，我与他们有着种种精神的共鸣，愿意为他们所驱遣，如果必要的话，为他们进监狱都在所不惜；但是却不去参与你那些乱七八糟庸俗不堪的慈善活动和为培养庸才进行的教育，不去修建那些毫无用处却已经建了不少的会堂，不施舍醉鬼，不搞千篇一律的各种救济团体；虽然我很惭愧地承认，有时不得不屈从于压力并掏出钱来，但那钱是不道德的，渐渐地我就会有勇气，再也不给了。

按照流行的看法，美德与其说是常态不如说是例外。人与他的美德并不是一回事。人所做的所谓好事，比如见义勇为，慷慨布施，就跟他们因为没有参加日间的游行而不得不交纳罚金补过一样。他们的所作所为，不过是为生活在世上谢罪或补偿，正如病人和精神病人交纳昂贵的伙食费一样。他们的美德不过是苦修赎罪。我不想赎罪，我要生活。我活着可不是为了赎罪，而是为了生活，为了生活本身，而不是铺排场景。我宁愿它低调一些，方显真实与平等，也不愿它绚烂夺目、动荡不安。我期望生活健康美好，不用节制饮食或放血治疗。我的生活应该是独特的：它应该是善举、是战役、是战利品、是良药。我要求证明“你是真正的人”的一手证据，而不是脱离人本身只看他的行为。我知道，对我自己来说，做与不做那些所谓的高贵行为没有什么区别。我不能同意为自己与生俱来的特权再付出代价。虽然我资质寻常，但我实实在在，不需要找寻旁证，以求自己安心或同伴安心。

我关心的是我必须要做什么，而不是人们怎么想。这一法则，虽然在现实和精神生活中实践都同样不易，却可以看作伟大和渺小的根本区别。如果你总是遇到一些人自认为比你更了解你的责任，这条法则就更难实践了。在尘世中顺从世人的观念不难，在独居中按自己的意志生活也很容易，而伟人是即使身处众生包围中却仍能保持完美和独立特质的那种人。

之所以要摈弃那些对你来说已经过时僵化的习俗，是因为它们会消耗你的精力，浪费你的时间，模糊你鲜明的个性。如果你支持一座死气沉沉的教堂，为僵死的圣经会捐款，追随某个大党派投票支持或反对政府，像卑微的管家那样摆放餐桌，那么，在这些屏障的遮盖下，我很难看出你的真实面目。当然，在你日常生活中，太多的精力被消耗掉。但是，做好自己的事情，我会了解你。做好自己的事情，就会充实你自己。人应该明白，这种随大流的把戏就跟玩捉迷藏一样。如果我知道你的教派，就能预测你的论点。听说一位牧师布道的内容和题目是关于他所在教会的某条规章制度的合理性。难道我不是早就知道他不可能说出些什么新颖诚挚的话吗？难道我不知道，尽管他夸夸其谈，宣布要考察制定该项制度的根据，其实他根本不会这样做？我怎么会不知道，他早就打定主意，只看事情的某一方面，即教会允许的那一面，且是从教区牧师的角度，而不是站在人的角度？他像个聘任的律师，法庭上那神气的样子不过是装模作样，毫无内涵可言。唉，大多数人都用这样或那样的手绢蒙住了眼睛，让自己顺从于某种共同的观点。这种顺从使他们不仅在一些细节上作假，说几句谎话，而是在所有方面都弄虚作假。他们的每条真理都算不上是真理。他们说的二不是真正的二，四也不是四，因此他们说的每句话都令人感到失望，却又不知道该从哪儿入手去更正。同时，我们的本性也迫不及待地为我们套上我们所依附党派的囚衣。渐渐地，我们长成了同样的面孔，挺着同样的身板，学会了驴子那样温驯而愚蠢的表情。尤其有种令人难堪的经历，是一种在一般历史中都显而易见的经历；我指的是“恭维时傻乎乎的面孔”，当我们跟别人在一起时，应付自己不感兴趣的聊天，虽然浑身不自在，还得勉强堆起的那种笑容。面部肌肉不是自然运动，只是因为受到某种低劣的强硬力量的牵引，把面部轮廓绷得紧紧的，产生极不愉快的感觉。那种受到谴责和警告时的感觉，没有哪个勇敢的年轻人愿意再来那么一次。

如果不顺从，世人就会对你表示不满，横加指责。因此，人就必须学会鉴别别人脸上写着的不快。在大街上或朋友的客厅里，有旁观者对他侧目而视。倘若这种反感源于像他自己感受到的那种蔑视和抗拒，那他耷拉着脸回家还可以理解。但是公众愠怒的表情和甜美的表情一样，并没有深层的原因。那种没有掩藏的深意，不过随着风向和报纸的导向而改变。然而这种民愤比起议院或学府的不满要可怕得多。对于一个意志坚定、深谙世事的人来说，忍受有教养阶级的怒火不是难事。他们的愤怒是彬彬有礼、小心翼翼的，因为他们本来就胆小怕事、脆弱不堪。倘若他们软弱的愤怒加上民众的激愤，当无知和贫穷的人也被唤醒，社会最底层的那些蒙昧、野蛮的力量被迫发出怒吼声，露出獠牙，就需要拿出宽广的胸怀和宗教手段，用神圣的姿态把这当作区区小事化解掉。

想要保持始终如一是另一个使我们感到恐惧失去自信的原因。对于过去的言行我们都心怀崇敬，因为其他人的眼光只能通过我们过去的行为来推测我们的生活轨迹，而我们也不愿令他们失望。

可是为什么你们要有思维呢？为什么要拖曳着回忆这具可怖的死尸呢？是唯恐与你之前在某个公开场合所作的言论自相矛盾吗？即使你自相矛盾了那又怎么样呢？智慧似乎有这么一条准则，就是绝不要单纯地只依靠你的记忆，甚至也不要信赖记忆的行为，而是把记忆带到众目睽睽的现在供人评判，并永远生活在一个新的时代里。相信你的情感。在你形而上学的哲学里，已经拒绝了为上帝赋予人格，然而当灵魂产生虔诚行为时，就全身心地臣服于这种行为，尽管他们赋予上帝以外形和颜色。丢弃你的理论，就像约瑟把外衣往妓女手中一扔后，就撒腿跑掉了。

盲目追求始终如一，其实是寄居在狭隘心灵里的魔鬼，却成了那些卑微的政客、哲学家和牧师们崇拜的对象。伟大的灵魂倘若始终如一就会一无所成，还不如去注视自己印在墙上的影子。管好你的嘴！快用线把嘴缝起来吧。或者，做个真正的人，今天有什么想法，就铿锵有力地说出来，明天有了什么想法，也同样斩钉截铁地说出来，哪怕跟今天所说的话矛盾也无所谓。“哈哈，如果那样，”老妇人一定会嚷嚷道，“你一定会被误解的！”被误解！这话真够蠢的。难道被误解就那么糟吗？毕达格拉斯就被误解过，还有苏格拉底、耶稣、路德、哥白尼、伽利略和牛顿，每一位有血有肉、拥有纯洁智慧灵魂的人都被误解过。要成为伟人就注定会被人误解。

我想，谁也不能违背自己的本性。意愿的迸发会受到自身存在法则的制约，正如安第斯山和喜马拉雅山虽然那样蜿蜒起伏，但同样被湮没在地球曲线上。你对他的评价如何、考验结果如何都无关紧要。一个人的个性就像离合诗或是亚历山大体的诗歌——不管你是顺着读，倒着读，或者斜着读，拼出的都是同一行诗。上帝允许我过着这种令人愉悦、悔悟了的林间生活，我每天忠实地记录我的想法，既不展望前景，也不回首过去；而且毫无疑问，即使我不刻意，也没注意，人们将会发现这样的思想是对称和谐的。我的书将带着淡淡的松柏清香，回荡着昆虫的嗡嗡声。窗前的燕子会把它衔来的线头、麦秆也织进我的网里。我们是怎样的人，别人就会把我们看作怎样的人。性情往往不由自主地暴露了我们的本性。人们原以为只有公开的行为才会表现他们的善恶，殊不知其实善恶时时刻刻都散发着某种气息。

不需要担心在做每件事时都要保持一致，好让这些事情看起来真实而自然。因为只要是源于同一个意愿，这些行为尽管看上去千差万别，其实却是和谐统一的。看的时候站得远一点，保持些许的思想高度，这些差异就完全抵消了。同样的发展态势将这些事件统一起来。最好的船只的航程也是迂回曲折的，像条布满铜钉的曲线。但这只是微观的评判。如果保持足够远的距离，就会发现这航线还是趋近于直线。你发自真心的举动不但为行为本身做出解释，也为你诠释了其他发自真心的行为。若是一味循规蹈矩则解释不了任何东西。独自行动吧，你那些已经独立完成的行为今天会为你正名，伟大则有待明天来证明。如果我今天足够强大，可以坚持做正确的事情，可以对别人的冷眼不屑一顾，那是因为我以前一定做了很多正确的事得以保护今天的我。不管未来会怎样，现在就行动起来。不要在意外在的东西，你就能坚持下去。性格的力量积少成多。往昔所有修行美德的日子造就了今日旺盛的生命力。是什么成就了议会和战场上的英雄那令人无限遐想的庄严？是对往昔一长串光辉岁月和辉煌胜利的记忆。它们就屹立在那里，聚成一束光华照耀着那些身体力行的实干者，仿佛有一队看得见的天使护卫着他。正是这份记忆让查塔姆的声音如雷霆万钧，让华盛顿举止威严，让美国进入亚当斯的眼帘。荣耀让我们无比崇敬，因为它不会转瞬即逝。它是古老的美德。我们今天崇拜它，因为它不属于今天。我们热爱它、崇敬它，因为它不会诱取我们的热爱和崇敬；它是自给自足、自力更生的，因此，它拥有古老圣洁而高贵的血统，即使是体现在一个年轻人身上也不例外。

我希望，这些日子里我们已经听够了“顺从”和“一致”这样的字眼。把这些词公诸于众使其成为公众的笑柄。不要再听到那开饭的锣音，让我们听听斯巴达横笛动人的旋律。让我们不再点头哈腰、赔礼道歉。有个大人物将来我家赴宴。我不想去讨好他，倒是希望他愿意来讨好讨好我。我为了人性站在这里，我要让它善良，但首先要让它真实。让我们直面并谴责当代那种圆滑世故的平庸和卑劣可笑的意得志满，当着习俗、行业和权势的面大声讲述一个事实，一个所有历史中都已得出的结论：凡是有人活动的地方，都有一个伟大的思想家、行动者在行动；真正的人不存在于其他的时空中，他就是万事万物的核心。他在哪里，哪里就是自然。他评价你以及所有的人和事。你必须接受他的评判标准。通常社会上的每个人都会让我们想到某件事、某个人，可个性、现实不会让你联想到别的东西，它就是世间万物。真正的人定是非常出类拔萃，才能使所有外物都无关紧要，使所有方法手段都黯然失色。所有的伟人本性如此，行为也如此。每一个真正的人都是一项事业、一个国家、一个时代。他需要无限的空间、人力和时间来实践自己的理想，他的子孙后裔排成长队，追寻他的足迹。

恺撒诞生了，多年以后有了罗马帝国。基督诞生了，千千万万的灵魂在其周围成长，依附于他的天才，以至于人们心生混淆，以为他就是美德，他就是人的潜能。一种体制是一个人延长的影子，正如宗教改革之于路德，贵格会之于福克斯，卫理公会之于卫斯理，废奴运动之于克拉克森，还有被弥尔顿称之为“罗马的巅峰”的西庇阿。历史轻易地把自己融入了一些勇敢真挚之士的传记中。

那就让人们认识自己的价值，把万物踩在脚下吧。这个世界为他而存在，让他不要摆出一副救济院的孩子、私生子或入侵者的神情，东张西望、偷偷摸摸、鬼鬼祟祟。但街上的普通人，看到那高塔或大理石神像，觉得自己身上没有对应于建塔或塑像的能力，就感到自惭形秽。对他而言，一座宫殿，一尊雕像或是一本价值不菲的书，就像一辆华贵的马车，都有种拒人于千里之外的宏伟气魄，好像在说，“你是何许人也？”其实，这些统统都是他的，在等着他的垂青，盼着他施展手腕来占有他们。那幅画等着我的判决，它不会对我发号施令，但我会决定它是否应得到赞赏。有一则广为人知的寓言，讲一个醉鬼横卧街头，被人抬到了公爵府上，梳洗打扮后安顿在了公爵的床上。等他清醒后，众人像对待公爵一样对他阿谀奉承，并且让他相信，他之前神经失常了。这个寓言之所以广为流传，是因为它生动地刻画了人生现状。人生在世就像一个醉鬼，偶尔清醒过来，运用理性时，会发现自己其实是一位真正的王子。

我们的阅读是在乞讨、奉承。在历史中，我们的想象力愚弄了我们，欺骗了我们。比起小家小户做着日常工作平凡度日的约翰和爱德华来，王国和贵族、权力和土地这些字眼更加绚丽夺目，但对于二者而言，生活事务其实相差无几，二者的生活总量一模一样。那为什么要对阿尔费雷德、斯坎德贝和古斯塔夫无比崇敬呢？即使他们美德出众，可是他们拥有所有的美德吗？过去的人们追随着伟大的公众人物，亦步亦趋，如今你靠自己的独立行为也可以获取同样的荣光。当平民百姓遵循自己独到的观点处事时，曾经闪耀在国王头上的光辉也将会照耀在他们身上。

曾经这个世界由国王们掌控着，他们吸引着举国上下的目光。他们作为一种巨大的象征，教导着人们要相互尊重。国王、贵族和大地主建立自己的律法，在普通群众中横行，他们制定评判人事的标准，用荣誉替代金钱作为报偿。他们个人就代表着法律。人们不得不忍受这一切，甚至面露欢愉地表达他们的忠诚。他们的耿耿忠心就像象形文字，象征着人们隐隐约约地意识到自己的权利，意识到每个人的权利。

当我们探求自信的根源时，所有新奇的行为表现出的魔力也就不难理解了。谁是信赖的对象？那个普遍可以依赖的原始的自我是什么？那颗令科学家迷惑不解的星星，它有什么特性和能量？它没有视差，没有可供测算的成分，但只要显现一丝独立的意味，就会让那些即使非常琐碎、不够纯洁的行为也散发美丽光泽。这种探询引领我们追根溯源，它既是天赋的本质，美德的本质，也是生命的本质，我们称之为“自发性”或“本能”。我们把这原始的智慧称作“直觉”，把后天的教育叫“传授”。在这深邃、最不需要理性分析的力量里，万事万物找到了它们共同的起源。因为存在感会在安静祥和的时候，不知不觉地从灵魂深处慢慢产生，它和万事万物，和空间、光亮、时间、人类并无二致，而是和谐统一，并且显而易见地和这些事物的生命和存在有着共同起源。最初我们分享万物赖以存在的生命，然后把万物看成自然界里的种种现象，却忘记了我们和它们有着共同的起源。这就是行动之源、思想之源。这里是灵感的源泉。是灵感赋予人智慧，只有不敬上帝的无神论者才会否认灵感的存在。我们躺在巨大智慧的怀抱里，它使我们成为智慧活动的器官，真理的接收器。当我们发现正义懂得真理时，我们什么也不用做，只是不要挡住它的光芒就行。如果我们问这从何而来，试图去探究造成一切的因由——灵魂，那么所有的玄学，所有的哲学就都成了问题。我们所能证实的只是灵魂在或不在。每个人都能辨别心灵自愿的行为与无意识的感知。而且也知道这无意识的感知得到了应有的尊重。也许对这些感知，他表达得不够准确，但他知道它们就像白天黑夜一样，是既定事实，不容争辩。我那些任性的行为和追求不过是游离不定的——而即便是最琐细的思索、最微不足道的原始情感，都是内在的、神圣的。没有思想的人反驳认知时和反驳观点时一样痛快，甚至还更痛快些，因为他们根本就不区分认知和见解。他们原以为是自己选择去看这件或那件事，可是感知不是异想天开而是命中注定的。如果我看到某个特点，之后我的孩子也会看到，随着时间的推移，全人类都将看到——只不过碰巧在我之前没人看到而已。我对这个特点的感知就像对太阳的感知一样，真真实实地存在。

灵魂和神灵的关系如此纯洁，以至于任何试图介入其中提供帮助的行为，都有了亵渎的味道。事情应该是：当上帝说话的时候，他传达的不是一件事，而是所有的事；他的声音会充满整个世界；他会从当前思想的中心撒播出光明、自然、时间和灵力；会在新的时间重新创造一切。每当心灵变得纯净并接受了神圣的智慧，那些老旧的事物，比如手段、老师、经文、庙宇都将消亡；这个心灵存在于当下，并把过去与未来并入现在的时刻里。与它相连的世间万物也因此变得神圣，不分高下。万物都因它们的起源而被分解到中心，在这普遍的奇迹中，微小和个别的奇迹消失殆尽。事情就是这样而且必须如此。因此如果有人声称了解上帝，并谈及上帝，想让你接受另一个时间、另一个国家某个古老、腐朽的民族的措辞，不要相信他。难道橡树果优于橡树？橡树果只是橡树充分成熟的状态。难道父母就比孩子强？既然他已经将成熟的自我赋予了孩子，那么，对过去的崇拜基于什么理由呢？时代在密谋反对灵魂的健全与尊严。时间、空间不过是眼睛制造出来的生理颜色，而灵魂才是光明；灵魂所在即白天，灵魂缺失即黑夜；历史只不过是关于我的存在和成长的一则令人愉快的故事或寓言，超出此范畴，历史就显得无理而伤人。

人总是胆小怕事，急于认错；他不再正直敢言，他不敢说“我认为”，“我是”，而一味地去引经据典。面对青草的叶子或盛开的玫瑰时，他们都会感到羞愧。这些开在我窗下的玫瑰可不在意之前的，或者比他们更娇美的玫瑰，他们就那样开着，今天与上帝同在。对他们来说，时间是不存在的，只有玫瑰在它存在的每时每刻都那么完美。在叶片萌芽绽开前，整个生命已经行动了；在盛开的花朵里不见其多，在无叶的根子中也未见其少。生命的天性得到了满足，而且无时无刻不在满足着大自然，没有时间限定。

但是人喜欢生活在记忆里。他没有活在当下，而是要么用哀悼的眼神回望过去，要么无视周围的财富，踮着脚尖眺望未来。如果他不跟大自然一样，活在眼前，超越时间，他就永远不可能幸福、强大。

这个道理应当够显而易见了。可是，看看多少坚定的智者，竟也不敢聆听上帝本人的话语，除非上帝采用我不知道是哪位先知的措辞，是大卫、耶利米还是保罗？我们不能总是把高高的评价局限于屈指可数的几篇经文、几个人物上。我们就像孩子一样，重复着靠死记硬背记下的奶奶或导师的话，稍微再大点后则重复碰巧看到的智者或有个性的人所说的句子——痛苦地想把他们说的话一字不差地记住。这之后，当他们和说这些话的人持相同观点的时候，他们才理解了这些句子，才愿意把这些词句丢开，因为只要时机成熟，他们可以随时把这些话讲得一样漂亮。人的情况原本如此，而且如果我们继续下去，未来也将如此。如果我们活得真实，我们将看到真实。就好像强壮的人保持强壮、软弱的人表现软弱一样容易。当我们有了新的认知，就应该高兴地把珍藏的宝贵记忆像垃圾一样丢弃。谁跟上帝同在，谁的声音就甜美得好像叮咚的溪水和沙沙作响的谷物。

到现在，关于这个话题的最高真理还未涉及，或许也无法谈及，因为我们所说的一切只是对直觉古老的记忆。我现在只能尽量贴切地表达出那个想法：当善在你身边，当你身上充满生命的时候——那不是通过司空见惯的方式达成的，从中你看不到别人的足迹，看不到别人的面孔，也听不到任何名字——因为那种方法、那种思想、那种善必定是新奇无比的。它将排斥一切其他的存在。你将远离他人，而不是走近他人。所有曾经在世上活过的人都是其逃亡的牧师。恐惧将不复存在，恐惧和希望都同样无关紧要。它一无所求，哪怕希冀也很微薄，于是我们生活在憧憬中。没有什么可被叫作感激，确切地说也没有快乐。灵魂超越了激情。它看到了统一性和永恒的因果关系。它感知到真理和权利的存在。因此，既知一切安好，它就变成安详平静。在大自然广袤的空间，在大西洋和南太平洋，漫长的岁月——年复一年，世世代代，都无足轻重。我所想到和感觉到的这个东西，构成从前的生活状态和环境的基础，构成我的现状的基础，而且也会是构成所有环境的基础，构成了所谓生命和所谓死亡的基础。

有用的只是生命，而不是曾经生活过。力量一旦静止就迅速消失。它存在于从一种旧的状态向新状态过渡的时刻，在海湾波涛拍岸的时刻，在掷出的飞向目标的箭矢中。这个俗世讨厌的事实，却适合于灵魂，因为它总在贬低过去，把一切富有变成贫穷，把所有的名誉变成耻辱，混淆了圣徒和流氓，把耶稣和犹大都撇在一边。那我们为什么还要唠唠叨叨地说自立呢？因为只要有灵魂，就有力量，不是信心而是动力。谈论自立只是一种可怜的肤浅的说话方式。还不如谈谈那些人，他们自立是因为管用，而且存在。谁的灵魂比我多，谁就是我的主人，尽管他手指头也不动一下。由于精神的引力，我必须围绕他转悠。谁的灵魂比我少，我也同样轻而易举地统治他。我们谈起崇高的美德时，把它看作华丽的辞藻。我们却尚未看到美德就是“顶峰”，没能领略到是一个人或是一群人，只要适应或参透了原理，就必须借助自然规律，制服和掌控所有缺乏这种能力的城市、民族、国王、富人和诗人。

同每个话题一样，我们迅速地得到了最终的结论，一切都转化成为永远神圣的“一”。美德是统治者、造物者和现实。所有真实存在的事物，真实的程度取决于所包含的美德。困苦、农牧、狩猎、捕鲸、战争、雄辩、个人的分量都很重要，证明了灵魂的存在和不纯粹的举动，因而获得我的尊重。我看到大自然以同样的法则运作，以求存活和发展。一个星球的起源和成熟，它的平衡和轨道，强风过后吹弯的树又挺直起来，每种动植物的活力都是自足、进而自立的灵魂的体现。一切史书，不管是最高亢还是最琐细的段落，都是从不同方面记录这种力量的。

这样，所有一切都聚焦起来了：让我们别再逡巡徘徊；让我们安心与本源同在。我们只需宣布这个神圣的事实，让那些闯入的乌合之众、书本和制度去瞠目结舌吧。叫他们把鞋脱下来，因为上帝就在这儿。让我们的朴素来裁判他们，我们顺从自己的律法，这将让他们看到，在我们自身的财富面前，自然和外在的财富是多么的贫瘠。

然而现在的我们只是乌合之众。人对人没有敬畏之心，他的灵魂也没有得到告诫，不留在家里与内心的海洋世界交流，却走到外面，从别人的缸里去乞求一杯水。我们必须独自生活，必须把独处置于真实的社会交往之前。比起任何的布道，我更喜欢礼拜开始前那沉寂的教堂。这时人们周围俨然有一片圣地或圣堂，看上去多么遥远、多么冷清、多么纯洁。让我们永远这样坐着吧。为什么我们要承担朋友、妻子、父亲或孩子的过错呢？就因为一起围坐在火炉边，或者据说有着相同的血统吗？所有人都流着我的血，我也流着他们的血。并不是因为这样，我就要承袭他们的任性和愚蠢，甚至到了对它感到害臊的程度。不过你的独处不应该是机械的，应该是精神上的，必须升华。有时，似乎全世界都在合谋，不断地用繁杂事务来对你胡搅蛮缠。朋友、客户、孩子、疾病、恐惧、贫穷、慈善，一起来敲你私密的房间，说："出来吧，到我们这儿来。"别让你的灵魂跑出去；不要陷进去；保持你的状态；安心待在你自己的天堂里；哪怕一分钟也不要介入他们的俗务，卷入他们看起来就自相矛盾的纷扰，而是将你的律法的光芒照进他们的混乱当中。倘若说人们还有力量惹恼我，那也是我软弱、好奇所致。除非我自愿，否则没人能靠近我。"我们可以得到心之所爱，但我们却用欲望取代了爱"。

如果我们不能立刻达到服从与忠诚的神圣程度，让我们至少也抗拒诱惑，让我们进入战争状态，唤醒我们撒克逊人胸中的雷神和暴风雨之神，唤醒勇气和坚定。在风平浪静的岁月我们只要讲真话就可以做到。停止假惺惺的盛情和虚伪的情谊吧，不要再去迎合和我们交往的那些骗子和上当受骗的人的期望了，对他们说，啊，父亲、母亲、妻子、兄弟、朋友，到目前为止，我和你们一起追随着表象而活着。从今往后，我就属于真理了。你要知道，从此我只遵守永恒的法则。除了和你们保持亲近，我没有其他的盟约。我会努力赡养双亲，养家糊口，对妻子忠贞，但我将用一种全新的，前所未有的方式来处理这些关系。我不遵从你们的习惯，我要做我自己。我再也不能为了你而毁了我自己，或毁了大家。如果你因为我是这样的人而爱我，我将更幸福。如果你不能，我仍然设法给你应得的。我必须做我自己。我不会掩饰我的喜恶。我深信那深刻的东西都是神圣的，我愿在日月面前发誓，只要是内心让我感到高兴的事，我的心灵要求我去做的事，我都会义无反顾地去做。如果你高尚，我会爱你；即使你不高尚，我也不会用虚伪的殷勤去伤害你，或者伤害我自己。如果你是真实的，跟我的真实不一样，那就去忠于你的同伴吧，我也将寻找我的伙伴。我这样做并不是出于自私，而是谦卑和真诚。无论我们在谎言中生活了多久，这都是符合你的利益的，也同样符合我和所有人的利益。这些话难道在今天听来还刺耳吗？很快你将会爱上你我的天性发出的指令。如果我们追随真理，最终它将给我们带来安宁。但如果这样，你或许会给朋友带来痛苦。是的，但是我不能出卖自由和力量以拯救他们脆弱的感情。此外，每个人都有理智的时刻，当他们向外看到这绝对真理的地方，他们就知道我是对的，并会和我做同样的事情。

普通民众认为，你拒绝大众的标准就是拒绝一切标准，是彻底的反律法主义。耽于声色的狂徒总会用哲学的名义粉饰自己的罪行。但是意识的法则是存在的。有两种忏悔的方式，必须用其中的一种方式去忏悔才能获得赦免。你可以用直接或反省的方法来证明自己的清白，从而履行自己的全部责任。考虑考虑你是否满足了你和父亲、母亲、表兄弟、邻居、城镇、猫、狗之类的关系；他们中是否有谁会责骂你。不过我也可以忽略这种反思方法，对自己宣称我无罪。我有我自己严格的要求和完美的循环论证，不承认很多职务所应负担的责任。如果我能卸下这些职责，就能摆脱大众的法规。如果有谁认为这个法规不够严厉的话，就等他某天去维护它的戒律好了。

抛弃人类共同的动机，敢于相信自己具备监工之才，这样的人需要内心有着上帝般的品质。他的心灵是崇高的，信念是忠诚的，目光是清澈的，这样他才会严肃认真地坚持自己的信条、社会和法律；一个简单的目的对他而言，就像必需品对他人来说一样不可动摇。

倘若把这个被明确称之为“社会”的东西现存的各个方面进行考虑的话，人们就会明白这些伦理道德的必要性。好似人的肌肉和心脏都被掏空，人成了胆小如鼠、垂头丧气、呜呜咽咽怨天尤人的可怜虫。我们害怕真理，害怕命运，害怕死亡，甚至还相互害怕。我们的时代产生不了伟大而完美的人物。我们盼望有人能改造生活和社会状态，可我们却发现大多数人都已穷困潦倒，连他们自己的需求都无法满足，空有壮志凌云，却无回天之力，只好日日夜夜无休止地祈求施舍。我们的家用也少得可怜，我们的艺术、职业、婚姻和宗教都由不得我们自己选择，社会已经为我们选择好了。我们是躲在客厅的战士，躲避着命运的恶战，殊不知力量只有在战场上才能产生。

如果第一次创业失败，我们的年轻人就会心灰意懒。如果年轻的商人生意失败了，人们就说他完蛋了。如果大学里最优秀的学生，毕业一年后，还没有在波士顿或纽约城里或郊区的办公室找到职位的话，在他朋友和自己看来，似乎他就理所应当地垂头丧气，抱怨余生了。一个来自新罕布什尔或佛蒙特的健壮小伙子，多年间先后尝试过所有的行当，他套过车、种过地、做过小贩、办过学校、当过牧师、编过报纸、进过议会、买过小镇，诸如此类的事情，每次都能像只猫着地一样，四平八稳，他完全抵得上一百个城市里的玩偶娃娃。他与时俱进，不会因为没“学会哪个职业”而感到羞愧，因为他没有浪费生命，而是一直在生活。他不是只拥有一次机会，而是有上百次机会。让一个斯多噶派的人士站出来，展现人类的聪明才智，告诉人们他们不是倚靠别人的垂柳，他们能够而且必须让自己解脱出来。只要自信，新的力量就会产生。人是“道成肉身”，生来就是要为万民解救疾苦的。人应该为我们的同情感到羞愧。一旦他按自己的意愿行动，把法律、书本、偶像和习俗统统扔出窗外，我们就不再怜悯他，而要感激和尊敬他。而这位导师也将因为恢复人生的光彩而名垂青史。

不难看出，一种更伟大的自立精神——一种对人的神性全新的尊重——必然会在政府和人类所有职业和关系中掀起一场革命，在他们的宗教中，在他们的教育中，在他们的索求中，在他们的生活方式、社会关系、财产和观念中掀起一场革命。

一、人们都在做什么祈祷啊！他们所谓的神职并非那么勇敢坚强。祈祷将目光投向身外，意图找寻不同的美德作为补充，却迷失在大自然和超自然与居间调停、充满奇迹的无尽的迷宫里。渴望得到某种东西而做的祈祷，如果这种东西不是全善的话，这个祈祷就是邪恶的。祈祷是崇高的视野里思忖生活的真相，是灵魂在洞察一切时欣喜若狂的独白。这是上帝宣告他的作品完美时的精神。可是，如果祈祷成为达到某种私人目的的手段，就无异于偷窃和卑鄙。这样的祈祷认定自然和意识之间是二元对立而不是统一的。一旦人与上帝合二为一，他就不用再行乞了。他将会看到祈祷行为无处不在。除草的农夫跪在田间祈祷，划桨的船夫跪在船边祈祷，这些都是在自然中听到的真正的祈祷，尽管他们的要求都很朴实。在弗莱契的《邦杜卡》剧中，有人劝卡拉塔奇去打听下奥达特神的心意时，他回答说：他的隐义在于我们的努力；我们的英勇是我们最好的神。

另一种违心的祈祷就是我们的懊悔。不满足是由于缺乏自立，也是意志薄弱的表现。如果叹惋灾难就可以帮助受害者的话，就叹惋吧；如若不然，就专注于自己的工作，如此就等于开始补救灾难了。我们的同情也是很卑微的。我们看到那些人啼啼哭哭，就坐下来，陪着他们哀号，却没有对他们当头棒喝，让他们知道事情的真相，安慰受伤的心，让他们重新与自己的灵魂交流。幸运的秘密就在于我们手中的快乐。神和人永远眷顾自立的人。所有的门都为他敞开。人们对他极尽赞美之词，为他戴上荣誉的桂冠，所有渴求的目光都追随着他。我们的爱会去找他，拥抱他，因为他从没有这样的需要。我们牵挂他，怀着歉意地爱抚、赞美他，因为他一直坚持走自己的路，对我们的非难不屑一顾。众神爱他，是因为人们以前都恨他。索罗亚斯德曾说过：“对于不屈不挠的凡人来说，神的祝福就在顷刻间。”

祈祷就像是人的意志患上的疾病，同样，信条就是智力所患的病。他们跟那些愚蠢的以色列人一起说：“别让上帝同我们说话，否则我们就会死去。你或者随便谁来说，我们都会遵从。”无论在何处，在我的兄弟身上，我都无法碰到上帝，因为他关上了神殿的大门，错误地复述着兄弟的上帝的寓言，或者他兄弟的兄弟的上帝的寓言。每个新的心灵都开辟一个新的种类。如果能证明某个心灵有着超凡的行为与能力，一个洛克，一个拉瓦泽，一个赫顿，一个边沁，一个施普茨海姆的心灵，它就能让别人接受自己的分类。瞧啊！成为一个新的体系。这个心灵的思想越是深刻，所触及和带给学生的东西越多，他就越自我满足。但是，这点在信条和教会里表现得最为明显，信条和教会也是一些智者关于责任的伟大思想、关于人与上帝的关系进行的分类探讨。比如加尔文派、教友派、斯维登堡派。学生喜欢把新学的术语套用到每个事物之上，就好像一个刚刚学了植物学的姑娘，通过植物学知识看到土壤是新的、季节也是新的一样高兴。必然，在一段时间里，学生会真正感到从老师那里获益良多，因为通过研读老师的著作，他发现自己的知识增加了。这种情况会持续到等他穷尽了老师的思想。但是在所有不稳定的人心里，这种分类被偶像化了，被误以为是目的，而不是一个会迅速枯竭的手段。因此，在他们眼中，这个体系的墙在遥远的天际与宇宙的墙混为一体。对他们来说，天空的发光体似乎是挂在他们的老师修建的天穹上。他们不能想象你们这些圈外人怎么有权去看，又怎能看到："准是你们用了什么手段从我们这里偷走了光。"他们还不知道光是自由自在的，没有体系的，不可约束的，会照进任何屋子，甚至包括他们的屋子。让他们在那儿叽叽喳喳地说这光是他们自己的吧。如果他们为人诚实且行为端正，那么现在这个整洁的、崭新的小牢房就会变得狭小低矮，会开裂、倾斜、腐烂直至消失，而那不朽的光芒，则永远霞光万丈、光芒四射，普照整个宇宙，正如第一天的清晨一样。

二、由于缺乏自我修养，在所有受教育的美国人中仍然保留着对旅行的迷恋，对意大利、英格兰和埃及的迷恋。那些让人们在想象中对英国、意大利或希腊充满敬意的人，并没有像蛾子围着灯一样四处漫游，而是像地球的轴心一样，待在原地纹丝不动。在果敢刚毅的时刻，我们认为，职责就是坚守故土，那些随波逐流、寻欢作乐的人就由他们去吧。灵魂绝不是旅行者：明智的人总是随灵魂一起固守家园，在某些情况下，出于需求或职责召唤，他不得不离开家，或到国外去时，他似乎仍然待在家里，并没有离开自我，四处游荡，他的神情将让人们明白，他是智慧和美德的传播者，就像最高统治者一样在参观城市，接见人民，完全不是一个入侵者或是仆人。

我并不是武断地反对为了艺术、学习和慈善目的进行的环球旅行，只要这个人首先是恋家的，出国也并不是因为希望获取比他所知更伟大的知识。那些为了开心，或为了获得他没有的某种东西而去旅行的人，就背离了自己；即使年纪轻轻就已经在一堆老古董中开始变老。在底比斯，在帕尔米拉，他的意志和心灵跟这城市一样破烂残缺。他将精神的废墟带到历史的废墟。

旅行是傻瓜的天堂。从最初的旅程我们就明白了，地方无足轻重。在家里，我梦想着在那不勒斯，在罗马，我可以沉浸在美景中，忘却悲伤。我收拾行囊，告别朋友，乘船远航，最终在那不勒斯醒来，可在我身边的是那个残酷的事实，还是那个我想逃离的、悲伤的自我，无情冷漠，一丝一毫没变。我继续来到梵蒂冈和各处殿堂。假装陶醉于那美景和想象中，但实际上我并不陶醉。无论我走到哪儿，我巨大的自我都与我同在。

三、但是，旅行的狂热本身就是影响整个智力活动的一种更深层次的不健全的征兆。才智漂泊不定，我们的全面教育体系培养了一种躁动不安的心态。尽管我们被迫待在家里，我们的思想却游离不定。我们模仿他人，模仿难道不是思想彷徨的表现吗？我们房子是按外国品位修建的，架子上的装饰品是从国外购买的；我们的观点、品位以及整个思想都朝向、追随着过去和远方，就像一个佣人的目光追随她的女主人一样。不管在哪里，繁荣发达的艺术都是用灵魂铸就的。艺术家在自己的内心寻找他的原型。艺术创作是把自己的思想运用到创作对象和创作的条件中。那我们为什么要复制陶立克或哥特式的风格呢？美丽、便利和宏大的思想以及新奇的表达离我们也很近。如果美国艺术家怀着希望和爱去研究他将要做的事情，并考虑气候、土壤、白天的长度、人民的需求、习惯以及政府的构成，他也会盖出一栋让所有人都觉得适合、满足他们爱好和情感的房子。

坚持做自己，切忌模仿。你随时都可以用一生修养所不断积蓄的力量来表现你的天赋。然而，从别人那学来的才能，你只能暂时、部分地拥有。每个人干得最出色的事，就只有他的造物主才能教给他。除非这个人把它展现出来，没有人知道那到底是什么，也不可能知道。能教导莎士比亚的老师在哪呢？又是谁造就了富兰克林、华盛顿、培根或牛顿呢？每个伟人都是独一无二的。西庇厄的西庇厄主义恰恰是他无法从别人那儿借来的。如果有人告诉我这个伟人在从事伟大事业的时候、在最初的关键时刻模仿了别人，我就会告诉他除了伟人自己没有别人能指导他。对莎士比亚的研究不可能造就莎士比亚。做你自己分内的事吧，你就不会显得好高骛远和过于鲁莽。此刻，有这么一句质朴而庄严的箴言，就如同菲迪亚斯的巨凿、埃及人的泥刀、摩西或但丁的神笔，但同时又不尽相同。那雄辩滔滔、字字珠玑的灵魂不可能屈尊降贵地反复重复，但如果我能听到这些先辈的话语，我也要用同样的声调回答他们，因为耳朵和舌头是具有同一本性的两种器官。身处在朴实却又崇高的地方，遵从你的内心，那么你将再现整个史前世界。

四、我们社会的精神，跟我们的宗教、教育、艺术一样一致朝外看。人人都将改良社会作为自己的荣耀，却没有一个人有所改良。

社会从来没有进步。一方面在进步的同时，另一面以同样的速度在退步。它的进步只停留于表面，就像是跑步机上的人那样。社会经历着不断的变迁：有野蛮社会，有文明社会，有基督教社会，有富裕社会，有科学社会，但这种改变并不是进步。因为在有所得的同时也有所失。社会在追求新艺术的同时，失去了过去的本能。一个衣冠楚楚，会读书写字，勤于思考的美国人，口袋里装着手表、铅笔和汇票，与一个赤身裸体的新西兰人形成了多么巨大的反差呀。这个新西兰人的全部财产是一根棍子，一支矛，一张草席和一间跟许多人共眠的茅屋。可是，对比下这两个人的健康状况，你会看到，这个白人已经丧失了他原始的力气。如果这个旅行者说的是实情的话，用一把斧头去砍那个野蛮人，不过一两天工夫，伤口就会愈合如初，好像你砍的不过是柔软的松脂，但如果同样的一击就可以将白人直接送进坟墓了。

文明人造出了马车，就不再用腿走路。有了拐杖的支撑，他就失去了肌肉的张力。有了块高级的日内瓦手表，就不再会看着太阳辨别时间了。

有了格林尼治的天文年鉴，当他需要的时候就可以得到信息，可这个人走在街上已经不认识天上的星星了。对二至节气也不再观察了，对二分点也同样不甚明了，那个完整漂亮的年历在他的心里没有刻度盘。他的笔记本损伤了记忆力，图书馆超出了他智力的负荷，保险公司导致事故次数的增加。机器是否影响我们，我们是否由于过分讲究而丧失了活力，是否由于信奉一种扎根于机构和形式中的基督教而丧失了某种粗犷的气质，这些都是问题。每个斯多噶都是斯多噶，然而在基督教的国度里，基督徒在哪儿呢？

道德标准上的偏差并不比高度和体积上的偏差多，现在的人也不比过去的更伟大，古代的伟人和现代的伟人也没有什么差别。19世纪的科学、艺术、宗教和哲学培养出来的英雄不见得比两千三四百年前普鲁塔克创造的英雄更伟大。人类并不是随着时间的推移而进步。福西翁、苏格拉底、阿那克萨戈拉、第欧根尼都是伟人，然而他们没有留下什么派别。真正属于这一派的不会用他们的名字，而是成为完全独立的人，自己开宗立派。每个时期的艺术和发明仅仅是那个时代的外衣，并不会让人们精神振奋。改良后的机器可能利弊相抵。哈德森和白令驾着他们的渔船实现伟大的成就，连装备已经集科学技术之大成的巴利和富兰克林也深感震惊。伽利略用一个看戏的小望远镜，发现了一系列天文现象，其辉煌程度可谓后无来者。哥伦布乘一只无甲板的小船只发现了新大陆。每过一段时期，就会有工具和机器被废弃或淘汰掉，而这些都是在几年前或几百年前引起过巨大轰动的东西，这真让我觉得匪夷所思。伟大的天才都要回归真我。对战争艺术的改进我们也认为是科学成就，可拿破仑仅依靠露营打仗就征服了整个欧洲，既有赤手空拳的英勇，也有孤注一掷的决绝。他认为不可能建立一支完美无缺的部队，拉斯·卡斯说："阻断了我们的武器、弹药、粮草和车辆，但后来士兵们却模仿罗马人的做法，自己解决粮食问题，用手推磨磨面，自己烤面包。"

社会正如波浪。波浪向前涌动，构成波浪的海水并不如此。同一个水滴不会从波谷涌到波峰。波浪的统一不过是个表面现象。构成一个国家的这些人，一旦死去，他们的经验也将随之一起消亡。

所以，对财产的依赖，包括对保护财产的政府的依赖，就是由于缺乏自立精神。人们总是见物不见人，长此以往，就渐渐开始尊重所谓灵魂的进步，也就是那些作为财产守卫者的宗教、学术和政府机构，他们会反对对这些机构的攻击，因为他们认为，这无异于是对他们财产的攻击。人们根据别人有什么，而非他们是什么来评估应该给他们几分尊重。但是一个有教养的人，出于新近产生的对自我存在的尊重，开始为他的财产、他的所有感到羞愧。他尤其憎恨那些意外之财，比如继承的遗产、馈赠的礼物，或者通过犯罪而获得的财产。他会觉得那不该拥有，那不属于他，在他那儿没有根基。之所以在那儿，仅仅因为没有革命者或强盗把它拿走而已。不过，一个人存在，必然总是会获取，而他所获取的，是永恒的、有生命力的财产，不会听任统治者、暴徒、革命者、火灾、暴风雨或破产的影响，而是这个人在哪儿，它就永远在哪儿，并不断自我更新。阿里哈里发说："你的财产或部分的生命在追寻你。所以你就休息吧，不要追求它了。"我们对外物的依赖使得我们盲目推崇数字。政党召开无数次的会议，会议规模越来越大，每宣布一次就吵得震耳欲聋：埃塞克斯来的代表团！新罕布什尔来的民主党！缅因州来的辉格党员！在数千双眼睛的注视下，数千只手臂的挥舞中，年轻的爱国者感到前所未有的强大。改革家们也相差无几，他们召集会议，投票决定大量的议案。啊，别这样，朋友们！只有恰恰相反的行为，上帝才会屈尊进驻你的心灵。只有当一个人推开所有外界的支持，独自站立，我才会看到这个人变得强大和成功。他的旗下每招募一名新兵，他就变得虚弱一点。难道一个人还不如一座城？不要求助别人，那么在无穷无尽的变迁中，你唯一的坚强支柱就会出现，并支持你周围的一切。如果他知道力量来自他的灵魂，知道他软弱的根源是因为他想从自身之外的地方找寻善；认识到这一点后，他就会立刻全心依赖自己的思想，立即纠正自己，昂首挺胸，控制自己的躯体，创造奇迹；正如靠双脚站立的人比倒立的人要有力得多一样。

因此尽量利用那被叫作"命运"的东西吧。多数人都在跟她打赌，要么全赢，要么皆输，完全看她的命运之轮如何转了。但是，你必须把这种赢来的东西当作非法所得物一样放下，来应付“因果”——这上帝的法官。遵从上帝的意志去工作和获取，你就已经绑住了“机会”的轮子，再也不用担心它的旋转了。一次政治的胜利，一次租金的上涨，恢复健康或久别的朋友归来，或者其他什么外在的事情都会让你情绪高涨，你认为好日子离你不远了。不要相信这些。从来不是这样的。除了你自己，没有什么能给你带来安宁。只有当律法所向披靡，你才能得到心灵的平静。

补 偿

(1841)

从小我就一直希望写一篇关于“补偿”的文章。因为即使对年幼的我来说，在这个话题上，生活超越了神学，百姓的领悟也超过了牧师的布道。可以从中提取教义的文献也汗牛充栋，令我神往。它们时常伴我左右，即使在睡眠中也不例外。因为它们就是我们手中的工具，就像篮子里的面包，是街道上、农场里、居所处的交易；是问候、关系、债务和信用；是性格的影响；也是人的天性和禀赋。在我看来，其中可以向人展示神性的光辉、俗世灵魂目前的行为，没有一丝传统的痕迹，从而使人的心灵可以沐浴在爱的永恒的洪流中，与他所知道的曾经永恒和未来永恒的事物交谈，因为它其实就是当下。并且，情况似乎是这样的：有时候，真理通过光明的直觉向我们展示。如果这种教义类似于那些直觉的话，那么它就像我们旅途中的一颗北斗星，在黑暗的时刻里和曲折的道路上为我们指引方向，不让我们迷失。

最近，在教堂聆听的一次布道更坚定了我的愿望。那位牧师因坚守正统教义而颇受敬重。他以平常的方式讲述了“最后审判”的教义。他假定“审判”不会在现世进行：恶人飞黄腾达，善人受苦受难。然后他从理性和

《圣经》出发，极力主张双方在来世各做补偿。听众看来对此教义并无异议。据我观察，集会结束，人们各自散去，并没有对布道议论纷纷。

然而，这种教义的意义到底是什么？牧师所讲的现世之中行善者受难是什么意思？

是不是说房屋、田地、官职、美酒、骏马、锦衣、享乐都为不道德的人所有，而圣人只能是穷困潦倒、受人睥睨？要给后者做出补偿，是不是就是有朝一日给予他们类似的东西——股票、金钱、鹿肉、香槟？这肯定就是将来的补偿，不然还能是什么呢？是不是他们将有权进行祈祷和赞美？去关爱他人、服务他人？唉！这些是他们现世就可以做的。信徒可以做出的合理推断是：“我们也会拥有罪人现在就已经拥有的美好时光。”——或者，说得极端一点儿——“你现在作恶，我们迟早也会作恶；如果可以，我们现在就能作恶；现世作不了恶，我们明天卷土重来，一雪前耻。”

谬误就在于做出了如此巨大的退让：恶人飞黄腾达，正义在现世得不到伸张。牧师的无知在于他听从市井小人对人的成功的庸俗评估，而没有从真理出发据理力争，谴责世人的罪愆，没有宣扬灵魂的存在、意志的万能，从而建立善与恶、成功与虚幻的标准，召唤逝者于现世宣判。

在现今流行的宗教著作中，在一些文人偶尔涉及相关话题时持有的相同教义中，我发现了类似的庸俗论调。我认为我们流行的神学比起他们所取代的迷信而言，仅在礼节上而不是在原则上取得了进步。但是人比这种神学要好。他们的日常生活就证实了它的虚假。每一个正直的、有抱负的灵魂在人生经历中都将教义抛诸脑后，且所有人偶尔都能感受到不可言说的那种虚幻。因为人比自己所知道的要聪明。在学校或是布道时所听到的，他们往往不假思索，如果在谈话中提起，很可能会遭到无声的质疑。如果一个人在各色人群混杂的场合对天意和神圣法则作出武断的结论，回答他的将是一片沉默，而在旁观者看来，这种沉默无疑很好地表达了听众的不满。

在本章和下一章，我将试图指明补偿法则的路径。如果真能为这个圆画出一小段弧线，对我而言就是荣幸之至了。

对立，或者作用与反作用，在自然界中随处可见：黑暗与光明、热与冷、潮涨与潮落、雄与雌、动植物的吸气与呼气、心脏的收缩与舒张、液体和声音的起伏与波动、离心力与向心力、静电、流电与化学亲和性。在指针一端添加磁力，指针另一端就会产生相反的磁力。如果南极相吸，北极就相斥。想要腾空此处，就得压缩彼处。一种不可避免的二重性把自然界一分为二，因此每种事物都只是一半，并且暗示着有另外一半存在能使其完整，如精神与物质、男人与女人、主观与客观、内与外、上与下、动与静、是与非等。

整个世界都是二元的，它的每一个组成部分也都如此。世间万物的整个系统都表现于每个粒子之中。在每一根松针里，在每一颗谷粒里，在每一个动物族群的个体里，都有类似于潮涨潮落、昼夜更替、男人女人的东西存在着。在自然力中如此气势恢宏的反作用力，也在这些小范围里重复上演。例如，生理学家已经注意到，在动物王国里没有哪一个物种受到偏爱，有一种补偿原则来平衡每一个天赋和每一个缺陷。同一个动物身上如有所长则必有所短。如果头、颈偏大，躯干和四肢则必然缩短。

又如机械力原理。功率有所增加，则时间就会减少；反之亦然。行星的周期和补偿误差也是例证。政治史上气候和土壤的影响也是一个例子。气候苦寒使人精神百倍，贫瘠的土壤也不是热病、鳄鱼、老虎和蝎子的温床。

同样的二元论也是人的先天和后天的基石。过度引起不足，不足造成过度。甜中必有酸涩，恶中必有善存。每一个享受舒适的官能，一旦滥用，则会受到相应的惩处。这必然是一个终身的自我调节过程。每一点才智都必然对应一点愚昧。失之东隅则能收之桑榆。得到的同时也会失去。如果财富增加，花费也会增加。如果采集者过分采摘，大自然会将其本来拥有的拿走。得了财却丧了命。大自然不厌恶垄断和例外。海浪掀得再高，也会迅速落到一个平面，同样，千差万别的境况总是竭力趋向平等。总有一些均衡的力量会将专横、强悍、富有、侥幸的人拉回到和其他人平起平坐的境遇。如果一个人对社会而言太过彪悍、太过凶猛，而且从性情和立场来讲都是一个一无是处的公民，一个性情乖张的恶棍，有着海盗般的凶狠，那大自然会赐予他一群漂亮的孩子，他们在乡村学校女老师的班上学习，其乐融融，他对孩子们的疼爱和担心就会使原来的冷酷面容变得谦和有礼。就这样，大自然软化了花岗岩和长石，去除野猪的习气，增添羔羊的秉性，实实在在维持着它的平衡。

农民想象着权利和地位的美好，但总统阁下却为白宫付出了昂贵代价。一般来讲，他赔掉了所有的宁静和大部分的男子汉气质。为保持在人前那短暂的万众瞩目，他甘愿在那些伫立在宝座后面的真正的主人面前忍辱含垢。或者，人们觊觎天才那更切实而持久的辉煌？这也是没有保障的。若有谁凭借意志和思想的力量堪称伟大、傲视万千，必然也要肩负照应万千的责任。每一束新的光明都伴随着新的险境。他拥有光明吗？那么他必须忠于那永不止步的灵魂做出的新的启示，以此为光明作证，超越使他心满意足的同情。他要疏远父母妻儿。他拥有世人热爱、艳羡和觊觎的一切吗？他必须将世人的爱戴抛诸脑后，忠于自己的真理，从而折磨世人，并终将只能是笑柄，留下一片嘘声。

这条法则规定了各个城市和各个国家法律的条条框框。在最小的地方也畅行无阻。想要去建立、划分或联手对付它，都是徒劳的。事务管理混乱的状态势必不能长久。“事物是不愿意让人弄坏的。”虽然一种新的邪恶的克制方法还未出现，但它切实存在，而且终将出现。如果政府是残暴的，那政府官员的生命就不安全。如果赋税太高，国家收入也会毫无作用。如果刑法太严苛，陪审团就不会判罚。如果法律太宽松，就会出现私下报复。

如果政府极端民主，就会承受遭到精力过剩的公民抵制的压力，而生命之火也将燃烧得更加猛烈。极端的逆境和顺境都不会影响到人真正的生活和真正的满足，因为真正的生活和真正的满足在所有不同的情况下都能安之若素，不为所动。在所有政府的统治下，性格的影响都是一样的——不管是在土耳其还是在新英格兰，历史诚实地坦言，在古埃及的独裁统治下，人也能享受文化所能给予的最大自由。

这些现象表明了这样一个事实：宇宙苍穹表现在它的每一个粒子中。

大自然中的每一事物都蕴含了大自然的所有能量。每一事物都由同一种隐藏的成分构成，正如博物学者在每一种变型下都看到了同一类型，把马看成是飞奔的人，鱼看成是遨游的人，鸟看成是飞翔的人，树看成是伫立的人。每一种新的物态不仅重复了该类型的主要特征，也按部就班地重申了每一种其他类型的所有细节、所有目标、发展、退化、能量和整个系统。每一种职业、行业、艺术、交易都是世界的一个部分，都是其他事物的对应物。每一个事物都是人类生活的完整象征，是人生的善恶、考验、敌人、过程和终点的象征。每一种事物都或多或少融入人的生活，表现人的命运。

世界将自己缩小在一滴露珠里，用显微镜也可以发现因为很小显得不够完美的微生物。眼睛，耳朵，味觉，嗅觉，动力，阻力，欲望和抓住永恒的生殖器官——都能存在于这个微生物体中。同样，我们将生命投入到每一个行动中。真正的上帝无处不在，是指上帝完完整整地重现于每一片苔藓和每一个蜘蛛网中。宇宙的价值设法投射到每一个小点上。有好就有坏，相吸就会相斥，有牵引就会有制衡。

因此，宇宙是有生命的，万物是有德行的。灵魂于体内是一种情操，于体外则是法则。我们感受到了它的灵感。历史上，我们可以看到其决定命运的强大力量。它是无所不能的，整个大自然都受其掣肘。“它弥漫在世界之中，世界由其构成”。正义不会延期。它是一种尽善尽美的公正，调节、平衡生命的各个部分。“上帝的骰子总是灌上铅的”。这个世界看上去像一个乘法表，或是一个数学等式，无论你怎么改变它的方向，它都能保持平衡。无论你取何数字，都能得出准确的值，不多也不少。是秘密就会被泄露，有犯罪就会被惩罚，善有善报，有错必纠，无声无息，确定无疑。我们所谓的报应是普遍的必然性，出现部分的地方必将出现整体。你看到了烟，就必然会有火。如果见到了一只手或是一只腿，就必然知道后面有其躯干。

每一个行为都以双重方式回馈自己，或者换句话说，完善自己：首先是在事物中，或是在真正的自然中；其次是在境况中，或是在表面的自然中。人们称这种境况为报应。偶然的报应表现在事物中，为灵魂所见。境况中的报应为知性所见；它离不开事物，但是其传播往往更久远，直到多年以后才看得清晰。明晰的鞭痕在鞭打之后才出现，但鞭痕的出现是伴随鞭打而来的。罪与罚是同根生。罚是果，在欢愉之花的掩藏下悄悄成熟。原因与结果、方法与目的、种子和果实不能分离，因为结果已经在原因中开花，目的早就存在于方法中，果实也早就孕育在种子之中。

尽管世界意欲完整不愿分离，但我们还是千方百计地化整为零、分崩离析、据为己有。例如，为了满足感官享乐，我们把感官的享乐与人格的需要分开。人类的智慧一直致力于解决一个问题，就是如何将感官上的甘甜、强壮和明亮等与道德上的馨香、深邃分开。也就是说，设法把表面刮到薄得连底都快没了，为了一头而不顾另一头。灵魂说吃吧，肉体就是一顿盛宴。灵魂说，男人和女人应该是同灵同肉，肉体就只是把二者合为了一体。灵魂说，为了美德，统治万物吧，肉体却为了自己的目的主宰了一切。

灵魂极力通过万物生活发挥作为。这可能是唯一的事实。一切事物都将附加于它——力量、欢愉、知识、美。一个人想成为大人物，想树立形象，想尽办法牟取私利。具体来说，就是想骑马便有马骑，想穿衣便有衣穿，想吃饭便有饭吃，想要身居高位便可以赢得万众瞩目。人都努力想当伟人，因为他们会拥有地位、财富和名望。他们以为伟人只是拥有大自然甜的那一方面，而不用承担苦的那一面。

这种区分和隔离受到坚决抵制。必须要承认，直到今日，没有哪个筹划者在这方面取得了一丁点成功。我们一收手，分开的水又合为一体。一旦企图将这些东西从整体中剥离，欢乐就离开了欢乐的事物，利益就离开了有利的事物，力量就离开了强大的事物。我们不能将事物分割两半，只取感官上好的那一半，正如撇开外表我们就不可能获得内里，不要影子我们就不可能获得光亮。“用叉将自然驱走，她只会快速地又跑回来。”

生命用种种不可避免的状况包裹着自己，愚蠢的人设法回避，一个个吹嘘自己全然不知，吹嘘说这些状况对他们没有影响，但牛皮吹在嘴皮子上，而各种状况却藏于灵魂深处。如果一个人在一个地方逃避了它们，它们就会在另一个更重要的地方攻击他。倘若他只是形式上或表面上看来好像成功摆脱了这些状况的困扰，那其实是因为他没有全身心感受生活，甚至逃避自我，他遭到的报应就是如同行尸走肉。企图把权利同责任割裂开来的所有尝试都惨遭失败，因此不会再有人尝试这样的举动——尝试就意味着疯狂。有一种情形例外：如果人的这种背叛和分裂的疾病始于意志，那智力也会立马受到感染。于是，人就在每一件物品中见不到完整的上帝，而只是看见物品的感官诱惑，看不见对感官的伤害：他见到了美人鱼的头，却见不到龙一样的尾巴，甚至还认为自己可以将想要的和不想要的完全分开。"你悄然居于九天之上，多么神秘！啊，唯你独尊的上帝，伴随你那孜孜不倦的天意，请惩戒那些欲壑难平的人吧！"

在寓言、历史、法律、谚语与会话的描绘中，人的灵魂忠于这些事实。它不知不觉地在文学中发出声音。所以，希腊人称朱庇特为"至高心灵"。但是由于传说中流传着他的许多卑劣行径，希腊人竟像是捆住了这个邪恶天神的双手，不自觉地以此平衡了理性的损失。朱庇特被塑造得像英格兰国王一样无助。普罗米修斯知道朱庇特的一个秘密，他必须出大价钱来收买。密涅瓦掌管着雷的钥匙，所以朱庇特不能随心所欲打雷、施淫威。

> 在众神之中，只有我知道钥匙在哪里。
> 打开坚固的门，在地下室里，
> 雷神正沉睡着。

希腊人朴实无华地认可了万物的内在运行规则及其道德目的。印度神话也归结于同样的伦理道德。事实上，不道德的寓言要得以创作和流传绝无可能。曙光之神忘记为爱人祈求长生不老，所以提托诺斯纵然能与世长存，却垂垂老矣。阿喀琉斯并非无懈可击，因为母亲西蒂斯抓住他的脚在冥河的圣水浸泡，却没能浸泡到他的脚后跟。《尼伯龙根之歌》里，齐格弗里德在龙血中沐浴时，树叶掉在了背上，成了他的致命弱点。规律自古皆然。上帝创造的万物都有罅隙。似乎总有报复性的惩处悄无声息地潜入，即使在这些狂放的诗歌中——在诗歌里人们的想象力试图挣脱旧法，纵情狂欢，不料总有出其不意的反击，总有开枪时的后坐力，证明规律是命中注定的，任何人都不可违逆；还证明了大自然中，一切都需要代价，没有白白地赠予。

这便是复仇女神的古老信条。她监视着宇宙万物，惩处一切违规之举。复仇三女神守护着正义，甚至连太阳偏离了它自身的轨道也会被责罚。诗人讲述说石墙、铁剑和皮带对主人所受的屈辱有一种神秘的感应。埃阿斯赠予赫克托的皮带，后来绑在了阿喀琉斯战车的车轮上，把这位特洛伊英雄在战场上拖来拖去。赫克托送给埃阿斯一柄宝剑，最终埃阿斯却倒在了它的利刃下。当萨索斯人为竞技的优胜者西奥吉恩塑像时，他的一个对手夜晚潜到塑像前，不断击打雕像，想要把它推倒，而最终基座松动，落得个被倒下的雕像压得粉身碎骨的下场。

寓言的声音里有某种神圣的元素。它来自超越了作者意志的思想，是每个作家的精华部分，但并不属于作家个人。它是作家自己没有意识到的精华。它在作家的品格中自然流淌，而非冥思苦想的结果。只研究某一位艺术家，你可能不容易发现它，但研究多位艺术家，你便可以提炼出他们共同的精神。我想要了解的不是菲狄亚斯，而是早期希腊世界中人的作品。无论菲狄亚斯的姓名和生平对历史研究而言有多么便利，当我们进行有深度的批评时，都会感到不安。我们将看到在特定时期人们想做的事，却在做的过程中受到阻碍，或者，你更愿意用这个词——改进，因为受到了菲狄亚斯、但丁、莎士比亚的意志所干预，即取决于该时期那些人们塑造的偶像。

更引人注目的是每个国家的谚语对这一事实的表述。谚语总是理性的文学，或者说对绝对真理毫无保留的陈述。谚语就像是每个民族的圣书，是直觉的神殿。单调无聊的尘世，被表象所束缚，不允许现实主义者用自己的语言说话，却容许他用没有矛盾的谚语来讲述。这被教坛、议会、学院否认的万法之法，却时刻在所有的市场上，被所有的语言，用闪现着智慧光芒的谚语宣讲着。它的教义就像飞鸟蝇虫一样真切实在，无处不在。

万物都有两面性，彼此相克，就像一报还一报、以眼还眼、以牙还牙、以血还血、以爱还爱。有舍就有得。泼人水必湿己身。你能有什么？上帝说：付出才会有回报。不入虎穴，焉得虎子。做得多得到的就多，一分不多，一文不少。不劳者不得食。害人终害己。诅咒人者，必遭诅咒。你若用链子的一端缚住奴隶的脖颈，另一端就会将你的脖颈牢牢捆绑。馊主意在自己身上应验。恶魔即是蠢驴。

之所以这样认为，是因为生活本就如此。我们的行为听候自然法则差遣、定性，不因自己的意志而改变。我们牟取私利，将公共利益弃之一边，但我们的行为被不可抗的世界磁场所规整，从而自觉与世界磁极保持一致。

人一张口就等于给自己下判语。无论是心口合一还是口是心非，他的每一句话都在同伴心目中描绘着自己的画像。说出来的每一个观点都作用于自己身上。它就是掷向目标的线球，另一端仍在投掷者的包里。或者是一把投向鲸鱼的鱼叉，在鱼叉飞出去的瞬间，绳索松开，要是鱼叉质量不高，或是投掷不当，它会弹回来把捕鱼者切成两段，或者船毁人亡。

做错了事，谁都免不了受罚。柏克曾说："人若妄自尊大，就必遭其害。"独享时尚生活的人若试图独占欢乐，便已将欢乐拒之门外。宗教里的排他主义者不知道，在对他人关上大门的同时，他也将自己通往天堂的门关闭。将他人当作小卒或者棋子戏弄的人终将也会被别人摆弄。如果你忽视他人的心，最终也会失去自己的心。感官将所有人都物化，妇女、孩童、穷人皆化为物。俗语之中不乏哲学真谛："要么夺取他的财物，要么榨取他的皮肉。"

在我们的社会交往中，只要违背仁爱和公道，就会立即受到惩罚。担惊受怕就是对它们的惩罚。我若与同伴关系单纯，那我们见面很少有不快发生。我们的相遇，像水遇到水要合流，像气体遇到气体要交融，有着大自然完美的扩散和渗透。但一旦关系不再单纯，试图平分秋色，或者试图对我有利而对他有害，我的邻居就会觉得有失公正。他从我身边躲得远远的，就像我当初躲避他一样。他不再寻觅我的目光。我们有了冲突。他有了对我的仇恨，我也产生了对他的恐惧。

世上一切陈旧的弊端，无论大小，无论普遍还是具体，一切靠不公平的手段聚敛的财富和权力，终将受到应有的惩处。恐惧是大智慧的启蒙者，也是变革的先驱。他一直告诉人们：他在哪里出现，哪里就有腐朽。他就是啃噬腐肉的乌鸦，虽然你看不清楚他为什么在那里盘旋，但那里一定有死亡。财富让我们战战兢兢，法纪令我们胆小怕事，哪怕是有教养的阶层也唯唯诺诺。历来，恐惧都在警示着政府和财富，挤眉弄眼，絮絮叨叨。那晦气的鸟飞到哪里必有它的原因。他表明有莫大的罪过存在，需要改正。

我们停止自发的行动之后，随之而来的对变故的预期，与此有异曲同工之处。万里无云的晌午带来的忧惧，波吕克里特的绿宝石，对成功的敬畏，引领每一个慷慨的灵魂承担高尚的禁欲主义和代人受过的美德的本能，这些都是通过人的心灵和思想平衡正义的回响。

深谙世故的人深知，最好是边走边偿清账目。他们明白：人往往会因为贪小便宜而吃大亏。欠债的人困在自己的债务里。一个人获百利而不回报分毫，他真的就是有所得了吗？一个人出于懒惰或是狡诈，从邻居那里借来货物、马匹或是金钱，难道他有所得吗？这样的行为立刻表明一方在获赠的同时也是另一方在施予，也就立刻显现了孰优孰劣。这样的交易会长存于邻居和自己的记忆之中。每一次新的交易都会因性质的不同改变他们之间的关系。他或许很快就会发现他宁愿折断自己的骨头都不愿去借邻居的马车，也明白了“他为一个东西付出的最高的代价就是张口讨要”。

拥有智慧的人会将教训应用到生活的方方面面，而且还知道需要谨慎面对每一个提出要求的人。如果他们正当地要求你付出时间、才能和心力，你就应该满足他们的要求。永远偿还吧，因为，不管迟早，你都必须还清你所有的债务。你是否公正，短时间内很难下结论，但也只是稍作延迟而已。你最终必须还清自己的债务。如果你足够明智，你会畏惧成功，因为那只会让你负担更多债务。大自然的目标是获利。但你所得的每一个收益，都要缴纳税款。与人利益最多的人是伟大的。只受惠不回报的人便是卑劣的，这是宇宙间最卑劣的行为。在大自然的秩序中，我们不能回报给予我们恩惠的人，或者回报很少。但我们获得的利益须再次回报给他人，线对线，行为对行为，分毫对分毫。当心太多的好处握在手中会腐烂生蛆，赶快以某种形式交出去吧。

劳动也被这同样无情的法则约束着。谨慎的人说，最宝贵的劳动最廉价。购买一把扫帚、一块毯子、一辆马车、一把小刀，将智慧运用到大众需求。在修整花园时，最好雇用一位灵巧的园丁，或者说购应用于园艺业的智慧。聘用水手，即是购买应用于航海的智慧。在家里，智慧应用于烹饪、缝补和照料他人。经纪人将智慧应用于账目和事务。这样你就好像成了千面手，在你的产业中无处不在。然而，由于事物的双重性，在劳动中也像在生活中一样，容不得半点虚假。窃贼盗取的其实是自己的财物。骗子欺骗的其实是他自己。因为劳动的真正价值在于获得知识和美德，而财富和声望不过是知识和美德的符号而已。这些符号，如同纸币，可以伪造，可能被盗去，而这些符号所代表的知识和美德，却造不得假，也偷不出去。若不是真正地花心思，并服从于单纯的动机，劳动的这些目的就达不到。骗子、窃贼、赌徒不能占夺真正的利益，不能获得物质、道德性质上的知识，因为诚挚的关怀和辛劳把它都交付给了真正劳动的人。自然法则是：劳者多能，庸者无为。

人类的劳动形形色色，从打磨棍棒到城市建设或是撰写史诗，都是宇宙补偿法则的一个巨大的完美例证。无论何时何地，这条法则都是至高无上的。给予与获得绝对平衡，万物必有所值，如果付的价钱不合，那么得到的就将是别的东西。付出才有回报——这样的教义表现在账簿栏里，表现在国家预算中，表现在光明和黑暗的规律上，表现在大自然所有的作用力和反作用力上，都一样崇高，不容小视。我丝毫不怀疑，每个人都能在自己熟悉的事物中看见蕴藏其间的至高法则，比如严厉的伦理道德闪烁在凿刀刃上，由铅垂和量尺来测量，显示在商店账单底部，就像在国家历史中一样醒目——这些至高法则吸引着他们从事所在的行业，而且在他们的想象中弘扬了他们的事业，虽然他们很少有过明确地表达。

美德和大自然的联盟使万物形成反对罪恶的统一战线。世上美好的法则和物质都打击、鞭挞叛徒。万物都是为真理和利益而存在，世界再大，也没有恶徒的藏身之所。一旦犯罪，世界就透明得如同是玻璃建造的，无处遁形。一旦犯罪，就像地面上铺了一层雪，会暴露树林里的每一只鹧鸪、狐狸、松鼠和鼹鼠的足迹。说出去的话再也收不回，踏上的脚印抹不去，无法抽回梯子以断绝来路，不留痕迹。大自然的法则和物质，如水、雪、风、引力，都会成为对恶贼的惩处。

另一方面，这条法则对于所有的正确行动同样适用。爱人，你才能被爱。所有的爱都如数学般公平，像是代数等式的两头必然相等一样。善人拥有绝对的善，就像火苗一样能把万物都归化为自己的性质，因此你伤害不了他。但是，就像是派去攻打拿破仑的皇家军队一样，拿破仑一上前，他们就扔下了战旗，甚至从敌人变成了朋友。同样，各种灾害，如疾病、争端和贫困，都能给我们带来益处。

风吹水动，
为勇士增添力量和神性，
但风和水本身一无是处。

善人甚至会从弱点和缺陷中受益。正如人心中只要有一点狂妄自大，就必然对其造成伤害一样，有缺陷的人也会因缺陷而受益。寓言中的雄鹿欣赏自己头上的角，却责备自己的脚，但当猎人来时，却是脚救了它，而后来，它因为脚卡在灌木丛中而断送了性命。人的一生中都应该感谢自己的缺点。没有人能彻底领悟真理，除非他已与它抗争过。同样的，没有人能彻底了解自己的不足和才能，除非他已经因为不足而受苦，或者眼见别人因为具备了某种才能打败了技不如人的自己。难道他是因为性情的缺陷而与社会格格不入吗？于是他不得不自找乐趣，最终养成自助自立的习惯。像这样，他像受伤的牡蛎，用宝贵的珍珠修补自己残破的贝壳。

我们的力量正是来自我们的弱点。只有被刺、被蜇、被猛击之后，心中的愤慨才会被激发，才能够用神秘的力量武装自己。伟大的人物总是甘于渺小的。他一旦坐在有利的垫子上，就会昏昏欲睡。但只要遭遇推挤、折磨、失败，他就抓住了学习的机会。他增添了智谋，增长了勇气。他知道了事实，意识到了自己的无知。他治愈了狂妄症，懂得了克制和掌握真正的技能。智者总将自己置身于他的攻讦者一方。他比攻讦者更热衷于发现自己的缺点。伤口愈合，结痂像死皮一样从身上脱落，攻击他的人就要获得胜利，啊！他已变得强大，无懈可击。责备比颂扬来得安全。我不喜欢报纸替我辩护。只要有话语攻击我，我就有了某种成功保障。但只要甜言蜜语赞赏我，我就觉得自己手无寸铁被暴露于敌人跟前。总而言之，只要我们不屈服，每一种罪恶都能让我们受益。桑威奇的岛民相信，他们会获得他们杀死的敌人的力量和勇气，同样，我们也会因为拒绝诱惑而获得力量。

如果我们愿意，守护我们防御灾难、缺陷和敌意的力量，同样能使我们远离自私和欺诈。监狱和法律不是我们最好的体制，工作上的精明也不代表着智慧。人愚蠢执迷地相信他能够被别人欺骗，并因此一生受尽磨难。然而，就像一件东西不可能同时存在又缺席，人也不可能被欺骗，除非是他自己。在我们所有的交易中，总有一个默默无语的第三者。万物之本性、万物之灵亲自出面，确保每一个契约的履行，确保诚信服务不会遭受损失。若你的主人忘恩负义，就要更好地去服务他。让上帝欠你的情。每一个付出都会得到回报。报酬被拖欠得越久，对你愈有利，因为这资产的价值和用途犹如利滚利。

迫害的历史就是一部企图欺骗自然的历史。它妄想让水往高处流，将沙拧成一股绳。不管人是多还是少，是一个暴君还是一群暴徒，这并没有区别。暴徒是那些自动丧失理性、逆天而行的乌合之众。暴徒甘愿将人性堕落，与兽无异。兽喜欢活跃在黑夜。它的行为是疯狂的，就跟它的本质一样。它迫害道义，鞭挞正义，处罚公义。谁有道义、正义与公义的品格，它就凌辱谁，放火烧谁的房子。就像是恶作剧的淘气鬼跟着消防车奔跑，要去把涌向繁星的红霞扑灭。圣洁的灵魂怨恨作恶的人。殉道者应得到尊敬。每遭受一次鞭打，就为名誉说话；每一座牢狱都是更光明的住所；被焚毁的每一本书、每一间房都照亮了世界；每一句被压抑、被删除的话都响彻世界。当真相大白于天下之时，当殉道者沉冤昭雪之际，无论是个人还是整个社会都会清醒，都会思考。

这样万物都在宣讲环境无关紧要，人才是一切。事物都有好坏两面。每一种优势必有其负担。我学会了知足。但补偿教义不是教你不在乎。听到这些陈述，头脑简单的人会说，做得好又有什么用处？一件事有好就有坏，如果我得到它的好，就必须付出代价。如果我失去某些好处，我会得到其他好处。原因在于所有行为都无足轻重。

在灵魂中有比补偿更深刻的事实，即它自身的天性。灵魂不是一种补偿，而是生命。灵魂是存在。环境如同奔腾的大海，水涨水落，完美的平衡，真正“存在”的原始深渊就在大海下面。“本质”或上帝，不是一种关系或是一个部分，而是一个整体。存在是完全的肯定，不包括否定，是自我平衡，并把所有的关系、部分和时光吞下肚去。自然、真理、美德都源于那里。罪恶就是这些东西的缺失或背离。乌有和虚幻也许像黑夜或是阴影一样存在着，被鲜活的宇宙万物当成背景，在上面画出了自己。但它不能制造事实，它行不通，因为它本来就不存在。它行不了善，也作不了恶。不存在比存在要糟，从这个意义上讲它是恶。

我们感觉受了欺骗，因为恶行应该受到的报应并没有实现，罪犯坚持作恶，拒不服从，在看得见的自然中，他没有遭遇危机或受到审判。在人类和天使面前，他的胡言乱语没有遭到他人的严辞反对。他就因此比法则更加有智慧了吗？因为他充满了邪恶和谎言，他已经远离了大自然。错误会以某种方式向知性显现，但假如我们看不见它，这结局必然是彻底了断。

另一方面，也不能说公正的获得就一定要以某种损失为代价。美德和智慧不会受到惩罚，它们是存在的恰当增补。在美好的德行中，我恰当地存在着。在行善时，我对世界有所增益。我在从“混沌”和“乌有”那里征服得来的沙漠里种植，看着黑暗在地平线上渐渐消退。如果以最纯洁的观念来考虑，爱、知识和美不会过度。灵魂拒绝限制。它永远肯定的是人的乐观而不是悲观。

它的生命在不断前进，而不是停滞不动。它的本能是信任。我们的本能在谈到人的时候，总是说灵魂的“多”和“少”，而不是有没有灵魂。勇敢的人比懦夫伟大。真实的人，仁慈的人和有智慧的人比傻瓜和无赖更具有人性。因此，美德的收益不需要交税，因为那是上帝自己或者绝对存在的收益，是无从比较的。所有外在的收益都有负担，如果它来时没有美德，没付出汗水，就不会在我身上扎根，一阵风都可以把它带走。然而大自然的好即是灵魂的好，如果用大自然合法的硬币，也就是说头脑和心灵允许的劳动去支付，也许是可以拥有的。我不再期望去获得那些我并没有挣得的好处，例如，找到一罐埋着的金子，我知道那会带来新的责任。我不再盼望外在的收益——财产、荣耀、权力、女仆统统不要。这种收益是显而易见的，代价也确定无疑。但这种知识是没有负担的：补偿是存在的，挖掘财宝是不值得的。因此，我心安理得，怡然自乐。我缩减了可能的恶的范围。我学到了圣伯纳德的至理名言：“除了我自己，没有什么能将我摧毁。我遭受的伤害我随身携带，但只有我自己的过错才能真正将我伤害。”

在灵魂的天性中，有不对等条件的补偿。本性根本的悲剧似乎是“多”和“少”的区别。“少”如何能不感到痛苦？如何能不对“多”感到愤慨和怨恨？看到那些拥有较少能力的人，他人会感到悲哀，不太知道如何去评说。他几乎要躲避他们的目光。他担心他们会指责上帝。他们该怎么办？这看起来确实很不公平。但近距离审视这些事实，这大山一般的不平将会消失殆尽，就像太阳将冰山在海里融化，爱将这些不公平消减。所有人的心和灵魂既然是一体，“他的”和“我的”这种怨尤就会消停。他的就是我的。我是自己的兄弟，我的兄弟也是我自己。若我的伟大邻居比我优秀，使我黯然失色，我还有爱，我还能接受。爱人者把他所爱的伟大化为己有。因此，我发现我的兄弟守护着我，怀着最大的善意为我效劳，我爱慕欣羡的财产就属于我自己。灵魂永恒的天性就是占有，把万物据为己有。耶稣和莎士比亚只是灵魂的碎片，我用爱征服他们并将他们吸收进我的思想领域。他们的美德，不就是我的吗？他们的智慧，如不能成为我的，就不能称其为智慧。

灾难的自然史也是如此。每隔不久，人类的繁荣就会被各种变故打断，这彰显了大自然的发展法则。自然秩序的发展变化是永恒的，而每一个灵魂，出于这种内在必然性，都会逐步放弃它的整个事物体系，放弃它的友人、家庭、法律和信仰，就好像贝类动物，如果外壳不允许它进一步生长，它就会爬出美丽但坚硬的外壳，逐渐形成一个新的居所。与个人活力相适应，这样的变革频频发生，等到出现某个更愉悦的心灵，变革就随时发生，他所有的世俗交往变得十分松散随意，可以说像是变成了透明的流动的薄膜，透过它可以清晰地看见生物形态。不像大多数人，他们的人际关系像是长年累月固化了的多元组织，也没有把人囚禁其中的固定特征。接着，就会产生膨胀，今天的人几乎认不出昨天的人。终有一天，这将成为人外在发展的记录，记下他如何一天天摆脱腐朽的境况，就像每天换新衣服一样。

但对我们来说，我们处于沉沦的状态，停滞不前、不思进取，拒绝而非迎接高尚的进步，我们的成长因而必然经历阵阵强力冲击。

我们离不开朋友，也不能放天使离开。我们不知道，只有小天使离开了，大天使才可能进来。我们迷恋旧物。我们不相信灵魂是富有的，不相信灵魂自身的不朽和无处不在。我们不相信今天有任何力量可与美好的昨天匹敌，不相信美好的历史可以重现。我们在破旧帐篷的废墟里徘徊不前，因为我们曾在那里生活过。我们也不相信精神可以再养育、庇护我们，给我们勇气。我们再也找不到那样珍贵、那样美好、那样优雅的事物。纵然坐下来哭泣，也是枉然。全能的上帝说："站起身来，永远前进!"我们不能在废墟中停滞不前。我们也愿意依赖新生事物。所以我们边走边往回看，就像那些往后看的怪物一样。

然而，灾难的补偿也明白无误地对知性显现了出来，尽管要经过很长一段时间。一场热病、四肢残损、残酷的失望、钱财的丢失、朋友的离去，在那一刻看来都是没有补偿的损失，也无从补偿。但是坚挺的岁月展现了支撑所有事实的补偿力量。朋友、妻子、兄弟、爱人的逝去似乎除了损失没有别的意味，但后来却显露出一些向导或天才的意味，因为这种失去通常会极大地改变我们的生活方式，终结早该结束的幼年时期或青年时代，打破习以为常的职业、家庭、生活方式，建立新的更有利于性格成长的习惯和生活方式。这种损失允许或强迫新知识的形成、新影响力的接受，这些在接下来的岁月里至关重要；这些男男女女，本来沐浴着和煦阳光，娇养在花园里，脚下的根无处伸展，头上日头太烈，现在围墙坍塌，园丁疏于照料，反而长成了森林里的榕树，给四野八乡的人们提供树荫和果实。

友 谊

(1841)

语言远不能表达我们的善意。纵使自私自利就像寒风般让世界不寒而栗，但人类这个大家族还是沐浴在充满爱的苍穹下。无数人与我们在屋檐下邂逅。尽管连寒暄两句都难以做到，但我们彼此尊重。无数人与我们在街道相视而过，或在教堂同坐一起，纵然默默无语，但因彼此相伴而内心愉悦。去解读那些游移的目光所传递出来的语言信息吧。需要用心才会读懂。

人类一旦放纵自己的情感，便会带来某种由衷的欢愉。在诗歌里，或在寻常的交谈里，悲悯与满足之情如烈焰般迅猛，或者说，比火焰更迅猛、更活跃、更令人欣喜。它们是划过内心深处的美好光辉。从最炽热的爱情到最寻常的善意，这些情感使人生变得甜美。

伴随着情感的丰富，我们的智慧及活力与日俱增。学者伏案著述，多年的冥思苦想也无法为其带来奇思妙想与神来之笔，但提笔给友人写信之际却文思泉涌，信手拈来。看看吧，在任何一户人家，只要还拥有美德与自尊，陌生人的造访总会引起心灵的悸动。在期待那位陌生客人时，家人都沉浸在欣喜和痛苦交织的不安中。他的到来几乎让所有准备迎接他的人感到惊慌。房屋收拾得一尘不染，所有东西迅速物归原位，脱掉旧衣换上新装，若可能，还要设宴款待。对于备受推崇的陌生来客，他人所给予的都是溢美之词，我们也只能听到溢美之词。于我们而言，他，代表人性。他代表我们心中的向往。经过一番想象和揣测，我们开始自问，该如何与这样一个人交谈呢？该表现出怎样的举止呢？这让我们惴惴不安，顾虑重重。这样的疑问也升华了我们的交谈。我们谈吐得体，思维敏捷，记忆丰富，让我们沉默寡言的魔鬼此刻似乎也离我们而去。一连数小时，得益于我们最古老和隐秘的经验，我们的交谈真诚、优雅、丰富，以致坐在身旁的亲友们都为我们不同寻常的魅力而讶异。可是一旦陌生人在交谈中表露出个人的偏颇、局限和缺陷，一切就结束了。我们对他的赞美，是第一次也是最后一次。他再非陌生人了，他亦如我们所熟知的人般，粗俗不堪、无知愚昧、缺乏理解。如今，他再来登门造访，我们仍然会收拾整理，换上新衣，设宴款待，但是，那种心灵的悸动和灵魂的交流却不复存在了。

这些情感的爆发是令人愉悦的，它让我再次感受到年轻的世界。两个志同道合的人在适当的时机浪漫邂逅是一件多么美妙的事情啊！才华出众、心地坦诚的人靠近这颗狂乱躁动的心，感到他的步形和形体是多么的美妙啊！当我们放纵自己的情感时，地球也发生了异变：严冬不会来临，夜晚不再落幕，悲剧不再发生，倦怠已然消逝，甚至一切责任也烟消云散。只有我们挚爱的人那光辉灿烂的身影才能填充这永无止歇的永恒。让灵魂确信，在宇宙的某一个角落，一定会与朋友相遇，纵使孤独，灵魂也会满足欣喜千年。

清晨醒来，我满怀对友人虔诚的谢意，无论是新朋友，还是老朋友。上帝每天都会恩赐于我，我怎会不称赞上帝的美好？我排斥群体，偏爱孤独。但是我也不至于如此不识趣，对那些不时从我门前经过的聪慧的人、可爱的人、高尚的人视而不见。倾听我的人，理解我的人，终会成为我永恒的财富。大自然也不至于如此吝啬地不多给我几次这样的快乐，于是乎我们编织起自己的社会之网，一种新的关系网。然后，随着诸多思想得以证实，我们则可逐步立足于自己创建的新世界里，而不再是这个因循守旧的星球上的陌生人和流浪者。我的朋友纷纷造访，他们不是我刻意寻求而得，而是伟大的上帝所赐予。运用最古老的权利，通过美德神圣的吸引力，我发现了他们，或者说，是我和他们身上的神性，共同将人的性格、关系、年龄、性别、环境差异的厚厚壁垒摧毁，对于这些，上帝通常默许纵容，而现在，则将其融为一体。出类拔萃的亲友啊，我是如此感激你们，是你们帮我把这个世界推向了崭新而崇高的深度，丰富了我思想的内涵。他们不是刻板与僵化的人，他们是上帝的新诗——永不停歇的诗--他们是圣歌，是颂歌，是史诗，他们是流动的而不是凝结在充斥着注解和语法规则的呆板无趣的书中，他们至今为阿波罗和缪斯所吟唱。他们，或者他们中的某些人，会再一次离我而去吗？我不知道，但我并不惧怕，因为是纯粹的吸引力将我们紧密相连，我们之间的关系干净纯洁。我生命中的守护神如此擅于结交，无论我身在何处，同样的吸引力会在同样高贵的男男女女身上施展它的能量。

在这一点上，我承认天性是极其脆弱的。感情是“从误饮的酒中挤出来的甜蜜毒药”，这对我而言异常危险。结识新朋友于我而言是一件使我彻夜不眠的大事。我最近迷恋于那些能给予我美好时光的人，然而这些欢愉在白天就戛然而止，无任何结果，思想得不到激发，举止得不到修正。我定会为朋友的社交才华而倍感自豪——那些他们品行中的狂野、柔和、悸动的属性——就像那些才华是我的一样。当朋友受到赞扬时，我就像情人听到他的未婚妻受到称赞一般，亦温暖地感同身受。我们夸大朋友的良知，他们的美德似乎比我们更崇高，他们的天性似乎更纯良，他们的诱惑似乎更少。任何一样事物——只要是他的——他的名字、他的身影、他的衣着、他阅读的书籍、他使用的工具、都能升华想象力。即便是我们的思想，只要从他的口中说出，也变得更加新颖、更加深奥。

但是，爱的高涨与低落和心脏的收缩与扩张不无相似之处。友谊，如同灵魂的不朽，美好得令人难以置信。情郎凝视他的女伴，半信半疑她或许不是他真正爱慕的对象。然而在友谊的黄金时期，些许的猜疑都会令我们讶异。我们怀疑我们是在赋予英雄美德，使他们光芒闪耀，继而又去顶礼膜拜这一我们认为是神赐的载体。严格地讲，较之于尊敬人类，灵魂更尊重它自己。据科学研究，所有的人都处于无限遥远的状态之下。难道我们害怕，一旦挖掘出天堂般神殿的哲学根基，一旦面对事实，我们的爱便会冷却吗？难道我并不同于我所看到的事物那般真实？如果的确如此，我将无所畏惧地去了解事物的本来面目。事物的本质并不会比他们的外表逊色，虽然说，要理解事物需要更精密的器官。在科学看来，植物的根须没有什么不雅之处，虽然为做花环花彩我们剪短了根茎。而我必须冒险一试，在这些令人愉悦的幻想中，提出赤裸裸的事实，尽管结果可能证明其为宴会上的埃及头骨。一个与自己思想紧密相连的人能极好地认识自己。他意识到成功具有普遍性，但其间各式各样的挫折却难以避免。任何优点、能力、金钱或力量都不能与他相匹敌。我别无选择，只有依靠自己的贫穷，而非你的富有。我没有能力使你的意识与我的等同。只有恒星才能耀眼夺目，行星只能散发月光般微弱的光线。我听到你对某人令人钦佩的才能和历经磨难的性情大加赞赏，但是我很明白，尽管那人身披紫麾，我也不会喜欢他，除非他终究亦如我般是个窘迫之人。噢，朋友，我不能否认，相比于其他笼罩于巨大阴影中的事物，你自己亦被“出众非凡”这一巨大阴影涵盖在无限的斑斓之中。如同真理，如同正义，你亦不是凡夫俗子——你不是我的灵魂，你只是灵魂的一幅肖像或是雕像。你刚来到我的身旁，却欲抓起帽子和斗篷悄然离去。是不是灵魂结识朋友就像树木长出叶子，新叶萌发而旧叶凋零那般呢？自然的法则就是永恒交替。每一个电荷都与其相反的电荷相吸引。灵魂为朋友所环绕，即能进入更崇高的自省或孤寂；灵魂独处一季，即能使对话与交往得以升华。这种方法随着我们个人人际关系史的延伸而展现无遗，情感的本能唤醒了我们与同伴结合的愿望，孤独感的回归又把我们从追逐中召回。于是，每个人一生都在对友谊的追寻中度过。如果能记录下自己真实的情感，他或许会对每一个钟情于他的新朋友这样写道：

亲爱的朋友：

若我相信你，若我相信你的才能，若我相信我的心境能与你的心境相符相称，我将不再为你我来往之琐事烦扰。我并非智者，我的心境极易企及，我对你的天赋敬仰有佳。于我而言，它仍然深不可测，然而我不敢贸然揣测你是否完全了解我。因此，你于我是甜蜜的苦恼。要么永远属于你，要么永远不属于你。

但是，这惴惴不安的愉悦和细微的痛苦仅为满足好奇之心，而非生活。我们不应纵情其中。这可谓为结网，而非织布。我们的友谊仓促结束，且结局浅陋，因为我们的友谊是以美酒和梦幻为材质编织而成，而非人心的坚韧纤维。友谊是以伟大、严苛、永恒为法则，是用自然规律和道德法则织成的网。但是我们往往趋于急功近利和蝇头小利，急于品尝突如其来的琼浆。我们去攫取上帝花园中生长最慢的果实，而那果实本应经历多少冬夏才能成熟？我们未以神圣的心态去寻朋觅友，而是带着不纯的欲望，想把朋友据为己有。一旦徒劳无益，我们又怀着微妙的敌意，当与朋友相见之时，敌意便开始萌生，把一切诗歌都转变成陈词滥调。几乎所有的人都屈尊相见。一切社会关系皆需妥协。更为恶劣的是，当他们相互靠近，那美好天性的花朵和芳香都将消失殆尽。现实社会的交往是多么令人失望啊，即使是道德高尚之人和才华横溢之辈亦是如此。一旦精心策划的晤谈实现，在友谊和思想如日中天之时，那挫折坎坷的打击，那突如其来、不知所以的冷漠，那理智和兽性的癫狂，必会令我们经历一番苦痛折磨。我们的机能并非真实可信，双方只有在孤独中才得以解脱。我对待每一段关系理应平等均衡。若一段友谊并非建于平等基础之上，结识多少挚友，能在交谈之中有多少裨益，都是没有意义的。若我在一场友谊的对抗中畏惧退缩，那我在其他的对抗中获得的乐趣顷刻之间也变得卑鄙懦弱。若是继而又去其他朋友之处寻求庇护，那我则应当憎恶自己。

勇士扬名因善战，
百战百胜威名现，

一朝败则功名枯，
有谁识得个中苦。

因此，急躁情绪理当严厉斥责。羞怯和冷漠如坚硬的外壳，保护脆弱组织免于过早成熟。一个最杰出的灵魂尚未成熟之际就知晓并拥有友谊，友谊便会迷失。尊重那缓慢的自然进程，它以百万年的历程孕育出坚硬的红宝石，它持之以恒，使阿尔卑斯山和安第斯山像彩虹一般出现，然后又离我们而去。我们生活中美好的精神家园已不复存在，这就是鲁莽的代价。爱，上帝的本质，不应轻率浮躁，而应成为人的全部价值。让我们不再沉溺于这种幼稚的奢侈，而是让我们的价值观变得朴素严苛。让我们靠近朋友时，勇敢地去相信他心底的真诚，相信其宽宏的根基永不颠覆。

这个话题的魅力使我无法抵抗。为此，我暂时抛开那些关于社交效益的一切论述，专谈那种杰出而神圣的关系。这种关系是绝对的，甚至使爱情的语言都可疑而粗俗。它更加纯洁，其神圣性无可比拟。

我不愿挑剔讲究地对待友谊，只想以最简朴的勇气待之。真正的友谊，并非玻璃线或霜花花纹，它是最为坚固之物。迄今，历经如此多世纪积累的经验，我们对自然，或是对我们自己又了解多少呢？在解决自己命运的问题上，人类甚至还未跨出一步。所有人都为自身的愚昧备受谴责。但是，我从与兄弟灵魂的融合中收获的甜蜜真诚的欢乐与平和才是友谊的果仁，而一切自然和思想都只是果皮与果壳。成为朋友的避难所是多么令人欢乐！它像节日的凉亭或拱门那般建造精美，只为供朋友消遣一日。如果它能悉知这份友谊的庄重肃穆并尊重友谊的法则，那定会更加愉悦。友谊并非慵懒的联谊，也非假日的邀约。主动献身缔结友谊盟约的人，俨然奥林匹克的赛手进入赛场。他挺身与“时间”、“欲望”、“危险”同场竞技，只有体格强健，能够保护柔弱的美丽，使其不受损伤的人方能成为唯一的胜利者。或许有幸运的天分，或许没有，然而赢得那场比赛中的一切机会都取决于内心的高贵与对琐事的藐视。友谊由两种元素构成，每一种都至高无上，我无法辨别哪个更优越，也没有理由决定先为谁命名。一种元素是

“真”。朋友就是你能真诚对待的人。在他面前，我可以直言不讳。最终，我与这样一个人相处，他如此真实，如此平等，我甚至可能摈弃“掩饰”、“客套”、“斟酌”这些人们从不离身的贴身衣物，抑或像一颗原子与另一颗原子相遇一样，与他单纯相处，倾心相待。真诚，就似王冠和权威般，是一种奢侈，只有最高层次的人才能享有。他们有权利说真话，因为他们没有什么再需去奉承、去迎合。每个人独处的时候都诚挚恳切。一旦他人介入，就开始虚伪。我们为逃避同伴的靠近用尽各种手段：恭维、流言、消遣和隐私。我们层层叠叠地掩饰自己的思想。我熟知的一个人，在某种宗教狂热支配下，掀开幔纱，抛开一切溢美之词和老生常谈，与相遇的每个人都平心而论，其话语满怀精辟见解和美好之处。最初，人们抵触他，视其为荒唐之人。但他有时确是情不自禁而为之，依然我行我素。然后，他开始获益其中。每个熟知他的人都与其真诚相待，没有人再与他虚伪相谈，或以闲聊集市、书屋之类的无聊话题来搪塞。每一个人都受到约束要对其以诚相待，把自己身上那些人性之爱，那些诗意，那些真诚的一面都确实无疑地展现给他。但是对我们大多数人而言，社交展示的并不是其正面，而是其侧面和背面。在此虚伪时代，要和他人维持真挚的关系而近乎疯狂，不也是值得的吗？我们很少能理直气壮地行走。我们需要对几乎所有遇见的人彬彬有礼，迎合迁就；在他头脑里，有功名利禄，有天资才华，有对宗教的奇思妙想，也有悲天悯人的情怀，这是毋庸置疑的，而也正是这些，破坏了我们之间的交流。朋友是智者，训练的不是我的才能，而是我自己本身。朋友会款待我，而不会让我卑躬屈膝，吞吞吐吐，或是遮遮掩掩。因此，实际上，朋友的本质是一种矛盾体。我是单独的个体，在茫茫自然中我找不到像我一样的存在，而现在却看到与我如此相似的人，相似的高度，同样富于变化，都具有好奇心，只是换个外形而已。于是，朋友被公认为大自然的杰作。

友谊的另一元素是“柔情”。各种纽带、血统、自尊、恐惧、希望、利益、欲望、钦佩、境遇、标志、琐事等使人和人维系在一起。然而，我们很难相信如此多的品质能集中在一人身上，以致用爱来吸引我们。他能如此有如神赐般幸运吗？而我们能如此单纯地对他温柔吗？若有一人能让我视若珍宝，那我定被幸运之神青睐了。我在书中很少能找到一针见血的描述，但是有一篇文章我却牢记于心。作者说："无力而直率地，我把自己交给他们，实际上他们就是我的所属，我奉献最多的人，我却对其缺乏温柔。"我希望友谊不仅有脚，还有眼睛和口才。它须先根植于大地，而后才能漫步月球。我希望它首先是平民，而后才是天使。我们斥责平民，因其把爱变成了商品。友谊就像交换的礼物，就像接济的贷款；它是好邻居；它是对病人的悉心照料；它是在葬礼上抬棺扶柩的援手。但是，友谊却失掉了那微妙与高尚的一面。虽然我们在随军小贩的伪装下发现不了神灵，但是另一方面，倘若诗人只专注于把纱线纺得过于精细，而不用正义、守时、忠诚、悲天悯人这些普遍的美德来实现他的浪漫，我亦不能原谅诗人。我憎恨滥以友谊之名而追求时尚和世俗的交往。我宁愿与农夫小贩为友，而不愿对充斥丝滑香艳的和睦友善，不愿仅以轻浮作秀、花天酒地庆贺初识之日。友谊旨在我们都可参与的最严苛和温馨的交往，它比我们经历的一切都要严苛。它是贯穿于一切关系和生死变迁的援助与抚慰。友谊契合于平和岁月、高雅礼物和乡间漫步，也适应于难行的道路、艰苦的旅途，遭遇海难、穷困潦倒和无辜迫害。友谊始终伴随着智慧的激发和宗教的忘我。我们尊重彼此的日常需要和人生的仪式，并且用勇气、智慧、团结为其润饰。友谊永不应沦落至平庸和墨守成规。友谊应机灵敏捷，应独特创新，应为单调乏味增添韵味和意义。

完美的友谊，需要天性上的稀奇珍贵，脾性相投，彼此适应，随性自然（甚至在这点上，一位诗人曾说，爱需双方完全匹配），因此友谊实难满足。深谙心灵学问的人称，两个人以上的友谊永远不可能尽善尽美。在我的友谊中，从未那般严格，或许因我从未体验过他人如此深厚的友谊。我宁愿去想象一群形形色色的男男女女，相互联系，脱俗如神，且彼此之间有着超然的悟性。但是我发现，若想践行和成就友谊，须遵循一对一的对话法则。莫要掺杂过多水分，把最好的搅在一起，结果定然如同把好的和坏的搅在一起同样糟糕。同两个人分别交谈，一定是受益匪浅，兴高采烈。

但若三人一同交流，却再也得不到一句新鲜的肺腑之言。两人时，可一人讲述一人倾听，但若三人，则无法进行最真诚、最透彻的交谈。与益友为伴，你不在场时绝对不会出现两人隔桌而谈的情况。与志趣相投的人为伴，个人即刻放下自我，融入社会角色之中，与在场的人意会神往。没有朋友对朋友的偏袒，没有兄弟对姐妹的喜爱，也没有妻子对丈夫的挚爱。只有航行在各方共同思想的航道上，不局限于个人思想的时候，方可交流。如今，谈话者之间的这种需要精准感知的约定俗成，摧毁了伟大交流需要的高度自由，因为伟大的交流需要两个灵魂的完全交融。

只有两个人单独相处时，关系才会更为简单质朴。然而，两个人是否能够交流，取决于两个人之间的相互吸引。毫无干系的人无法给予对方什么快乐；也不会想象对方有何潜能。我们有时谈论对话的天资，仿佛它是某些人身上所固有的财富。谈话是瞬息即逝的关系，仅此而已。一个人因其思想和口才而享有名誉，纵然如此，他却可能与表兄弟和叔父无话可说。他们指责他的沉默，但这种指责就如同指责在阴影中的日晷一样一无所用，这是毫无道理的。因为只有在日光下，日晷才能发挥作用，标识时间。在那些能够欣赏其思想的人面前，他才可侃侃而谈。

友谊需要在相似和不相似之间找到平衡点。一方表现出的能力和赞赏会影响另一方。我宁愿独自存活直至世界尽头，也不愿朋友对我有一丝的怜悯，哪怕一句话、一个眼神。对抗和屈从同样都可使我踌躇难行。在任何时候，都不要让人们丧失自我吧！我在朋友那儿的唯一乐趣就是，本来并非属于我的东西，成了我的。它转化成了疼痛，它遮盖住了日光。我追寻男人般的前行，至少是顽强的抵抗，痛恨软弱的妥协。宁愿做朋友旁边的一棵荨麻，也不愿意做一只应声虫。伟大的友谊需要朋友不在时亦有独立能力，伟大的职责也有伟大和高尚之处。先有两个独立的个体，而后才能合二为一。双方必须拥有能够共同敬畏、共同感受、共同惧怕的伟大品行，才能摒除差异，实现深刻认同。

只有宽宏大度的人才配拥有这种交往。他必定深谙此法则。他必定明白，伟大与美好的品质总是节俭质朴，他也必定不会急于去享用友谊这笔财富，也不敢去享用这笔财富。钻石的生成需要历经漫长的岁月，不要妄想加速永恒事物的生长。要用宗教般的虔诚看待友谊。友谊不可任性对待，友谊不可任意提供。我们常谈择友问题，然而，朋友是自我的选择。尊重是友谊的一个重要组成部分。待友如待美景。朋友身上自有你不具备的优点，但若是你把他拉得太近，你便无法再敬仰他的优点。站在一边，让这些优点有足够的空间，去升华，去扩展。不要太过于做“朋友”，否则你将永远无法得知他的独特力量，就像一个溺爱孩子的母亲，总是斥责儿子，直到有一天儿子可能变成女儿一样的孱弱性格。你和朋友注重物质？或是思想？高贵的心面对众多琐事如同路人，但在最神圣的地方他却离你很近。让那些少男少女把友谊视为私有财产吧。他们只可去吮吸一种短暂而混沌的欢乐，而永远无法触及上帝的琼浆。

让我们在走进真正的友谊领域之前先好好地见习一番。为何要用侵扰的方式去亵渎那些高贵而美好的灵魂呢？为何定要与朋友建立一种轻浮、庸俗的关系呢？为何定要去他的家里，去认识他的母亲、兄弟姐妹呢？又为何要他来你家拜访呢？难道所有这些都是友谊契约的实质吗？摒弃这些摸碰抓挠的行为吧。让朋友仅仅作为我的一种精神。他的信息、他的思想、他的真诚，还有他不经意的眼神，皆为我所期盼，而不是新闻，也不是浓汤。谈论政治，闲话家常，和睦自在，这些我都可以从廉价的伙伴处获取。朋友的世界难道不应同大自然本身那般诗意、纯洁、万能而伟大吗？与那团远处安睡在地平线的云朵，或是那抹分开溪流的摇曳草丛相比，我该不该察觉出我们关系的世俗卑劣？让我们抛开诋毁，将友谊升华至那个境界。你不要因那强烈抗拒的眼神、那藐视的态度和举止让自己气势渐弱，相反的，你应变得愈加强大。崇尚他的优越，真心期盼他的优越感不要减少，要储藏并把它们展现出来。守护着他，就像他是与你同样伟大的相似之人，视他为君王，让他永远成为你心目中美好的敌人。桀骜不驯，虔诚崇敬，而非无足轻重的便利之物，时日不多便因过时遭丢弃。若离得太近，眼睛便无法辨识猫眼石的色彩、钻石的光辉。我给友人写信，又收到回信。于你而言，微不足道；于我而言，则满足万分。此为精神的馈赠，值得他付出，亦值得我接受。无人会因此而受到亵渎。在此般温暖的字里行间，心灵会忠实自我。它无须言语，便预示出神般的存在，而这胜过一切伟大英雄的史册。

尊重友谊那神圣的法则吧，不要对它心存偏见，只因你等不及那完美友谊之花的绽放。我们先要拥有自我，才可被别人拥有。根据拉丁谚语的说法，你可以和你的同党平等对话，大家罪行相当才能臭味相投。但是，对于我们尊敬、爱戴的人，起初总是不敢直言不讳。可是，依我之见，泰然自若中展现的丝毫缺陷都可污损整个关系。只有当对话双方分别代表两个完整的世界，两个灵魂之间才可深沉平和，才可相互尊重。

什么能如友谊那般伟大？我们就尽可能地用精神的庄严来待之吧。我们应静默无语，这样，才能听清众神的低声细语。不要惊扰他们的交谈。谁嘱托你去揣度？该对那些杰出的灵魂说些什么？又该如何去说？无论你说得多么机智巧妙、多么高贵典雅、多么温和平淡，愚蠢与智慧也有等级之分，无论说什么都轻浮琐碎。等待吧，你的心终会言语；等待吧，直到必然和永恒将你降服，直到白昼与黑夜也替你说话。上帝的唯一财产就是其本身。他从不会有所保留，也不会言顾其他。美德的唯一回报就是美德，拥有朋友的唯一办法就是首先做一个朋友。你不会因拜访过某人而和某人关系亲近。若你们性格并无相似之处，他只会从你身边匆匆逃走，你将永远无法领略他投来的真诚的目光。看到那些高尚的人远在天边，对我们排斥反感，我们又何必非要跻身其间呢？之后，很久之后，我们才意识到，没有任何安排，任何引荐，任何习俗惯例能够帮助我们与其建立我们所向往的关系——唯有我们自身达到与之高度相同的境界：那么，我们是否应当相见，如同流水遇到流水一般。若彼时我们仍未与之相遇，我们也就不再需要他们了，因为我们早已是他们那样的人了。归根结底，爱只是自身价值在他人身上的体现。人们有时与友人互换姓名，仿佛这样便可表示每个人都热爱那些依附在友人身上的自己的灵魂。

对友谊格调的要求越高，用血肉真情来构筑友谊就越不易。我们踽踽独行于世，我们渴慕的友情好似梦幻与童话，而崇高的希望使真诚之心欢愉，相信在它处，在世界的某些地方，那些爱与被爱的灵魂在行动、坚持、挑战。幼稚、荒唐、拙笨、羞耻的时期在孤独中已然逝去，在我们成熟之后便能英雄识英雄。我们为此而庆幸。听从所见所观的劝诫，不要让卑鄙之人来破坏友情，只因他们身上并无此物。若急躁地将我们陷入轻率愚蠢的结交中，上帝是不会与我们同在的。坚持我行我素，失之寥寥，得之颇丰。久而久之，你之所得便愈加显著。你表明心迹，脱离虚伪关系的束缚，将高尚之人吸引过来——这些稀少的朝圣者中，偶有一两个仍在茫茫世间漫游，在他们面前，芸芸众生不过是幽魂与阴影。

犹恐我们的关系太过精神化，仿佛我们将失去真爱，这愚蠢之极。不管我们出于直觉对普遍的观点作了何种修正，大自然都一定是我们的后盾，虽然这似乎意味着我们失去了些许欢乐，但却得到了更大的回报。若我们愿意，就让我们去感受彻底的孤独。我们相信我们本身就拥有一切。游历欧洲、访寻他人、阅读书籍，本能地相信这些将会唤醒自我。殊不知，我们亦是乞丐。被访寻之人与我们并无二致，欧洲不过是那些逝去之人身上斑驳破旧的长袍，书籍不过是他们的幽灵。丢掉这些盲目崇拜！放弃行乞生涯吧！甚至同我们最挚爱的朋友道别，向他们挑战，对他们说："你是谁？不要再握着我的手，我不再依附于他人。"啊！看到没有，我的弟兄，我们的分离难道不是为了在更高的境界相遇、更多地属于对方吗？我们现在更多地属于自己吗？朋友具有两副面孔，他看到过去，也看到未来。他是我逝去时光里的那个小孩，是我未来时光里的那个先知。他是一个更加伟大朋友的前驱。这一神圣的属性不断重生。

我对待朋友就像对待自己的书一样。它们在我手及之处，但我很少使用它们。我们必须按照自己的意愿进行交往，微不足道的由头也可以成为接纳或拒绝的理由。我无法与我的朋友交谈太多。如果他的伟大使我变得伟大，我便不能再屈尊对话。在这些了不起的时日里，预感在我面前的高渺苍穹中盘旋。我应该因此为它们献身。我进去只为捕捉它们，出来也为抓获它们。我担心它们在天空中逝去，在那里它们不过是一片更加明亮的光芒。因此，尽管我赞赏我的朋友，我却不能与他们交谈，不能研究他们眼中的景象，因为我害怕失去自我。放弃这一高尚的探寻，这一精神世界的天文学，去寻找星宿，转而对你表示热烈的同感，这定然会给我带来更多俗世的欢愉；但是继而，我清楚地知晓，我会一直为我那伟大神灵的逝去而伤悲。确确实实，下一周，我慵懒闲然，可尝试其他新事物，但是我将为失去你头脑中的学识而懊悔，将希望你重新伴我左右。但如果你到来，或许你会给我的头脑塞满各种新东西，但那不是你的自身而是你的光华，那样，我就又不能与你交谈了。因此，这些易逝的交流都是源于我的朋友们。我从朋友们身上获得的不是他们所拥有的，获得的是他们本身。他们给予我的并非他们真正能给的，而是从内而外散发出来的。他们跟我保持微妙纯洁的关系。我们的相遇好似从未遇到过，我们的分离好似从未分离过。

一方面保持伟大的友谊，一方面不需保持一致，这看起来比我以前所知的更可行。为什么我要为一个简单事实而苦恼，认为接受者不能接受？太阳光徒劳地照射到不知感恩的太空，只有一小部分落在能够反射光线的行星上，但太阳不会因此而苦恼。让你的高尚来教育那些粗鲁冷漠的同伴。如果他不配，他会马上离开，而你会因你自身的光芒而高大，不再与青蛙和蠕虫为伍，而将与苍天诸神共舞。没有回报的爱被看作耻辱，但是伟大的人却认为真爱是不会没有回报的。

真爱瞬间超越了没有价值的现实物质，苦思冥想的是永恒，当置于其间的可怜面具破碎之时，它并不悲伤，而是感悟其脱离尘世，更加独立。没有遭遇对这种关系的背信弃义，很难感悟这些感受。友谊的精髓是毫无保留，是一种全然的宽宏与信任。它不可猜度也不容软弱。它将其对象视为神明，于是友谊的双方均被神化。

英雄主义

(1841)

天堂在剑影下。

——穆罕默德

在以往的英国戏剧作品中，尤其是在博蒙特和弗莱契的剧作里，随时可见对绅士风度的赞誉，仿佛当时社会上的贵族行为，就像当今我们美国人的肤色那样令人瞩目。任何一个洛德里科、彼德罗或瓦莱里奥登堂，尽管他可能是个陌生人，公爵、总督都要为之惊呼"这是位绅士"，并献出万般殷勤；而所有其他人就都成了渣滓废物，不值一提。与这种对个人品貌的喜爱相呼应，在他们的剧作中也有对英雄形象和对话的刻画，如《邦杜加》、《索福克勒斯》、《疯狂的恋人》、《重婚》几部剧中——讲话者诚挚、亲切，又淋漓尽致地体现人物性格，因而这些对话，即便是情节中的细枝末节，也都自然而然地升华为诗作。在诸多戏文中，姑且以下面一段为例：罗马人马蒂乌斯征服了雅典，征服了一切，却没能征服雅典公爵索福克勒斯和他的妻子朵丽根永不服输的精神。朵丽根的美貌点燃了马蒂乌斯一腔烈火，他便设法以保全她丈夫的性命作为交换。尽管只要一句话，索福克勒斯便能确保免于一死，可是他不肯苟全性命，于是两人即将被双双处死。

瓦莱里乌斯　与你的妻子诀别吧。

索福克勒斯　不，我不会诀别。我的朵丽根，
那边，上面，阿里阿德祖的王冠周围，
我的灵魂将守护着你。请动手吧。

朵丽根　别动，索福克勒斯，拿这个遮住我视线；
勿让温柔的天性因之改变，
失却她那女性的仁爱，
别让我目睹夫君热血横流。足矣；
在我的索福克勒斯面前，普天之下
更无他物我愿意去看：
永别了；现在教罗马人如何去死。

马蒂乌斯　你知不知道何为死亡？

索福克勒斯　你不知道的，马蒂乌斯，
故而也不知晓何为活着；
死，是生的开始，
是陈旧、疲惫工作的终结，
是全新、美好生活的开端。
死亡让人离开骗人的恶棍，
奔赴众神庇佑的美好社会。
你自己，最终必将失去一切花环、欢乐和胜利，
证明你的勇敢并非无所不能

瓦莱里乌斯　难道你甘心就这样死去，不生悲哀、不生苦恼吗？

索福克勒斯　我将被送往我最爱的那人身旁，
何生烦恼，何生苦恼呢？现在我要跪下，
只是背对着你；

这是这个皮囊对众神能尽的最后职责。

马蒂乌斯　　动手，动手。瓦莱里乌斯，
否则马蒂乌斯的心会从口中跳出，
好一个铮铮男子，不凡女子！去吻你们的主吧，
去过你们习惯的自由生活吧。
爱情啊！你用高尚与美貌加倍地折磨我。
背信弃义的心啊，
不等你越过这道虔诚的门槛，
我的手就要将你投入骨灰盒。

瓦莱里乌斯　　兄弟为何烦恼？

索福克勒斯　　马蒂乌斯啊，噢，马蒂乌斯，
现在，你发现了一个征服我的方法。

朵丽根　　噢，罗马之星啊！要有怎样的感恩之心
才能恰如其分地表述这件事？

马蒂乌斯　　这位可敬的公爵，瓦莱里乌斯，
藐视命运，藐视死亡，
虽然沦为阶下囚，却俘虏了我，
我的手臂将他的身体带到这里，
而他的灵魂却征服了我的灵魂。
天哪，我想他整个身体都是灵魂；
他没有血肉，而精神是折服不了的；
故而我们什么也未征服；
他自由了，
而马蒂乌斯现在却走入牢笼。

我实在记不起近几年出版的诗歌、戏剧、布道文、小说或演说，哪个有这样的文采风流。长笛和哨笛声不绝于耳，我们却难得听见激越的横笛声。但是华兹华斯的《劳达米亚》、《狄翁颂》和一些十四行诗倒有某种高

雅的音乐性；司各特有时会大笔一挥，描绘出伯里的贝尔福笔下的伊凡代尔勋爵那样的肖像。托马斯·卡莱尔天生喜欢英勇的气概，因而在他的传记作品和历史图像中决不允许他所爱慕的人物英雄性格缺失。再早一些，罗伯特·彭斯给我们写了那么一两首歌。《哈里安杂集》中，有一篇对吕岑战斗的评述值得一读。西蒙·奥克利的《撒拉逊人史》记述了个人英勇的种种壮举，尽管叙事者仿佛认为，他在基督教牛津大学的位置要求他必须恰当地表示深恶痛绝，他的敬仰之情反而欲盖弥彰。然而，如果我们研究英雄主义文学，我们会很快想到普鲁塔克，他是英雄主义的博士和史家。幸亏有他，我们才有《布拉西达斯传》、《狄翁传》、《伊巴密浓达传》和《大西庇阿传》。我不得不承认，我们从他那里获得的益处，远远多于从所有古代作家那里所获得的。他的每一篇传记都是对我们的宗教和政治理论家的消沉和怯懦的驳斥。一种骁勇，一种非教条的，流淌在血液中的斯多噶主义，在每一件奇闻逸事中散发光芒，使这部作品万古流芳。

比起政治科学、私营经济学方面的书籍，我们更需要这种语言犀利、洗涤灵魂、倡导美德的书籍。人生只有对智者才是一件乐事。从隐匿的角落和炉边谨小慎微地窥视，人生坎坷又危险。我们的先辈和同辈违背了自然法则，我们同样难逃惩罚。我们周遭的疾病和伤残印证了我们对自然法则、知识法则、道德法则的触犯，屡屡触犯则滋生出万劫不复的灾难。牙关紧闭症使患者头部后仰至脚踵，狂犬病使患者对妻子儿女咆哮，精神错乱诱使患者吃草。战争、瘟疫、霍乱、饥荒，无不揭示自然残忍的一面。它来源于人类的罪恶，因此必须终止于人类的苦难。可悲的是，罪恶的股份，现在的人几乎无不持有，因而他们都有义务去赎罪。

因此，我们的文化绝不能忽视武装人，要让他适时了解：他生于战乱，全体人民和他自己的幸福要求他不能在和平的草地上跳舞，而应当警钟长鸣、沉着冷静，在电闪雷鸣前既不对抗，亦不畏惧，把声誉和生命都掌握在自己的手里，敢于以绝对真挚的言谈、清廉正直的行为，不卑不亢地面对绞刑架和暴民。

对于这一切外在的罪恶，人们内心深藏好战的冲动，以证明他具有单枪匹马对付千军万马的能力。灵魂的这种好战之态，我们称之为“英雄主义”。它最原始的形式就是藐视安稳舒适，这就是战争的吸引力所在。它是一种自信，藐视谨小慎微带来的束缚，自恃有充足的精力和力量去弥补它可能遭受的伤害。英雄的心坚如磐石，任何干扰都无法动摇他的意志，而是身心愉悦，或者说是兴高采烈地，在自己的乐符中前进，哪怕面对惊恐万状的险境或者普天欢乐、酒意微醺的享纵，都无不如此。某种程度上，英雄主义不理性，亦不神圣，它似乎并不知晓别的灵魂跟它气息相同。它骄傲，它个性极强。即使这样，我们也必须把它奉若神明。伟大壮举中有些东西是我们无法探究的。英雄主义只讲感性而不讲理性，因而它总是正确的。尽管不同的成长过程、不同的宗教类别和更高级别的智力活动，大可改正或颠覆这种独特的行为，然而对英雄们来说，他的所作所为是至高无上的，不容许哲学家和神学家对其加以非难。英雄主义是不曾受过教化的人的宣言，即他发现了自身的一种品质：它将代价、健康、生命、危险、仇恨、非难通通置之度外，只知道自己的意志比所有现有的和潜在的对手都更坚定、更卓越。

英雄主义和人类的声音背道而驰。曾几何时，亦与伟人及贤人的声音背道而驰。英雄主义是对人个性中神秘冲动的顺从。他眼中看到的他的智慧与别人眼中看到的绝不相同，因为每一个人在自己的道路上总会比别人看得远一些。因此正直、聪明的人对他的行为感到愤慨不已，直到随着时间消逝，他们才会发觉他的行为与自身的殊途同归。在谨慎人士看来，这种行为恰恰与世俗的成功南辕北辙，因为每一种英雄行为定位自己的标准就是它对某些外在的好处的藐视。然而它最终获得了自己的成功，到那时，谨慎的人们也会啧啧称赞。

自信是英雄主义的精髓所在。它是灵魂交战时的状态，它的终极目标就是最大程度地蔑视虚伪和邪恶，并承受邪恶势力所施加的一切打击。它实话实说、公正不倚。它慷慨大方、热情好客、温和有度，鄙视斤斤计较的人，亦鄙视冷嘲热讽之辈。它锲而不舍、英勇无畏、不屈不挠、永不懈怠。它讥笑日常生活的琐碎繁杂。那种沉迷于健康和财富的假审慎简直就是英雄主义的陪衬、笑柄和笑料。英雄主义就像普罗提诺一样，近乎对自己的肉体感到羞愧。对于小糖果、猫篮子、梳妆打扮、拍马溜须、吵架拌嘴、打牌、牛奶蛋糊等这类让整个人类费尽脑力的事，英雄主义者该有何见地？仁慈的造物主给我们这些可爱的生物提供了多少欢乐啊！伟大与卑微之间似乎没有距离。精神若不是世界的主子，便会沦为它的小丑。然而小人物天真无邪，把这大骗局当真，风风火火地一头扎进去，深信不疑，红彤彤地降生，灰扑扑地死去，既要精心打扮，又要注意健康，既要费尽心机寻求玉食醇酒，又要琢磨着良马好枪，一点闲言碎语或几句赞美之词即让他乐不可支，对于此种一本正经的胡闹，伟大的灵魂通常一笑了之。“这种卑贱的思想，真的已经让我远离了高尚。我要记住你有几双丝袜，这双你现在穿着的，还有那双桃红色的；或者你有几件衬衫，哪一件是出入场合穿的，哪一件又是居家穿的，想想都羞愧！”

普通人惯常按照算术法则思考问题。他们会仔细盘算时间的浪费以及大肆摆阔所带来的消耗，因而顾虑在家里招待生人多有不便。高尚的灵魂则会把煞风景的精打细算置之度外，并说道，我愿服从上帝，愿意做出牺牲，提供饮食。阿拉伯地理学家伊本·豪克尔这样描述布海里耶的粟特的极端好客：“在粟特，我看见一座恢宏建筑，宛若宫殿，大门敞开，门扇被大钉子固定在后墙上。当我问其缘由，人们说，一百年来，这座房子从未关过门，不分昼夜。陌生人可以随时进去，而且不限人数。主人准备了丰盛的食物款待来客和他们的牲畜。若是客人能逗留一段时间，他们则更高兴不过。此种善举，我在任何别的国家都不曾见过。”慷慨之士都很清楚：谁为陌生人付出了时间、金钱、住所，谁就好像让上帝欠了他们的情，因为整个宇宙是个完美无瑕的互补体，当然这样做得是出于爱，而不是炫耀财富。他们花的时间会以某种方式得到补偿，他们付出的辛苦也以某种方式得到了回报。这些人点燃了人类爱的火焰，提高了人类的功德标准。然而好客须旨在服务，而不是炫耀，否则就会破坏主人的形象。高尚的灵魂以不凡自居，不必借助美酒佳肴来自抬身价。它提供了所拥有的东西，它所拥有的一切，然而它自己的高尚给粗茶淡饭增光添彩，使城市盛宴黯然失色。

英雄自律，皆出于同一期许，即不破坏自身的光辉形象。然而他钟爱的是克制带来的优雅，而不是它的严苛。故作严肃、刻板无情地斥责吃肉、饮酒、吸烟、崇高、抽鸦片、饮茶、穿着丝绸、佩戴金银等事，在英雄看来颇为不值。历来鲜有伟人深谙饮食穿衣之道，然而由于不受拘束，不用精益求精，他的生活自然而又富有诗意。印第安传教士约翰·艾略特喝的是水，他曾这样评价酒："酒，质量上乘、香味醇厚，我们应谦逊地感谢它，不过我记得水先于酒而存在。"大卫王的节欲有过之而无不及，三名勇士冒着生命危险给他送来水喝，他则将其倒在地上，献给上帝饮用。

传说布鲁图在腓利比战役后拔剑自刎时引用了欧里庇得斯的一句诗："噢，美德，我倾尽一生追求你，最终发现你不过是个影子。"我认为这话并未辱没那位英雄。英雄的灵魂并未出卖它的正义和高尚。它不求吃得好、睡得香。伟大的本质就在于觉察到这点：有美德足矣。贫困是它的装饰。它不需要富足，并能承受自己的损失。

然而，英雄一族，最叫我喜爱的还是他们表现出的幽默和畅快。那是一种普通职责都可以达到的高度，甘愿忍受、敢于庄严面对。但是，这些罕见的灵魂却对别人的看法、成功和生命不屑一顾，故而他们亦不愿向敌人祈求或表现悲伤来让敌人快意，而是表现出他们一贯的伟大。西庇阿被指控侵吞公款，尽管手里拿着账本，他却在护民官面前把它撕得粉碎，因为不愿蒙受等待辩护的奇耻大辱。苏格拉底判罚自己终生在普吕坦内保有一切荣耀，而托马斯·莫尔爵士则在绞刑架下依旧谈笑自若，这皆源自自律。在博蒙特和弗莱契的《海上旅程》中，朱莱塔对那勇敢的船长及他的同伴说：

朱莱塔　哎，奴隶们，我们完全可以绞死你们。

船长　这极有可能

我们完全可以被你们绞死，同时也可以耻笑你们。

这些答复简直天衣无缝。运动是健康体魄的花朵和光环。伟人不愿意屈就，把任何事看得很严重。尽管可能是建设城市，或摧毁那些数千年来一直给大地造成负担的陈旧、迂腐的教堂和国家，然而一切须欢愉如金丝雀之歌。单纯的心灵把世间的一切历史、习俗抛之脑后，天真无邪地自娱自乐，全然不顾俗世的清规戒律。如果我们能够想象全人类聚集在一起的情形，那么他们就会像其中的小孩子无忧无虑地在嬉戏玩耍，尽管在多数人看来，他们戴着功成名就、影响深远的面纱。

这些优美的故事带给我们的乐趣，就好像一个小男孩在学校偷看藏在书桌下的传奇故事的魔力。我们对英雄的喜爱，是满足我们意图的主要事实。这一切伟大而超然的特性都是我们具备的。面对希腊的活力、罗马的骄傲时，我们心中若能升起澎湃之情，那是因为我们已在酝酿同一种情操。让我们在小小的住宅里为这伟大的客人留出空间吧。获得价值的第一步将是解除我们对空间、时间、数量和规模的迷信。为什么雅典人、罗马人、亚细亚、英格兰这些词总在耳边萦绕呢？心之所在，即缪斯之所在，亦为诸神之所在，并不在名乡胜地。马萨诸塞州、康涅狄格河、波士顿湾，你认为是卑微之地，外国和古典地理志上的名字就更加悦耳动听，然而此刻我们置身此地。如果愿意逗留片刻，我们会发觉这是最好的地方。只需要确保你置身其中，那么艺术、自然、希望、恐惧、朋友、天使以及上帝，决不会离开你的房间。伊巴密浓达勇敢而多情，在我们看来似乎并不需要死在奥林匹斯山上，也不需要叙利亚的阳光。他就安安稳稳地躺在他所在的地方。泽西是美丽之地，足以适宜华盛顿散步，伦敦的街道也适宜于弥尔顿漫走。伟人使他的住所蓬荜生辉，气候如人们想象中宜人，空气中弥漫着令人喜爱的元素。伟人住过之处，皆为美景。在阅读伯里克利、色诺芬、哥伦布、巴亚尔、锡德尼、汉普登的事迹时，脑海里就充满一幅幅画面。这些画面启示我们：生命何其卑微，本来无须如此。我们应借助生命的深度，给予它胜于王室、宫殿的装饰，我们的行为，亦终生遵从人和自然的情趣。

我们已耳闻目睹了许多卓尔不凡的年轻人在年长时泯然众人，或者他们现实生活中的表现并非卓尔不凡。当我们看见他们的风度仪态，当我们听到他们谈论社会、书籍、宗教时，他们的出色令我们钦羡不已。他们似乎对整个社会形态都嗤之以鼻。他们的口气像一位年轻的巨人被派来发动革命。然而他们进入了一个活跃的行列，于是，那正在成形的巨人便缩小成常人的个头。他们过去使用的魔法是一些理想性的趋向，这些倾向总使现实显得荒诞不稽。当他们把骏马拉到太阳下犁地，那艰苦的世界就开始报复了。他们没有榜样，没有同伴，便心生气馁。那是怎么回事呢？他们在最初的抱负中提炼的教训还是真实的。总有一天，更大的勇气、更纯粹的真理会实现他们的意愿，让全世界一片灰暗。或者，为何女性都拿自己与历史上的女性相比呢，并且认为：既然萨福、塞维尼夫人、斯塔尔夫人或那些隐修在修道院里、拥有天赋和教养的灵魂，都不能满足想象力，不能满足性情宁静的正义女神戒弥斯，那么肯定没有人令她满意——她自然也不能。为何不能呢？因为她有一个新的未经尝试的问题需要解决。这个问题也许关乎曾经绽放的最快乐的天性。让灵魂骄傲的少女宁静地走路，接受每一次新经历的启示，轮流支配上帝赋予她的所有天赋，以便从中获取力量和咒符，犹如新的黎明普照大地，此为她的新生。那美妙女郎果断、高傲，选择性地接受影响，从而排除干扰，她对讨好置之不理，又任性高傲，以自身的高尚品质激励身边的人。沉默的心灵鼓励着她：哦，朋友啊，要在畏惧面前永不妥协！雍容地进港吧，抑或与上帝一起乘风破浪，在海上航行。这样，将不枉此生，每一个看见此景的人都将获得愉悦和升华。

真正的英雄主义锲而不舍。人人都有因为突发冲动、心血来潮而大行慷慨的时候。然而一旦你下定决心要卓尔不凡，那么就信守承诺，不要软弱地轻易向世界妥协。英雄不是平庸之辈，平庸之辈也成不了英雄。有些行动异乎寻常，已经超越了同情，超越了迟缓的公义，但是我们仍然渴望大众的同情，这是我们的弱点。如果你愿意替你的兄弟效劳，适合为他效劳，那么，即使当你发现精明的人不赞扬你时，也要信守承诺。要忠实于自己的行为。如果你干了什么怪诞、超越常规的事情而打破了所谓高雅时代的单调乏味，请替自己庆幸。我曾经听到有人这样规劝年轻人：“尝试做你害怕做的事。”这是一个高尚的建议。一个单纯、有男子气概的性格绝不需要道歉，而应当以福西翁那样的冷静对待他过去的行动。福西翁承认战争是快乐的，却并不后悔曾劝阻过战斗。

任何的弱点或揭短，我们都可以在思想上找到慰藉——这是我性格的一部分，是我跟我的同胞关系和职责的一部分。难道自然和我订立了契约：我就永远不会处于弱势，永远不会出洋相？我们在金钱上要慷慨大方，在尊严上也不应吝惜。伟大已经和他人的见解彻底决裂。我们宣扬自己的善举，不是想因此得到赞扬，亦不是觉得这些善举功绩赫赫，而是为了证明我们行之有道。当另一个人宣扬他的善举时，你就会发现，那是个极大的错误。

老实说，甚至相当严肃地说，过一种严格有克制的生活，或者极端慷慨的生活，似乎是普通的良善性情施予那些安逸富足之辈的苦行主义，以显示其对受苦受难的芸芸众生的手足之情。我们不仅要承担禁欲、债务、孤独、不得人心等造成的不良后果，以改善、强化我们的灵魂，而且明智的人还需要大胆直视那些有时候会侵害人类的罕见危险，并对令人恶心的各种形式的疾病见惯不惊，要对形形色色的诅咒充耳不闻，还要习惯暴毙的惨状。

通常而言，英雄主义诞生于暴乱时代，英雄主义完全不发挥作用的日子永远不会出现。我们说，从历史角度而言，人的处境在这个国家、这个时期比以往任何时候都要好，文化上有了更多的自由。现在，越出舆论常轨迈出的第一步并不会有刀斧之祸。然而英雄志士总能找到危机一试锋芒。人类的美德需要捍卫者和殉道者，而迫害审判总在如期进行。就前些天，勇敢的洛夫乔伊为了主张言论自由权，挺出胸膛迎向暴徒的子弹，在死去胜过活着的时候倒下了。

我认为，除非聆听自己的心声，没有人走过的路会安静平和。让他放弃过多的联系，让他常回家看看，在他期许的道路上站稳脚跟。在默默无闻的岗位上不断保持单纯、高尚的情操，可以让性格得到锻炼，无论何时都能保持气节。如果势所必然，哪怕是在骚乱中或绞刑架上也一样。人们遭受过的暴行也许会再次降临到头上。而且，有可能出现宗教堕落的迹象，这种情况在一个共和国非常容易发生。肆意诽谤、火刑、私刑、绞刑，青年人很容易心领神会，而且怀着甜蜜的心情，每当下一期报纸或者很多邻居乐意把他的观点宣布为煽动性言论的时候，他将不得不勇敢面对这样的处罚，在这种情况下，他需要漫长的岁月来修补他的责任感。

看到背负义务的自然如此快速地施加最大限度的恶意惩罚，最脆弱的心灵将平息对灾难的恐惧。我们很快到达对手无法企及的峭壁边沿：

> 随他们胡言乱语：
> 你静静地在坟墓里安息。

在我们对未来蒙昧无知的黑暗中，在我们对更高尚的声音充耳不闻的时候，谁不嫉妒那些看见自己坚忍不拔的努力已经大功告成的人呢？目睹了政治卑劣的人，谁不暗自为华盛顿祝福呢？他早已躺在尸布里，永远平安了。他被舒舒服服地安置在坟墓里。在他身上，人类的希望尚未被压制。那些善良勇敢的人，不用再遭受自然界骚乱之苦，而是充满好奇、怡然自得地期待着他与有限的大自然交流的迅速终止，有谁不羡慕他们呢？但是，那宁愿消亡也不愿背叛的爱早已让死亡成为不可能，并已证明自己不是必将死亡的凡夫俗子，而是那绝对、永不泯灭的存在于深处的原住民。

超灵

(1841)

然而那些灵魂与上帝宝贵的生命同在，
他爱它们如同爱自己；
对于他，它们如同自己的眼睛一样珍贵。他绝不会抛弃它们：
如果它们注定死去，上帝不会独自活下来，
如果它们活着，便活在极乐的永恒之中。

——亨利·摩尔

浩瀚天空有东有西，
东西不能并肩前行，
也不能结为旅伴：
远处能干的杜鹃鸟，
使劲将蛋往窝外挤，
不管死与活，只留自己的；
符咒压在草地和石头上，
昼夜不停受干扰。

所有的品格与精神，
都充满力量，
将自己的意志强加给时间和岁月。

在生命的不同时刻，前因和后果不尽相同。信仰偶存心中，邪念却已成为习惯。然而就是在那些短暂的时刻，有一种深刻的信仰让我们不由自主地以为那一瞬间比其他所有经历都要真实。正因如此，一些人总是企图诉诸经验来让对人类寄予殷切期望的人保持缄默。他们的论证是无效而徒劳的。高尚的希望可以扫除绝望。我们向反对者交出过去，但仍然怀抱希望。反对者必须对希望做出阐释。我们承认人类是渺小的，但我们是如何发现它是渺小的呢？我们的这种不安，这种自古以来的不满，又有什么根据呢？那普遍的匮乏感和无知感又意味着什么，难道不正是伟大的灵魂通过微妙的暗示在提出它的要求吗？为什么人们感到人的自然史一写出来，他总要把你对他的评说置于脑后，历史就变得陈旧不堪，玄学书籍也显得毫无价值？六千年历史的哲学仍然没有探明灵魂的方方面面。在它的实验中，归根结底，总有一种残余物质无法分解。人类是溪流，源头已不为人知。最精明的预言家也无法断言某个无法预见的事件会就此让历史止步。我无时无刻都被迫承认，事件的发生有一种起因，我个人的意志无法左右。

事件如此，思想亦是如此。眺望着那奔腾的河流，它来自一个我看不到的地方，不一会儿就涌向了我的心田——这时我明白我只是旁观者——我并非源头，而只是这神奇溪流一个好奇的观望者。我恳切至心，翘首企盼，准备迎接这场洗礼，却发现这愿景来自另外的力量。

古往今来，大自然是对错误的最高批评家，也是对必然出现的事物的唯一预言家。我们身处自然之中，正如土地安然地置于大气温柔的怀抱中一样。就是那“统一体”，那“超灵”，包含了每一个个体，与其他个体融为一体。就是那共同的心，所有真诚的对话都是对它的顶礼膜拜，所有正确的行为都是对它的服从。就是那压倒一切的现实，驳倒我们所有的诡计，迫使每个人回归自我，用真性情讲话，而不是巧言令色。它永远在努力进入我们的思想、身体，变成智慧、美德、力量和美丽。我们在延续中存在，在分散中存在，在部分中存在，在粒子中存在。同时人有着完整的灵魂、智慧的沉默、普遍的美丽，每个部分、每个分子都平等相关联；构成那永恒的“一”。我们生存在这强大的力量之中，它赐予我们每个人祝福，不只是每一刻的自足与完美，而是观察与所见、观者与奇观、主体与客体，所有这一切都是统一的整体。我们通过点点滴滴观察世界，观察太阳、月亮、动物、树木，这些都是整体中最闪亮的部分，而这个整体就是灵魂。只有透过这样的智慧才能够读懂那古老的占星术，只有通过更高尚的思想，每个人向内在的先知精神屈服，我们才能够明白它在说些什么。每个人的话，由于他是按照自己的生活讲出来的，所以那些与他不在同一思想层次的人，听起来必然显得空洞乏味。我不敢替它辩解。我的话语并非威言，力量不足，平淡无奇。只有它自己才能激发它想要激发的人。看啦！他们的言辞一定犹如风起之势一样热情洋溢，悦耳动听，传遍千家万户。然而我渴望显示神明的天空，如果无法取用神圣的言辞，哪怕是通过平凡的言语，都要报告我收集到了关于“最高法则”那超验的单纯和力量的种种迹象。

在交谈中，在遐想时，在悔恨中，在激情澎湃时，在梦的指示中，在惊讶时，我们常常看见我们穿着伪装——滑稽的伪装只不过放大和凸显了一种真实的因素，迫使我们特别关注到它。如果我们认真思考这些情况下发生的事情，我们就能捕捉到很多信息，它们将会拓展和启迪我们对自然的秘密的了解。所有一切都表明人的灵魂不是一个器官，但是激活了所有器官，使其发挥机能；不是一项类似于记忆能力、计算能力或是比较能力的功能，而是像使用手和足一样使用这些功能；不是一项技能而是一束光芒；不是智慧也不是意志，而是智慧和意志的主导者。灵魂是我们存在的广阔背景。它们置身于无限的浩瀚，不被任何事物占有，也不能被占有。从内心或是从身后，一束光照耀着我们，让我们明白我们什么也不是，只有那束光才是所有。人是一座寺庙的外观，寺庙里面驻扎着所有的智慧，所有的善意。我们通常所说的人，吃喝、劳作、算计的人，其实并不是我们所知道的那样代表他自己，而呈现的是种假象。我们敬仰的不是他这个人，而是灵魂。他只是灵魂的器官，他通过行为显现的灵魂可以让我们产生敬仰之情，会使我们俯首称臣。灵魂拂过他的智慧，那就是天才；灵魂拂过他的意志，那就是美德；灵魂淌过他的情感，那就是爱心。当智慧想要表现自我之际，智慧就显得盲目了；当一个人想要表现自我之际，意志的软弱便也开始凸显。在某一点上，所有的变革都旨在让伟大的灵魂穿过我们，换言之，让我们懂得服从。

每个人在某个时刻都能察觉到这纯洁的天性。语言无法为其着色。它太微妙了，难以言状，无法衡量，但是我们知道它弥漫在我们周围。我们知道所有灵性存在于人类。一则古老的谚语这样说道："上帝造访我们之前不会提前敲钟"，就是说，正如我们的头顶和广袤无垠的天空之间没有屏幕也没有顶棚一样，灵魂中也没有栅栏，没有墙壁。在灵魂那里，人的果停止了，上帝的因就开始了。墙被推到了，我们身躯的一侧朝向高深的精神世界，朝向所有上帝的特性。我们看到并知晓了正义、爱心、自由和权力。这些都是人无法逾越的，永远凌驾于我们之上，每当利益驱使我们伤害它们时，它们便显得更为有力。

我们谈及的自然，完全独立于处处掣肘我们的那些制约，由此我们知道自然的力量。灵魂约束着一切事物。正如我曾说过的那样，灵魂反驳一切经验。以同样的方式，它超越了时间和空间。感官对多数人影响巨大，甚至压倒了思想，以至于时间和空间的隔墙看起来很坚固、很真实，难以逾越，但带着轻率的语气在世人面前讲这些所谓局限，简直就是精神失常的征兆。时间和空间只是逆向测试灵魂的力量。人可以超越这两者。灵魂戏弄着时间——

能够把永恒缩短为一小时
或者把一小时延伸为永恒。

我们常常不由自主地以为，除了以我们出生那年开始计算的年龄以外，还有另外一种青春和年龄。某些想法会促使我们觉得自己青春永驻。这种想法是对普遍的、永恒的美的热爱。人们不进行这样的思考是因为他们认为那属于永恒而非尘世。智慧最微小的活动把我们从时间的不利影响中解救出来。当我们受到疾病和疲倦的困扰时，给予一行诗或是一句发人深省的句子，便使我们精神焕发；抑或是带来一册柏拉图或莎士比亚的文集，或者甚至仅仅是提到他们的名字，瞬间我们就有了一种长生不老的感觉。看一看深刻神圣的思想是如何穿越世纪、穿越千年、长存于世的吧。难道基督教对于现代的启示作用会比它刚出世时少吗？对于我的灵魂而言，事实和人物的重要性与时间无关。因此灵魂的尺度是一个，感觉和认知的尺度则是另外一个。在灵魂伟大的启示之前，时间、空间和自然都蜷缩退后。在日常言谈中我们用时间作为参照物谈论所有事物，正如我们习惯于将浩瀚散落的星星比作凹面天体。因此我们说审判日还很遥远或已临近，千禧年即将来到，某一政治、道德、社会变革即将发生，诸如此类。我们的意思其实是说，从事物的本性出发，我们所观察的一个事实是外在的、无常的；而另外一个与灵魂同在，是先天的、永恒的。现在我们认为恒定不变的事物应当像熟透的果实逐个从经验中脱离跌落，被风吹向无人知晓的地方。风景、人物、波士顿、伦敦，都像过去的制度一样消逝，如一阵雾、一缕烟，转瞬即逝，社会如此，世界亦然。灵魂始终如一地向前看，创造一个永远在她之前的世界，而身后留下了许多个世界。没有日期，没有仪式，没有容貌，没有特点，也没有人。灵魂只认识灵魂，其他一切都只是她的装饰品，别无他用。

无须通过计算，灵魂通过自己的法则便可知晓前进的速度。灵魂的前进不是渐进式的直线向前移动，而是状态的升华，可理解为变形——由卵变为蛹，再由蛹变化为蝇。天才的成长是整体性格的形成，不是选出一个人先超过约翰，然后亚当，再然后是理查德，使每个人发现自身弱点，痛苦不堪，而是经历每一次成长的痛，他得以在工作岗位上成长，随着每一次脉搏跳动，超越各个阶层，各种人群。随着每一次神圣的冲动，心灵突破那层为人所知而有限事物的外壳，走向永恒，呼吸它的空气。它跟世界上人们常说的真理交谈，逐渐与芝诺和阿里安产生更多的共鸣，胜过了其他安居家中的人们。

这是道德和精神增进的法则。通过某种不稳定性，简单的事物不是深入某种德行，而是进入了包含所有德行的领域。他们置身于包含所有德行的精神中。灵魂优越于美德的各个方面。灵魂需要纯洁，但纯洁并不是灵魂；灵魂需要正义，但正义也不是灵魂；灵魂需要慈善，但慈善远不及灵魂。因此当我们停止谈论道德的天性来督促美德的形成时，其实是一种纡尊降贵的妥协。对于出身高贵的孩子来讲，所有的德行都是天生的，而非后天辛苦习得。与灵魂对话，人也会顿时变得有道德。

同一种情操里的智慧萌芽也遵从同样的法则。有着谦卑、正义、爱心和抱负的人已经上了一个平台，完全能够掌握科学、艺术、言语、诗文、行为和魅力。因为无论是谁赢得了道德的福佑，都能够预见他可以得到一些人们非常珍视的特殊权利。正如拥有爱的人有权享有所有爱的礼物。情郎没有才能，没有本领，在他钟爱的女子眼里就一文不值，不管她自己有没有同样的本领。同理，只要将自己交付于最崇高的心灵，就会发现这本身是建立功绩的保证，并且可以通过一条康庄大道获取某些知识和权利。一旦升华到这一最重要最原始的情感中，我们立刻从身处的遥远边疆来到世界的中心，在上帝的密室里面，我们看到起因、预见宇宙，发现宇宙只不过是一个缓慢的结果。

神圣教诲的一种模式是将精神化身为一种或几种形式，就像我自己一样。我存在于社会中，与我一道的人要么与我思想相一致，要么对我所遵循的伟大本能表现出某种服从。我看到了灵魂存在于他们身上。我确信我们之间存在一种共性。那些灵魂，那些分散的个体，吸引着我，这是其他任何事物都做不到的。它们在我心中唤起新的情感，我们称之为激情，对于爱、恨、恐惧、钦佩、遗憾的激情。由此产生了社交、竞争、派别、城市和战争。人是灵魂的初始教诲的补充。年轻时我们对人痴迷疯狂。童年和青年时在人身上看到了整个世界。但是阅历更广的人发现同一种天性在所有的人身上出现。人让我们熟悉了非个人的因素。任何两个人的对话都会心照不宣，涉及第三方、涉及一种共性。这个第三方不具有社会性，也不具有个性，是上帝。在认真的分组辩论中情况也是这样，尤其是遇到关于思想的伟大疑问，在座的人意识到他们的一致性，明白每一方都怀有同样高度的思想，所有的语言以及说话者都拥有精神财富。他们都变得比之前更睿智。这思想的一致性像座神殿一样架在他们头上，他们的每颗心都跳动着更加崇高的力量感和责任感，每颗心的思想和行为都显示出非同寻常的庄严。所有人都觉得达到了一种更好的自我掌控，它为所有人闪耀。人性中一定有种智慧在最伟大的人和最卑微的人中共存，我们普通的教育使这种智慧缄默并对其形成阻碍。思想是统一的整体，最伟大的思想喜欢事实本身，而非事实蕴含的价值。他们满怀感恩之心欣然接受真理，并没有给它贴上某个人的名字或盖上印章，因为这在很早之前便已属于他们了。博学用功的学者并不垄断智慧。在某种程度上他们极端的思维倾向使得他们无法真实地思考。有一些人并不十分聪明，也不那么深刻，但是他们往往能够不费吹灰之力就道出我们苦苦追寻也找不到的答案，很多有价值的发现都要归功于这些人。在那些只能意会却没有言传的话题中更能见到灵魂的踪迹，所有的对话都会涉及的话题则更鲜见。灵魂在社会的每个角落沉思着，人们也不自觉地在彼此身上寻找它的踪影。我们的认知比行为高明。我们还没有掌握我们自己，同时我们也知道自己其实会更好。在与邻居琐碎的谈话中同样的真理不停地冲击着我，我感觉我们两个人之上有更高尚的东西在俯视着这场交谈，在我们的身后天神也在点头赞许。

人们都谦逊有礼。人们向世界提供平常而卑微的服务，并为此而放弃原本的高贵，像阿拉伯酋长一样，居住在破旧房子里，装出一副穷酸相，来逃避巴夏的强取掠夺，却在戒备森严的隐居处所内部展示自己的财富。

灵魂存在于每个人身上，也存在于生命的每个阶段。自幼儿时期便已发育完全。在我与孩子打交道时，我的拉丁语、希腊语，我的成就和金钱完全不能帮到我。它们对于孩子来说全都没有用，然而我所具有的灵魂却大有裨益。如果我任性，灵魂会以牙还牙，用他的意志力慢慢地对付我。如果我愿意的话，他会任凭我堕落到使出浑身解数与之对抗。但是如果我放弃我的意志，为灵魂而行动，将灵魂作为我们之间的裁判，那么，同样的灵魂会从他年轻的眼神里流露出来：他便会尊重我、喜欢我。

灵魂能够觉察并揭示真理。看到真理之时我们便知道这就是真理，随便那些心存怀疑和嘲讽的人说什么吧。愚蠢的人听到你说了他们不愿意听到的话时便会问你，“你怎么知道这就是真理，而不是你个人的谬误呢？”我们看到真理时，能够把它和观点区分开来，正如我们醒着的时候就知道我们处于醒着的状态。出自伊曼纽·斯威登堡的一句名言，一语道破了人的认知的伟大——“如果一个人只能证实他所喜欢的事物，这不能证明他是睿智的；如果能够去伪存真，这才是智慧的标志和特征。”在阅读的过程中，伟大的思想将整个灵魂的形象刻在我的头脑中，正如每个真理都会被证实、被认知一样。而当我发现一些不好的思想，也是这同样的一个灵魂变成一把明察秋毫、当断则断的利剑，将其一剑砍掉。我们比想象的还要聪明。如果我们不去干预思想，而是彻底依靠身体去行动，或者看看上帝是如何看待该事物，我们就了解了那件事物，也知道了每件事以及每个人。因为万物以及人类的造物主就站在我们身后，将他那可怕的全知全觉通过我们投射在事物上。

然而，除了在个人经历进程中认识自己以外，灵魂还揭示真理。我们应当试图通过它的存在加强自身修养，用它赋予的更优秀、更高尚的语气讲话。因为灵魂传达真理是自然界最高尚的事件，它不是从自己身上给予一点，而是给予全部，抑或是进入或者变成它所启迪的那个人；或者，依据此人接受真理的情况将他带到自己身边。

我们用“启示”这个术语来辨别灵魂的宣告，即对它自己本质的诠释。这些总伴随着庄严崇高的情感，因为这样的交流是神圣的思想进入我们的思想里，是在汹涌澎湃的人生大海面前个人涓涓细流的衰退。对这一思想指令的每一次理解都能激起人们的敬畏和喜悦。接受新的真理或者实现一项伟大的工程，会使人感到兴奋，这是自然情感的流露。在这样的交流中，观察的能力与行动的意志不可分割，但是见解是从服从出发，而服从是从快乐的认知出发。当一个人感到自己受到灵魂侵袭时，这种感觉是难以忘怀的。我一直相信，由于我们的身体需要，个人一旦意识到灵魂的存在，便会涌上一阵激情。而这种激情的特性和持续时间因个体差异而不同，从狂喜、着迷以及预言的灵感这些罕见的表露，到道德情感最细微的表现，就像万家灯火一样温暖每个家，每个团体，从而使社会交往成为可能。某种疯狂的倾向总是伴随着人们宗教意识的觉醒，仿佛人们暴露于“过强的光亮”之中而发狂。苏格拉底的迷狂，普罗提诺的“合而为一”，波菲利的幻象，保罗的皈依，伯曼的曙光，乔治·福克斯和他的贵格教徒的抽搐，斯威登堡的启示，均属此类。这些杰出人物的癫狂在日常生活中有数不胜数的例子，只是没有引起人们注意而已。无论什么地方，宗教都暴露它狂热的倾向。摩拉维亚教派和寂静教派的狂热，新耶路撒冷教会语言揭示的《圣经》的内涵，加尔文教会的复兴，卫理公会的“经验”，都是个人灵魂与普遍灵魂交流时表现出来的敬畏与疯狂。

这些启示的本质总是相同的：它们都是对绝对法则的认知，是灵魂解决自身问题的方案。它们对于理性提出的问题并不作答。灵魂回答从不用言语，答案就在被询问的事物本身。

启示是灵魂的显露。对于启示的普遍认识是：它是用来占卜命运的。在灵魂过去的神谕中，理性试图寻找世俗问题的答案，并力图用上帝的口吻讲述人类可以存活多久，他们会利用双手做什么，谁会是他们的伙伴，甚至附带说明姓名、日期和地点。但是我们切不可打开这扇门，必须制止这种低劣的好奇心。用言语来回答是不可靠的。事实上关于你提出的问题根本没有答案。不要奢望得到关于你起航前往国家的描述，那样的描绘并没有向你讲述什么，翌日你就会到达目的地，以自己的亲身体验来了解那个地方人们提出的问题涉及灵魂的不朽、天国的职业以及罪人的状态等。他们甚至梦想着耶稣已经留下了这些疑问的精确答案。那崇高的精神从不用它们的语言讲话。永恒这一观念本质上与真理、正义、友爱和灵魂的属性相关联。生活在这些道德情操里的耶稣对于世俗命运却不曾留意，注意的仅仅是他们的表现形式，从未将时间的观念与属性的本质相区分，关于灵魂的持久性也只字未提。只待他的门徒去将持久性与道德元素分割开来，将灵魂的不朽作为教义去教导，并用证据加以维护。一旦将这些不朽的教义分开单独讲授，人就已经堕落了。在仁爱的奔流中，在谦卑的爱慕中，持续性是毫无疑问的。有灵性的人从不会提出这样的问题，亦不会屈从这些证据。因为灵魂是忠于自己的，受到灵魂浇灌的人不会离开无限的现在而误入有限的未来。

我们渴望探知一些关于未来的问题，这是对罪孽的忏悔。上帝并不作答。言语的回答无法回答事物的本质。一层面纱掩盖了未来的事实，这不是因为上帝武断的旨意，而是因为人的本性：因为除了让我们明白因果之外，灵魂不会让我们读懂其他任何暗码。借助这层遮盖事物的面纱，灵魂引导人的子孙后代活在今天。而获取这些感官问题的答案的唯一方式就是摒弃低劣的好奇心，接受潮流将我们漂浮至天性的秘密，不停地工作、生活、工作、生活，不知不觉间，勇往直前的灵魂已经将它自己铸造成为新的状态，那么问题和答案也就合为一体了。

这就是灵魂，认知并揭示真理的灵魂。借助同样的一团烈火，这团平静的、不具人格的、完美的烈火，熊熊燃烧着，直到将所有物体化作闪亮而汹涌的海洋，我们遇见彼此，了解彼此，以及各自的精神面貌。谁能说出人们是根据什么了解他所在圈子的几个人的性格？没有人能够说出。然而圈子里的这些人的言行举止却没有让他失望。在那个人看来，尽管他知道某人并不坏，却不信任他；而另外一个人，虽然很少见面，却有真实的信息沟通，表明那人或许值得信赖，因为那人对他的性情显示了兴趣。我们彼此了如指掌——我们中哪一个是对自己公正的。我们所交、所见的只是一种渴求，抑或我们真诚的努力。

我们都是精神的辨明者。那种判断高高地存在于我们的生活中或无意识的力量中，而不在理解之中。整个社会的交往，其贸易、宗教、友谊、争吵，就是一个对人们性情的广泛的司法调查。在合议庭，在小听证室，或原告与被告面对面时，人们坦白自己，任人评判。他们非常不情愿地抖搂出那些决定性的琐碎事件，通过这些事件可以解读他们的性格。然而由谁评判？评判什么？不是我们的理性。我们并非通过学习或技巧去解读，决不！明智之人的智慧蕴含于此，他并不评判他们，他让他们评判自己。

他仅仅宣布、记录他们自己的裁决。

凭借这种不可避免的天性，个人意志被压倒，不管我们努不努力，是否有缺陷，你的天赋将由你自身体现，我的将由我自身体现。拥有哪一种天赋，虽然我们并不情愿，但也会不由自主地传授出来。思想通过我们从未任其开放的通道进入脑海，又通过我们从未自行打开的通道从脑海走出。性格从头顶上方传授。人的语言就是真实进步的绝对可靠的标记。年龄、教养、伴侣、所读的书、行为举止、天赋，所有这些都无法阻止他顺从一种比自身更崇高的精神。倘若他在上帝那里寻不到家园，他的行为举止、讲话形式、语句变化，他全部观点的构架都会不由自主地表现出来，就让他勇敢地面对他将会面对的情形。如果他已然找到他的中心，神会照耀他全身，穿过无知的伪装，穿过暴戾性情以及不利环境的伪装。求索时的语言是一种，拥有时的语言又是一种。

神学导师和文学导师之间，赫伯特这一类诗人和蒲伯那一类诗人之间，斯宾诺莎、康德、柯勒律治这一类哲学家和洛克、佩利、麦金托什、斯图尔特那一类哲学家之间，这些被认为有学问、夸夸其谈的世俗之人与那些偶尔出现、在漫无边际的思想影响下作出半疯狂预言的狂热神秘主义者之间，最大的区别在于，一类人依据内在体验，或者亲身经历发言，他们是事实的参与者和占有者；另一类人从外部讲话，仅仅是旁观者，或许只是依据第三个人了解到的事实。根据外部感官对我进行宣讲毫无用处，因为我自己也能轻易做到。耶稣总是依据内在体验发言，在某种程度上这使他超越了所有其他人。奇迹就在那包含着奇迹的内在体验。我的灵魂原先就相信本该如此，所有人一直以来都期待出现这样一位导师。但是倘若一个人不是发自内心讲话，不能保持言辞与内容统一，那就让他低声坦白吧。

同一种全知全能的上帝之灵汇入智慧，成为我们所说的天才。俗世的大多智慧并非智慧，最有领悟力的一类人无疑要高于文学的盛誉，他们往往并非作家。在多数学者和作家之中，我们并未感到神圣的存在。我们觉察到的是一种诀窍和一项技艺，而不是灵感。他们有一束光照，没有弄清楚来自何方就把它据为己有。他们的才华是某种夸大的能力，某个过度发育的器官，因此他们的力量变成了疾病。在这些例子中，智慧的天赋留下的印象并非美德而多是邪恶，我们反而感到一个人的才华成为他通向真相之途的阻碍。但是天赋应当是虔诚的，它更多地吸取了大众的心灵。它并非不同寻常，反而或多或少跟其他人大同小异。在所有伟大的诗人之中都存在着一种人性的智慧，高于他们运用的任何才能。作家、智者、信徒、绅士都不能取代人的位置。人性之光在荷马、乔叟、斯宾塞、莎士比亚的身上闪耀。他们满足于真理，并对其不加修饰。有些人读着拙劣的流行作家写的那些充斥着癫狂激情和暴力刺激的作品，变得口味很重。相比之下，荷马们的作品可能显得冷冷清清、寡然无味。但荷马、乔叟、斯宾塞和莎士比亚天生就是诗人，他们让知识丰富的灵魂自由穿行，而灵魂则通过他们的眼睛再次观看、赞美所造之物。他们的灵魂高于学问，更比其任何作品都更富有哲理。伟大的诗人让我们感受到自己的拥有的精神财富，让我们很少考虑他们的作品。他传达给我们的思想最伟大之处在于他教导我们轻视他所创造的一切。莎士比亚引领我们来到灵魂活动的崇高境界，向我们展示那里的巨大财富，而他自己不过像个乞丐。他所创作的那些辉煌巨著，换作别的时候，我们会大加赞美，称其是浑然天成的诗歌。此时此刻，我们却感到这些作品也未曾牢牢把握真正的天性，就好比过往行人的影子在岩石上飘过一样。灵感在哈姆雷特和李尔王中表达出来，也能够每时每刻在万事万物中，同样完美地表达出来，直到永远。正如音节从舌尖滑落，哈姆雷特和李尔王从灵魂中诞生，为何我们会如此重视哈姆雷特和李尔王？难道我们没有那样的灵魂吗？

这样的精神除非完全占有，在任何条件下都不会降临到个人的生活中去。它会降临到低调、朴实的人那里；它会去愿意褪去洋气和骄傲的人那里；它降临到人身上，成为人的洞察力，成为人身上平静、端庄的气质。当我们看到它所托身的人，我们便了解伟大又上了新台阶。带着那份灵感，人回到尘世，格调已然不同。他同人们交谈，并不着眼于他们的观点。他试探他们。他需要我们坦诚而真实。虚荣的匆匆过客试图美化自己的生活，言谈中必引证贵族、王子、伯爵夫人的话，说阁下、殿下、夫人如是对他说，如是对待他。庸俗之辈向你展示自己的汤匙、胸针和戒指，保留别人的贺卡和贺词来进行炫耀。较有教养的人在叙述自身经历时，挑选出令人愉悦、富有诗意的事情，比如罗马之行时他们看到的天才，结识的杰出的友人，或许仍会进一步讲述他们昨日欣赏的美妙风景，山中的光亮，山中的思索——这样力图给自己的生活增添浪漫的色彩。但升腾起来去膜拜伟大上帝的灵魂却朴实真诚：没有玫瑰的色彩，没有优秀的朋友，没有骑士的精神，没有冒险的经历，不期许赞美，仅驻留在此刻，热切地经历平凡的每一天——原因在于，当下这一刻和微不足道的琐事容易渗透进入思想，像吸收光明的海洋。

同一个思想极其单纯的人对话，文学看起来如同咬文嚼字。最简单的话语却最值得书写，而它们如此廉价，如此理所当然，以至于在灵魂无穷的财富中，就好像尽管整个大地和大气都属于我们，我们却只拾起地面的几粒鹅卵石，或只在小玻璃瓶中装入一点空气。纯粹的作家在这样的社会中，就像绅士群中的小偷，前来偷窃金纽扣或金别针。除非你抛弃外部伪装，对他人赤诚以待，推心置腹，悉心了解，否则休想蒙混过关，也别指望能成为圈中一员。

这样的灵魂像神祇一样对待你，像神祇一样游走在世上，对你的聪明才智、慷慨大方、崇高美德不惊不诧，认为那就是你的职责和义务，因为他们把你的高尚美德当成自己的血液，如同神祇一样高贵，甚至比神祇还要高贵，是众神之父。他们坦白友爱的姿态对作家们彼此安慰、自我伤害的互相奉承是一种强烈的谴责！这些灵魂不会奉承。如果这些人去看克伦威尔、克里斯蒂娜女王、查理二世、詹姆士一世和土耳其大头领，我不会感到惊奇。因为，从他们自身的高度来讲，他们是国王的同伴，必然也感受到世俗谈话中奴性的语气。他们的到来是王公贵族的福祉，因为他们敢于直面王公贵族，就像自身也是国王，不回避，不退让，让那高高在上的人感到一种抗拒的振奋和满足，感到一种朴素人性甚至友谊和新思想产生的振奋和满足。他们使王公贵族变得更加睿智更加优越。这样的灵魂让我们感觉到诚挚比奉承更为可贵。如此坦率地与男男女女打交道，使他们必须表现出最强烈的诚挚，从而打消一切戏弄你的念头。这是你能给予的最高的赞赏。弥尔顿说，他们“最高的赞赏不是奉承，而给予最坦诚的建议就是一种赞誉。”

在灵魂的每一项行动中人和上帝步调总是保持着一致，这真是妙不可言。最单纯的人在诚心崇拜上帝时就变成了上帝，但是这种更崇高普遍的自我提升是万古常新无法探知的。它永能激起敬畏和震撼。提出上帝这个想法对人类来说多么珍贵多么宽慰啊！让荒凉之地住满了人，抹去我们错误和失望的伤痕！当我们打破传统的神，停止膜拜辞藻之神，上帝就会出现，点亮心灵。那是心本身的加倍，不，是心的无限扩大，因为有一种生长力促使它向四面八方无限扩张。点燃人身上绝对可靠的信任。人虽没有这样的信念，却可以看到最好的就是真实的。一旦有了这样的想法，人就可以很轻易地打消所有的不确定和恐惧，静待时间给予明确启示，揭开他自己的谜团。他确信他的福祉对于万物弥足珍贵。面对心灵中存在的法则，他胸中满溢着一种如此普遍的信赖，灵魂把满怀的希望和人间最稳妥的规划都卷入它的洪流里。他相信：他无法脱逃它的善。确实属于你的东西会受到你的吸引，奔你而去。你跑去找你的朋友。只需让脚跑起来，心灵则无需奔跑。如果你没有找到他，难道你不会去默认没有找到他就是最好的结局？因为有一种力量，在你身上，也在他身上，因此如果你们在一起是最好的结局，这种力量就会把你们带到一起。你急切地打算去从事一项服务，你的才智和爱好鼓动你这样做，对他人的友爱和获得名利的希望也鼓动你这样做。你难道不曾想过你没有权利去做，除非你同样愿意接受别人的劝阻？啊！请相信，只要你一息尚存，那么这个世界上的每个声音，你都应当去倾听，它们响彻在你的耳边。属于你、为你提供帮助和慰藉的每则谚语、每一本书、每句格言终将会通过开放的曲折通道，令你豁然开朗。不是你异想天开的意志，而是你那颗伟大而温柔的心灵所渴求的每一个朋友终将紧紧地将你搂入怀中。这是因为你的心灵就是所有人的心灵。在自然中没有阀门，没有墙壁，也没有交叉路口，只有一股血液源源不断地流动在所有人身上，就像地球上的水一样，同属一片海洋，同属一片浪潮。

那么让人们谨记所有自然、所有思想对他心灵的启示吧。也就是，上帝与他同在。如果他心中有那份责任感，那么自然的源泉就在他自己的心灵里面。但是如果他想要知道伟大的上帝说些什么，他必须“进到自己的小房间，关起门”，耶稣如是说。上帝不会对懦夫显灵。人必须倾听自己的内心，远离关于其他人信仰的反复絮叨。甚至他们的祷告对他也有伤害，除非他已经做了自己的祷告。我们的宗教依赖于信徒的数量，这多么庸俗。无论何时，也不论多么拐弯抹角，只要有某种宗教开始仰仗信众的数量，就等于当场发布公告，这样的宗教其实不是真正的宗教。发现上帝是包罗伟大思想的人不会去计算他的伙伴的数量。我席坐于此，谁还敢闯入？若我安于谦恭，心中燃烧着纯洁的爱火，加尔文或斯维登堡又能说些什么呢？

求助于多人还是求助于一人并无实质区别。依靠权威的信仰不是真正的信仰。对于权威的依赖标志着宗教的衰落和灵魂的丧失。历史上很多世纪以来人们给予耶稣的地位就是权威地位。这是他们自己特性的体现。这不能改变永恒的事实。灵魂是伟大的、朴素的。灵魂不会阿谀奉承也不会盲目追随。它不会放弃自己而求助他人，它时刻相信自己。面对人所具有的无限可能性，所有单纯的经历，所有过往的传记，无论多么纯洁神圣，都只得退避三舍。在我们的预感向我们预示过的神圣天国面前，我们不能轻易赞赏任何我们看过读过的生命形式。我们不仅可以断言伟人寥寥无几，而且可以断言一个都没有，因为还没有完全让我们满意的人物和方式，没有此类的历史或是记录。我们有所保留地认可那些有史以来即为人尊崇的圣人和英雄人物是出于不得已。寂寞时，我们可以从对他们的记忆中汲取新的力量，但是由于他们强加于我们的注意力，相比那些没有思想、遵循传统的人强加于我们的注意力，这些作古之人影响力甚微而且让人觉得是一种侵袭。灵魂独立、创新、纯洁，将它自己交付于独立、创新、纯洁的人，而独立、创新、纯洁的人也乐意托身于它，引导它，通过它讲话，那么灵魂会欢呼雀跃、朝气蓬勃、灵活敏捷。灵魂不是智者，却能洞察所有的事物。灵魂不似宗教那样虔诚，却依然天真无邪。它声称光明是自己的，它感受到草木生长、石头落地都依照着一条低于它天性而又依赖它天性的法则。看！它说我生在伟大的万能的心灵里面。我，尽管并不完美，却欣赏自己的“完美”。不知为何，我易于接受伟大的灵魂，因此我忽视太阳、星辰，认为它们只是瞬息万变转瞬即逝的偶然事件和结果而已。永恒自然的浪涛不断涌向我，在我的考虑和行动中我开始关心公众和人类。

因而我的思想和行为有着不朽的力量。因此，由于敬重灵魂，不断学习，我懂得了古人所讲的“它的美无边无际”，人们逐渐明白世界是灵魂创造的恒久不变的奇迹，因而对于某些特别的奇迹便不再感到惊诧；他会明白没有哪段历史是世俗的；所有的历史都是神圣的；宇宙浓缩在一粒原子中，一个瞬间中。他不再编织充满琐事和补丁的污迹斑斑的生活，而是同神圣的统一体一道生活。他会终止生活中的低贱和无聊事物，无论居于何地，从事什么职业，他都会安然自足。他会冷静地面对明天，不去想去哪承载着上帝的信任，这样，心底就已经拥有了整个未来。

圆

(1841)

眼睛是第一个圆，它所形成的视野则是第二个圆，纵观整个自然界，这种基本的图形无休止地重复着。在世界的轮回中，圆是最重要的符号。圣·奥古斯丁用圆来描绘上帝的天性。每一个点都可以是它的圆心，可是它的圆周却是不规则的。我们一生都在了解这种图形的丰富含义。考虑到每个人行动的迂回性和补偿性特征，我们已经推导出一个含义。我们要探讨的另一个相似之处则是每一个行动都有被超越的可能性。我们终身都在学习这样的真理：围绕着每一个圈都可以画出另一个圈。自然没有止境，而每一个终结点都会是一个新的开始；正午时分，总会有另一个开端，每个深渊也还会有另一个深渊。

这一事实，象征着“难以企及的”、稍纵即逝的“完整的”道德事实。我们可以轻易地把关于人的能力的方方面面联系起来，因为人的双手永远无法绕过那种完整再合拢起来，鼓励且批判每一个成功。

大自然没有固定的形态，宇宙也是瞬息万变的。永恒仅仅是一个表示程度的字眼。在上帝的眼中，我们的地球只是一个显而易见的法则，而并非一个既定的事实。法则把事实溶解，使它保持液态。我们的文化中有一种观念非常盛行：它背后代表着一连串的城市及制度。让我们上升到另外一个层面：这一切终将会消失。古希腊的雕刻好像那一座座的冰雕，早已消融殆尽，遗留的只是星星点点的孤身或残片，就仿佛是六七月遗留在山谷或者山坳里零星的残雪一样，只因当年创造它们的天才现在又在创造另一些东西。希腊的文字持续的时间要长一些，但也已经在经历着相同的遭遇，并且正在跌进新思想为旧思想打开的逃不掉的深渊。新大陆建立于旧星球的基础上，新品种也由旧品种演变而来，新工艺摧毁了旧工艺。再看看那把资本投资到水道桥，却被水力学废弃的情况吧：类似的情形是，堡垒被火药摧毁，大路、运河也被铁路取代，风帆被蒸汽代替，蒸汽更新为使用电力。

你对这经历了不知多少世纪风雨侵蚀的花岗岩巨塔赞叹不已。然而，建造者易如反掌就建起的一片高墙，被建造者总是不如建造者，造塔的手要毁掉这塔则快得多。思想，是比手更精巧、更灵敏，却是通过手的工作隐形存在。所以，粗糙的结果背后一定会有一个细致的原因。而这个原因在经过更仔细的观察分析后，我们会发现它又是另一个更为精细的原因造成的结果，秘密被人探索出来之前，每种事物看上去总是永恒的。对于女人和孩子而言，一大笔财产仿佛就是一个不变的事实；对于一个商人而言，任何一种材料都能创造出有用的东西来，同时也能轻而易举地失去；对于一个普通农民而言，耕作有方且土地肥沃的一个庄园，就好比是一笔固定产业，一座金矿或是一条河；但是在一个大农场主眼中，它也并不比庄稼的稳定性高。大自然看起来稳定，稳定得让人心烦，可是它也像其他的事物一样也有一个原因。我一旦了解了这一切，这些田野还会延绵不绝，这些树叶也还会茂密高悬枝头吗？永恒这个字眼是表示程度的，任何事情要取其中间，于精神力量而言，卫星的运行范围也并不会比棒球更大。

每个人的思想是其最关键点。即使他看起来威猛无比，高傲得瞧不起任何人，他依然还有一个他必须要服从的方向盘，就是观念。一切的事实，都是按照它来分类的。只有介绍一种能让他自己统率自己观念的新观念才能够改变他。人生是一个自由扩展的圆，它从一个肉眼无法看到的圆圈开始，四处扩散，最终出现一个新的不断扩大的圆，并且没有止境。这样的圆一旦形成，好似一层包着一层的，终要发展成何种形态，其关键点则是一个人灵魂的力量或真诚。因为关于每种思想所做出的略显迟钝的努力已把自己变成圆形波浪，并且不断地循环，就好比是一个帝国，一种艺术标准，一种地方风俗，一种宗教仪式，把自己推向山脊，巩固摇摇欲坠的生活。要是灵魂迅捷猛烈，它就会从四面八方冲破那个边缘，在大洋深处扩展为另一个圆圈，它还会涌起一层狂浪，企图再次停滞、凝固成圆。可是心灵拒绝遭到禁锢，在它的冲动刚开始还较弱时，它就已经倾向于以最大的力量向外作无边的扩展。

每一个事件的最终结果都只不过是另一个事件新的开始。每一个普遍规律又不过是将要展现自己的另一个更加普遍的规律。就我们而言，没有外界，没有围墙，没有圆周。一个人完成自己的故事，那是多么优良、多么具有决定性啊！让万物呈现出新的面貌，他是多么的高大无比！瞧，那边也出现了一个人，我们不久前才宣布的一个圆的轮廓，他便绕着那个圆又画出了另外一个圆。这样看起来，我们的第一个发言人便不是一个人了，而仅是一个发言者了，他弥补的唯一方法是立刻在他的对手的圆圈外面再画上另外一个圆。人类自己就是这样做的，今天的结果一直在脑中萦绕，难以移除，可以把它压缩成一个字，而那就好像是在阐述天性的原理将把自己也包含进去作为更醒目的例证。在今后的思想中，会有一种力量把你的信仰，各个国家的文化，都捧得很高，并且把你领向一个史诗般的理想世界，那是从未被描绘过的天堂。与其说每个人都是世界上的一个工作者，还不如说那只是在暗示他应该成为那样的人，人类款款步入下个时代的预言。

我们一步一步登上了这神秘的楼梯，每一步都是行动的印迹，新的展望便是动力。每一个结果都将受到下一个结果的威胁和审判，每一个结果都好像会受到新的结果的否定，它不过是被新结果限制而已。新的表述也总会遭到旧的说法的憎恨，对那些坚持旧说法的人而言，新说法的出现便像是怀疑主义的地狱。可是，眼睛很快就习惯了新鲜事物，一种原因产生的多种结果对眼睛和新事物是有利的。不久后，耗尽了它的所有精力，它就变得苍白，并开始萎缩下去，它在新时期的曙光面前便相形见绌，一败涂地。

别惧怕新的概念的形成。这事实看起来有些粗鄙和物质，那就威胁到了你的精神理论吗？请不要抗拒，它会使你的物质理论有同样多地改善与提高。

若是我们向意识求助，人们便没有实实在在的东西了。每个人都会认为自己没有被完全理解，若他身上有任何真理，抑或他最后依赖的是神圣的灵魂，我想也不会例外。最后的会所，最后的议事室，他一定觉得从未被打开过；一定是存在着某种不明状况、不能分析的遗留物。换个说法就是每一个人都认为他会有更大的可能性。

我们情感上不信任对方。今天我思绪万千，随心而作。我想我没有任何的理由，明天我就不会有相同的思想，相同的表现力。在我写作的时候，我所想到的东西都好像是这世上最为自然的事情。可是昨天，在我一次次观望这个方向的时候，一种令人恐惧的空虚出现了，到了一个月后，我不会怀疑我将会惊诧是谁写了这么一连串的东西。唉，这样不坚定的信仰，这种不奋发的意志，一股巨大涨潮中的大落潮！我是大自然的上帝，也是墙边的一棵野草。

当经过了不懈的努力让自己上升到他自己之上时，在他最后的高度上再累加一点，其自身就泄露了在一个人身上的种种关系。我们都渴望被人认可，可是我们却无法原谅被认可的人。大自然的乐趣是爱，可是，要是我有一个朋友，我就会受到自己缺点的折磨。爱我就好像是在谴责另一方，若是他的实力高到可以轻视我的程度，那么，我还能爱他，并让自己上升到一个新的高度。从一个人周围的一群朋友便可以看出一个人的成长过程。为了一个真理，他失去了一个朋友，但是他可以得到一个更好的朋友。当我漫步在林中，思考着我的朋友的时候，我就会想我为何要与他们玩这种盲目崇拜的游戏呢？在并非是看不见的情况下，我对所谓的时尚、可敬的人认识得很透彻。我极尽言辞夸他们富有、高贵、非凡，可是，真相是凄惨的。神圣的精神啊，我为了这些人而抛弃了你，可是他们却都不是你！每一种我们表现出的个人关怀都使我们失去了本性，我们用天使的宝座换到的仅仅是一种短暂而吵闹的欢乐。

我们到底要吸取多少次这样的教训呢？当我们发现人类局限性的时候，我们也就对他们不再感兴趣了。局限就是唯一的罪过。当你发现一个人的局限的时候，他就完了。他有才能、进取心和知识吗？但这些一无所用。于你而言，昨天的他无限迷人，是一个极大的希望，是一望无际的大海，而此时此刻呢，你已经发现了他的边际，发现那原本是一个池塘，即便你今后再也看不到它，你也不会觉得有什么缺失。

在思想上，我们所采取的每一个新的步骤都好像是一条法律一样，可以调和不少看似杂乱的事实，亚里士多德和柏拉图被视为两大不同学派的领袖。一位智者能让亚里士多德柏拉图化。在思想这个层面后退一步，不同的意见也可以调和，这个办法就是把他们看作同一原则的两个极端，而同时我们永远也不可能后退到将一个更高的见识排除在外那种程度。

要留意我们伟大的上帝何时会让一个思想家可以在这个星球上自由地活动，到那个时候，万物就身陷囹圄了。就像在一个大城市里突然发生一起火灾，没有人知道哪里是安全的，火又将蔓延到何处而止。无论哪一种科学，在明天都有被驳斥的可能；无论哪一种著名的文学，甚至它有不朽的声名，也有被修正和批判的可能。人类的希望、内心的思想、不同国度的宗教、人类的礼仪道德，完全由一种新的概念来支配。概念总把神性重新注入人的思想中，因此才有随之而来的兴奋。

自我恢复的能力是勇气，所以一个人不会被驳倒、不会全局皆输，无论把他扔到哪里，他也有能力站住脚跟。只有依靠他对真理的喜爱多过过去他对真理的理解，靠他能灵活地接受不同地方的真理，靠这样坚定的一种信念，他的法则、他的社会关系、他的宗教、他的世界，任何时候都可能废弃、可能消亡，他才能够做到这一点。

唯心主义有不同的程度。最初，我们在学术层面上面摆弄它，就仿佛磁铁曾经被当作玩具一样。接着，我们在青年人的全盛期、在诗歌中看到：

也许它是真的，在零零星星的事物之中它确实是真的。然后，它的面容开始变得严肃了，我们就认为它肯定是真的。而现在，它不仅表现得合乎道理又合乎实际。我们明白上帝的存在；他在我们的心里；世间万物都是它的影子。贝克莱的唯心主义仅仅是对耶稣的唯心主义的一种粗糙的解读，而耶稣的唯心主义又是对这样的事实的一种粗糙的说明：所有的本性都是善的自我完善、自我组织的快速散发。更加明显的是，历史和世界的状态任何时候都依赖于人们内心的知识结构。这个时候人们很珍惜的事物之所以会这样，原因是有了出现在人们精神境界里的那些观念，是有了那些就像一棵树结果子一样形成事物现有秩序的理念，一种崭新的文化将立即彻底改革人类所追求的整个制度。

对话是一种圆的游戏。在对话里，我们取掉了各个方面区分沉默的界标。对话的双方也并不会受到他们共同具有，甚至在神灵降临下展现出的那种精神的裁判。明天，他们便会从这种高水位线上退去；明天，你定会发现古老的驮鞍下他们弯曲的身躯。可是我们趁着那火舌舔在墙上的时候，先欣赏一下吧。每一个新的谈话者都会点燃一缕新的火光，让我们从上一个说话的人的压抑中解放出来，又以他们自己思想的伟大和孤傲重新压迫我们，然后我们又被另一个人拯救。这个时候，我们仿佛又恢复了我们的权利而成为人。哦，在每一个真理被宣布的时候，要什么样的真理才可以被认同是在各个时代、各种社会都能深刻，都可行呢？平时，社会像雕像似的冷冰冰地坐着。我们每个人都站着等待，异常空虚，也可能知道我们可以充实，因为巨大的象征包围着我们。就我们而言，它不是象征，仅仅是平凡琐碎的玩具。接着，神降临了，那些雕像像是成了热情似火的人，他的目光一闪，就烧光了笼罩所有事物的面纱，尔后，每样家具，像杯盘、椅子、钟和床的意义也就显而易见了。被昨天的尘雾笼罩的若隐若现的巨大事物如财产、气候、教养、个人仪表等，奇妙地改变了它们的大小。我们认为的已经牢不可破的东西都摇摇欲坠、吱吱作响，文学、城市、气候、宗教，离开了它们的根基，飘逸在我们眼前。在这个地方，界限很快地又出现了！谈话固然是不错的，但沉默是金，并且使谈话相形见绌。谈话的长度显示出说话人和听话人思想之间的距离。若他们完全理解那个部分，言辞在那个部分就是没有必要的，若每一个部分都是一致的，那也就更不用多费口舌了。

文学是我们现在已有的圆外面的一个点，通过这个点可能再画出一个新的圆。文学的作用就是给我们提供一个新的平台，我们从文学上可以俯视我们现实的生活；若提供一台起重装置，我们便可以移动现有的生活。我们有许多古代的学问，并且我们尽力把自己安排在希腊、迦太基、罗马相对应的屋子里，原因仅仅是为了让我们能够更合理地看待法国、英国和美国的房屋和生活方式。类似地，通过荒凉的大自然、喧嚣的事务、崇高的宗教，我们可以把文学看得更加明白。我们身在田野之中，却无法把田野看清楚。天文学家只能把地球轨道的直径当作一个基线来发现其他任何星星的视差。

因为这样，我们重视诗人。百科全书里并没有全部论据和全部智慧，形而上学论里面也没有，“神学大全”里面更加没有，只有在十四行诗或者戏剧中才有。在日常生活中，我爱走传统的道路，而并不相信补救的力量，也不相信变化与变革的力量。可是某个彼得拉克或者是阿里奥斯托，在尽享他想象力的佳酿美酒后，写给我一首颂歌或是一段活泼的冒险故事，里面尽是大胆的思想和行动，他用那刺耳的声音打动并唤醒了我，打断我的惯势思维，于是，我睁开双眼展望我的发展潜力。他朝着世上一切笨重破旧的杂物拍着翅膀，我便能再次在理论和事件中选出一条笔直的路前行。

我一样需要对世界上的宗教进行一番考察。从教义问答手册中，我们绝对看不出基督教来。从草地、水塘中的船儿、林鸟的歌声中，我们反到有可能看出。自然风光净化了我们，沉浸于一望无际的田野带给我们的美丽之中。我们便有可能偶然准确的回顾一下传记，基督教被人类的精英所珍视，这也是完全对的，可是，没有任何一名哲学家的教养在基督教会的范畴以内。保罗精湛的经文并未得到他的特别推崇：“那个时候，圣人自己就折服于那使万物都服从他的神。这样，神就在万物之上，成为万物的主宰。”不管人们的要求和道德是多么伟大，多么的受推崇，人的本能却还是自然而然地趋向于客观和无限，并且很乐意用书外的丰富的语言把自己武装起来，来反对偏执的人的独断专行。

我们可以把自然界想象成一个个的同心圆，但是我们时不时地会在大自然中发现，状况稍有不同，这就让我明白，我们所站的这个表面是不断变化的而不是固定不变的。这些丰富多样、息息相关的性质，化学与植物，金属与动物，好像是因为自己的缘故而生存着。但本质上它们仅仅是一些手段，是上帝的语言，和别的语言一样都会转瞬即逝。若博物学家或者是化学家都已探索过原子重力和可选择的姻亲关系，也都还没有发现这仅仅是其中一个不完全或者相似的说法的更加深刻的法则，等同于因喜欢而接近，属于你的东西就会被你所吸引，不用苦苦地寻求。可是，那样的说法也是相近的，不是最终的，知晓万物是一种更加高深的事实。所谓朋友和事实，并不需要通过微妙的不为人知的特殊渠道而被吸引到所对应的那一方去，经过缜密的思考，这些事实都是被灵魂永恒地孕育而来，原因和结果其实是事实的两个方面。

同样一种用永恒的前进法则包含了我们所说的美德的一切行为，并按照另一种更好的德行来把原有的每一种德行一一消灭掉。凡是伟大的人物必然不是按照通俗的意义而谨言慎行，他一切的小心翼翼全都是让他的伟大打了折扣。可是每个人都应该看到，当他把谨慎牺牲了的时候，它又把他献给了什么，若是奉献给了安逸和快乐，最好他还是安于谨慎吧；若它奉献给一种伟大的信任，拥有飞车的人就能省掉他的骡子和驮篮。杰弗里穿着他的鞋子穿越了森林，他的脚便不会被蛇咬到，亚伦从未想到过有这样的危险。多年来，他们两个人都没有因为事故遇到伤害。可是在我眼中，正是因为你想尽办法防范那样的灾祸，从而你已经落入了灾祸的手心。在我看来，最高明的谨慎同时也是最低劣的谨慎。这算不算是从我们轨道的中心点突然跑到了轨道的边缘了呢？想想我们有多少次要进行可怜的谋划，才能在伟大的情感里寻找到安宁，或者是把今天的边缘造就成新的中心。而且，于你最勇敢的情感对于那些最虚心的人来说，那是极为熟知的。贫穷而卑贱的人像你一样用他们自己的方法来表达最终极的哲学事实。“什么也用不着保佑”，而“事情越是坏，情况就越是好”，这样的俗语是生活中先验论的表达。

一个人的公平即是另外一个人的不公平，一个人的美即是另外一个人的丑，一个人的智慧则是另一个人的蠢钝，若你站在高一些的地方去观察同一件事物，你会发现情况就是这个样子。一个人觉得还债是天经地义的事，而于另外一个人而言则是不负责任、令债主苦等的做法，这是极为可恨的。然而第二个人也有他审视问题的方法，他问自己应该先还哪一笔债，是先还有钱人的债，还是先还穷人的债呢？所欠的钱，是欠人类的思想债，还是欠自然的精神债？啊，代理人啊！对于你而言，除了算计，就没有别的法则了。对于我而言，商业确实只是一件小事，爱、信仰、性格真诚、理想，这些才算得上神圣的东西。我不可以像你那样，把一个责任和其他的一切责任完完全全地分开来，用尽全力像机器一样地去偿还那些债务。当我继续生活下去。你定会发现，速度虽然会比较慢，可是我的性格上的进步便能了结所有的债务，对再高的要求也不会觉得不公正。若一个人用尽全力地偿还他所欠下的债务，这难道又公平吗？难道他所欠下的债，仅仅是金钱而没有别的吗？难道对他的其他的要求都要放到房东和银行家对于他的要求之后吗？

世上没有任何一种善是最终的，所有的善都还是最初的。所谓的社会的善便是圣徒的罪恶。我们恐惧改革，我们不得不把我们的善行，或者是被我们敬重的东西，都抛进那比吞噬了我们的恶行更加粗野的同一个坑里。

> 请原谅他的恶行，也原谅他的美德，
> 那些细小的失误，一半会转为正确。

那至高无上的力量也是在神圣的时刻消除我们的悔悟。我责备自己越来越懒散，毫无效率。可是当我的心田涌入上帝的这些波涛的时候，我已经不再去计算错失的时光。我也不再可怜兮兮地用我仅剩的东西去计算我一个月后或是一年之后可能拥有的成就，因为这些时光授予我一种无所不在、无所不能的能力，他无须任何永恒的东西，而仅仅是在保证心灵的精力和要做的事情的对等，不需要考虑时间的问题。

不断循环论证的哲人啊，我听到某个读者呐喊着你已经掌握了一种至高无上的绝对怀疑主义，形成了对某些行动的默认和漠不关心，并且还欣然地教导我们，要是我们是真实真切的，我们的罪恶就能化为真实的石头，就可以用它来造出一座真正的上帝的庙宇！

我不会刻意地为自己辩护。我为整个自然界的原则占据优势而感到高兴，我也看见在道德里，善的法则不断涌入因自私而留下的每一条裂缝和漏洞，而且涌入自私和罪恶本身，我同样为此而感到高兴；这样说来，恶是绝对不纯粹的，就算是地狱本身也并不是纯粹的，因为他也并不十分满意。可是，在我坚持自己的想法、想入非非的时候，为了避免读者被引入歧途，我要提醒读者：我只不过是一个实验者。别对我做的事情太过重视，也别辱没我并未做过的事情；好像我装作把任何事情都定义为真的，把任何事情都定义为假的似的。我扰乱了万物，对于我而言，没有任何事情是真实的，也没有任何事情是虚假的。我只不过在实验，我是一个没有止境的探索之人，我的身后没有过去。

可是这种万物同享的无休止的运动和进步仅仅是通过跟灵魂内的某个固定和稳定原则来对比，我们才能明了。圆永恒的繁衍在不断地继续时，那永恒的发生器也一直在持续。那种在中心的生命要比创造更加的优越一些，比知识和思想也更加的优越，因此它把所有的圆都包含其中。它不断地努力是要创造出一种如它自己一样辽阔、一样出色的生命和思想，可却是徒劳无益的，只因已经被造就的东西正在指导如何创造出更好的东西。

如此这般，便没有了睡眠、没有了停顿，也没有了保存，仅仅只有万物的更新、萌发和生长。为何我们要把破烂和残迹纳入新的时刻呢？大自然讨厌衰老之物，衰老好像就是唯一的疾病一样，其他的一切都向这里面涌。我们用各种各样的名字来称呼它，狂热、毫无节制、疯癫、愚昧、罪恶。它们全都是年老的种种形式，它们是依赖、守旧、挪用、迟钝、陈腐、怠惰。每一天都被我们变成了灰色，我觉得大可不必这样，我们同高于我们的人交谈，我们不会变老，而会变得年轻。幼年时期、青年时期，敢于接受挑战，抱负高远，眼界真诚，眼光向上，不认为自己有什么了不起，而潜心于来自各个层面的教导。可是，古稀之年的老年人假装什么都懂，他们已经年迈了，没有太多希望，他们放弃了追求，把眼前作为必然加以接纳，并且高高在上地同年轻人讲话。请让他成为圣灵的代言人，让他们成为恋人，让他们手握真理吧，这样他们眼睛会高望，皱纹会消失不见，就可以再一次焕发出希望和活力，这样的衰老不该悄悄地潜入人们的思想。自然界里，无时无刻不是全新的，过去总被吞噬、被遗忘，神圣的仅仅是来者。除去生命、变迁和奋发的精神，便没有什么可靠的东西了。爱不可以收到誓言还有契约的约束而去防范另外一种更加高尚的爱。无论多么崇高的真理，在明天的新思想的光照下，都会显得平凡无奇。人们希望有安定的生活；可是只有在不安定的情况之下，他们才有这种期盼。

生活由一连串的惊人事件组成。在不断增强自己的存在的时候，今天的我们猜不出明天的我们的情绪、欢乐和力量。对于相对低级的状况和日常的行为与感觉，我们却可以大概说个明白。可是，上帝的佳作、整个灵魂的生长和普遍的运动，他却藏匿着，那也是难以预料的。我明白真理是神圣并且有益的，可是它如何让我受益，我却无从猜测，因为这样的存在是这样的认识的唯一的途径。进步的人的新的立场便是拥有旧立场所有的能力，可是它们整个已经更新了。它拥有过去一切的知识，可却觉得那些空虚且无聊。而今，在一生中第一次这样觉得：我好像对认识事物都有了正确的理解。最简单的词语，我们并不了解它的含义，除非在我们还有爱还有追求的那个时候。

机敏在维护着旧事物的完整性的时候，力量和勇气在建造另外一条新的路，是它通向新的更为美好的目标，这就是才能和性格之间的区别。压倒一切的现实都是性格造就的，一个欢乐而坚决的时候，它们更加团结了。大家因此而看到，从未想到的事情也有很多是可能的，而且是非常美好的。性格让一些特殊事件的印象变得暗淡。当我们看到征服者的时候，我们考虑的大多不是任何一场战斗或是成功。我们看到过去的我们把困难给夸大了。对他而言，那是十分轻松的。伟大的人并非要受到震动、受到折磨，当事情过去的时候，并未留下太多的印象。有的时候人们说到“瞧我战胜了什么，我有多高兴，我是如何打败了这些倒霉事儿”。若他们仍会让我想起那件倒霉事儿，那只能说明他们并未彻底地打败它。所谓真正的征服是指使灾难彻底的消失，好像它就是历史的无关紧要的十分巨大而移动着的云状物一样。

当我们贪婪地追求着一件事的时候，我们就忘记了自己。我们意料不到地忘掉了自己的特色，失去了我们永恒的回忆。当我们去做某件事情的时候，我们却不知道怎么去做，为什么要去做。总之，就相当于是画上一个新的圆，没有热情，伟大的事是办不到的。生活的道路无比坎坷，那就是要敢于舍弃，天才和宗教作品的思想力量的自如运作成就了历史上的伟大瞬间。奥利佛·克伦威尔如是说：“一个人不知道他在走向何方时，他才上升到了他的最高点”。醉生梦死、滥用鸦片、酗酒是神谕的精灵的伪装与掩饰，因此他们对人们的危险的吸引产生了。同样的原因，他们求助于比赛和战争中的狂热，用那样的方式来模仿人们内心的火焰和慷慨。

诗 人

(1844)

喜怒无常的孩子，狂放、睿智
用他欢快的双眸追逐着游戏
目光犹如流星划过一般
用独有的光线撕裂黑暗
它们略过地平线的边缘
以阿波罗的特权四处搜寻
穿越男人、女人、海洋和繁星
远远看见自然在欢舞
穿越世界、种族、期限与年代
看见音乐般的次序以及整饬的韵文
奥林匹亚的吟游诗人
在尘世唱出神圣的思想
这思想让我们青春永在
让我们继往开来

那些被尊为“品味的裁判”的人，往往对著名的油画或雕塑有些了解，而且对任何风雅之物都颇为喜爱。然而，倘若去考究他们是否有着美丽的心灵，他们的行为是否有如名画一样出色，你会发现他们其实自私而俗气。他们的修养是片面的，就像你摩擦一块干柴取火，一个部分着火了，而其余地方依旧是凉的。他们对高雅艺术的了解就是研究研究规则和细节而已，局限于评论色彩或形式，无非都是为了消遣或作秀。这足以证明，存在于业余人士心目中关于美的学说是何等肤浅。人们似乎已经看不到形式离不开灵魂。在我们的哲学里没有关于形式的学说。我们的灵魂被放进躯体，就像火被放进炉子里，带着它四处走动。然而，精神和肉体之间没有精确的界限，但后者绝不是前者的衍生物。所以，关于其他形式，智慧的人并不相信物质世界从根本上依赖于思想和意志。神学家们不愿意讨论一艘船、一片云、一座城或是一份合同的精神意义，因为他们觉得这简直是天方夜谭，但他们喜欢回到历史事实的坚实基础中进行讨论。即便是诗人们也一边满足于跟随世俗潮流的生活方式，一边凭想象写诗赋文，避而不谈自己的人生经历。然而，世界上思想最崇高的人却从未停止探索每一个感官事实的双重意义，或者可以说是四重、百重甚至是更多重的意义：比如奥尔弗斯、恩培多克勒、赫拉克利特、柏拉图、普鲁塔克、但丁、斯威登堡。当然，著名雕塑家、画家和世人也在此列之中。我们不是做饭的平底锅，也不是运东西的平板车，甚至也不是送火的人或者火炬传递者。相反，我们是火之子，拥有火焰铸成的身躯，只是这样的神圣性质已经经历过两三次转变，如今我们对其知之甚少。这岁月长河里的万事万物，都来自同一源泉，那源泉本身就是理想完美的典范。这是一个隐藏的真理，正是这真理吸引着我们去探索诗人的天性与职责：他们是美的代言人，引领着我们去思考诗人的方法与材料，思考当前这个时代艺术的整体情况。

这个问题所涉及的内容非常宽泛，因为诗人是代表人物。他在不完整的人当中代表完整的人，向我们展示的不是他的个人财富而是人类共同的财富。年轻人敬仰天才人物，因为，说实话，天才人物更像真实的自我。天才人物们接受灵魂，年轻人也接受灵魂，但天才接受到的灵魂更多。在心中充满爱意的人眼里，自然愈加美好，因为这些人相信，诗人与他们一同观赏着自然。诗人遗世独立，因为真理，因为他的艺术。但是在他孜孜以求的过程中，他相信，真理和艺术终将吸引所有的人，他因此而感到宽慰。毕竟所有人的生活都离不开真理，也需要表达真理。在爱情中，在艺术中，在贪婪中、在政治中、在劳动中、在游戏中，我们学着表达胸中痛苦的秘密。人只是自我的一半，另一半则是他表达的语言。

尽管必须要表达，然而充分的表达却少得可怜。我不清楚我们为什么会需要人替我们解释，但是绝大多数人似乎都还没有长大成人，还没有拥有自我，或者说，他们都是聋哑人，不能复述出他们与自然的谈话。每个人都指望太阳、星星、大地、流水这些自然现象能给予一种超感官的精神享受，而太阳、星星、大地和流水也悄然站立，等待着赐给人特殊的恩惠。但是，我们体内有某种阻力，或某种过多的黏液，不容许它们产生相应的效应。大自然在我们身上留下的印记太虚无缥缈，无法使我们成为艺术家。大自然的每一次抚触都应该让我们欣喜若狂。每一个人都应该是十足的艺术家，都能够讲述他的感受。但是，我们的经验表明，光线和力量足以触动人的感官，却不够打动他的心弦，不足以促使他在语言中重温。诗人正是这样的人：所有这些力量在他身上是均衡的，他的心中没有阻碍，他看见并操纵别人只是梦见的东西，他穿越了所有经验领域，他是众人的代表，因为他具有最强的能力，既可以领受，又可以言传。

宇宙有三子，生于同一时，以不同的名称出现在每个思想体系之中。他们或被称为起因、过程和结果；或者更诗意一点，被称为朱庇特、普鲁托和尼普顿；或者，神学上来说，他们又被称为圣父、圣灵和圣子。但在这里，我们将他们称为知者、行者、言者。他们三个分别代表对真、善、美的热爱。他们是平等的。每一个都是一种本质存在，因此都不可逾越，不可分隔。每一个人除了拥有自己的专属力量之外，都具有另外两个潜在的力量。

诗人就是言者，命名者，美的代言人。他是最高统治者，屹立在中心。世界不是描画出来的，也不是装饰而成的，而从一开始它就是美的。并不是上帝创造了美的事物，而是美就是宇宙的创造者。所以，诗人不是普通的溺爱宽容的统治者，而自己就是帝王。文艺评论充斥着物质主义的说教之词，认为人最重要的长处在于手工技能和劳动，而蔑视那些善言语不善行动的人，他们无视这样的事实。一些人（也就是诗人）是天生的言者，他们来到世间，目的就是为了表达。物质主义将那些本该做事、却放弃行动只是空谈、模仿言者的人与真正的言者混为一谈。但是对于荷马本人来说，荷马的文字同样宝贵而令人赞叹，就像阿伽门农的胜利对于阿伽门农本人一样。诗人无须等待英雄和圣人的出现；像英雄和圣人行自己所行，想自己所想一样，诗人也直接写出想说且必须要说的话，把其他一切看成次要和从属——虽然它们也是首要的，但是相对于他而言，就只能是次要和从属的——把它们当作画家画室里的模特，或者是为建筑师搬运建筑材料的助手。

因为诗都是先于时间而写成的。我们如果状态良好，能够穿越到那片空气中弥漫着音乐的领地，就可以听到那原初的鸟儿鸣啭。我们试图记录下这旋律，但是不时遗漏几个词语，或者诗行，只好用自己的话代替，最终写成一首糟糕的诗。有人耳朵更加灵敏，他们就可以更忠实地记录下这些旋律，那么这些记录，虽然不能称作完美，却会广为传唱，享誉宇宙。因为大自然是真美，如同它是真善，如同它符合理性，所以我们必须如是呈现，如同它必得被如是行，如是言。言与行是神圣力量的两种方式，并无太大差别。言即是行，行也是某种言。

诗人的标志与资本在于他所宣告的是无人预言过的。他是真正的、唯一的博士。他了解，他讲述。他是新闻的唯一讲述者，因为他描述的事物是他亲眼所见并亲身参与的。他是思想的目击者，也是必然性与偶然性的发言人。因为我们现在讨论的并非具有诗才的人，或略通音韵的人，而在讨论真正的诗人。有一天，我参与了一场讨论，谈起最近出现的一个抒情诗人。他是一个心灵敏感的人，大脑仿佛就是一个音乐盒，里面装满了精美的曲调与韵律，而且他拥有高超的语言技能和对语言的掌控能力，我们对他赞不绝口。但是开始讨论究竟他是一个词人还是一个诗人时，我们都不得已承认他只是一时声名鹊起，却不能名垂千古。他并没有超出一般人的局限，不像赤道上的钦博拉索山那样，从炎热的山脚到山顶，拥有全球各种不同的气候，或者如这座山一样，在它高耸、斑驳的山间分布着各种纬度的植物。这个天才般的人物就像是某个现代华屋的庭院，装有喷泉和雕塑，养尊处优的男男女女在小径上或草坪上或站或坐。透过所有不同的音乐，我们听到的基音仍然是传统的世俗生活。我们的诗人是歌唱的天才，却并非音乐之子。对他们而言，内容是其次的，韵律才是最重要的。

成就一首诗的不是格律，而是自成格律的内容——充满激情与活力的思想，就像植物和动物的灵性一样，拥有自己的架构，用一个新生事物装点着大自然。依照时间顺序来看，思想与形式是平等存在的，但如果追溯到起源，思想则先于形式而生。诗人有了一个新的想法：他要揭示一个全新的经历；他将要讲述他对这个想法的感悟，从而所有人都会因为他的财富而更加富有。毕竟，每个新的时代要求新的告白，而世界似乎总在等待他的诗人。我还记得，小时候，一天早上，听到传言说天才出现了，他就跟我坐在同一张桌子旁，离我很近，那时候我十分感动。他后来辞去工作，四处游历，没人知道他去了哪里，他也曾写下数百行诗，却无法肯定是否已将他心中的想法一一吐露：他无法讲述别的什么，只知道世间万物皆时过境迁——人、兽、天空、大地和海洋。当我们听到这些的时候，是多么为之兴奋！多么由衷地相信！他的话仿佛激起了整个社会的共鸣。我们围坐日出的曙光中，这日出即将熄灭所有的星星。比起前一晚，波士顿仿佛离我们远了两倍甚至更多。罗马？什么是罗马？普鲁塔克和莎士比亚已是明日黄花，而荷马也要绝口不提了。知道就在这一天，在这间房子里，在你的旁边，诗歌被写了出来，这是多么重大的事件！天啦！那美妙的精神还没有消失！这些冷冰冰的时刻依然闪闪发光，生气勃勃！我曾幻想所有的语言都已尘埃落定，大自然也已经燃尽了它的火焰。看啊！整个夜晚，每个毛孔都散发着那样美妙的光芒。每个人都期待着诗人的降临，却没有人知道这于他有多大关系。我们都深知世界的秘密深不可测，却不知道到底会是谁或什么东西来为我们揭开这个秘密。山间的一次漫步，一个新脸孔，一个新人，都可能将解开这个秘密的钥匙交到我们手中。当然，于我们而言，天才的价值在于他所提供的消息的真实性。人或许会嬉笑打闹，天才却审察并弥补。多少年来，人类认真地去了解自己以及他们所从事的工作，并取得了一定成绩，站在山顶最高处瞭望的人宣布了他的新闻。这是最朴实的言语，而他所用的字词也将是最贴切、最具韵律的，是那个时刻最完美的声音。

被我们称作神圣历史的一切充分证明，诗人的诞生是编年史中最重大的事件。人，虽然经常上当受骗，仍然密切关注着那个同胞的到来，这个同胞能让他始终坚持真理，直到他把真理真正拥有。我翻开一首诗，心情何等欢快，我相信那诗就是灵感。现在，我的枷锁被打破了。我将要翻越这笼罩着世界的云雾和浑浊的空气，虽然看起来透明，实际却是浑浊的，站在真理的天空，看清并理解我的种种关联。这样，我就可以安心于我的生活，重振大自然，看到同样的趋势驱使着所有琐事，知道自己在做什么。生活将不再喧闹。现在，我将看到男人、女人，而且知道那些标记，把他们同傻瓜、恶魔区分开来。这一天比我的生日更有意义：生日那天，我成为一个动物。现在，我却受邀进入关于真理的科学殿堂。这是希望的萌芽，但希望的果实却被推迟了。经常发生的情况是，这个长着翅膀、要带我去天堂的人，把我卷到云层里，然后在云和云之间跳跃、穿梭，不断向我保证他在去往天堂的路上。而我，作为一个新手，反应迟钝，没有意识到，他其实根本不认识去天堂的路，只不过一心想让我叹服他像飞鸟一样从地面一飞冲天，或者像飞鱼一样从水面一跃而起的本事。但是那渗透一切、滋养一切，可以肉眼看见的天堂的空气，常人却终究是无法适应的。于是，我很快又跌跌撞撞地回到自己栖身的角落里，一如从前过着浮夸的生活，并从此失去信念，觉得不再会有人来引领我去我想去的地方。

但是，我们还是将这些虚荣心的受害者搁置一边，带着新的希望，来看一看，大自然如何凭借更有价值的推力，确保诗人恪尽发布和确认的职守，这些更有价值的推力就是事物的美，当美被表达出来时，它就变成一种崭新的、更高级的美。大自然把她所有的造物作为一种象形文字交付给他。当造物被用作一种类型时，另一种绝妙的价值就在事物中显现出来，这新的价值比原来的价值好得多，就像当你侧耳贴近木匠用的墨线，它在气流中会像琴弦一样发出乐音。亚姆伯里修斯说：“集体意象中会显示出比单个意象更优秀的东西。”事物有可能被用作象征，因为大自然就是一个象征，不管是整体还是局部。我们在沙滩上画出的每一条线都表达了一种意义，没有天赋的精神就没有形体。所有的外在形式都是内在的禀性使然。生活的一切状况都是生活的品位使然，所有的和谐都是健康使然（因为这个原因，对美的知觉应该是感应的，或者只存在于善）。美立于必然性的基础之上。灵魂造就了身体，正如睿智的斯宾塞告诉我们：

每一个灵魂，因其最为纯洁
蕴含更多的圣光
因而可以获得更美的形体
寄寓其间，它打扮华美
拥有喜人的优雅与和善的脸庞
因为，正是身体赋予了灵魂形式
因为灵魂即形式，造就了身躯。

突然之间，我们发现自己并不是在进行批判性深思，而是身处一个神圣之地，因此应该非常小心翼翼、心怀虔诚。我们站在世界的秘密面前，在这里，存在变为了外观，单一性化作了多样性。

宇宙是灵魂的外化。哪里有生命，哪里就有灵魂迸发成表象环绕在周围。我们的科学关注感官世界，因而是肤浅的。我们只从感官上对待地球、天体、物理学、化学，似乎它们原本是独立存在的。而实际上，这些都只是“存在”的附属。普罗克勒斯说：“万能的天空以它的种种变形，呈现出清晰的意象，反应了理性认知的辉煌，并且与理性自然的某些晦暗不明的时期相连而动。”因此科学常常与宗教和形而上学保持步调一致，与人的合理升华齐头并进。换言之，科学的状态是我们自我认识的索引。由于自然界中的每一个事物对应于一种道德力量，所以，如果任何现象一直粗鄙不堪、晦暗不明，那只是因为观察者身上对应的能力还没有被激活。

于是便不难理解，当我们看到深不见底的水时，总是徘徊四周，虔诚地注视着它。寓言的美印证了感觉的重要性。对诗人如此，对所有的人也都如此。如果你愿意，你会发现每个人都容易被自然的魅力所感动，从这个意义上来说，每个人都是诗人：因为所有人都有丰富的思想，而宇宙就是对这些思想的颂扬。我发现大自然的魅力在于象征。谁爱大自然？谁又不爱大自然？难道只有诗人、受过教育的闲人才住在大自然中吗？其实不然：猎人、农夫、马倌、屠夫也都热爱大自然，只不过他们是通过选择生活，而不是选择词语来表达情感。作家想知道马车夫和猎人在骑射活动中、在马匹和猎狗身上看重的是什么。他们看重的不是表面的品质。当你与他们交谈的时候，他和你一样都将这些肤浅的品质视为鸿毛。他的崇拜呼应所有人的崇拜。他无法界定这种崇拜，但他感受到生命力量在大自然中存在，并甘受驱遣。他不满足于模仿或扮演这些事物：热爱北风、雨水、石头、木块以及钢铁的至诚。不可言说的美比一眼就能看穿的美更弥足珍贵。大自然作为象征，大自然作为超自然的明证，满溢着生命力的形体，这些都是他崇拜的事物，他的崇拜仪式虽然略显粗糙，但却无比真诚。

这种联系的内在性和神秘性驱使各个阶层的人都广泛运用符号与象征。各个流派的诗人和哲学家并不比普通大众更沉醉于他们的象征。让我们的各个党派去算算徽章与符号的力量吧。看看他们从巴尔的摩推到邦克山去的那个巨大的圆球！在政治游行中，洛威尔镇的象征是织布机，林恩镇的象征是鞋，萨莱姆镇的象征是船。看看苹果酒桶，木屋、山核桃木棒，美洲蒲葵，及所有那些政党的标识。再看看各国国徽的力量。几颗星星、百合、豹、新月、狮子、老鹰或其他图案，只有上帝知道它们是怎么获得其意义的，这些图案被画在一块破旧的旗帜上，树立在城头，飘扬在风中，飘在地球遥远的尽头，却能够让那些外表看起来粗鲁无比或者老实憨厚的人热血沸腾。人们以为他们讨厌诗词歌赋，殊不知他们全都是诗人和神秘主义者！

除了象征性语言的普遍性之外，我们还清楚地认识到这种事物高级运用的神圣性。这就好像我们将世界看作一个庙宇，它四周的墙壁布满了徽章、图案、还有神的戒律。这些东西告诉我们，自然界里每一个事实都承载着大自然的全部意义。当大自然被用作象征性的符号时，我们对各种事情、事务的高低优劣之分便也消失了。思想使每一个事物适于运用。无所不知的智者所用的词汇中应该包含那些所谓的“文明谈话”摒弃的言语和意象。这些对于下流污秽的人来说庸俗的语言，或者甚至是下流污秽的语言，若是经过智者之口，在一种新的思想关联中，也会变得高雅辉煌。希伯来的先知虔诚的态度净化了他们的卑劣与庸俗。而割礼则是诗歌有能力改造卑劣无礼的人，使之升华的一个明证。渺小卑微的事物也可以很好地用作伟大的象征。一条法则被表达出来的方式愈是卑微，它所拥有的力量就愈加强大，人们对于这样一条法律的印象也就愈加深刻持久；就好像我们总是选择一个最小的盒子，或者箱子，来装我们最为重要且时刻需要的东西。对一个充满想象力和战斗力的心灵而言，一份最简单的词汇表也能让他受益匪浅。就像人们讲到的查塔姆亲王的例子，在每次准备议会演讲之前，他习惯读一读《贝利词典》，然后就可以应对自如了。最为平淡的经历也足以应付思想表达的所有目的。为什么人们总渴求了解新鲜事物呢？昼与夜、房屋与花园、几本书、几次行动，这些东西带给我们的快乐绝不少于工作和所有的奇观异景。虽然我们所使用的象征寥寥无几，我们也仍然未参透它们的丰富含义。我们可以使用这些象征，但只是用极为简单的方式。一首诗不必过长。每一个词曾经都是一首诗。每一种新的关联也都能成为一个新词。当然，我们也可以用缺陷与畸形的东西来表达神圣的寓意，以此证明世界上的邪恶仅仅存在于那些带着邪恶思想的人眼中。神学家们总结道，在远古神话中，缺陷存在于神灵身上，以此来暗示丰富和健康，比如伏尔甘的跛足、丘比特的盲眼等。

事物之所以会变得丑陋，是因其与上帝的生命有所脱节或是疏远，而诗人却能把这些事物与自然和“整体”重新连接，即使是人造的或是违背自然规律的事物，诗人也能通过他深刻的理解力使它们与自然重新合为一体，因此诗人便能轻松地化解世界上最令人不快的事实。诗的读者看到村庄变成厂房、看到铁路，认为这些东西破坏了大自然的诗情画意，因为他们阅读的书籍还没来得及把这些艺术品美化，但在诗人眼里，这些事物也属于那伟大“秩序”，其和谐程度并不亚于蜜蜂的蜂巢或是蜘蛛几何图案一般的网。自然迅速地将这些事物纳入她那充满活力的圈子中，她像爱她自己一样热爱疾驰而过的列车。此外，对于真正的智者而言，无论你展示多少机械发明都意义不大。任你再增加几百万项发明，都令人惊叹，机械学的事实也并不能增加哪怕是一粒谷子的重量。无论细节多还是少，精神的实质是不能改变的，就好像地球表面的曲线不会因为任何一座山峰的凸起而有所改变。当一个聪明的乡下孩子第一次进城时，他对任何事情都表现出习以为常的样子总让扬扬得意的城里人感到不满。不是因为他没有看见那些美丽的房屋，也不是因为他以前曾经见过这些东西，这孩子之所以这样做，是因为他能像诗人对待铁路那样以平常心对待这些新鲜事物。新事物的首要价值在于使生命变得更加伟大、更加永恒，这生命的事实使周围的任何事物都相形见绌，对于这事实而言，大到美国的商业，小到串起珍珠项链的绳，都一视同仁。

世界就像这样化作动词和名词摆放在心灵面前，而诗人正是能将它清楚无误表述的人。因为，虽然生命是伟大的，充满魅力与吸引力，虽然所有人都理解命名世界的那些符号，他们不能充满创意地使用这些符号。我们自身就是符号，并且居住于符号之中：工人、工作使用的工具、词语和事物、生与死，所有这些都是象征。我们和符号之间心意相通，产生共鸣，并且，由于我们节俭地使用事物，我们得意忘形，竟忘记了这些符号本身是一种思想。通过他那神秘而又聪慧的洞察力，诗人赋予符号一股新的力量，使人们忘记它们以前的古旧用法，而为每一个喑哑、没有生命的物体装上眼睛，安上舌头，让它们活灵活现，获得生命。他洞察到思想独立于符号之上，思想的稳定性，也注意到符号的偶然性和无常性。据说莱恩凯克斯的目光能够穿透大地，同样，诗人把世界变成玻璃，把所有事物按正确的顺序展露在我们眼前。只因诗人拥有比常人更敏锐的洞察力，他便离所有的事物更近一步，并能清楚地了解到这些事情的来龙去脉。诗人深知思想的形态各异，深知在每一种生物的形式上都有一种力量，驱使它们朝着更高层次的形式进化。于是，诗人的双眼追随着生命，采用表达那种生命的形式，从而，他的语言得以浑然天成，流淌着大自然的气息。动物生命的所有事实，性、营养、妊娠、出生、成长，都象征着世界进入人的灵魂的过程，在人身上经历一次变革之后，世界重新出现，成为一个全新而又更为高级的事实。诗人根据生活来使用形式，而非根据形式本身。这就是真正的科学。只有诗人自己明白何为天文学、化学、植物学、动物学，因为他并不因这些事实而停步，而仅仅将它们当作符号。他知道为什么宇宙空间像平原像草地一样布满着许多不同的花朵——我们称这些花朵为太阳、月亮和星星；为什么这深邃的世界还点缀着动物、人类和神明；因为，他每说一个字，都像在骑着万物奔跑，就像骑着骏马的思想一样。

凭借这门科学，诗人即为万物的命名者，或是语言的创造者。有时他会根据事物的外表去命名，而有时又会按照事物的实质去命名，这些名字都是独一无二的。这样一来，便让人的心智感到满心愉悦，因为心智喜欢解析和界定。诗人创造了所有词语，因此语言就是历史的档案。如果非得让我们悲壮一点说，那语言也是灵感的坟墓。虽然我们大多数词汇都已经难以追根溯源，每个词语的诞生都来自天才的灵感瞬间，并能沿用至今，因为对第一次听到和说到这个词语的人来说，那一瞬间它就代表着整个世界。语源学家发现，哪怕现在几乎无人会用到的词语，曾经也是一幅令人称奇的图画。语言就好比是诗的化石。就如同陆地上的石灰岩是由不计其数的微生物的外壳构成一样，语言也是由各式各样的意象或比喻所组成，只可惜当我们现在使用这些语言时，已经想不起它那带有诗意的起源了。但是，诗人为一个事物命名，是因为他看到了它，或是因为他比常人更接近它。这样的表达或是命名并非艺术，而是第二自然。它来源于第一自然，就像树叶来源于树一样。我们所称的自然，是某种自我规范的运动或变化。所有的事情自然都亲力亲为。它不愿其他人为它施行洗礼，它自己给自己施洗。它自己的洗礼是通过再一次的变形来完成的。我记得曾经有一位诗人对我这样描述过它。

由物质构成的、生命有限的事物都会腐朽，要么全部、要么部分腐朽，天赋其实就是修复这种腐朽的行为。大自然要保障自己在所有的国度生生不息。没有人会刻意种植菌类，于是大自然便轻摇菌，落得无数孢子。这些孢子一旦存活，就会在第二天繁衍出上百万新的孢子。这一刻新生长的蘑菇拥有先辈们没有的机遇。这颗种子随风飘落到一个新的地方，两丈开外，在这里它不会遭遇到要了其他蘑菇命的意外事故。大自然造了一个人，把他抚养成人。她不愿意突然失去这个奇妙的生命，再不愿冒这样的风险，于是她从他身上分离下一个新的自我，确保这个物种生生不息，免于灭绝之灾。所以当诗人的灵魂达到思想成熟之时，大自然就会让他孕育诗篇或歌曲。这些诗歌就是诗人的后裔，它们毫无畏惧、精力充沛、永不消逝，令人厌烦的时间王国里的偶然事故对它没有影响，它们毫无畏惧、生机勃勃，他们长着翅膀（这源于诗人灵魂的德行），这双翼带领他们轻快地飞向远处，进入众人心中，永驻其间。这些翅膀是诗人的灵魂之美。这些诗歌飞离它们凡间的父母继而得到永生，却又不能逃脱喧闹的谴责。这些谴责越积越多，试图将诗歌吞噬。但是，这些谴责没有翅膀。它们只跳跃了一小会儿，便从高空轰然跌下，落地为尘，因为发出这些谴责的灵魂没有赋予它们翅膀。但诗人的旋律却不断攀升、跳跃，最终与无穷无尽的时间长河融为一体。

诗人就这么教导着我，用他那无拘无束的言语。但大自然在新生命的孕育中有着比平安更高远的目标，即升华，或者说是将灵魂往更高形式推进。在早年的时候，我认识一位雕塑家，公共花园里那座青年人的雕塑就是他的杰作。我记得，他无法直接表达是什么东西让他欢喜让他忧，只能非常精彩地间接讲述。有一天，他按照长期的习惯，在天亮前就起了床，看着黎明冲破黑夜，像是从那永恒中诞生，又如永恒一般震撼人心。数日之后，他力图将这份静谧表达出来。看啊！他的凿子竟把大理石雕刻成了一个英俊的青年，就是神话里的弗斯弗瑞斯。据说凡是见到他面容的人都立刻肃然无语，心静如水。诗人也尽情陶醉在自己的情绪中，将令他躁动不安的思想表达出来。虽是同一种思想，却转化成了一种全新的形式。他的表述是有机的，意即万物得到解放时自会选择的一种新物态。在阳光下，所有物体都会在人的视网膜上呈现出自己的意象。同样，这些共享着整个宇宙之精气的物体，也想要在诗人的心中把它们的精髓绘制成更加精美的意象。就像万物转变成更高的有机形式，万物也就变成了动听的旋律。每个事物头顶都有它的守护神或是灵魂，而且，就像事物的形式反映在眼睛里一样，事物的灵魂则映照在旋律里。大海、山脊、尼亚加拉瀑布甚至是每一个花圃，“先存在”或者“超存在”于“前乐章”里，像芳香一样飘扬在空气里，任何一个听觉灵敏的人路过，他就能听到，并努力记录下这音符，没有丝毫淡化和损益。于是，批评就具备了合法性，人们从心底里认为诗歌是大自然中某个篇章掺杂谬误的版本，人们有义务让诗歌真实记录大自然。一首十四行诗的韵脚应该像贝壳上面重复的纹路，或是一丛鲜花的大同小异一样让人愉悦。飞鸟的配对是一首田园诗，但比我们的田园诗生动有趣。暴风雨是一曲颂歌，粗犷却无妄语狂言。播种、丰收和储藏的夏季，则犹如一部史诗，其中蕴含着无数精妙绝伦的诗篇。为什么这些现象中的和谐匀称和真知灼见不能融入我们的灵魂中，从而让我们跻身于这大自然的创作之中呢？

这种通过想象表达出来的洞察力是一种更高层次的“看”。它并非学习得来的，而需要心智亲临其境、委身其间，需要通过形式来分享事物的路径或轨迹，从而使它们能被其他人所认知。事物的轨迹是默默无言的。它们能够忍受聒噪的人与之同行吗？它们必定无法容忍爱探究竟的人。博爱之人和诗人，是它们自身本性的超越，它们能够接受。从诗人的角度来说，真正的命名是尽情沐浴在形式散发出的神圣光华之下并与之如影随形，不离不弃的。

这是一个秘密，但每个智慧的人都很快就会知道：除了沉着、清醒的心智以外，如果纵情享受万物的本质，每个人还能拥有一种新能量（如同加倍的心智）。除了作为个体的人拥有的个人能力之外，人还可以有一股巨大的公众力量可以借用，只要他不顾一切地打开心门，容许那来自天上的浪潮在心中翻腾、流淌，他就全身心地融入到了宇宙的生命之中，声音即是雷声，思想即是律法，全人类都能听懂他的话语，就像他们懂植物和动物一样。于是，诗人自知，只有当他略带狂言的时候，或者是用“思想之花”言说的时候；只有当他不把心智当成工具，免除了心智的一切服务，并容许心智自行踏上神圣生活的道路的时候；只有当他像古人那样，不只是用心智表达自己，还要用沉醉于甘露的心智来表达自己的时候，他的言语才可谓充分。迷途的行人，把缰绳甩在马脖子上，听任那动物的本能引领他找到正确的路，同样，我们也应该信任带领我们穿越这世界的神兽。假若我们能以任何一种方式激发这本能，通往自然的全新路径将为我们展开。灵魂可以进入并且穿透世界上最为坚硬、最为高等的事物，新的形式便也成为可能。

这就是为什么诗人都钟爱美酒、蜂蜜、毒品、咖啡、茶叶、鸦片、檀香以及烟草所散发的气味，或是任何一种满足人身上动物本能的享乐之物。所有的人都尽可能地利用这些方式，想把这超凡的能力加诸自己的肉体凡身之上。为了达到这个目的，他们钟情于谈话、音乐、绘画、雕塑、舞蹈、戏曲、旅行、战争、暴行、火焰、赌博、政治、爱情、科学和动物式的醺然大醉，这些只不过是真正的琼浆玉液的，或庸俗或高雅，半手工的低劣替代品而已，真正的琼浆玉液应该是心智因为接近事实真相时的迷狂状态。这些替代品是人的离心趋向的助力，协助人奔向自由国度，也正是它们帮助人逃离肉身的枷锁，并挣脱那包裹着他的好似牢笼的个人关系。因此，有许多专职表达美的人，例如画家、诗人、音乐家和演员，他们比其他人更惯常过着惬意而又放纵的生活。但真正饮得琼浆玉液的少数几个人却不在此列。因为这种貌似通向自由的方法实则是假象，人并不能因此获得解放，来到天堂，却只会堕落到庸俗的地方，享受庸俗的自由，所以人会为他们得到的“自由”受到惩罚，变得放纵堕落。但是任何骗术都不会骗过大自然。世界的精神，造物主那伟大平静的降临并非来自鸦片或酒精。只有洁净清白的身躯里面纯洁质朴的灵魂才能看到崇高的显现。通过吸食毒品获得的不是灵感，而是一种虚幻的兴奋的狂躁。弥尔顿曾说，抒情诗人也许可以饮酒，生活安逸闲散，但史诗诗人却只能喝木碗里的清水，因为他们歌唱的是神祇以及神祇降临于世。

诗歌是上帝的佳饮却并非魔鬼的美酒。这就好比玩具一样。我们在孩子们手里和婴儿房里摆满了各式各样的玩具、拨浪鼓和小木马，转移了他们的注意力，让他们看不到自然界中普通的景致和丰富的事物，如太阳、月亮、动物、河流和石头，但其实这些才应该是他们的玩具。因此诗人的生活习惯应该低调而平凡，这样，平常事物也会让他满心愉悦。阳光的沐浴应当令他高兴。空气应当足以激发他的灵感，喝水也能让他觉得陶醉。使宁静淡泊的心感到满足的那种精神，仿佛三月慵懒的阳光照耀着的每个干草垛里，每个松树桩上、每一个半掩在土中的石头上展露出来，向宁静淡泊的心灵显现，向贫穷的人和饥饿的人显现，也向所有简朴平淡的心灵显现。如果你的头脑中尽想着波士顿与纽约，充斥着时髦与贪欲，需要常常用酒和咖啡来刺激你腻味了的感官，那么你在僻静荒凉的松树林里就看不到智慧的光芒。

如果想象力能够使诗人如痴如醉，那么它在其他人那里也不会无所作为。变形总会唤起目击者情感上的愉悦。

象征符号有一种能让所有人感觉身心解放和愉悦的力量。我们就像被魔杖触碰，然后就像孩子一样欢呼雀跃、追逐嬉戏。我们又像是从洞穴或地窖里走出来的人，拼命地呼吸着新鲜空气。各种比喻、寓言、神谕以及所有的诗歌形式对我们都会产生这样的效果。因此，诗人就是解放世人的神。人真正得到了新的感受，在原本的世界之中重新发现了一个世界，甚至是一系列不同的世界。一旦我们目睹了事物的变形，便可预言这种变化是不会停止的。在这里我姑且不去考虑这种转变是如何使代数和数学拥有迷人的魅力（因这两者本身也有其比喻)，但实际上这种转变存在于各个定义之中。比如亚里士多德把空间定义为一个不可移动的容器，里面盛放着万物，柏拉图将线定义为一个流动的点，将平面定义为立体的一部分，诸如此类。艺术家们早就认为对解剖学一无所知的建筑师不可能修建好房子，当维特鲁威把这个意见表达出来时，我们感到多么自由与快乐啊！在《查米迪斯篇》中，苏格拉底告诉我们，有些咒语可以治愈灵魂的疾病，而这些咒语是美的理性，从中灵魂可以变得平和；柏拉图将世界称为动物，蒂迈欧声称植物也是动物，人是一株带有灵气的树，头是树根，不断向上生长；乔治·查普曼继承了这一思想，写道：

> 在人这棵树上，他神经的根须，
> 从头部长出并蔓延。

俄耳甫斯将白发喻为“标志着高龄的白色花朵”，普罗克洛斯则将宇宙称为智慧的雕像。乔叟歌颂着“温文尔雅”，把在恶劣环境下的高贵品质比作一团火焰，哪怕是把它搬到去高加索山脉的路上一所最黑暗的屋子里。这团火焰依然恪尽天职，熊熊燃烧，照亮世界，就好像有两万双眼睛在注视着它。在《启示录》中，约翰目睹了世界因魔鬼的罪行而毁灭，繁星从天际陨落，就好像无花果那尚未成熟的果实从树上掉落下来。伊索通过飞禽走兽的伪装参透了一系列万物之间存在的普遍关系。听到所有这些睿智的声音，我们满心欢喜地领悟到，我们的精神不朽，而且极具才情，多才多艺，就好像吉普赛人说道，“对他们实施绞刑是无济于事的，因为他们拥有不死之躯。”

因此，诗人就是解放世人的神。英国古代的吟游诗人曾因肩负的使命而得到“天地之间自由自在的人”的称号。的确，他们是自由之身，而且他们还能够创造自由。一本想象力丰富的书最初通过书中的比喻来触动我们，带给我们的乐趣却远比后来要多，虽然在那之后我们才真正明白作者的真实意思。我认为，书本唯一的价值就在于它们能为读者提供经验和非凡的感受。如果一个人在写作时激情燃烧，因为沉思而忘乎所以，甚至于忘掉了其他作家和公众，一心专注于当前这令他如痴如狂的唯一梦想，那让我读读他写的东西，而你尽可以去读你的辩论、历史和批评。毕达哥拉斯、帕拉塞尔苏斯、科尼利厄斯·阿格里帕、卡登、开普勒、斯威登堡、谢利、奥肯以及其他所有在宇宙进化论中引人争议的事实，如天使、魔鬼、魔法、占星学、手相术、催眠术等。这些人的价值在于证明我们能摆脱日常琐事的羁绊。上面这个例子就是新的例证。那是对话获得的最大成功，也是自由的魔法将世界变成一颗任由我们放在手中把玩的球。到那时，我们会觉得自由无足轻重。当情感把吸取自然精华、颠覆自然之能力传达给心智时，我们又会发现研究是如何无趣，而观察则是多么重要！民族、时代、体制，这些东西就像绘着图案、色彩缤纷的织毯的丝线一样，若隐若现于我们的脑海中。梦想把我们交付给更大的梦想，在我们依然沉醉的时候，我们如此满足，我们将睡着的床、哲学、宗教都统统卖掉。

我们有充足的理由珍视这种解放。一个可怜的牧羊人，在暴风雪中什么也看不见，迷失了方向，最终倒在离家门只有几英里[①]的地方。他的命运正是人的状况的一个象征。在生活与真理之池的岸边，我们痛苦地奄奄一息。除了我们已经身处其中的想法，每一个想法都似乎无法接近，这令人惊叹。就算你离它很近又如何？你离它最近的时候，和离它最远的时候，其实都同样遥不可及。每一种思想都是一个牢笼，每一个天堂也是一个牢笼。所以我们热爱诗人，他像一位发明家一样，以各种形式，或是一曲颂歌、一个动作、表情、举止，向我们传达了新的思想。他解开了我们的枷锁，并带领我们进入一个全新的境界。

这种解放对所有人来说弥足珍贵，而传递这种解放的能力，由于要求更具深度与广度的思想，正是心智的度量。因此所有充满想象的书籍都将流传于世，它们都飞升奔向真理。作者居高临下俯视着大自然，把大自然当作他的阐释者。每一个诗行，每一个句子，只要具有这样的特性，就自然而然可以永垂不朽。世界上的宗教也是少数想象力丰富的人在灵感迸发时的创造。

然而想象的特性是它不断涌流，而非静止不动。诗人并不止步于色彩或形式，而要去仔细品读其中的含义。当然，他也不会因这含义而留步，相反，他会让这些物体阐发证明他的新思想，于是便有了诗人与神秘主义

① 1 英里=1.609344 千米。

者的区别。后者将意义附着在一个符号之上，也许这一时行得通，但很快就会变得陈腐与误谬。因为所有的符号都是变动不定的，所有的语言都是媒介，都具有传递性，就像渡船和马匹。它们的存在是为了方便运输，而农场和房屋却是为了居住安家。神秘主义在于错将偶然的、个别的符号作为通用的符号。清早的红霞碰巧在雅各布·贝曼的眼中是他最喜爱的天气现象。在他看来，这红霞代表真理和信仰，而他认为对于每一个读者来说亦是如此。但他的每一位读者都有可能很自然地更喜欢母亲或儿童作为象征符号，或是喜欢园丁和他所修剪出来的花球作为象征符号，又或者是一位正在为宝石抛光的珠宝匠人作为象征符号。这些符号中的任意一个，或是无数个其他的符号，对于认为他们有意义的人来说，都同样美好。只不过这些符号不能被看得太重，应该心甘情愿地把它们翻译成其他人所用的意义对等的符号。必须时刻提醒神秘主义者，你所说的话，不管你是否不厌其烦地用了那个象征符号，真的假不了，假的真不了。让我们用一点代数学来取代这老套的修辞学吧。换言之，我们用通用符号来替代这些村野符号，这样我们就都能有所收获了。等级的历史似乎已经证明，所有的宗教错误都是因为将象征符号规定得过于死板僵硬，导致符号最终反倒成了语言的负担。

在近几代人中，斯威登堡是将自然翻译成思想的翻译家的杰出代表。除了他之外，我想不出历史上还有谁像他一样。对他而言，万事万物一律代表着词语。在他面前，事物的变形不断上演。他的目光所及之处，每一个事物都遵从大自然的驱遣。当他食用无花果的时候，无花果就变成了葡萄。他脑中的精灵为他证明了一个事实，精灵手中的月桂树枝也竟开出了鲜艳的花。远处传来噪音，听起来像咬牙切齿、捶胸顿足的声音，但走近一看才发现是有人在争论。在他看到的一次幻象中，沐浴在天堂之光中的人看上去却像恶龙，并且处在黑暗之中。然而，这些人在彼此眼中却又是人。当天堂的光芒照进他们的屋子，他们还会抱怨说这反差使得屋里太暗，于是不得不关上窗户才看得见。

诗人或先知身上具有这种感知力，因此成为敬畏、惧怕的对象，这样一来，同一个人或者同一群人，或许在自己和同伴面前是一个样子，而在更高的智者面前又是另一个样子。斯威登堡写道，有几个传道士聚在一起，谈吐十分博学，但在远处的孩子眼中，他们就像死马一样，还有其他类似的不好的比喻。于是心灵立刻发问，桥下的鱼、远处草地上的牛还有院子里的狗是不是永恒不变的鱼、牛和狗呢？还是只是在我眼中是鱼、牛和狗，而可能对于它们自己来说，它们是直立行走的人？而且我是不是在众生眼中都是人呢？婆罗门和毕达哥拉斯都提出过同样的问题。假如诗人曾经见证过这种转变，毫无疑问他会发现这种转变是跟不同的经验相符合的。我们都看到过发生在小麦和毛毛虫身上的巨大变化。如果有谁能够透过大自然不断变幻的外衣，看到始终如一的大自然的本质，并向世人宣告这个事实，那么他就是诗人，他就将用爱与恨牵引我们。

我寻寻觅觅想找一位我描述的诗人，但是徒劳无功。我们没有足够的朴实或足够的深邃去直面人生，也不敢吟咏我们的时代和社会环境。如果我们怀着勇气生活，就不应该畏畏缩缩，不敢去歌颂生活。时间与自然赠予我们许多礼物，但却不包括顺应时代的人、新的宗教、调解人，而恰巧所有事物都期盼他们的到来。但丁之所以得到颂扬，是因为他敢于用大量的暗语来书写他的自传，甚至使他的自传具有普遍性。美国至今还没有这样一个天才。他目光如炬，一眼看出我们国家那无可匹敌的材料的价值，能从这个时代的野蛮与物欲中见到一个新的众神之嘉年华会。他曾经在荷马史诗中看到过那样的图景，并十分羡慕，后来在中世纪也看到过，然后在加尔文主义中也见到过。银行与关税、报刊与党会、卫理公会与唯一神论，对于愚钝的人来说是平淡无奇、寡然无味的，但需知它们曾在同一个奇迹的基座上，与特洛伊城和特尔斐神殿平起平坐，却又转瞬即逝。我们在政治上的相互吹捧、我们的竞职演讲和他们的政治策略、我们的渔业、我们的黑人和印第安人、我们的船只、我们的否认、流氓的愤怒、老实人的胆怯、北方的贸易、南方的种植、西边的开垦、俄勒冈和得克萨斯州都未得到歌咏。但是，美国在我们国民的眼中就是一首诗：它那多变的地理环境照亮了我们的想象力，它等待诗人的歌唱，不会等太久。如果没有在同胞中找到我所寻求的那些天赋的优秀集合体，那我也无法确立我关于诗人的想法，时不时地阅读查尔默斯编辑的五个世纪英国诗人作品选集对我也没有裨益。那些人是智者，胜于诗人，虽然其中也有诗人。但如果我们一成不变坚持理想诗人的标准，会发现即使像弥尔顿和荷马这样伟大的诗人也不尽符合要求。弥尔顿太过文绉绉了，而荷马的语言又太过古板、太注重历史了。

只可惜，以我的智慧还不够资格去进行民族性的批判。我必须进一步研习先辈的丰富遗产，才能履行诗歌女神安排给我的差事，去向诗人传达他的艺术。

艺术是创作者通向自己作品的道路。道路与方法是理想的、不朽的，虽然很少有人能够看到它们，即使艺术家本人，也可能很多年乃至一生都看不到这些道路和方法，除非他遇到合适的条件。画家、雕塑家、作曲家、史诗作家、演说家，他们都共享着一个愿望，那就是能够用丰富的语言及动人的美感去表达自我，而不是畏畏缩缩、零零碎碎地唏嘘几声。他们发现自己置身于或者特意将自己置于某些特定的情形下，比如画家和雕塑家站在某些令人印象深刻的人物塑像面前，演说家在人群之中，而其他人则在心智受到激发的任何场景中。他们每个人都会很快感受到那种新的渴望。他听见一个声音，他看到有人向他招手。然后他惊讶地发现，一大群神灵环绕在他周围。他再也无法安定下来了。他和那画家一道说："主啊，他已在我心中，必定引我前行。"他追求着一种美，这种美在他面前飞舞，时隐时现。于是诗人将他心中的诗篇喷涌而出。当然，他所说的大部分东西都是习以为常的，但渐渐地，他开始说出一些具有独创性和美感的句子。他自己也被吸引住了。他只想说这样的句子，不想说别的。按我们普通人的说法，"那是你的，这是我的。"虽然诗人知道这不是他的，但这对他来说同样陌生又美丽，就像对你一样。他很乐意最终还能听到这样的文采。一旦尝过这种不朽的美酒，他的欲望便永远都得不到满足，而且，由于在这些思考中蕴含一股令人景仰的创造力，这些事情说不说其实根本不重要。我们所知道的事情，说出来的实在是太少了！我们的科学海洋浩瀚无边，但我们盛起的却只有几滴！这些秘密的暴露是多么偶然，因为如此多的秘密仍然沉睡于自然之中！因此，我们需要演讲与歌唱。演说家站在集会的门前，脉搏和心脏激烈地跳动着，因为最终，思想可以被呐喊出来，成为“神道”，成为“圣言”！

噢，诗人，请不要怀疑，请坚持下去！请对自己说，“它就在我心中，随时都会泉涌而出。”请站在那儿，也许你会犹豫徘徊、自言自语、念念有词、坐立不安，但最终，你的身体里会迸发出一股梦寐以求的力量——这股力量每天晚上都向你展示那就是你的力量。它超越了所有的局限与秘密，凭借它，人可以成为整个电流之河的导体。所有行走的、爬行的、成长的、存在于世的东西，都必须依次站起身来，走在他前面，担当他思想的阐述者。他得到了那股力量，他的天分变得无穷无尽。世间所有的生物，成群结队，涌入他的思想，就像涌入诺亚方舟一样，再度给人们展现一个全新的世界。就好像积聚空气是为了呼吸，或者是为了炉火能够燃烧。但这种储备不是用加仑来度量，而是如果需要的话，就存下整个宇宙。因此，像荷马、乔叟、莎士比亚、拉斐尔这样富足的诗人，除了他们有限的寿命之外，他们的创作没有止境。他们就像一面被人抬着穿街过巷的明镜，时刻准备着为每一个上帝的造物刻画意象。

噢，诗人！一种新的高贵气质出现在丛林与牧场，而不再出现在城堡或刀光剑影里。条件很艰苦，但对每个人都一样。你将离开这个世界，而你只认识诗歌女神。你将不再了解时代、风俗、慈悲、政治以及人的观点，但你却能从诗歌女神那里得到所有。葬礼上的丧钟宣告尘世的时间结束，但在自然界里，普遍的时间却由动、植物的繁衍生息来计算，由欢乐与欢乐传承不息来计算。上帝也愿你能放弃这种多面的双重生活，安心接受他人代你讲话。其他人将会成为你的绅士。他们会为你呈现所有礼仪和世俗生活，也会做出伟大、引起广泛反响的壮举。你将会与自然更加亲近，舍弃国会大厦或者交易所的繁华。世界充满了各种放弃与磨炼，属于你的将是这样：很长一段时间，你必须充当傻子或乡巴佬。这是潘神用以保护他心爱的花朵的保护屏和叶鞘，你将只有你自己的保护屏才知道真实的你，而它们将会用最温柔的爱来慰藉你。在你的诗篇当中，因为在神圣的理想面前，你将羞于提及朋友的名字。但这却是你的奖赏：理想将变得真切；对现实世界的印象将会像夏季的雨一样落下，这雨虽大，但还不至于给你无懈可击的本质带来麻烦。你将会拥有整片大地作为你的庄园和领地，会有整个大海供你沐浴与航行，没有赋税，没有嫉妒；你将会拥有整片森林和所有河流；你会拥有所有这些东西，而其他人只不过是过客和寄宿者。你才是大地、海洋、天空真正的主人！不管是雪花飘落、细水长流、鸟禽腾空，还是昼夜相交；不管晴空万里，还是星云密布；无论那里有边界透明的形体，还是有通往天空的出口，无论是充满危险、敬畏还是爱的地方，都有美的存在。美，如雨水般充足，为你飘落。纵使你走遍全世界，都不会遇到任何一种不愉快、不光彩的情形。

性 格

(1844)

日落，希望却不沉寂；
星起，信仰更早点燃。
凝视这浩瀚银河，
双眸愈加深邃而远古。
时光的缄默，
匹配那崇高的容忍。
轻言细语，如绵绵雨丝，
再现黄金时代。
行为赢得万人敬仰
胜却无数丰功伟绩。
双手劳动的果实，
不自诩，也不懊恼，
事实自会说明一切。
如大自然从不后悔，
留下她的每一个足迹。

我曾在书上看过，那些听过查塔姆勋爵讲话的人认为查塔姆身上有些东西比他所说的一切都要美好。有人抱怨过我们英国著名的法国革命历史学家说，虽然他讲完了关于米拉波的所有事实，然而这些事实并不足以证明他对这个天才的高度评价。普鲁塔克关于格拉古兄弟、亚斯基、克利奥米尼斯以及其他英雄的事实记录也与他们的盛名有所出入。菲利普·锡德尼爵士、塞克斯伯爵和沃尔特·雷利爵士功绩平平却闻名遐迩。在有关华盛顿卓越功绩的记录中，我们找不到丝毫他的个人影响力。席勒的作品也是盛名之下其实难副。这种作品或轶事与本人名声不符的现象，用“回响超过雷声”来解释是远远不够的。其实是因为这些人身上的某些品质引发了一种期望，远远胜过他们的功绩。他们的大部分力量是潜在的。这就是我们所谓的“性格”——这是一种保留之力，它是直接通过气质起作用，而非通过什么手段。人们认为，性格是某种难以证明的力量，是一个“知己”，抑或是一个“神灵”。它的灵力指引着人们，但人却无法传达它的忠言。它就是人的伴侣，因此这类人会经常感到孤独，或者，即使他们碰巧天生合群，他们也并不需要与人交流。他们完全可以自得其乐。最纯粹的文学天赋或许在一个时期显得伟大，但在另一个时期却可能显得渺小。而性格就像是一颗恒星，其伟大永远都不会磨灭。别人通过天资或口才取得的成果，这个人只需靠其魅力即可成就。“他只使出一半的力量，”他靠展现自己的优势获胜，无须大动干戈。他征服对手，因为他的到来改变了局面。“‘哦，伊俄勒！你怎么知道赫拉克勒斯是神灵呢？’伊俄勒回答：‘那是因为我看到他就觉得很满足。当我见到忒修斯的时候，我希望能看到他作战，至少要看到他参加战车比赛。但是赫拉克勒斯却无须参与比赛，他站立、行走、端坐，或是做别的事情，就已经征服了世界。’”一般来说，人是事件的点缀，仅有一半笨拙地附着在他所生活的世界。然而这些榜样似乎在分享着事物的生命，与支配潮汐、太阳和数、量的定律相同。

然而我要用一个更恰当、更贴近生活的例子。我注意到，在我们的政治选举中，这种因素即使偶尔出现，也只是以最粗疏的形式，因此我们可以充分理解它无与伦比的价值。人们知道，他们期望自己的代表拥有的远不只才干，还必须有让人相信他拥有才干的能力。他们不要以为给国会奉上一个知识广博、眼光敏锐并且口齿流利的发言人就大功告成。他还必须是一个这样的人：在人们推举他代表人民之前，上帝应当任命他代表事实，他自己不可辩驳地坚信这一事实，因此那些最狂妄和最暴烈的人们也知道这里有种阻力，无礼和恐吓对其也无济于事。这就是对事实的信仰。那些总能说服别人同意自己观点的人不必询问他们的选民他们应该说什么，他们自身俨然成了自己代表的那个区域。那个地方的情感或观点在他们身上体现得最为及时、真切也最为纯洁，没有沾染任何私心杂念。家乡的选民倾听他们的讲话，关注他们的脸色，在那里，就像是对着一面镜子，修饰起自己的妆容来。我们的公共集会能够极好地测试英雄气魄。我们西部和南部的那些直率的同胞们善于品评性格，也想知道新英格兰人是真材实料还是不堪一击。

同样的推动力也出现在贸易方面。战场、政治、文化以及贸易方面都有天才。某个人为何特别幸运，我们不得而知。这取决于那个人，任何人都可以这样告诉你。你看到他，就会很容易明白他为什么会成功，就像你若看到拿破仑，就会理解他的运气一样。在新事物中我们也能见到旧的游戏规则，即要养成直面事实的习惯，而不是通过别人的认识、经别人之手处理事实。一旦你看到天生的商人，似乎大自然也认可了贸易。与其说他看起来是个私人代理，不如说是大自然的代理人和商务部长。他与生俱来的正气和对社会组成的洞察力使得他能远离阴谋诡计。他向所有人传达自己的信念，即合同由不得个人阐释。他的思维习惯于参照自然公正和公共利益的标准。他令人尊敬，让人希望和他打交道，因为他身上散发着安详的荣誉精神，还因为他横溢的才华提供的益智游戏。这种无限延伸的贸易使南大洋的海角变成了他的码头，使大西洋海域变成了他熟悉的港口。只有他的大脑能够操控，这世上没有人能取代他的位置。我很清楚地看到他今天早上在客厅里奋力工作，双眉紧锁，情绪稳定，这是他想显得彬彬有礼的必然要求。我看得很明白，他的这些表现显得很坚定。其他人也许只会唯唯诺诺，不顾恶果，他却勇敢地说了很多“不”。我了解到，由于拥有艺术的尊严、精湛的算术技巧和纵横捭阖的能力，他有意识地成为世界原始法则的执行者和共舞者。他同样相信自己是无可取代的，一个人必须天生就会贸易的技能，后天是怎么也学不会的。

这种优点如果出现在目的比较单一的行动中就更有吸引力，在合作伙伴很少以及与私人打交道时最具活力。无论何种情况，它都有非同寻常、不可估量的力量。它会让过剩的体力麻痹。崇高的天性通过催眠压倒卑微的天性、才能被禁锢起来，无法抗拒。或许那就是通用的法则。当崇高无法让低贱与之比肩的时候，索性使之变得麻木，如同人施魔法解除低等动物的反抗那样。人们会相互施加一种相似的神秘力量。一位真正的大师的影响常常会让所有的魔法传说成为现实！仿佛有一条控制力的河流从他的眼睛流进所有注视他的人眼睛里，一阵强烈、悲怆的激流闪着光芒，就像俄亥俄或多瑙河。这光芒让他的思想遍及众生，让所有事件染上他心灵的颜色。“你用了什么办法?”这是向孔奇尼的妻子所问的关于她对待梅迪奇的玛丽的问题，答案是“仅仅是坚强的意志影响了软弱的意志。”难道戴着镣铐的恺撒就不能把镣铐脱掉，转而戴在监狱看守希波或思拉索的手脚上吗？难道手铐是一种不可改变的枷锁吗？试想几内亚海岸的奴隶贩子将一群黑奴带上船，这里面应该包括类似于图森·路维杜尔这种人，或者，让我们再想象一下，在这些黝黑的面具之下，是一群戴着镣铐的华盛顿般的人物。他们到达古巴时，全体船员的相对秩序是否还是一样？除了绳索铁镣就没有其他东西了吗？就没有一丝爱意和敬畏之情吗？那卑劣的奴隶贩子心中就从没有过一丁点的正义感吗？这些人难道就不能打破镣铐、挣脱束缚或用其他法子克服一两英寸铁环的拉力吗?

这就是自然的力量，像光和热一样，整个自然都与之协调。我们能感觉出一个人的存在，却感觉不到另一个人的存在，其原因就像地心引力一样简单。真理是存在的巅峰，正义则是将真理运用到事物中。所有个别的自然现象都各按等级排序，这取决于他们当中这一成分的纯度。纯洁的事物的意志从他们那里流向其他的自然物，就如同水流会从高处的容器流向低处的容器。这种自然力量和其他自然之力一样势不可当。我们可以将一块石头扔向空中停留一会儿，但是真理是所有的石头终究会掉下。不管还可以举多少例子，如盗窃犯逍遥法外，谎言有人相信之类，但正义终会获胜，真理终将获信，这是它的特权。性格就是通过个别自然现象的媒介而看到的这种道德秩序。个体就是一个外壳。时间和空间，自由和必然，真理和思想，都不再自由自在。现在，宇宙就是一个围场或一个围栏。人们身上存在的一切都带有他灵魂的姿态。不管他有何种品性，他都会灌输到他所能及的一切自然当中。他也不会让自己迷失于浩瀚无际之中。他付出的关心最终会回馈自己的福祉。他尽其所能地去鼓舞一切，他看到的也只有他所鼓舞的东西。像爱国者对待他的国家一样，他把世界封闭起来，作为他性格的物质基础和演出的剧院。一个健康的灵魂与正义和真理相融合，就像磁铁与磁极保持一致。因此，对所有的旁观者而言，他就像他们和太阳之间的透明体，不管是谁走向了太阳，就等于奔向了那个人。这样，对于一切不在同一个水平上的人来说，他就是最高影响的媒介。因此，有性格的人就是他们所在社会的良知。

对环境的抵抗力是这种力量的天然尺度。心灵不纯净的人认为生活反映在观点、事件和人物之中。他们看不到行为本身，只看到结果。其实行为的道德成分预先就存在于行动者身上，行为的品质好坏也就很容易预见。自然界中的每件事都具有两极性，或者说是有着正极和负极。有男人也有女人，有精神也有事实，有北方也有南方。精神是正极，事实则是负极。意志是北极，行动则是南极。性格的自然位置可被列在北极，它同时具有这个体系的磁场。软弱的灵魂则被吸引到南极或者负极。他们关注行为的利益或损失。在一项原则被人接受前，他们总是选择无视。他们不想变得可爱，却渴望被爱。有性格的人喜欢听到他们的不足，而没有性格的人则恰恰相反。没有性格的人膜拜事件。给他们一个事实、一个连接和一连串的情形，他们就心满意足了。英雄则把事件看作附属品，必须听从他的意见。一系列事件的秩序一经确定，就无法赋予他与秩序相关的想象力给予他的满足感。善良的灵魂不受任何事情的约束，而成功属于某个特定的心灵，并会把力量和胜利——成功的必然果实——引进任何一种事件的秩序。环境的改变绝不能补救性格的缺陷。我们自诩从很多迷信思想中解放出来，而实际上，即使我们打破了什么偶像，也只不过是转移了偶像崇拜的对象而已。我得到什么了？我虽然再不宰杀公牛献祭朱庇特，或者涅普顿，再不用老鼠去祭拜赫卡特，再不会在欧墨尼得斯、天主教炼狱或加尔文教派审判日前战栗，但我在舆论，也就是我们所谓的公众舆论前颤抖，或者是在攻击的威胁、侮辱、贫穷、损毁、革命或者谋杀的谣言下颤抖。只要我还会颤抖，是因为什么颤抖又有什么关系呢？人类自身的恶习按照性别、年龄、脾气不同而有不同的表现形式，只要我们会害怕，这些恶习就会制造恐怖。贪婪和邪恶使我悲伤，虽然我把它们归咎于社会，其实那是我的过错。我总是被我自己包围着。另一方面，诚实是一种永恒的胜利，不是用欢呼声来庆祝，而是用平静，其实就是一种固定的或习以为常的快乐来庆祝。为证明我们的真理和价值而奔向事件是可耻的。资本家并不会时时刻刻都跑到经纪人那里，把他的利益兑换成真真切切的现钞。他满足于看着市场报价，知道他的股票在上涨。最高秩序的最好事件发生，会在我心里激起同样欣喜若狂的感觉，我必须学会更纯粹地去品味，认识到我的地位每时每刻都在改善，认识到我已经将内心渴求的事件牢牢握在手中。唯一能抗衡这种狂喜的只有对一种事件秩序的先见，因为这种先见非常高明，可以使我们的一切成功都黯然失色。

性格所呈现给我的一面是自给自足。人应该给我们一种富足感。我敬重富有的人，因此我不能把他想象成孤独、贫穷、放逐、不幸的人，或者是一个客户。我只能把他想象成一个永久的赞助人、恩主和一个享福的人。性格就是中心，不可能被取代或颠覆。一个人应该给我们一种质量感。社会是琐碎无聊的，它将日子撕成碎片，将它的对话裂成礼节和消遣。然而如果我去拜望一个聪慧的人，他却只给我一些小恩惠和小殷勤，我就觉得自己受到了怠慢，宁愿他坚定地站在自己的立场上，让我思考，这是否只是他的抗拒。我知道我遇到了一种全新的正面的品质，这对于我们两个人来说都充满新奇。他不接受传统观念和习俗，这至关重要。这种不墨守成规会成为一种刺激和提醒，每个质询者都必须事先驳倒他。不成为争斗的中心就没有真实或用途可言。我们的屋子里回荡着欢声笑语和闲言碎语，但这却没有多大用处。粗野的、难以利用的人，对社会是个难题和威胁，社会也不会让他们消停，要么就崇拜他们，要么就憎恨他们——而且方方面面都觉得和他们有关联，包括舆论领袖、心理阴暗和古怪的人——他[富有创见的人]却帮助他们。他让美洲和欧洲处于困境，他通过启示那些没有经验和不知名的人，推翻了叫嚣着“人就是个玩偶，让我们吃吃喝喝，这是我们能做的最好的事了”的怀疑主义。默许既成的社会秩序，诉诸公众的好感，都显示信仰不坚定，头脑不清醒。这些人只有在房子建好后，才能看明白设计图。聪明的人不仅不去想多数，也不会去考虑少数，根本不会去管。起源、来源、自由活动的人、被同化的人、指挥者，同时他也是被指挥者、被自信者，是主体。这些都很好，因为它们宣告了最高权力的即时存在。

我们的行为应当严格地以我们的物质为基础。自然界中没有错误的估价。一磅水在海洋风暴中的重力并不比在仲夏池塘中的大。万物都是根据他们的质量而发挥作用，也根据他们的数量。不企图做力所不及的事情，只有人是例外。他有野心，希望尝试做超越自己能力的事情。我曾在一本英文回忆录中读到，“福克斯先生（后来叫作霍兰德勋爵）曾说，他必须要保留财政部，因为他的服务已经达到了它的水准，就应该拥有它。”色诺芬和他的千军万马可以胜任他们想要做的事，也确实做成了。正因为他们可以胜任，也就不会有人去推想这其实是一件举世无双的丰功伟绩。但事实就是这样，那仍旧是一个军事史上空前绝后的高水平的战争。从那以后，尝试者络绎不绝，却无人成功。任何行动的力量都只能依靠现实。没有一种建制能好过建制者。我认识一个和蔼可亲、卓有成就的人，他正着手于一项实践性的改革，但我从来没有发现他身上有他所倡导的那种爱的进取精神。他靠道听途说和读书获得的领悟来接受这种精神。他的所有行动都是尝试性的，只是把城市搬进田地里，城市依然是城市，并没有新的事实产生，根本激发不了热情。如果这人身上有一种潜在的力量，一种可怕的、未经证实的天赋，令他躁动不安、令他面露尴尬，我们一直密切关注它的降临。智力看见了邪恶和补救的办法，这还不够。如果激励我们的不是一种精神，而只是一种想法，我们仍然会延宕我们的存在，也不会占据我们应得的阵地。我们的服务还没有达到要求。

这些是生命的固有属性。它的另一个特性就是不断成长的预兆。人们应该聪明认真。他们也必须让我们觉得，他们的幸福未来是可以掌控的，正张开怀抱迎接他们，并让流逝的光阴多彩绚丽。英雄常被误解和歪曲，因此他不能坐等去解释任何人的错误。他又重新上路，给自己的领地增添新的力量和荣誉，也对你的心提出了新的要求，如果你还徘徊于旧事物，还没有通过增加财富来与他保持关系，它便会让你破产。唯有以新行动为旧行动进行辩护和说明，高尚的人才可以提供和接受。如果你的朋友让你不快，你不应该坐下思考，因为他已经完全忘记了事情的经过，会加倍努力为你服务，同时在你站起来之前，他就会给你祝福。

想到一种仅仅由它的成果所衡量的仁慈，我们满心不悦。爱是无穷无尽的，尽管土地荒芜了，粮仓掏空了，爱仍让人高兴和富足。而那人，虽然睡着了，似乎也在净化着空气。他的房屋装点着大地，强化了自然的法则。人们总能辨识这个差异。我们判断谁是慈善的，不是看捐献给弱势群体的财物多少，而是通过其他方法。能够一一罗列出来的只算得上简单的功绩。当你的朋友当面夸你做得很好，并一一列举你做的好事的时候，你应该担忧。但如果他们站在那里，面露胆怯、犹疑不决、有点尊重、又有点反感。一定要把他们的判断推迟到多年以后，这样你可能会有所期盼。对那些立足于现在的人来说，那些立足于未来的人总显得自私。所以好人里默尔也显得滑稽可笑。他写歌德回忆录时曾罗列了一张清单，列出了歌德的捐赠和善行，比如多少泰勒给了施蒂林，多少给了黑格尔和蒂施拜因，为沃斯教授找了一份赚钱的职位，为赫尔德谋了大公爵手下的一个职位，为迈耶寻求了一笔退休金，以及推荐了两位教授去国外的大学任教等。最长的救济明细单看上去也很短。如果也拿这样的方法去衡量人，那人就是种可怜的生物。因为这些无疑都是例外，而且一个善人的准则和现世生活都是善行。歌德曾向艾克曼博士讲述他如何开销他的财富，从中可以看出歌德真正的慈善。“我的每个好词都花费一袋金子。我自己的钱、我继承的财产、我的薪水和我这五十年写作所挣得的钱，这些钱有一半都花费在学习我现在所掌握的知识上了。除此之外，我还看到了……”

我承认，去罗列这个简单而激越的力量的特征，只是无聊的闲言碎语。然而在这些漫漫长夜与长假中，我喜欢这样安慰自己。除了它自己，没有什么可以仿效它。一句来自内心温暖的话语让我感到充实，我无条件投降了。在这生命之火面前，文学天赋是多么苍白冰冷！这些抚慰重新激荡起我那沉重的灵魂，赐予它双眼，穿透大自然的黑暗。我发现，我认为自己最贫穷的地方正是我最富有的地方。从此便有了一种新的智力提升，将再次遭到某个新显现的性格所责难。真是吸引和排斥的奇怪交替！性格拒绝智力却又激发智力；性格进入思想，也表现为思想，然后在道德价值的新奇的光芒前感到惭愧。

性格是最高形式的天性。模仿或者与之竞争都是徒劳的。某种程度的反抗、坚持或者创造是可能的，但性格的这种力量将会挫败一切竞争。

这种杰作只有自然界发挥作用之处最卓越。小心翼翼地确保注定有大作为的人在不知不觉中滑入人生佳境，没有长着千只眼睛的阿森斯注视并炫耀少年天才的每一种新思想、每一种令他脸红的新情感。不久前有两个人——至高无上的神的孩子——给了我思考的机会。当我探究他们神圣的来源和想象的魅力之时，似乎每个人都回答了，“这源于我不随大流，我从不听从大众的法则，或者说他们所谓的真理，这些都是浪费时间。我满足于自己那简陋、淳朴、贫瘠的法则，我因此而很愉快：我的工作绝不会让你想到这个那个——它没有这个那个。”大自然通过这类人为我宣传，在民主的美国，她不会被大众化。多么特立独行！多么遗世独立！远离市场和丑闻！今天早上我才送走这些树木之神的一些野花。他们是对文学的一种调剂。这股新鲜的气流来自思想和情感之源，就像我们在一个精致和批评的年代读到一个民族最初几行文字记载的散文和诗歌一样。他们对自己喜欢的书籍的热爱多么感人！无论是埃斯库罗斯、但丁、莎士比亚，还是司各特，仿佛他们与那本书利益攸关：谁碰了那本书就像是碰了他们——尤其是批评家完全的孤独，多么令人扼腕长叹！他的写作源泉是那思想的帕特莫斯岛，不曾料想有人会阅读他的文字。希望他们能够继续做梦，像天使那样，不要被惊扰，不要因阿谀奉承而受宠若惊！然而有些天性非常健全，不会被捧杀，无论思想的脉络延伸到何种深度，都不会变得骄矜虚荣。严肃的朋友会警告他们，他们会面临被大肆吹捧冲昏头脑的危险，但他们只是付之一笑。我记得有一个能言善辩的卫理公会教徒对一位神学博士的善意警告表示义愤填膺，“我的朋友，一个人既不能被赞扬，也不能受侮辱。”但是请原谅那些劝告，因为它们都是天经地义的。我还记得一些有才华的外国宗教界人士到美国来时，我脑海里想的是，你们是被骗来这里的吗？或者先回答我这个问题：“你会受骗吗？”

就像我说过的那样，大自然亲自掌握着这些主动权，无论我们怎样无礼地用布道和训导来分享荣誉，怎样宣讲法律塑造公民，大自然依然我行我素，使最具智慧的人也陷入困境。它轻视教条与先知，就像一个虽能拿出很多东西、但没有多余时间花在任何一样东西上的人。有一类人，每隔很长一段时间才会出现，他们与生俱来突出的洞察力与高尚的美德，被人们异口同声奉若神明。他们身上积聚着我们讨论的那种力量。圣人是天生的性格，或者借用拿破仑的一句话来说，他们是有组织的胜利。他们时常备受憎恶，因为他们是新鲜事物，因为他们限定了对前一个神圣之人的人格的夸大其词。大自然既不让自己的孩子充满诗韵，也从不把两个人造得雷同。

当我们看见一个圣人，我们总会幻想他和某位历史人物何其相似，并且会试图预测他的性格和命运的结局，但结果注定会让我们大失所望。没有人会按照我们的偏见来解决他的性格问题，而只会采用自己的前所未有的高明方法。性格需要空间，不可协从民意、人云亦云，从纷繁事务或寥寥几个场合中的匆匆一瞥中也无从判断。它需要像高楼那样高瞻远瞩的视野。它或许不能，很可能也不去迅速建立关系。我们也不应该要求它以公众道德标准或我们自己的道德标准来草率解释自己的行为。

雕塑于我如历史。我不认为阿波罗和朱庇特就不可能是血肉之躯。艺术家镌刻于石头上的每一个细节都源于生活所见，且生活中这原型比复制品更胜一筹。尽管我们见过很多的赝品，但我们生来就笃信伟人。我们很容易从古书上读到古代首领细枝末节的行为，因为那时候人烟稀少。我们很轻易就能从书上读到古代伟人无关紧要的行动。我们要求一个人高大地矗立在天地间才值得名垂青史，他就这样站起身，整装待发，去到那个功成名就之地。最可信的画面是那些气度非凡的人一露面就先声夺人，使人心悦诚服，就像被派去检验塞尔图什特或琐罗亚斯德的东方魔法师的遭遇那样。波斯人告诉我们，那位尤那尼的圣人到达巴尔赫时，古什塔斯普安排了一个日子，让各地的首领都聚集一堂，还特地为尤那尼圣人献上了一把黄金椅。此时，亚兹丹的宠儿先知塞尔图什特步入了集会的中心。尤那尼圣人一看见这个首领便说："拥有如此体态、如此步伐的人绝不会说谎，出自他们的嘴唯有真理，无它。"柏拉图说，诸神之子的话不可能不信，"尽管他们的言辞缺乏可信或必要的论证。"如果我无法相信精彩绝伦的历史事件，在同僚面前一定会郁郁寡欢。弥尔顿说："约翰·布拉德肖如同一位执行官，象征权力的束棒不会随着岁月流逝而离开他。所以不只在法庭上，贯穿他的整个一生，你都会觉得他如同凌驾于国王之上的审判者。"我觉得，正像中国人所说，一个人知天命比一群人了解世界更可靠，毕竟那是先知先觉。"君子……质诸鬼神而无疑，百世以俟圣人而不惑。质诸鬼神而无疑，知天也；百世以俟圣人而不惑，知人也；是故君子动而世为天下道。"但是无须寻求远古的例子。如果一个人无法通过经验得知魔法以及化学的实质和力量，他便是个愚钝的观察者。即使最冷静的墨守成规的人在外出时也会遭遇莫名因素的影响。有人目不转睛地盯着他，记忆的坟墓就将被打开，那些无论保守还是泄露都会让他痛苦的秘密，最终必定会被说出来。另一方面，他无法倾诉，他全身的骨头似乎都失去了软骨组织而松散开来。朋友的到来为他增添了魅力、勇气与口才。有一些人他必须铭记，因为他们使他的思想产生了超凡的延伸，在他的心中点亮了新的生命。

当严格的友好关系从深根中萌芽时，还有什么像它们这般美好呢？怀疑论者不相信人的力量和内涵，对他们最好的答复就是人们之间愉快交流的可能性，而这种可能性造就了所有明理的人的信仰和实践。生活所能为我们提供的东西中，我不知道有什么比两个道德高尚的人之间深刻而美好的理解更令人满意。这种理解在两个人多次相互照应之后就会维持下来，他们既相信自己，也相信对方。这种幸福让其他的喜悦都变得次要，使政治、商业、教会失去价值。因为，如果人们如他们理应表现的那样相聚，每个人都是恩主，都闪耀着星光，都披上思想、行动和成就的外衣，这就是万物所宣告的大自然的节日。在这种友情当中，两性之间的爱情是首要的标识，就像一切其他东西都是爱的标识一样。我们曾把那些最出色的人之间的关系想象成是青春的浪漫史，而它随着性格的发展，则演化成最坚实的欢愉。

要是能够和人们恰当相处就好了！——如果我们可以避免向人们索取，避免要求他们赞美、帮忙、怜悯，而满足于用最古老法则的优点来影响他们就好了！难道我们不能用不成文的法规去对待几个人——哪怕是一个人，以测试这些法规的功效吗？难道我们不能用真理、缄默和忍耐向我们的朋友致意吗？我们需要这么急切的去找寻朋友吗？如果我们有缘分，我们终会相遇。古老世界有一个说法，神不管如何变形，都能被另外的神认出来。希腊有这样一句诗：

诸神不会不相知。
朋友也要遵守神圣的必然规律；
他们彼此相吸，而不是相斥——
如果他们互相回避，
那就是两情相悦。

他们的关系不是强行安排，而是两厢情愿。在我们的奥林匹斯山上，没有总管的安排，诸神必须自行就座，他们可以按神圣的资历论资排辈，安顿好自己。如果劳神费力，如果友人们要走一英里才能相聚，那么社交活动就变质了。如果这不是社交活动，就算是由最好的人参加，也是一场有害的、下流的、可耻的喧闹。每个人的伟大受到压制，每一种缺陷却费尽心机地活跃着，仿佛奥林匹斯山上的诸神，相会是为了交换鼻烟盒似的。

生活草率行事。我们追逐着某个飘忽不定的目标，或者某种恐惧或指令对我们穷追不舍。但是如果突然遇见一位朋友，我们就停下脚步。我们行色匆匆、汗流浃背，看起来十分狼狈。现在所需要的是停下脚步，保持冷静，需要有力量，用心智去壮大当下。在一切高尚的关系中，当下最为重要。

圣人是思想的预言，朋友则是心灵的希望。二者如能合二为一便是我们的福祉。时代正开启这种道德力量。所有力量都是那种道德力量的影子或者象征。诗歌欢快有力，是因为它从那里吸入了灵感。人们留名青史，是因为他们充满了这种力量。历史一直是鄙俗的。我们的国人向来是一帮乌合之众。我们从未看见过真正的人。那神圣的外形我们还未曾见识，只知道相关的梦想和预言：我们未曾见识属于他的那种庄严气度，那种足以让观者感到平静和欢欣的气度。有一天我们会明白，最隐私的力量其实就是最公开的，质量弥补数量，性格的光芒照亮黑暗、援救那些从未看到过它的人。已经出现的伟大是开端，鼓舞我们沿着这个方向前进。世界写下诸神和圣徒的历史，并顶礼膜拜，那是性格的书面文献。时代为一个青年的风范欢欣鼓舞：他不亏欠命运什么；他在自己国家的泰伯恩刑场被处以绞刑，但他纯洁的天性让他的死亡散发着史诗般的光辉，并在人们眼里，把每个细节都变成了普遍的象征。这个巨大的胜利是迄今为止人类最崇高的事实。然而心灵需要一场对感官的胜利，一种可以转变法官、陪审团、士兵和国王的性格力量，它将会主宰动物和矿物的功效，它会汇入树叶、河流、风、星和道德力量的流程。

若我们不能一蹴而就获得这些荣耀，至少让我们对他们表示敬意吧。在社会上，巨大的优势是作为劣势归于所有者的。这要求我们在私下评估时更加谨慎小心。如果我的朋友不能理解一种优秀的性格，没有怀着感恩之心殷勤款待，我是不会原谅他们的。等到最后一刻，我们一直翘首企盼的东西到来了，从遥远的天国映射出快乐的光芒，照在我们身上，人们却表现粗俗，吹毛求疵，满心疑虑地用街谈巷议来迎接这样一位访客，流露出一种似乎要把天堂拒之门外的粗鄙。这是混乱，是彻底的癫狂：灵魂不再了解自己，不知道它的忠诚和信仰在哪儿。在广袤沙漠中，我们珍视的神圣情感开出了一朵花，我知道那是为我而绽放，除了这份笃信，还有什么算得上宗教呢？如果别人没有看见，我看见了。我，说不定也有旁人意识到这个事实的伟大意义。花儿绽放期间，我要谨守安息日或圣日，搁置我的忧郁、愚蠢和玩笑。贵客光临，天性可以自由放任。很多人都可以觉察并尊重谨慎和日常的美德。也有很多人能够在星光照耀的轨道上辨别出天才，不过暴徒是无能为力的。然而那忍受一切、弃绝一切、追求一切的爱，它立誓宁愿在这个世界上，当一个可怜虫和一个傻瓜，也绝不违心屈从，玷污自己洁白的双手。当它降临我们的街头和房屋之时，只有心灵纯净、抱负高远的人才能认出它的面孔，而且他们唯一赞美它的方式就是想要拥有它。

礼 貌

(1844)

公正与善良的距离近在咫尺，
一旦我们目光有所触及，
那些轮廓与外表，
会牵动我们的感官。
心灵再次沉淀，
倾尽所能去理解，
比例与色彩展示的图案。
倘若沉寂的艺术迷失，
图案与影像会从你那里
索寻到更为崭新的领地，
并引以为傲。
于本真处探索发现，
从不断升华的尊严与敬畏之中
得到启迪。

——本·琼生

据说，此地风俗不解他方风情。我们的探险队见证了斐济岛居民以人骨为食的一幕。传说中，他们食用自己妻儿的骨肉。近代古尔诺（位于古底比斯西面）居民的家居极其简易。三两瓦罐，一块石磨以及一方可当作床的毯子，即可操持生活，别无他物。无须缴税，无须交房租。住屋又是坟墓。雨水渗透不了屋顶。由于无可丢之物，房门自然多余。倘若这所房子住得不够惬意，那么可以离开，再住进另一所房子，因为有数以百计的房屋可以想住就住。贝尔佐尼补充道："旅居于墓群之中，穿梭于古老民族的尸骨与残骸之间，对于国家的过往一无所知，与他们谈论幸福的话题，某种程度上，好像太过匪夷所思。"在博尔古沙漠之中，岩石里的芾布人如崖燕般寄居于洞穴之中，其语言被视为蝙蝠的尖叫，抑或鸟类的嘶鸣。另外，婆罗洲人没有自己的姓名。仅有一些外号，根据个体身高、体形以及其他偶然呈现的特征来称呼他们。然而，盐、大枣、象牙以及金子成为外族人进入这片恐怖地带的缘由，这些物品因此而流入别国。而那里的购买者和消费者难以与这些食人族、猎人归于一个种族，因为这些国家的人民使用金属、木头、石头、玻璃、橡胶、棉花、丝绸和羊毛等物品；以自己的建筑物为荣；制定法律制度；假借他国之力实现自身意愿；尤其是建立了上流社会，汇聚各国精英，自身构建了贵族系统，或者组织顶尖人才联谊交流。这些组织没有既定法规，也没有任何清规戒律，却能长存不朽，将每片新开垦的岛屿变成自己的殖民土地，把普天之下的美人与天才都据为己有。

在现代史上，还有什么事件比绅士的产生更令人瞩目呢？骑士精神如是，忠诚亦如是。在英国文学中，从菲利普·锡德尼爵士时期到沃尔特·司各特时代，一半的戏剧以及所有小说都描绘了这一形象。"绅士"一词，正如"基督徒"一样，由于人们赋予它的重要性，必将成为当今世纪以及之前几个世纪的共同特征。它表达了对个人难以言传的一些特质的致敬。尽管绅士之名也与轻浮和荒唐有些牵连，但其代表的可贵特征致使人类对其热情不减，从而把每个国家举足轻重的人物团结起来，相互理解，彼此融洽，在某种程度上它如此明确，以至于倘若某个人身上缺乏这种普遍标识，立刻就会被察觉。如此重要的要素绝非偶然产物，而是人类普遍个性与共性均衡作用的必然结果。它如同某种恒定的平均值：空气是一种固定的合成物质，而构成其成分的众多气体聚合在一起只是为了再次融合。“Comme il faut”是法国人对其上流社会的描绘，意即“正如我们必须”。那是才能与情感自发结合的产物，此中的才能与情感来源于统领当今世界的、最具活力的阶级，尽管其距离纯洁还很遥远，也算不上人类情感中最愉悦最崇高的风尚，但其确如整个社会所认同的那般美好。它是由人类精神构成，而不仅仅是由人的才能组成。它是一种混合产物，集美德、智慧、美貌、财富和权力等各种主要力量于一身。

用来描绘优雅礼节与社交教养的所有词汇在运用中总显得模棱两可，因为数量总在不断变化，而且最后的结果往往被臆断为原因。“绅士”一词在表达品质的时候没有对应的抽象名词。“风雅”有低劣之嫌，“敦厚”又显陈腐之赘。但是，在本国语言之中，须将其与“时尚”一词区分清楚，后者稍显狭隘且意义阴暗，与绅士之英勇本性大有不同。然而，常用词汇需得到尊重：它们往往蕴含着事物的本原。在诸如礼貌礼仪、骑士风度、时尚前沿等一类词的区别之处，正如我们所专注的是花朵与果实而非树木纹理的道理一样。这里，我们的目标在于美，并非价值。现在，结果成为疑问，尽管我们的词汇充分表达这样一种大众情感：表象反映内容。绅士是追求真理的人，是能够主宰自身行为的人，言行举止中表现出威严的魄力，任何情况下都不会依赖或屈服于任何人、任何见解和任何财产。除了真理和真正的力量外，“绅士”一词还意味着善良、仁爱；男子气概摆于首位，其次是温柔敦厚。通常的观点认为必须加上安逸与财富，但那其实是个人力量与爱心的自然结果，“绅士”就应该拥有并分配世界的财富。在充斥着暴力的时代，每位杰出的人物都会遇到展示自身刚毅与价值的机会，因此，在封建社会，每位大人物的名字都从芸芸众生中脱颖而出，如雷贯耳。但是，个人力量永远不会过时，在今天仍然至关重要。上流社会涌动的人群之中，英勇、务实的人总是为人所知，自然而然地晋升到属于自己的位置。竞争由战争转向政治与贸易，然而个人力量依旧顺理成章地在这些崭新的领域大显身手。

权力至关重要，否则便不会有领导阶级。在政治舞台与贸易领域，彪形大汉与海盗会比说客和职员更有市场。上帝明白形形色色的绅士都在叩门。但是如果严格使用这个词，并加以强调，我们就会发现它指向独创能力。它描绘的是独立自主，并以原创方式从事工作的人。一个优秀的统领，首先必须是一只优秀的动物，至少能够激发某种难以匹敌的动物精神。统治阶级需要具备的品质很多，但必须具备在队伍中要给予别人权力的意识，这可以使之轻易完成聪慧之人都望而却步的事情。精力充沛者在圈子里友好而充满节日氛围的聚会中也充溢着勇气与壮志，这往往令弱不禁风的学者为之震慑惊叹。女士们所展现的风采恍如隆狄巷的战斗，抑或一场海上大战。思维依靠记忆的补给方知如何应对突发的事件。然而，在突如其来的大师面前，记忆就好比是提着竹篮、别着徽章的下贱乞者。社交场合的领袖须能担当大任，胜任各种职能，亦即如恺撒式的人物，极具吸引力。我完全不相信福克兰勋爵胆怯的格言：“仪式必须由两人参加，因为一个勇敢的人将经历最为诡诈的仪式。”我认为绅士是那种内在形式不会被打破的勇士，只有宽容广博的本性才是合适的绅士，与这样的人可以无话不谈。绅士在所及之处颁布法则；在教堂中祈祷之诚甚于教徒；在战场上杀敌之勇猛于老兵；在舞会上光芒之强让舞池失色。绅士与海盗为朋，与学者成友，在他们面前设防毫无用处。他拥有通往所有心灵的绿色通道，排斥绅士也就是排斥自己。亚欧地区的知名绅士属于强人型，如萨拉丁、萨波尔、熙德、裘力斯·恺撒、西庇阿、亚历山大、伯里克利，都是最高贵的名人要士。他们漫不经心地坐在椅子上，乍一看你根本不知道他们有多么出类拔萃。

按照一般的看法，要成为上流社会的绅士，巨额财富估计是必不可少的，然而财富毕竟只是物质方面的代表，好比是跟在领舞者后面漫不经心的舞者。金钱并不是不可或缺的，然而广泛的亲和力却是根本。它超越了党派和团体的界限，并为不同阶级的人所感知。倘若贵族只在时尚领域地位稳固而不能与卡车司机融洽交流，那么他将无法成为时尚领域的领导者。如若精英不能与绅士平等沟通，让绅士感觉到他已经站在了自己的领域上，那么他将不会为人所惧怕。第欧根尼、苏格拉底和伊巴密浓达，均属贵族血统，尽管可以拥有富贵，但他们却选择了一种贫寒的生活方式。虽然此处引证的均是古人，但所谈及的却是当代人。富贵无法为每一代人带来类似的品质完备的骑士，但每一代人中都有绅士阶级的代表，这个国家的政治，每个城镇的贸易都掌控在这些鲁莽轻率、恣意妄为的执行者手中。他们强大的创造力保证了自己的领军地位，他们有宽仁的同情心使自己与公众保持亲密关系，从而使自己的行动得到他们支持。

品味脱俗的人专注审视这个阶层的礼貌礼仪。高手之间的联系，精英之士之间的切磋，彼此融洽，相互促进。彼此间优雅的仪态，和谐的谈吐，不断地重现，不断被接纳。人们迅速达成一致，赘余之事删免，高雅之风再续。在没有教养的人面前，良好的礼貌令人望而生畏。这是一门颇有讲究的防中有攻的防御学问。然而，一旦棋逢对手，他们便会垂下剑刃，攻击和防御都停止了，年轻人会发现自己置身于和谐明朗的氛围之中，在那里，生活不再困扰重重，彼此间误会消除。礼貌礼仪旨在使生活简单化，消除障碍，使纯洁的人更具活力。礼貌之于我们的相处沟通，有如铁路之于出行，帮助我们避开一切可避免的路障，只留下畅通无阻的空间。这些礼仪很快固定下来，人们留意并多加培养得体的礼貌意识，最后变成社会与文明特征的一种标志。风尚就是这样逐渐形成的，它具有模棱两可的外表，最强劲、最奇特、最轻佻也最令人恐惧，却又被最热切地追捧，即使受到道德与暴力的抨击，也安然无恙。

权力阶层与排他的贵族社会之间的关系很严格，前者是后者的补充。由于发现了里面拥有亲和力，强势人物也会迁就时尚圈的乖僻。拿破仑，一位革命之子，一位推翻古老贵族阶级的人，一位从未停止过狂热追逐圣热尔曼区的人，始终坚信时尚是对他们这一类人的敬意和效忠。虽然方式奇特，时尚仍代表着一切具有男子气概的美德。这是一种凋零的美德，一种身后的荣耀。它虽然无法惠泽伟人，却能润及子孙。这是一座“历史”

的殿堂。通常，当代伟人并不存在于其中。他们活跃在自己的领域，脚踏实地而不沾沾自喜。时尚是由他们的子孙构成的；通过别人的价值与美德，他们的名字披泽润光，与众不同，能够接触到良好的教养与慷慨的品德。身体机能方面，他们身体健康，体质出众，保证了自己即使不能全力投入工作，也能很好地享受工作劳动成果。权力阶层，那些正在奋斗的英雄，如科尔特斯、纳尔逊、拿破仑，明白这就是对他们这类人物的赞许与永恒的称颂。时尚是一种需要资金支持的才能，是被击溃的墨西哥、马伦戈和特拉法尔加。时尚圈里这些光辉耀眼的名字可追溯到五六十年前如雷贯耳的名字。如果说他们是播种者，那他们的子孙便是收割者，通常来说，后代会把收获的果实交给眼光更为锐利、身体更为强壮的新竞争者。乡村给予城市给养。据说，在1805年的欧洲，每一个正统的君王都愚蠢无能。要不是从乡村得到补给和增援，城市早就消亡、腐朽、爆炸。乡村先是发展成为城镇，又成为今天的城市和宫廷。

贵族和时尚是必然出现的结果。这些彼此间的选择牢不可破。如果他们激起最不受拥护的阶级的愤怒，那么受到排斥的大多数人会采取强硬甚至杀戮的手段来报复小部分人，于是一个新的阶级马上会发现自己处于最高层，就仿佛一碗牛奶的表面总会漂起一层奶油一般，就算人们消灭了一个又一个的阶级，最后只剩下两个人，其中一个也会变成领导者，无意识地享受服务并且为另一个人所模仿。你可能会对这少数人采取熟视无睹的态度，但他们生命力顽强，也是社会阶层之一。当我看到他们的努力成果之时，更为这种顽强精神所打动。他们斤斤计较于无关紧要的区区小事，我们不必去穷究其规则的耐久性。有时，我们会遇到深受爱国运动、文学运动及宗教运动等道德影响的人，感觉到道德情操主导着人类和自然。我们原以为所有其他差别与联系都微不足道、难以捕捉，比如阶级和时尚的差别和联系。但是，年复一年，我们看到在波士顿和纽约，这些是多么稳定，虽然当地法律并没有给予其丝毫的保障。即使在埃及或印度也找不到更坚固或者更加不可跨越的界线。有些协会之间彼此交融渗透，如商会、军队、大学班级、消防俱乐部、专业协会、政会、宗教会议。看起来人们在其中拉近彼此的距离，然而集会一旦解散，会员们终年都不会再次相聚。人们回归到上流社会自己的位置，那时，瓷器还是瓷器，瓦罐依旧是瓦罐。时尚的目标也许无足轻重，也或许时尚并无目的，但是这种联合与选择的特性绝非无足轻重，也绝非偶然。在完备的社会等级中，个体的层次取决于其结构中的某种对称，抑或，其结构与社会对称在某些程度上产生的一致性。对于这类人的自然要求，时尚会立即敞开大门。一位天生的绅士会找到进门的路径，并使那些丧失固有地位的古老贵族离开。时尚通晓自身，任何国家的贵族和个人优越性，与别国都是彼此融洽的。在伦敦和巴黎，野蛮部落的首领是以其姿态的纯正性引人注目的。

我们可以谈谈时尚的优点。它立足于真实，极其痛恨装模作样的人，排斥并迷惑弄虚作假的人，永远与之隔绝就是其最愉悦的事情。反过来，我们蔑视老于世故之人的每一种天赋。然而即使在最烦琐细微的小事上，迎合我们自身礼仪意识的习惯，方可构成所有骑士精神的基础。几乎每一种自助，只要健全且比例协调，时尚都会偶尔加以采用，并给予其组织沙龙活动的自由。圣洁的灵魂总是优雅的，倘若愿意，它可以毫不费力地穿梭于戒备最为森严的地带。然而，在某种危机情形下，赶车的车夫也能做到，并获得赞许，只要他不会因新情况而头晕眼花，想要穿着铁鞋跳华尔兹和轻快交谊舞。因为没有既定的礼仪，行为法则会屈服于个人精力。初次参加舞会的少女，第一次在城市进餐的乡下人，都认为这些活动会有一套例行的仪式，每个动作与每次赞扬都须以此为据，否则会被驱逐出去。尔后，他们了解到良好的判断力及品质在每一刻都会产生自己的礼仪风格，可以讲话也可以沉默，可以点酒也可以拒绝，可以留下也可以离开，可以坐在椅子上也能伸直手脚和孩子们躺在地板上，或者倒立都行。用的是一种新奇、原始的方式，强烈的意愿总是合乎时尚，让那些不合乎时尚的东西溜走吧。时尚的要求无非是镇定自若与自我满足。一群教养极好的人就会成为一批明达之士，在那个圈子里，每个人都呈现出最本真的礼仪与性情。如果追随时尚者不具备这种品质，他就不值一提。我们热爱自立，如果一个人对自身的地位表现出万分满意，也不去寻求自我或别人的赞语，那么他纵有千错万错，我们也会原谅他。然而，如果对一个杰出的世俗男人或女人表示谄媚，那么所有高贵的特权都丧失殆尽。他是下人，我不和他打交道，我要和他的主人对话。一个人不应该去一个无法带给自己全部世界或社交圈子的地方——他自己的整个朋友圈子，不是实质上的，而是气场上的。在新的社交场合，他应该保持同样的态度和心态，维持关系现状，就像和日常打交道的人在一起时一样，否则他就会光华尽散、黯然失色，在最欢乐的俱乐部里郁郁寡欢、格格不入。“如果你能看到维奇·伊恩·沃尔穿着他的燕尾服就好了！”但是，维奇·伊恩·沃尔必须时时带着他的时尚装备，如果不是增添的荣耀，那便是切割下来的屈辱。

社会上总有一些人，是社会认可度的水银柱，任意时刻随意一瞥，便能决定那些好奇的人在世界上的地位。这是小神灵的管家。把他们的冷漠当作更高级神明之恩典的征兆并加以接受，允许享有他们的特权。他们职责清晰，如果没有自己的过人之处也不会令人望而生畏。但是，不要以此来衡量这个阶级的重要性，也不要假想花花公子能够承受得起荣誉与耻辱，否则他们怎么可能在某时某刻经过类似传达室的地方让别人打量盘问呢？

人对人的首要要求是真实，因此它出现于社会的各种形态之中。我们手指他人，称唤其名，介绍彼此相识。我们于天地面前结识，这位名叫安德鲁，这位名为格雷戈里，彼此对视，执其双手，辨识并谨记对方容颜。这真是无比的满足。绅士眼光从不躲闪：双眼直视前方，首先使对方内心确信，他已经被记住了。然而，频繁出访，盛情接待，我们追寻的又是什么呢？是你的帷幕、图案和装饰品吗？或者，我们要不厌其烦地询问：家里有人吗？我能轻易走入一所大房子，里面物资丰富，饰品舒适，豪华，有品位。然而，在那房子里却遇不到任何可以把握这些物品的主人。我也可以走入一间村舍，发现一位农夫，他感觉自己就是我要拜访的人，径直朝我走来。因此，古代封建礼仪中，如果是绅士迎接客人，不能离开自己的府邸，即使君王大驾光临，也应在门前恭候，这一切都是情理之中的。然而，没有主人，拜访任何房子都会是毫无意义的。纵然杜伊勒里宫或埃斯库里亚尔园也是如此。但我们往往得不到这样的款待。我们认识的每个人周围都有漂亮的房子、精美的图书、柔和的温室、美丽的花园、套装的用具以及各种玩具，这一切就仿佛屏风般把他和客人彼此隔离开来。仿佛人类具有狡黠躲闪的天性，他们最害怕的就是与同类面对面交流，难道不是这样吗？我知道，无论宾客地位显赫还是身份卑微，停止使用这些极为方便的屏风都是极为残酷的。我们将很多朋友召唤在一起，他们可以一起玩耍，用奢侈品与装饰物来取悦年轻人，从而保证自己全身而退。或者，如果碰巧有位喜欢探究真相的现实主义者来到大门前，我们不愿站着去面对他的双眼，就会跑到窗帘后面躲起来，就像亚当在花园中听见上帝的声音一样。红衣主教卡普拉拉，教皇在巴黎的使节，依靠一副大号绿色眼镜以躲避拿破仑的目光。拿破仑有所察觉，马上设法将它摘下。然而，反过来，虽然拿破仑拥有八十万军队作后备，但他没有勇气面对一双自由的眼睛，而是用礼仪来保护自己，设下重重防备。全世界的人都从斯塔尔夫人那里知道，拿破仑一旦发现自己被人注视的时候，便收敛起所有面部表情。然而，皇帝和富人绝不是优雅礼仪的最佳掌控者。租金账簿和军队名册并不能使遮遮掩掩的弄虚作假显出威严，礼仪的第一步必须是真诚，因为优良教养的各种形态都注重这个方面。

我刚才在阅读哈兹利特翻译的蒙田作品《意大利旅行记》，对于其中自我尊崇的当代时尚赞赏不已。法国绅士到达之地，所及之处，都会引起一阵波澜。无论走到哪里，他都会去拜访沿途的王子或绅士，将之当成对自己也是对文明的责任。当离开寄居数周的居所之时，他会将自己的纹章装裱并挂起，作为这座居所永恒的标记，这便是绅士的习惯。

我最需要也最为坚持的是敬重。它是优雅自尊的补充，也是良好教养的补充。我愿每张椅子都成为王位，上面坐的都是国王。与过度密切的友谊相比，我更倾向于庄严。让自然界无法触及的事物和人类形而上的孤独教导我们独立。让我们彼此之间不要太过熟识。我希望一个人在进入他的寓所之前，先穿过满是英雄与圣徒雕像的长廊，这样他将不会缺乏平静与镇定的暗示。清晨，仿佛刚从外国归来一样，我们彼此相聚，共度一天。夜晚，如将回归外国一般，我们相互分离。万物之中，我期望人像一座孤岛，不受外界侵扰。让我们如神明般列席而坐，在环绕奥林匹斯山的高峰上对话。不要掺杂任何情感来扰乱这份神圣。这就是带给他人芳香甜蜜的没药树和迷迭香。情侣们应当坚守彼此间的距离感。倘若给予太多谅解，一切将走向困惑与鄙俗。将这种敬意变成中国式礼仪轻而易举，但是只有沉着冷静、从容不迫才能彰显优良品质。绅士不聒噪，女士很端庄。为了贪图一些无价值的便利，某些入侵者将安静祥和的房子变得吵闹不堪，我们对此厌恶至极也是情理之中。有人对邻居的需求表现出廉价的同情，对此我也深恶痛绝。我们必须对别人的兴趣口味了如指掌吗？就如同蠢笨的人长期生活在一起，知道对方什么时候想要盐或者糖。我恳求我的同伴，如果需要面包，就向我要面包，如果需要黄樟或砒霜，也不妨开口，不要直接把自己的碟子递给我，仿佛我已经知晓一样。审慎和隐秘为每一种自然功能平添威严。让奴隶们去行色匆匆吧。无论多么遥远，我们教养的赞语与礼仪都应彰显对命运庄严的拾遗。

礼貌之花经不起琢磨，但是如果有胆量展开另一片叶子，将其内部结构探个究竟，我们也会发现聪慧品质。对于人类领导者来说，大脑如同肉体和心脏一样，也需比例协调。礼貌的不足通常是良好意识的缺失。对于精妙的仪态和习俗，人类太显粗俗。善良与独立的结合对于良好的教养是不够的。我们迫切需要同伴对美的意识与敬意。在田地里和作坊中也需要其他美德，但是对于我们平起平坐的朋友而言，一定程度的品位则必不可少。与不修边幅，登不了大雅之堂的人相比，我更愿意与那些不敬重真理与法律的人一起进餐。道德品质掌控世界，然而在短距离之内，感官是主导。此类对于礼仪和美观的偏好渗透到生活的各个方面，虽然有时不那么明显。这个活力四射的阶级，其普遍精神是良好判断力，其表现具有某些局限，但确是为了某些目的。它接纳每种自然天赋，善于打交道是它的本质。它尊重一切能团结人类的东西。它衷于分寸，对美的热爱主要是对分寸与协调的敬重。一个人如果高声讲话，夸大其词，言辞激烈，会吓跑会客室所有客人。如果你希望受到爱戴，那么要学会掌握分寸。如果你想要掩饰自己缺失分寸，那你必须具备天赋或某种突出的才能。这种认识能加强与改善社交。社会对天才和特殊才能特别宽容，然而，社会的本质是习俗。它热衷于传统的东西，或是能把大家聚拢的东西。这就形成了好的行为举止和不好的行为举止，能够促进或是阻碍友谊。因为，时尚不是绝对的优良品质，而是相对的。它也不是私密的优良品质，而是能够迎合大众的作用。它厌恶性格中的棱角与尖锐，厌恶争强好胜、傲慢任性、孤独落寞、阴郁沮丧的人，厌恶任何阻碍彼此完全融合的东西。然而它珍视一切全新的特性，因其构筑美妙的友谊。而且，除了广泛流行的风趣讥诮来装点礼仪之外，高雅社会总是欢迎智力光辉的普照，认为智力是社交准则和信誉最有价值的添加剂。

直射的阳光照进来可以点缀我们的节日，但也要稍加遮挡，让它变得柔和一点，否则会刺痛双眼。一丝不苟对于美来说至关重要，正像敏锐的反应之于礼貌，太过敏感，结果反而欠佳。人们可能表现得太过精准守时，太过一丝不苟。当他走进美的殿堂之时，必须把生意上明察秋毫的洞察力留在门外。社会喜欢克利奥耳人的本性及慵懒困倦的举止，这样他们可以掩饰意识、优雅和美好意愿。社会也崇尚昏昏欲睡的氛围，这样能消解批判之音。可能因为这类人似乎保存自身实力，以留到最精彩的比赛，而不是不把精力耗费在做表面文章上。社会同样喜欢睁一只眼闭一只眼的人，看不见变化和烦恼，而敏感的人看到这些就会眉头紧蹙、声音低沉，无比惆怅。

因此，除了个人魅力以及精准的品位必须具备的洞察力之外，英国社会还要求其贵族阶级具备另一种要素——前面已经有所暗示——英国人意味深长地称之为善良，意指不同程度的慷慨大方，从最低层次的乐于助人到高尚无比的宽容与仁爱。我们必须拥有洞察力，否则会彼此冲突，迷失通往事物的路径。然而，智慧是自私且贫瘠的。在社交场合，成功的秘诀在于拥有热情与同情心。一个人如果与同伴在一起的时候闷闷不乐，那么他将无法从记忆中找到适合此种场合的任何话题。他的言谈会略显不当。如果一个人在这种场合感到愉悦，那么他会在对话的每个转折处寻机引出自己想说的内容。社交圈的宠儿，那些所谓的“全面的灵魂”，是具有才能的人，这些人拥有的更多的是精神，而不是才情。他们没有格格不入的自我，无论在婚礼上、葬礼上、舞会上或陪审团中，还是水上聚会或者射击比赛里，他们都能恰如其分地填充那段时光，令在场的人充实，既让自己尽兴，也让别人满意。盛产绅士的英国，本世纪伊始，便为世人提供了一个绝佳典范，那就是福克斯先生。他不仅能力出众，更具社交才情，真正成为大家都喜爱的天之骄子。伯克和福克斯在下议院中观点不一的辩论，议会历史上很难找出更为精彩的片段。福克斯向老友陈述旧情，语气温婉，情真意切，议会人员均为之落泪。另一则轶事与主题关系甚密，所以在此冒昧陈述。一个长期向他追债的商人催促其偿还三百吉尼的期票。某天，商人看见他正在数金币，遂要求他还债。“不行，”福克斯说，“这是我欠谢尔丹的钱，这是诚信债务，倘若他日我有何不测，他会没有凭证。”“那么，”债主说：“我把我的债也变为诚信债务。”于是将期票撕得粉碎。福克斯感谢债主的信任，偿还了债务，并说：“他的债款日期更早，谢尔丹必须得等一下。”他热爱自由，与印度人、非洲奴隶关系友善，深受人们喜爱。1805 年，拿破仑出访巴黎，谈及福克斯的时候说道：“福克斯永远是杜伊勒里宫会议的上宾。”

无论何时，如果我们坚持把仁爱作为礼节的基础，在赞颂礼节时就很容易显得荒诞可笑。浓妆艳抹的“时尚”如同幽灵般冒出来对我们的言语加以嘲弄。但是，我不会因此而否认时尚是一种象征制度，也不会否认爱是礼貌的基础。如果可以，我们会接受那种象征制度。无论如何，我们必须承认这点。生活的本质大多归功于这些鲜明的对比。时尚假装是一种体面，但以人们的经历，却往往只是一种舞会规范。然而，只要它存在于最上流社会里，存在于地球上最精英的一帮人头脑里，那它就必定有一些必然和优秀的东西。这也并不意味着人们应该同意成为荒谬事物的受骗者。这些神秘礼仪在最原始的人身上激发出的崇敬，以及人们解读上流社会生活细节的好奇，显示了人们普遍热爱教养的礼仪。我清楚地知道，如果我们进入到公认的“上流社会”，把这些有关正义、美好和利益的标准应用于那里的实实在在的人，我们必然会发现一些可笑的差异。这些时尚人士不是君主和英雄，也不是圣哲和情人。时尚也分三六九等，也有见习和准入的规则。并不是只有最好的才是时尚。这里不仅有社交天才自诩征服全场的权利——每个人尽情表现着其天生的贵族气度，一些较低的要求也可以凑合。因为时尚偏爱名流，就像喀尔刻喜欢她头上长角的同伴。这位绅士今天下午到，他是从丹麦来的；那位是昨天从巴格达来的赖德勋爵；这是弗里斯船长，他从特纳盖恩角来；这位是西姆斯船长，来自于地心；这是热瓦纳先生，今天上午乘气球降落；改革家，霍布莱尔先生；这位是尤尔·巴特牧师，他在他的主日学校[①]把整个热带地区都颠覆了；这是托雷·德尔格雷科先生，他把那不勒斯湾灌进维苏威火山，浇灭了维苏威火山。这是斯巴希，他是波斯大使；这位是杜尔·威尔·莎恩，他是遭到流放的尼泊尔的印度王公，他的马鞍就是新月。然而，他们只是今天扮成怪兽，明天就会被打回原形，遣送回家，因为这些场所的每一把椅子都被觊觎着。艺术家、学者，一般来讲是聪明的人赢得这些席位，作为代表出席，某种程度上可以算作征服。另一种方式就是体验所有的阶层身份，在圣迈克尔广场度过一年零一天，洒满科隆香水，香飘四溢，受人宴请、引荐，在传记、政治和闺阁风情方面打下适当的基础。

然而这些华丽的服饰也可以显得高雅且睿智。让寺庙和大门都装上怪诞的雕塑，让信条和戒律都具有戏剧诗文里那种没有规矩的敬意。文明礼貌的仪式普遍是用最高级来表达仁爱。倘若礼貌落在自私自利的人口中，成为牟取私利的手段，该如何是好？倘若伪君子鞠躬却缺乏诚意，使人们再不相信世上有真诚，又该如何是好？倘若伪君子设法向他的同伴讲话，彬彬有礼，却有意识地把他人排除在外，而且刻意让他人感觉被排斥在外，该如何是好？真正的服务不会失去它的高贵；真正的慷慨也不仅仅是法国式的感性；也不会被隐匿，因为它的热血澎湃和友善的激情最终会把天生的绅士和时尚的绅士区分开来。詹金·格劳特爵士的墓志铭对于今人也并不

① 又名星期日学校。英、美诸国为贫民开办的初等教育机构。兴起于18世纪末，盛行于19世纪上半期。

难于理解："詹金·格劳特爵士安息于此，他热爱友人，劝说敌人：嘴上吃的，他双手奉还；仆人偷的，他都会补上；如果一个妇女给了他欢乐，他会千辛万苦养活她；他从来没有忘记他的孩子：谁若碰到他的手指，就会牵出他整个身体。"甚至英雄的传统也没有完全消亡。仍然有令人钦佩的布衣之士站在码头边，救起溺水的人；也有荒诞慈善事业的发起者；有逃跑奴隶的引导者和安慰者；有波兰的朋友；有支持希腊独立运动的人；有栽种树木的热心人，这些树木可以为后代遮阴、结果；有隐藏得很好的虔诚行为；还有不为恶名所苦而自得其乐的耿介之士；还有以幸运的青睐为耻，急着把它转送给别人的年轻人。这些都是社会的中流砥柱，社会从中汲取新鲜动能。他们是时尚的创造者，这种时尚是一种分清行为美的尝试。理论上，心灵美好的人和慷慨大方的人是这个教会的博学者和圣徒：西庇阿、熙德、菲利普·锡德尼爵士、华盛顿，以及每个纯洁而英勇的人，因为他们用言语和行动来信奉美。天生贵族是在真正的贵族里找不到的，或者只是沾边而已；正如光谱的能量在光谱的外面才最强大。然而，君主出现时管家却不认识他们的君主，这是管家的弱点。社会理论预设了这些人的存在和权威，很早就预测到他们的来临。用古老的神话来诠释，就是：

正如苍天与大地的美远远超过
混沌与无边的黑暗，尽管它们曾经是主宰；
正如我们坚实而美丽的形态
超越了苍天与大地；
我们的身后紧跟着一种全新的完美；
那是一种力量，散发着浓郁的美，源自我们，
却注定超越我们，正如我们
超越了黑暗的荣光：
因为，永恒的法则规定
初生的美好拥有最强大的力量。

因此，在上流社会内部，有一个范围更小、层次更高的圈子，聚焦了上流社会的光芒，绽放着礼仪之花，对人们有着莫名的吸引力。提起这个圈子，人们总有一种心照不宣的自豪，就像对上流社会内部的朝堂——爱情和骑士议会一样。这个小圈子里的人天生英雄气概，爱美，喜欢社交，有能力点缀每一天。如果最纯粹的欧洲贵族圈里的人，那些拥有多个世纪以来小心守护的贵族血统的人，前来接受检阅，让我们从容不迫，用批判的眼光审视他们的行为，我们或许找不到一位真正的绅士、找不到一位真正的淑女；因为，尽管整体而言，这些人的良好教养和高贵血统令我们满意，在细节上，我们还是能找到失礼之处。因为优雅与教养无关，那是天生的。必须具备浪漫的性格，否则，哪怕是最吹毛求疵地想要摒除不当的行为也无济于事。天生气质才会如此发展：他不是表现得礼貌客气，他就是礼貌客气本身。高尚的行为在现实生活中和在小说世界中一样罕见。司各特由于真实地描绘了上流社会的举止言谈，为人称快。当然，在《韦弗利》出来以前，国王和王后，贵族和淑女们有理由抱怨强加于他们嘴里的荒谬话语。但是司各特的对话也经不起品评。在他笔下，贵族们言语讥诮，互相攻讦，但他们的对话像是穿了衣服，再读一次便有隔靴搔痒之感，感觉不到生命的暖意。只有在莎士比亚的作品里，说话人没有装腔作势，话语自然、精妙，在他诸多头衔中他又给自己增加了一项，即英国和基督教世界最有教养的人。我们一生中有一两次机会，能够感受高贵言行的魅力。我们或许会碰到一个男人或一个女人，他们天性没有防范，但其性情却自然而然地在言语之间、在举手投足时流露出来。美丽的形体好过美丽的脸庞，美丽的举止好过美丽的形体，因为它比雕像和绘画带给人们更多的乐趣——它是高雅艺术中的精品。在自然界中，人类只不过是渺小的个体，然而就其面目放射出的道德品质，可以消除种种关于量级的考虑，他的言行举止可与世界的壮丽相称。我曾经见过这样一个人，他的言行符合上流社会中高贵的标准，然而并不是从那里学来的，而是发自内心且极有号召力，为别人提供了保护和成功。他不需要穿着节日的盛装，目光中自然带着欢乐的节日气氛。他敞开新的生活方式的大门，为新生活感到振奋。他抛开礼节的束缚，像罗宾汉那样欢欣鼓舞、精神抖擞、善良、自由。如果需要，他还可以摆出帝王的威仪，安定、严肃，在万众瞩目中言行自如。

户外和田野，街上和公共会所，都是男人们施展自己意志力的地方。或者让他屈服，或者在家门口分割权力。女人，出于对行为的直觉，能敏锐地察觉男人爱好琐事，冷淡、低能或者简而言之，缺少大气、潇洒、风度，这些都和一个大厅的外观一样重要。我们美国的制度一向善待女性。此时此刻，我认为这个国家最大的福气就在于其女性非常优秀。人们已然意识到男性的弱点，这虽然有些难堪，但是说不定会引发代表女权运动的新骑士精神。当然，如果能像雄心勃勃的改革家要求的那样，让妇女更好地从事法律和社会事务，我完全信赖女性令人振奋的音乐天赋，从而我相信只有她自己才能展示她需要如何发展。有时，妇女奇妙的感性豁达让她们达到英雄和神祇的境界，证明了人们对密涅瓦、朱诺或波林尼亚的描绘；女性如此坚定不移地走着上坡路，说服了最粗俗的计算者确信：还有一条男人们没有走过的路。但是，除了那些为我们想象中的缪斯和德尔福·西比尔提供佐证的女性之外，不是还有那么一些女人吗？她们在花瓶里装满酒，插满玫瑰，让酒香四溢，花香满屋；她们有礼有节地鼓励我们；她们松开我们的舌头，让我们发声；她们为我们的眼睛涂上油膏，让我们看见世界。我们说了从来没想过会说的事。这一次，我们习惯的保护墙倒塌了，开始自由自在高谈阔论。我们是一群孩子，在开满鲜花的广阔田野上打闹。我们高喊着，把我们浸润在这些影响力之下吧，几天以后、几周以后，我们就可以成为明媚的诗人，写下色彩斑斓的浪漫诗歌，为你歌唱。是哈菲兹还是菲尔多西说起过他的波斯的丽拉，她是一种原始的自然力量，当我看见她一天接着一天，随时向周围散发快乐与恩惠时，那充沛的生命力使我吃惊。她像一种溶解剂，把性情各异的人融入一个社会之中。她就像空气和水一样，是一种具有广泛亲和力的元素，能够轻而易举把千万种物质结合到一起。只要她在场，所有人会表现得非同寻常。她是一个单位，也是一个整体，凡是她做的事都成了她自己。她拥有太多同情心和太强的取悦别人的欲望，你说不清也道不明，她举手投足间显示着尊严，她在每一个场合透露的正直无邪和高贵风度，即使是公主也无法超越。她没学过波斯语法，也没读过七大诗人的诗歌，但是七大诗人的所有诗歌竟像是为她而写。因为，尽管她天性不偏好思考，而是同情，但是她天性如此完美，所以能倾心与智者交谈，用感情温暖他们。她相信，就像她所做的那样，用高尚的方式对待所有的人，那么所有的人都会展现出高尚的一面。

我知道，这一套拜占庭式的骑士精神或时尚对于现代人——他们盯着当代的事实，寻找科学或者娱乐——简直美丽如画，但并不是对于所有人而言都同样令人愉悦。对那些雄心勃勃的青年来说，我们的社会体制把这种风尚变成了巨人的堡垒，因为他们还没有金榜题名，也就无法享受那些令人垂涎的荣誉和特权。他们还不知道这时尚表面显赫，实则虚无缥缈、变幻莫测。这时尚之所以伟大是拜他们所赐，它那最傲慢的大门也会对勇气和美德打开。然而，对于那些注定要因为这反复无常的暴政而遭受痛苦的人，他们现在的痛苦很容易解决。把住处搬迁一两英里，最多四英里，一般来讲，就可以消除哪怕是最为敏感的人受到的影响。因为，时尚看重的那些好处，不过是只能在有限的区域茂盛生长的植物，或者说，就几条街道而已。出了这个范围，它们就一无是处：在农场、森林、市场、战场上，婚姻里、文学界、科学界、海上、友谊里、思想或美德的天国里都毫无用处。

但我们已在这些装饰得富丽堂皇的宫廷中逗留得太久。所指之物的价值能够证明我们追求表象的正确性。在爱心面前，在这个光荣的源泉、高贵头衔的缔造者面前，一切所谓时尚与礼节都黯然失色。拥有一颗爱心才是真正的皇家血统，这是一团火焰，无论在哪个地方，何种情况下，都能保持真我，都能征服并扩充一切接近它的事物。爱心赋予了一切以全新的意义。爱心让富人显得贫穷，因为只有拥有爱心，才会显出崇高和威严。什么才算富裕？你富裕到能够帮助所有人？你富裕到能够救助一切不够时尚的人和古怪的人？坐在车里的加拿大人？手里拿着领事把他推荐给“慈善家”的推荐信流动工人？讲着蹩脚英语的黝黑的意大利人？被工头追得满城跑的瘸腿乞丐？抑或是神志不清、烂醉如泥、可怜的只剩残躯苟延残喘的男男女女？所有这些人，你富裕到能让他们在残酷冷漠的社会中感受到你高贵的存在和你那金碧辉煌的府邸？还是能让他们感觉到一种毕生难忘而充满希望的声音跟他们打了招呼？除了拒绝迫不得已理由十足的要求，还有什么能称为粗俗？除了接受这个要求，给彼此的心灵都放个假，远离国家的条条框框，还有什么能称为文雅？没有一颗充实的心，财富只是一个丑陋的乞讨者。古设拉子的国王做不到像奥斯曼一样慷慨，尽管贫苦的奥斯曼只能住在他的门前。奥斯曼的慈爱是如此宽广深厚，尽管他的言语大胆，对《古兰经》多有唐突，并因此招致所有僧侣的反感，而那些可怜的弃儿，行为古怪、精神失常的人，一些剃掉胡须的傻瓜，因为立誓而被截肢的人，或者头脑狂乱的傻瓜，会立刻向他飞奔而来——他宽广的心在这个国家的中心，阳光且富于同情，好似所有受难者的本能指引他们奔向他。他并没有把藏起来的疯狂与众分享。这不是富有吗？这不是真正的富有吗？

可是，如果听到有人说我廷臣的角色扮演得太糟糕，说我在谈论我不理解的东西，我也不会觉得难受。显而易见，因为其特性而被社会称为时尚的东西，既有好的法则，也有坏的法则，既有必要性，也有其荒诞之处。禁止吧，很好；祝福吧，又太糟。这让我想起异教神话中的一个传统，也是想方设法试图确定其特性。“一天，我偷听到乔武的谈话。”塞林纳斯说，“讲到要毁灭地球。他说，地球要完了。他们全是流氓和泼妇，品性越来越差，堕落速度之快，如日月更替。密涅瓦说她不希望地球毁灭。他们只是一些可笑的小生物，在这个奇怪的环境中，无论远观还是近看，他们只是有点模糊不清、难以确定。如果你说他们坏，他们看起来就坏；如果你说他们好，他们看起来就好。他们中没有一个人和一个举动不使她的枭鸟迷惑不解，更使奥林匹斯山上的诸神大惑不解，他们也分不清他本质上是好是坏。”

礼 物

(1844)

恋人赠送的礼物，
来得如此及时；
当他不再爱我，
却令我倍觉羞辱。

据说世界正处于破产状态——世界亏欠自身过多，已经多到无法偿还，应该进入法庭，被拍卖抵债。这种普遍的资不抵债，虽然多多少少涉及世上每个人，但我以为并不是圣诞节、元旦以及其他时候送礼困难的症结所在，毕竟还债虽使人烦恼，慷慨却总令人愉快。真正使人困扰的是如何选择礼物。在任何时候，一旦想到我应向别人赠送礼物，我总会为该送什么礼物而烦恼不已，以致错失时机。鲜花和水果通常都是得体的礼物。鲜花之所以合适，是因为它们代表一个自豪的声明：一丝美丽远胜世间所有实用品。这些鲜艳的自然之物和普通事物严肃的外表形成鲜明的对比：鲜花就好似喧哗的厂房外听到的美妙音乐。自然从不溺爱我们——我们是她的孩子，而非宠物。她从不偏颇，一切事物都严格按照普遍的法则，既不畏惧，也不偏心。但这些娇艳的花朵看上去像爱与美的嬉闹和干预。人们总是说我们喜欢听奉承话（尽管我们不会被奉承话所欺骗），因为奉承话显示我们足够重要，值得逢迎。像那样的快乐，鲜花就能带给我们：这些甜蜜的暗示显现出我是怎样的人呢？水果也是不错的礼物，因为它们是商品的精华，而且可能有极高的价值附于其上。如果我受人邀请，去一百英里外的地方拜访他，而他在我面前摆上一篮精美的夏季水果，我会觉得我的付出和回报是成正比的。

就日常礼品而言，需求会令我们所选的礼品合适而动人。人们会因别无选择时的雪中送炭而感到高兴，因为如果在门口的那个人连鞋子都没有，那你就不用考虑是否要送他一个颜料盒了。看到人们在进食饮水，通常是令人愉快的，因此供应这些首要的需求品总是给人一种极大的满足感。需求可以很好地解决一切送礼问题。在我们普遍互相依赖的情况下，让收礼物的人来判断其需求并满足其所有要求似乎显得很够朋友，虽然这会带来极大的不便。如果他的愿望很离奇，那最好把处罚他的事情留给别人来做。比起复仇女神来，我还能想到很多我更愿意出演的角色。除了要送其所需之外，据我一位朋友所云，送礼的规则，还要能向收礼者适当地体现出他的特性，使人可以很容易通过礼物联想到他。但我们表示恭维和爱意的礼物大都很俗气。戒指和其他珠宝算不上礼物，顶多凑合凑合。最合适的礼物应该是你自己的一部分，你必须为我付出心血。因此，诗人送来他的诗歌，牧人送来羔羊，农夫送来谷物，矿工送来宝石，水手送来珊瑚，画师送来画作，女孩送来她亲自缝的手帕。这些都很好，很讨人喜欢，因为这让社会小范围内回到原始状态，那时候，每个人的礼物都能传达他的生平，每个人的财富都是他功绩的标志。但如果你只是去商店里为我买份礼物，那会显得冷漠而无趣，因为这份礼物显示的不是你的生活和才能，而是金匠的。选黄白之物为礼品是一种错误的炫富方式，只适于国王和那些代表国王的富人们，作为一种赎罪的象征，或是勒索的供物。

救济法则难以驾驭，它要求胆大心细，否则会冒犯别人。接受馈赠并非人们分内之事。你怎么敢随意馈赠？我们渴望做到自给自足。我们不太能原谅馈赠的人。喂食给我们的手有被咬的危险。任何出于爱心的馈赠，我们可以接受，因为我们可以发自内心去接受此种馈赠；但如果馈赠之人摆出给予的姿态，我们就无法接受。有时我们会厌恶所吃的肉，因为依赖它而存活似乎不太体面。

“兄弟，如果神要送你礼物，

当心从他的手里你一无所获。”

我们什么都要。少一点儿都会让我们不满。社会除了大地、火、水以外，还应为我们提供机遇、爱情、尊严和崇拜对象，否则我们就会指责社会。

能以平和之心接受礼物的都是聪明人。收到一件礼物，我们或开心，或难过，但这两种情绪都不恰当。一旦我们因一件礼物而欢欣或失落，我认为，就会扭曲心智，降低人格。当我的独立受到侵犯，当送礼的人不了解我的内涵因而不适合给我送礼，我会感到难过；如果礼物令我大喜过望，我也会感到羞愧，因为馈赠者读出了我的心思，知道我喜爱的是他的礼物，而非他这个人。事实上，礼物如水，在我和馈赠者之间来回流淌。当我们在同一水平面上时，我赠礼给他，他又回赠于我。所有他的一切都是我的，而我的也全是他的。我对他说，鉴于你的油和酒也就是我的油和酒，你怎么能把这罐油或这瓶酒送给我呢？你把油和酒当礼物送我倒像是否认了我的想法。由此可见，美的东西比有用的东西更适合做礼物。此种给予实为强夺。所有受礼者都讨厌泰门[1]，所以，当受礼者不领情，不去想礼物的价值，反而吃着碗里瞧着锅里，我反而同情这些受礼者，而非那些愤怒的泰门阁下。施恩图报是下作的，往往会受到受礼者木然以对的惩罚。能够不怒不伤地摆脱一位不幸要接受你救助的人是一种莫大的幸福。被人救助真是一种沉重的负担，因此受助者恨不得打你一耳光也属正常。一句我很欣

① 莎士比亚《雅典的泰门》中人物。

赏的佛教金玉良言（佛教徒从不致谢），送给这些先生们："不要奉承你的施主。"

我以为这些矛盾源自人与礼物之间没有可比性。你送不了慷慨之人任何物品。因为你才送了东西给他，他立刻就回礼于你，反使你欠下人情。一个人给予朋友的帮助是微不足道和自私自利的，因为他知道朋友会心甘情愿给他更多帮助，在他帮助朋友之前和提供帮助之后都一样。相较于我对朋友的心意，我能够给他提供的好处显得如此渺小。此外，我们相互帮助，效果有好有坏，都是随性而为，因此极少听到有人感谢我们的救助，就算有也伴随着羞辱。我们不能直截了当给予救助，而必须满足于转弯抹角的方法。我们很少会享受到直接帮助他人而他人又直接接受的满足感。但是，公正者惠及四方，自身却没有察觉，赢得众人感激，反因此倍感惊奇。

我担心会冒犯爱之威严。爱是礼物的精髓所在。我们不可装模作样，约束于它。让它不分厚薄地分发王国或花叶。总有人，我们会期待着从他手中得到精灵的信物，不要放弃这样的梦想。这是我们的天赋特权，不受世俗法律约束。至于其他的，我很高兴看到我们不会被当作商品买卖。殷勤慷慨之意不在意愿而在结果。我发现自己于你并不重要，你不需要我，也感受不到我；尽管你给了我土地和房子，我仍被关在你心门之外。帮助没有价值，有价值的是心意相通。当我试图通过帮助别人而与之交好时，事实证明这只是一个智谋——仅此而已。他们接受你的帮助，就像吃掉苹果一样，然后就离你而去。但如果你关爱他们，他们就会感受到你，并一直因你而快乐。

自 然

(1844)

浑圆世界美可观瞻，
九曲盘旋神秘莫测。
跳动的心秘而不宣，
迷茫的看客岂能参透。
你与自然一同搏动，
世间一切了然于心。
精灵潜伏于每个形体，
召唤着它的同族。
自然的原子闪闪发光，
预示它的未来可期可盼。

这样的气候条件下，大体上一年里每个季节都有这样一些日子：那个时节，世间万物都美不胜收；那个时节，空气、天体、大地和谐共处，就像大自然在放任自己的子孙一样；那个时节，地球上那些荒芜的高纬度地带，希望到我们听说过的最快乐的地区，希望沐浴在佛罗里达和古巴的灿烂阳光里，这根本就不算是什么奢侈的愿望了；那个时节，一切生命都显露出惬意，连卧在地上的牛群好像也拥有了伟大而安宁的思想。十月，那是个完美的季节，我们喜欢用“印度的夏天”这样的称呼来显示它的特点，那时候，想要寻找这些秋高气爽的日子，十分容易。阳光灿烂的日子如同沉睡在辽阔的山峦和温暖的旷野间，似乎永远也寻不着尽头。过完一天充满阳光的时光，就像是经历百年人生一样，这荒凉的地方也不再寂寞。在森林面前，即使洞悉世故的人也忍不住要惊叹造物主的伟大，所以他们甘心放弃城市里的那些有关伟大与渺小、聪明与愚蠢的评判。他踏进这里，世俗的包袱从他的背上掉落下来。这里的圣洁让我们的宗教也自惭不已，这里的真实让我们的英雄也心神慌乱。我们发现大自然就是那样使世间万物都相形见绌，它就像是一位神灵审视着周遭的人。黑夜与白昼，我们从狭窄、拥挤的屋子里爬进爬出，我们看到自己被许多美好的事物环绕拥抱。我们渴望逃离世俗的魔障，逃离小人的诡辩、逃离迥异的思想，从而沉醉在大自然的环抱中，听从心灵的安排。清晨，森林里的阳光永远都是那么的柔和，它看起来，是那么的美丽，使人为之惊叹。这种地方，仿佛有古老的魔力钻进我们的心里。松树、铁杉和橡树的树干闪烁着如同钢铁般耀眼的光芒。无言无语的树木似乎在规劝我们去跟它们一起，放弃那种严肃烦琐的生活。在这里，历史、教会、国家都不会被添加进神圣的天幕和不朽的岁月里。我们安闲惬意地踏进那不断展开的风景里，一幕一幕的画面以及那不断涌入的思绪淹没了我们。渐渐地，思绪被挤出了脑海，专横的现实从我们的记忆中消失，我们被朝气蓬勃的大自然引领着前进。

这魔力仿佛具有药物的功效，它们使我们的头脑更加清醒，使我们的身体更加的健康。这些都只是很平常的欢乐，但对我们来说却那么亲切而自然。渐渐地，我们的本性苏醒了，开始执着于物质，这也是学校一再地劝诫我们要摒弃的做法。我们无法与物质分离开来，而精神却更迷恋它本来的面目。如同我们渴了要喝水，我们的眼睛、手和脚离不开岩石、大地。物质也如冰冷的水与烈火一样：健康常在，魅力永存。老朋友就像亲兄弟一样，在我们同陌生人装模作样地交谈时，他会走过来与我们真诚的交谈，于是，我们不好意思再胡言乱语了。城市无法给我们的感官提供足够的空间，于是，白天或夜晚，我们走出户外，极目远眺，以饱眼福，我们需要更为广阔的视野，如同我们需要水来洗浴是一个道理。自然的影响程度不一，她既能使人遗世独立，也能给人的想象力和心灵以极为珍贵的帮助。炎热时，人们可以从井里打一桶凉水，寒冷时，瑟瑟发抖的旅行者也可以奔向炉火旁取暖。我们被大自然拥在怀中，就像寄生虫一样依附着谷物的根茎生存。我们接受天体的灵光，呼唤着孤独，为我们预言最遥远的未来。湛蓝的天空是浪漫与现实融合的结果。我想，假如我们被送往我们梦想的天国，同加百列和乌列交谈，那么天堂就是留给我们最终的归处。

我们时时关注着周边的自然景物，因此，岁月似乎并没有被现实污染，它依然圣洁。雪花悄然降落在人间，片片晶莹完美。雨雪纷飞，落在漫漫的水面和原野。麦苗与青草随风起伏，那无数的小花如波浪翻滚，在我们的眼前泛起一片白茫。花草树木倒映在清澈如镜的湖水里，馥郁缠绵的和风穿过一棵棵树木，成了一曲曲自然的合奏。铁杉、松木在炉火中噼啪作响，火星四溅，把客厅的四壁和样样物件都照得透亮，映衬着最古老的宗教音乐和画面。我的房屋建在低地上，临近村庄的边缘，四周视野有限。但是我和朋友来到了村边的小河边，乘着小舟，便可以把村里的人与事全部抛于脑后，就像走进了温柔的晚霞与月光的国度。这里干净整洁，污秽不堪的人根本无法入内。我们全身都渗透了这不可置信的美，我们的双手浸泡在这如画的意境里，我们的目光沉浸在这五彩的光影里。勇气和美、权力和审美装点着假日、乡间别墅、宫廷华筵和最盛大最快乐的节日。晚霞和若隐若现的群星用隐秘的、难以言喻的等待把那种节日奉献出来。我这才体会到创造力的局限，都市和宫殿的粗陋。艺术与奢华早就清楚它们得为这种原始美的升华和延续竭尽所能。我突然醒悟从此我将很难独自快乐，我也无法回到过去。我逐渐变得奢侈浮华，我开始附庸风雅。然而，我的飨宴官必须是一位乡民，谁见多识广，谁知道土地、流水、草木、天空有什么甜美和功效，以及怎样获得这些力量，谁就是最富有的人。主宰世界的人只有了解大自然的习性并把它召来做他们的后盾，他们才能到达辉煌的巅峰。这是他们的空中花园、乡间别墅、花园洋房、岛屿、园林、猎苑的秘密，他们用这些强大的附属物来支撑他们不完善的人格。人们对拥有这些危险的附属物的国家产生兴趣是难以克制的，我对此不足为奇。这些东西有贿赂、吸引的力量，这些秘密许诺不是来自帝王、宫殿、男人、女人，而是来自这柔情万千、诗意盎然的自然景物。我们从有钱人说的话中知道他的别墅、园林、美酒和他的交往，可是吸引的关键却来自这些诱人的自然景物。在他们温柔的目光中，我能明白他们在凡尔赛、帕福斯、泰西封那些地方竭尽全力追求的东西。它的魅力是蓝天的背景，拯救了我们所有的艺术品，不然这些艺术品不过是虚有其表的小玩意儿。当富人指责穷人奴颜媚骨时，他们应该想到称为自然的所有者的人们在富于想象的心灵里所产生的影响。要是富人都像穷人所想象的那样富足多好啊！一个小孩儿在夜间的田野里听到军乐队演奏，他的脑海中就会跳入一个个国王、王后和大名鼎鼎的骑士。他在一个山野，比如说是在诺奇山，听到传来的角号的回响，那角号把整座山都变成了一架风琴。这种超自然的奏鸣声将他带回多里安人的神话和阿波罗及狄安娜等男女猎神的神话。小小的音符优美动听，响彻云霄。对贫穷的年轻诗人来说，他的社会画面丰富得多么难以置信！他忠实、敬慕富人，而富人也因他的想象而富有。如果他们不富有，他的想象力又该是多么的贫乏！他们只与名人交往，或结伴去海滨胜地和远方的城市。所有这些不过是他所描摹浪漫所用的基础，跟这些相比他们的实际财产只不过是棚屋和马场。缪斯本人背弃了自己的儿子，她用天空、云彩和路边森林里射出来的一种光辉来增强那富贵美丽的天赋——那是一种高贵的恩赐，好像贵族之神赐予贵族似的，一种天生的贵族，天赋权力的一位王子。

要想轻松地创造伊甸园和坦佩谷的道德感并不常见，但是物质的景色则近在咫尺。不需要费力地去游科莫湖和马德拉群岛，我们随时可以找到并观赏这些风景。我们喜欢赞美自然风光。惊叹那些镶嵌在天地相接之处的美景，这样的景观在阿利根尼山群峰的峰顶可以看见，同时在它的第一座小山上也能看见。晚上的星星俯瞰着褐色的大地，坎帕尼亚平原上的灿烂星辉跟白茫茫的埃及沙漠上的并无区别。舒展的云朵，清晨和傍晚的彩霞使枫树和杨树增色不少。风景之间的差异甚微，不同的是观赏者的感受。每一处风景都美不胜收，因为每一处风景必然要有美之所在。穿普通的衣服不会惊扰大自然，因为，美无处不在。

1.坦佩谷：是希腊色萨利大区北部一个峡谷的谷名，它位于奥林匹斯山以南，俄萨山以北，被希腊诗人誉为“阿波罗和缪斯喜爱的去处”。山谷长10公里，狭窄处仅宽25米，两旁山崖高近500米，匹尼奥斯河于其间蜿蜒而过流向爱琴海。匹尼奥斯河右岸伫立着一座阿波罗神庙，周围月桂丛生，古时人们用它做成桂冠嘉奖皮西安竞技会的得胜者。坦佩谷也曾一度是阿波罗与库瑞涅之子阿里斯泰俄斯的居所，他也正是在此处追赶俄尔甫斯之妻欧律狄刻，以致她在逃走时被蛇咬死。公元13世纪，山谷里建起了一座敬献给圣帕拉斯凯韦的教堂。

然而，更能引起读者共鸣的是那个被学者们称之为“被创造的万物”或“被动的自然”的话题。人们在提到它时，很难不夸大其词，就像人们在各色人种聚集的地方讨论所谓的“宗教问题”。敏感的人不喜欢让自己的情趣沉溺于这一类问题上，他们会用一些不重要的琐事来平息争端，比如：去林地走走，去庄稼地看看，或从偏远处采来一株植物、一块矿石，或扛一支鸟枪，或携一根鱼竿。我想这种不情愿还是有足够的理由。对大自然浅尝辄止毫无情趣，也没有价值。田间地头的花花公子不比百老汇的好多少。人类是天生的猎人，对森林知识充满了好奇。我想伐木工人和印第安人提供真实的地名词典可以取代书店的“花环”和“花神的花冠”。可是，在多数情况下，我们在谈论敏感的话题时，表现得过于笨拙，而我们一写到自然，就习惯使用华丽的辞藻。轻率并不适合作为礼物献给潘神，他是诸神中极具自制力的代表。在谨言慎行面前，我不会轻佻行事，但是，我也不想放弃经常谈论这一古老话题的权利。众多虚假的教会都信任真正的宗教。人们通过文学、诗歌、科学对这难以理解的奥秘表达他们的敬意，这种奥秘，任何神经正常的人都不能假装漠不关心、无动于衷。我们真诚地喜爱大自然的美好。人们把它当作天堂来热爱，虽然，这或者仅仅是因为那里没有居民。夕阳和它余晖下的任何东西都没有相似的地方。在风景中出现同它一样美丽的人之前，大自然必然美得虚幻、缥缈。当完美的人出现后，便不再迷恋自然的美丽，就像是宫殿里有了国王，人就不会环顾四壁。国王离开了，宫中四处的人才会转过身去，从绘画和这些建筑所联想到的伟人中寻求点慰藉。评论家批评说把大自然的美同要做的事分开是病态的分离，他们定会以为去寻找风景与我们对虚假社会的抗议有着必然的联系。人类堕落了，而自然却直立着，还被当作温度计来测试人类有没有高尚的情操。我们的迟钝和自私使我们敬仰自然，而我们醒悟之后，自然就会敬重我们。我们带着愧疚的心情凝视着泛起泡沫的溪流，如果我们的生命充满着正义的力量，我们就会使小溪自惭形秽。溪水热诚的火花是真正的火光，而不是太阳和月亮的反射光。自然被当作商业资本被自私的人类研究。天文学被自私自利者变成了占星术，心理学变成了催眠术，而解剖学和生理学则变成了骨相术和手相术。

如果，我们能够及时警醒，不提与这个话题相关的诸多事项，那么，我们就不会再忽视对“高效的自然”、“创造万物的力”、灵活的起因表达敬意，在它面前所有的形式就像飘落的雪花一样很快消失殆尽，它自身是隐秘的，它的成果却堆积如山，种类繁多（就像古人由牧羊人海神普罗透斯来代表自然）。它以生物的形式展现自己，由微粒、针状物通过层层转化达到至高的匀称，没有震天动地之举就能达到完美的境界。一小点热量，也是一点运动，造就了光秃的、白雪刺眼的、寒冷的极地，它与草木繁茂的热带气候地带迥然不同。所有变化归于无垠的空间和时间这两种基本条件而都不是强力。地质学开创了大自然的世俗事务，教育我们摒弃学校的方法，用摩西和托勒密的体系交换自然的强大力量。由于缺乏见识，我们无法正确理解自然现象。现在我们懂得岩石形成之后破碎，随后最早的地皮把最薄的外层分解成土壤，又敞开了大门迎接遥远的植物、动物、谷物和水果女神进来。而在此之前，该有很多个周期耐心地循环往复。然而三叶虫离我们多远，四足动物离我们多远，我们人类自己又离我们多远，远得不可思议！所有的一切都如期而至，然后人类又是一代接着一代。从花岗岩到牡蛎，路途漫漫，而到柏拉图和灵魂不朽学说就更遥远了。而所有这一切都会来的，就像第一个原子有两面性那样确定。

运动与变化、同一性与静止被称作自然界的第一和第二奥秘：运动与静止。它的定律法则可以写到拇指指甲上或戒指的图案上。小河上旋转的泡沫让我们认识天际间力学的奥秘，沙滩上的每一块贝壳都是打开奥秘的钥匙。杯子里旋转的水能说明简单贝壳的成因，物质一年一年积累最终拥有了最复杂的形式。然而大自然拥有的工艺如此贫乏，宇宙从开始到终结，它只拥有一种材料，一种有两种结果的材料，却呈给她如梦的变化。不管她如何合成，星星、沙子、火、水、树木、人类，都只是一种材料，显示的是同一属性。

自然总是始终如一的，虽然她假装违背其自身规律。她遵守它们，而又似乎要超越它们。她武装一种动物找到地方生活在土里，而同时她又武装另一种动物去毁灭它。空间的存在把生物分开，但是给鸟儿两侧插上几片羽毛，她就使鸟儿有了飞往四处的本领。方向总是向前的，而艺术家却仍要向历史寻求素材，在最先进的阶段又从最初的元素开始，不然一切都会被毁坏。如果我们留意一下大自然的工作，就好像看见了一个演化的体系。植物是世间的年轻人，充满了健康和活力，但它们总是向上去摸索意识。树木是不完美的人，似乎在悲叹遭到禁锢的命运，深深地在地下扎根。动物是更高级一些的初学者和实习生。尽管年轻，人类却从思想之杯里品尝到了第一滴佳酿，就此沉迷不能自拔了。枫树和蕨类植物仍然洁身自好，一旦它们有了意识，毫无疑问，它们也会诅咒谩骂。鲜花完全属于青年，我们成年人很快会认识到它们美丽的后代与我们无关。我们的韶光不再，就让孩子们去拥抱他们。鲜花抛弃了我们，而我们只是一群满腔柔情，却显得有些荒唐可笑的孤独者。

事物总是相互联系、密不可分，我们可以让我们从任何一种物体中预测另一种物体的作用或性质。如果我们用眼睛观察，取自城墙的一粒石子就可以证实人存在的必然性，与证实城市存在的必然性一样轻而易举。是同一性让我们成为一体，将我们习惯上的巨大差异化为乌有。我们议论自然生活的种种偏差，仿佛人为的生活也不自然了。宫廷贵妇会客室里最圆滑的谄媚者有着动物的天性，像白熊一样粗鲁野蛮，为达到目的不择手段，在香水和情书中间如同喜马拉雅山脉与地轴的关系。要是我们考虑到我们有多少属于自然，那么我们就没有必要迷恋城镇，仿佛那绝好的、行善的力量找不到我们，就不会有城市似的。大自然造就了石匠，也造出了房子。我们可以很容易地看到诸多的乡村影子。自然界的冷峻与悠闲让我们这些脸红易怒敏感者艳羡不已。我们认为，如果我们露宿野外、吃食草根，也会同它们一样崇高。但我们还是做人，而不是做土拨鼠，橡树和榆树也甘心为我们服务，尽管我们坐在丝绸地毯上的象牙椅子上。

这种具有指导意义的同一性贯穿所有的出人意料和对比的事物之中，凸显了每条规则的特征。人类把世界装进头脑，天文学和化学被融入思维里。自然的历史铭刻在他的脑海里，因此他成为自然奥秘的预言家和发现者。自然科学里的每一个已知的事实在得到证实之前，就被某人的预感预测到了。一个人在没有认清一些关联到自然界最遥远的地区规范法则前，他是不会系上鞋带的。月亮、植物、气体、晶体是有形的几何体和数字。常识能认识自身的东西，在化学实验中一眼就能识别事实。富兰克林、道尔顿、戴维和布莱克的常识就是做出它现在发现的那些安排的同一种常识。

如果同一性一种规则性的静止，反作用也就变得更有秩序。天文学家曾说："给我们物质和些许运动，我们将能创造宇宙。只有物质还不够，我们还得有一种推动力，一种可发射的物质、能让离心力与向心力产生和谐的推动力。一旦从手中托起球，我们就能展示这强大的秩序是如何生成的。"形而上学者也说："一个极不切合实际的假设，是以问题来作答的一种简单辩解。难道你们都不知道推动力是如何起源如何延续的吗？"与此同时，大自然没有坐等辩论结束，而是不管对错与否先给予了这种推动力，球就转动起来了。那并不是什么大事，仅仅是推了一下而已，但天文学家们对此极为重视，因为这一推动的结果是没有止境的。这一推的结果，通过体系内的一切球体以及球体内的每一个原子，通过各种各样的演变，通过个体的历史和表现把自己向外传播，从而成就了一种著名的理论。在事物的进程中，一些夸张效果充斥其中。大自然造就了生物、造就了人，赋予了他一些特有的品质。创造了行星，还得给它些推力，自然给每一件事物都增加了一点特质。没有电，空气就会腐败，没有男人和女人就少了激情，没有了偏执者和狂热分子的情趣，也就没有了兴奋和效率。我们目标高远，指向成功。每种行为都存在不同程度虚假和夸张，偶然来了个忧郁的明眼人，他看到了一场太不光明正大的比赛，就会拒绝参加比赛，说出了真相——怎么办呢？不比赛了吗？不，考虑周全的自然会派遣来一批更公正、更为气宇轩昂的青年。对他们坚持的目标多一点额外的引导，让他们信心坚定地坚持自己认为最正确的方向，这场比赛就又注入了新的活力，又可以继续一两代人。孩子沉迷于恶作剧，他们对新事物、新声音、新思想，不能自我控制，也没有能力去比较、权衡自己的感觉。一声口哨、一张画片、一个领头的骑兵、一只好玩的狗都能让他放下手上的事，对新事物感到新鲜好奇，不能归纳总结，晚上躺下就疲惫不堪，这是他一天到晚都疯疯癫癫所造成的。但大自然就是用这有着卷曲头发和酒窝的狂人来达到其目的。它穷尽所能，用所有的心思和努力，目的是为了保证其身体结构匀称生长。它只相信自己，不信任别人的关心。乳白色的荧光环绕在每一件玩具的顶部，这种闪光在孩子的目光里闪烁，以保证对其尽责。他受了蒙蔽，却意外得了好处。生育我们、抚养我们用的是同样的方法。禁欲主义者爱说什么就说什么，我们不是为了要生活得好才吃肉，而是因为肉好吃，不可抗拒。植物并不满足于从花或树上只落下一粒种子，而是在空中地上撒满了无数的种子，这样即便有数千粒种子腐烂了，也还有数千粒可以种植，有数百粒会发芽，有数十粒会成熟，如此的话，至少一粒种子可以取代母体。所有事物都流露出同样的慷慨大方。过度恐惧会让我们产生防备之心，看到蛇或者听到突如其来的声响就心惊胆战，这种警惕感，会保护我们逃过一次真正的危险。恋人在婚姻中寻找个人的幸福和完美，不带预期的目的，自然却把她的目的隐藏在他的幸福里，也就是传宗接代，种族繁衍。

但是世界创立的这种技法也融进到人类的意识和个性里。没有完全理智的人，每个人或多或少都有点儿傻气，作决定时也有点儿冲动，这肯定就会把他牢牢地控制在大自然所关注的某一点上。伟大的事业从不检验它们的功绩，但事业却被细化，从而迎合他人，斗争在小事上总是最为激烈。值得注意的是人们总是过分相信自己要做的事、要说的话。诗人和预言家比任何听众都高度重视自己所表达的思想，因此才把它讲了出来。武断强势的路德明白无误地断言："没有英明的人，上帝也一筹莫展。"雅各布·伯麦和乔治·福克斯在他们引起争论的小册子里暴露了他们的自我主义，詹姆斯·内勒曾经也让人把他当基督膜拜。每位先知很快就把自己和自己的思想等同对待，进而认为自己的帽子和鞋都格外神圣。这会让他们在贤明之人面前丢脸，但这还是有助于他们获取民心，因为这让他们的话语赋予了热情、辛辣和知名度。人们的生活中，不乏一些相似的经历。每位年轻热情的人都写日记、作祈祷和向上帝忏悔，他在里面写下心灵感言。这样写出来的文字，在他看来热烈而芬芳，他把它摆在膝头晚上看，白天也看。泪水打湿了它们，它们是圣洁的，是这个世界上美好的东西，就是最亲近的朋友也不给看。这是一个为灵魂而生的孩子，大自然的生命会在这孩子身上延续，最初就连脐带都还没有被剪掉。一段时间之后，他开始容许朋友感受这段圣洁的经历，犹豫再三才坚定地把日记摆在他的眼前。那些火热的文字会不灼伤他的眼睛？他的朋友只是随便地翻了翻，然后就把那日记放下，与他闲谈起来，他仿佛受了打击，一脸惊异和恼怒。他不会怀疑这些文字的本身，那是他日日夜夜充满热情的生活，日日夜夜同黑暗与光明天使的恳谈，那些虚无的文字刻在了布满泪痕的日记本上。他不由得怀疑起朋友的心智，难道说世上没有知己了吗？他不相信一个人会经历一段感人至深的过去，也不知道如何将那些经历转化成文学。我们发现，智慧除了我们之外，还有代言人和幕僚，尽管我们默不作声，但真理会完整地表达出来，这可能会抑制我们热情的火焰。只要一个人没感觉到他的话片面和不恰当，他就会一直说下去。他讲的话确实很片面，但他讲的时候就是没有明白过来。他一旦摆脱了本能和个别现象的迷惑，看到了它的片面性，他就会生厌而闭口不言了。因此，只有他在开始写作时就认为自己是在书写当时的世界历史，他才能写出点东西；他只有认为自己从事的工作十分重要，他才能把工作做好。我的工作可能什么都不是，但是我不这样认为，不然我就不会没有忧患地工作。

同样地，自然界里遍布嘲弄人的东西，它们引导我们不断向前，却没有目的，不对我们守信，所有的许诺都落不到实处。我们生活在一种近似的系统里，每个目的预示着其他某个目的，但这个目的也是临时的，没有什么是圆满或终极的成功。我们是在大自然中露营而不是安家，饥渴驱使我们吃喝。但是任你怎样烹制面包和酒，吃饱之后，我们还会饥渴。所有的艺术和表演同样如此，我们的音乐、我们的诗歌、我们的语言本身并不是满足，而仅仅是一些暗示。对财富的渴求使地球降为一座植物栽培园，因此热情的追随者遭到了愚弄。追求的结局是什么呢？明显是要获得良好的感觉和美好的东西，避免丑陋、粗俗的东西的侵扰。可这方法多费事！为求一点交流要了多少手腕！砖石修成的宫殿、仆人、厨房、马厩、马匹、马车、银行股票、抵押契据、世界贸易、乡村庄园和海滨别墅无不是为了这崇高、清新的内心作交流！而大路上的乞丐就不能一样拥有这些吗？不，所有这一切都来源于那些乞丐不断努力消除生活车轮的摩擦并给予机遇而获取的。社交、品行是公开的目的。财富是美好的，它满足了动物性的欲望，修好了冒烟的壁炉，门不再嘎吱作响，亲朋好友能在温暖安静的房间里聚会，孩子们和餐桌则安排在不同的房间里。思想、品德和美好的东西都是人们追求的目的，可是众所周知，有思想、有品行的人冬天在能取暖的房间里有时候会头疼、会湿脚或者浪费大好的光阴。不幸的是，当我们为消除这些麻烦而必须做出努力时，主要的注意力已经转移到这个目标，原先的目标淡出了视野，消除摩擦成了新的目标。那是对富人的嘲弄，波士顿、伦敦、维也纳以及世上现存的政府是富人的城市和政府。普通大众不是人，而是穷人，换句话说，是可能变富的人。这是对这个阶层的嘲弄，他们忍受痛苦、不惜流汗、满腔怒火却毫无结果，付出了所有却一无所获。他们就像一位打断别人的谈话想要自己讲话的人，却忘掉了自己原先打算要说的话。这种现象在没有目标的社会、国家随处可见，自然的目标真的如此伟大、如此令人信服，需要人类做出这样巨大的牺牲吗？

正如人们所预想的，大自然的外观对我们的眼睛有类似的影响，十分类同于生活中的欺骗。森林和流水隐藏着某种诱惑、恭维，却不能满足目前人们的需求，这种失望在每处景色里都有所感觉。我曾看见夏天轻柔美丽的云朵像羽毛般柔和地在头顶飘荡，似乎正享受着拥有运动的高度和特权。然而，它们与其说像此时此地的锦绣，不如说是远处喜庆的亭台花园。它是一种零散的猜忌，而诗人也发觉自己离目标不够贴近，好像他面前的松树、河流，岸边的鲜花看来不是自然，自然还是在其他地方。这或许只是刚才消失的胜利的尾声。遥远的反映与回响，现在正处于辉煌鼎盛的时期，或许它就在附近的田野里，可如果你置身于其中，它又仿佛在邻近的森林里。映在你眼前的一切会让你感受到盛会之后的那种宁静。远处多么辉煌，落日深处又蕴含多少妙不可言的瑰丽与魅力啊！但是谁又能去它那儿，能在那里伸展身体、享受自然呢？它们永远地离开了我们所在的星球。人世间的男男女女与宁静的树林一样，永远都是一种人们所认为的存在，或一种不存在，绝没有风度与满足。美难道永远也抓不住，它无论在人世间、在自然风光里都同样难以接近吗？相互接受订了婚的恋人在她接纳了他的时候就失去了她吸引他注目的魅力，他把她当作星星一样追求的时候，她是他的天仙。可是当她屈尊答应嫁给他的时候，她就不再是天堂里的仙子了。

我们对最初的那无所不在的推动力、对众多好心的创造物的奉承与推诿能说些什么呢？我们就不能想想宇宙的某个地方存在背叛与笑柄吗？我们就不能对自己遭到的这种背叛与嘲弄而愤慨吗？一个人看看天地的面目就能熄灭所有的怒火，更明智的信念就让我们平静下来。就智者而言，自然将其转化为一个莫大的希望，是不会让人简简单单就能说清的。她的奥秘是无限的，很多很多的俄狄浦斯接连来到，他有无数的神秘之物充满脑海。唉！他的绝技被同一种法术破坏了，他什么也说不出来。他强有力的轨道呈穹状弯曲，就像伸入大海深处的彩虹，但大天使的翅膀不够强壮，无法沿着这个轨道来飞翔，所以也无法沿轨道返回。但是，这些更加说明，我们的行动获得了支持，得以实行，从而我们会赢得比预期更美好的结局。在各方面，我们都会得到精神力量护卫，如此度过一生。我们不能与自然争辩，也不能像与人打交道那样跟自然交往。要是我们不自量力与自然对抗，很快，我们就会发现我们正在进行着一种不可逾越的命运游戏。但是，如果我们不能将自己与工作等同，而是感到工人的灵魂在我们身上流淌，我们就会发现清晨的那份平和会充满我们的心灵，重力和化学那深不可测的力量以及凌驾于它们之上的生命，正以它们的最高形式预先存在于我们身上。

在事业的枷锁里，无能为力的思想困扰着我们，这种思想成为我们的担忧的重点，即对自然的一种状态，也就是运动。但是阻力是从来不会从车轮上消除的，无论什么时候，一旦推动力超过，“静止”或“同一性”就迂回潜入加以补偿。辽阔的田野里到处都生长着夏枯草一类的植物。我们每过完混沌的一天，就要睡上一觉来清除一天堆积的烦恼和仇恨。尽管我们总是为琐事忙碌，并且常常沉溺于这些俗务，我们还是在每次尝试中融进了与生俱来的普遍规律。虽然它们以思想的形式存在于我们的头脑中，但在自然界里这些思想永远都萦绕在我们周围，作为一种目前的健全心智对人类癫狂之症的揭露与治疗。由于受到众多愚昧期许的诱惑，我们必然为俗务所奴役。从火车头、氢气球的发明，我们开启了一个新的时代，与新引擎相伴的还有旧的羁绊。你正在烘烤鸡鸭为晚饭做准备时，他们说采用电磁技术你的莴苣就会从种子里面很快生长出来。它是我们的现代目标与努力的一个标志，是我们压缩和加速事物发展的一个标志，但是我们一无所获。大自然是不可欺骗的，不论莴苣长得快还是慢，人的寿命也只有七十个莴苣那么长而已。但是，在这些羁绊和没有可能性的事中我们获得的优势不比在推动事物发展中获取的优势差。让胜利降落在它愿意降临的地方，我们站在它那一边。从大自然的中心到两极，我们穿越了生命的整个领域，在每种可能性中都下有赌注，这种知识把那庄严的色彩增添到极致，哲学与宗教又过于表面、刻板地努力将这种极致在通俗的灵魂不朽学说里表达出来，然而真实远胜于报道。这里没有毁灭，没有间断，也没有泄了气的球，神圣的循环从不停歇、徘徊。自然是思想的化身，尔后又化为思想，就如同冰变成水和气。世界是思想的沉淀物，而它不稳定的本质不停地溶入了自由思想的那种状态。因此有思想的美德与尖刻，有自然物的美德与尖刻，无论它是有机的还是无机的。那些遭到囚禁的人、定了形的人、无所作为的人却责备具有人格的人。那种力量不尊重数量，把整体和微粒置于同等渠道的力量，把微笑托付于晨曦，把精华提取为雨滴。每一时刻、每一物体都在指导，因为智慧被注入到了每一种形态里。它化作血液涌入到了我们的身体里，化作痛苦震撼着我们的心灵，化作欢愉融进了我们的生命。它让我们的岁月乏味、忧郁，让我们劳作的日子愉悦，很久以后，我们才判断出它的本质。

政 治

(1844)

这天下的黄金和白银，
只能买到白银和黄金；
这世上的羊毛和食品，
不过换来类似的物品。
睿智的梅林预知未来，
伟大的拿破仑久经沙场——
没有任何物品和金钱
可以换取超过价值的物品。
恐惧、阴谋或是贪婪
不能支撑一个国家。
用泥土筑造成的东西
重要性却超越于泥土——
安菲翁动手建筑城墙
福波斯接着将它加固。
当九位美丽的缪斯女神

与道德天使不期而遇，
发现大西洋畔一个城池
完全符合她们的心意，
这里碧绿的果园树丫
将炎炎夏日挡在门外
政治家耕耘田地
正在播种小麦；
当教堂具备社会价值，
当议政厅变成起居室，
完美的国家就将到来，
共和制度便落地生根。

谈到国家，我们必须谨记：一切国家制度尽管早于我们的出生而存在，并非国家的自然衍生物。国家制度并不凌驾于公民之上，因为每一条制度曾经都是个别人的个体行为。每一份法律、每一种惯例都是人们处理特殊事件的权宜之计。它们既可以被模仿，也可以被更改；我们可以与之媲美，亦可以超越它们。社会，对年轻公民来说，犹如一个幻象。它以刻板的姿态呈现在他面前，一些响亮的名头、人物，各种体制像橡树一样深深扎根，赫然立于中心，四周尽可能整整齐齐地排列着所有其他事物。然而，老政客则心知肚明，社会变化多端，没有根基，也没有中心。相反，任何一个微不足道的小颗粒都可能突然成为运动的中心，迫使整个系统围绕它旋转，正如皮西斯特拉妥、克伦威尔这类意志坚定的人，曾一度呼风唤雨。而柏拉图和保尔这种拥有真理的人，则永远具有号召力。尽管如此，政治依赖于必要的基础，不可以轻率对待。共和国的诸多年轻公民，相信法律成就城市，认为政策和生活模式发生了重大改变，公民的就业、经济贸易、教育和宗教，都可以通过投票的方式来决定或是否决。只要获取足够的赞成票，即便是荒谬的措施，也会成为法律强加到公民身上。但是智者深知，愚蠢的立法就像一条不切实际的纱绳，一摆动便消失不见。国家应该遵循法律，而不是引领公民个性的发展和思想的进步。最强悍的篡权者往往瞬间被抛弃，只有用理想建立政权的君王，才会获得永生。当前盛行的政府形式，体现了首肯这个政府的全体公民的修养程度。法律不过是一部备忘录。我们太过迷信，过于尊崇法律条款，它在人们的性格中表现出如此的勃勃生机，那就是它的威力。法规站在那里说，昨天我们达成了这样那样的条款，但现在你们是怎么看待这些条款的呢？我们的法规像一种流通货币，上面印有我们的画像，但很快便模糊不清，而且随着时间的流逝，又重回铸币厂。人之本性不主张民主制或君主立宪制，而支持暴戾的专制。它绝不愿意受到它那粗鲁唐突的儿子们愚弄，削减它的一丝一毫权力。一旦民众变得更加睿智，法律的残忍和含混便会昭然若揭。法律条款在表达上模糊不清，人们必须使之变得清楚无误。同时，一般民众教育从未停止过。诚实而质朴者的幻想具有预示性。今天，这些稚嫩而充满诗意的年轻人所梦想、祈祷和描绘的——但为了免受讥笑，并没有大声宣告——不久就会成为公众机构的决议，然后在冲突和战争中成为诉求和权力法案，然后，终将凯旋，一举确立为法律，经百年而不变，直到新的计划和蓝图将其取代。国家的历史勾勒出思想发展的粗略轮廓，并远远追随着微妙的文化变迁和人心的向背。

政治理论占据了人们的心灵，他们在法律和革命中将它尽可能完美的表述出来。这种政治理论认为：政府之所以存在，是为了保障人身安全和财产安全。对于前者，由于在天性上近乎相同，所以每个人的权利是平等的。这种权利，当然，会竭尽全力要求民主。尽管人的权利是平等的，由于每个人的理性程度不同，他们的财产所有权便大相径庭。比如，某个人只拥有几件衣服，而另外一个人却拥有一整个县城。这种差异首先取决于当事人的技能优劣和德行高低，这可能就千差万别；其次取决于每个人继承的财产多少，这些差异本身就极具偶然性。当然，享有的权利也有区别。个人权利由于普遍相同，就要求政府按照人口比例来建立；对于财产则要求政府以所有者和所有的比例为基础。牛羊成群的拉班希望边境官员帮他看护牛羊，以防米甸人[1]将它们偷走，他为此缴纳税费。雅各布没有牛羊，不惧米甸人，也就不用向官员缴税。拉班和雅各布具有同等权力来选举保护他们人身安全的官员，而选举守护牛羊的官员，就只有拉班有权，而不是雅各布，这看起来再合理不过了。而且，如果新问题产生了，涉及是否增派官员或者兴修瞭望塔，拉班和艾沙克和其他那些必须卖掉部分畜群来保护剩下畜群的人，难道不是一定比雅各布更能做出正确决定，而且更有权决定吗？因为后者只是一位年轻的旅行者，吃的是拉班的面包。

在原始社会，生产资料所有者的财富由生产者亲手创造，因而只要财富是由所有者直接获得，那么在任何公平的社会里，人们就会主张针对财产制定财产法，针对人权制定人权法，这样的主张自在情理之中。

然而，财产通过馈赠或继承的方式传给了那些没有创造这些财产的人。一方面，馈赠使财产真正为新的所有者所有，正如劳动使第一个所有者拥有这些财产一样；另一方面，关于遗产，法律承认其所有权，因此，在公众的心中，这种继承是合法的，所以都默许认可。

尽管公众乐于接受就财产问题制定财产法，就人权制定人权法的原则，但要将之体现出来却非易事，因为人和财产在每一项事务中都掺杂在一起。最终，这个问题似乎得到了解决。根据斯巴达人原则："公正的肯定公平，而公平的未必公正"，如果生产资料拥有者应该比无产者拥有更大份额的投票权，那么这个差异的存在就是合理的。

现在看来，这条原则似乎并不像以前那样理所当然，其部分原因在于，公众开始怀疑法律是否过于重视财产。一旦这样的构架成为惯例，允许富人剥削穷人，导致穷人愈来愈穷。更主要的是，公众有一种本能的感觉，不管多么朦胧且难以表达，认为就当前的财产保有权来说，所有关于财产的法规都是有害的，因为它使人退化与沉沦。事实上，国家应该考虑到的唯一利益应该是人，财产总是应该跟随人的；政府的最高目标应该是人的培养，因为一旦人受到教育，国家制度会因此得以改善，而道德感有助于

① 亦称以实马利人。《旧约》所载与以色列人密切相关的游牧部族。

国家法律的起草。

如果这个问题的公平性解决起来不容易，那么，当我们留意到自身的防御天性时，危险性就会减少。我们受到的天然保护远大于我们一致选出的地方长官发挥的警戒作用。社会总是由大部分的无知青年构成。年长者看透了法庭和政客的虚伪，去世后没能给子孙留下任何智慧。年轻人相信报纸，就像他们的祖辈年轻时一样。如果只有这一群无知幼稚的人，国家不久便会衰败。幸好，还存在一些局限性——这些局限性是那些统治者的愚蠢和野心不能超越的。正如人们有自己的法则，万物也自有它的规律，容不得丝毫儿戏。财产是会受到保护的。没有人们播种、施肥，谷物不会生长；而农民，如果没有百分之九十九的机会收获，是不会播种和除草的。无论采取什么方式，人和财产都必须而且一定会发挥他们适当的影响。他们发挥他们的力量，像物质发挥引力一样。不论你将一磅土包得多巧妙，怎样将它一分再分，甚至将它溶解成液体，或者转化成气体，它都永远只有一磅的重量。而它也充分发挥它一磅的重量，吸引和排斥其他物质。人的天性、智慧或道德能量，在任何法律或灭绝人性的暴政下，都会发挥自身的威力——不是公开，就是隐秘；不是遵循法律，就是违反法律；不是依靠公理，就是依靠强权。

个人影响的范围无从界定，因为人本是道德或超自然力量的媒介。当某种思想取得支配地位，占据了芸芸众生的心灵，比如公民自由或者宗教情感，个人的力量便无法估量。一个国家的民众如果万众一心想要获得自由或征服世界，就会轻易地推翻统计学家的运算数据，发挥出完全超越自身的能量，完成不可能完成的任务。希腊人、撒拉逊人、瑞士人、美国人、法国人曾经的壮举便是最有力的证明。

同样，财产的吸引力属于财产的每一个微小部分。一分钱，可以代表适量的谷物，也可以代表适量的其他商品。这分钱的价值体现在作为动物的人的基本生存需求中。它代表温暖、面包、水和土地。不管法律如何处置财产所有者，法律的公正力量仍然依附于这一分钱。法律如果处于反常的癫狂状态，它或许可以宣称，除了财产所有者以外，所有人都要拥有力量：财产所有者不会有选举权。但是，凭借一项更高级的法律，财产将年复一年地书写尊重财产的条例。而无产者将成为有产者的书记员。财产所有者的心愿，财产会全力完成，要么通过法律，要么就无视法律。当然，我所指的是全部财产，不仅仅是大的地产。如果说富人在票数上处于劣势(这已是见惯不惊)，只能说明穷人的共有财产超过了富人。每个人都拥有一些东西，哪怕仅仅是一头奶牛、一辆小推车或是自己的一双手，他也算有了自己可以支配的财产。

人权和财产必须受到保护，使它们免遭地方官残暴或愚蠢地侵害，这种必要性决定了政府管理的形式和方法。这种统治形式和方法是每个国家特有的，适合各自的思维习惯，因而绝不能照搬到其他社会形态中。在我们国家，我们对自己的政治制度非常自负，认为它独一无二，因为这些制度起源于活着的人的记忆中，来源于国民的性格与条件，并仍然忠实地反映着这种性格与条件。因此，我们毫不掩饰地炫耀说，这些制度好过历史上任何一种体制。事实上，他们并非更好，只是更适合我们罢了。我们主张民主制度在当今时代的优越性也许是明智的，但是，对于其他社会形态而言，在宗教认为君权神授的社会形态里，君主政治代替民主制成为一种权宜之计。民主更适合我们，这是因为当前的宗教情感更适合民主制。生来作为民主人士的我们，没有资格评判君主制，对我们生活在君主制观念下的祖辈们来说，君主制也是相对合理的。然而，尽管我们的制度与时代精神一致，也没能免除败坏其他社会体制名声的弊端。每个现有国家都存在腐败的现象。高尚的人不能太过于遵纪守法。从古至今，“政治”一词都背负着“诡计”的含义，暗示国家不过是一个“诡计”而已。有什么能比“政治”这个词表达的严厉指责意思更能讥讽政府呢？

同样的良性需求和实际滥用权力存在于各个政党中。每个国家都有若干政党。它们各自扮演着支持政府和反对政府的角色。政党也是建立在本能之上。为了实现其目标，政党与其说依赖英明的领袖，倒不如说依靠更好的引领。政党的产生并不违背常理，只不过是把某种实在的、持久的关系粗暴地展现了出来。我们谴责一个政党，倒不如谴责东风或是冰霜，因为大部分政党成员对他们的立场毫不清楚，只知道要维护他们自己的切身利益。当他们服从某位领导的旨意，放弃这个深厚、自然而然的立场，并遵从私人想法，投入到维系、保卫那些根本不属于他们体制的想法时，我们与他们的争吵即开始。政党总是不断受到个人性格的腐蚀。我们可以宽恕某个社团的不诚实的行为，但我们不能赦免社团的领导人，因为他们利用了民众的信任和热情，从中渔利。通常情况下，我们的政党是识时务的政党，而不是讲原则的政党，比如种植业和商业之间的利益冲突。资本家的政党和劳动者的政党这两个具备相同道德品质的政党，为了获取对自身政策的支持，可以轻易地与对方交换立场。讲原则的党，如宗教派别、自由贸易政党、提倡普选制的政党、主张废除奴隶制的政党，主张废除死刑的政党，这些政党要么堕落到个人攻击，要么诉诸民众的热情。在我们这个国家，主要政党（可以作为这些舆论团体的极好样板）的缺陷在于，它们没有立足于各自所属的深厚而必要的立场上。相反，他们常常在施行某些地方性的、暂时性的措施时放任自己的暴戾，而这些措施对联邦没有任何益处。对当前几乎平分秋色的两大政党，我可以说，一个拥有最伟大的事业，一个拥有最优秀的人才。哲学家、诗人或宗教人士当然会希望将票投给民主党，支持自由贸易和普选制度，主张废除刑法典中的合法残暴条款，支持千方百计为年轻人和穷人提供便利，让他们获得财富和权力。然而，他们却很少能够接受所谓的人民党向他们推荐的自由主义代表。因为，在这些代表心中，并不存在那种崇高的目标，想要赋予民主之名所蕴含的希望和美德。我们美国的激进主义精神极具破坏性，同时也相当盲目：它没有仁爱，没有远大而神圣的目标，只有出于仇恨和自私的破坏性。另一方面，由最温和、最能干、最有涵养的人组成的保守党却过于胆小，仅仅以保护财产权为己任。它不维护任何权利，不追逐任何真实的善良，不谴责任何犯罪，不提出任何慷慨政策，不创造，也不写作，不珍惜艺术，也不培养信仰，不创办学校，也不鼓励科学，不解放奴隶，也不帮助穷人、印第安人或是移民。不管这两个政党哪个当政，世人都不指望在科学、艺术或人性方面能够取得任何与国家资源完全相符的利益。

然而，我不会因为这些缺陷就对共和国失去信心。我们不会随机缘任意摆布。在无情的党派之争中，人性仍然备受珍惜，就像波达里湾囚犯的孩子们和其他孩童一样道德健全。封建国家的公民担心我们的民主制度滑入无政府状态。我们国家的一些老者和谨慎之人学着欧洲国家，对我们吵吵闹闹的自由感到害怕。他们认为，由于我们有权解释宪法，并以公众舆论为导向，我们没有安全感。一位外国观察家认为他在我们神圣的婚姻中找到了护身符；另一位则认为他在我们的加尔文主义中找到了保障。费希尔·艾姆斯则把君主制和共和制作了一番比较，更机智地阐述了民众安全。他说："君主制就像一艘商船，航行得很好，但有时会触到暗礁，沉入海底；而共和制则像一个竹筏，永不沉底，但你的双脚会一直泡在水中。"如果我们受到事物法则的眷顾，任何制度都不会重要到对我们产生威胁的程度。

无论多少大气压在头顶，只要肺里有相等的压力与之抗衡，人体就不会受到影响。只要作用力和反作用力相等，即使加大该压力一千倍，它也不能压垮我们。两极与两力（向心力和离心力）普遍存在着。每种力都通过自己的活动激活另一种力。散漫的自由激发刚强的道德心。加强法制和礼仪，自由受到限制，道德心也因之麻木。哪里的领袖越是厚颜无耻，越是唯我独尊，哪里就会"私刑"盛行。乌合之众不会持久，因为公众利益不需要它的存在，只有公正才能满足所有要求。

我们必须无条件相信所有法律中存在仁慈的必然性。在这些法律中，人性以其特有的方式得以体现，就像在雕塑、歌曲和铁路中得到体现一样。各个国家法典之精华是人类共同道德心的写照。政府来源于人类的道德一致性。一个政府产生的原因也就是另一个政府产生的原因，也是所有政府产生的原因。无论有多少的政党，无论他们是如何的固执己见，总有一个折中方案使所有政党皆大欢喜。在由着自己心意做出的决定中——这些决定美其名曰"真理"和"圣意"——人总会为最简单的要求和行为找到许可。在这些决定中，也只有在这些决定中，所有公民才能达成意见的完美统一，而不在于吃什么好，穿什么好，怎样使用时间更好，或是哪个人有权得到多大的土地或多少政府补助这类问题上。人们很快就试图将这种真理和正义运用到土地的丈量、工作的分配以及生命和财产的保护中。毫无疑问，他们的第一次尝试是非常笨拙的。绝对的权力是始作俑者，意即每个政府都是肮脏的神权政治。然而这种圣贤在社会上并不存在。社会使出浑身解数，通过笨拙但认真的努力，为圣贤的统治保驾护航，比如鼓励所有公民在每项决议上发表意见，或者通过双重选举保障全民代表，或者选举最优秀的公民参与政府，或者为了确保管理效率和国内和平把政府授权给某一个人，由他来选择自己的代理。所有的政体都象征着一个不朽的政府，这个政府为历朝历代所共有。它不受人数的限制，两个人也罢，一个人也好。

每个人的天性，恰恰充分地向自己展示了同胞的天性。我的对与错，也是他们的对与错。如果我做自认为合适的事，避免做不适合的事，我的邻居和我往往会就做事的方法达成一致，然后我们会为达到这个目的而进行暂时的合作。但是如果我觉得支配自己还不够，还想对他人指手画脚，我便逾越了真理，与他人达成一种错误的关系。我可能比他的手段和能力更强，所以他不能有效地表达出他感觉到的错误，但这终归是个谎言，一个于他于我都是伤害的谎言。爱与本性无法维持假想状态，它必须由一个可行的谎言来推行，也就是暴力来推行。这种越俎代庖存在于世界各国的政府中，丑陋不堪，大错特错。这在众人之中和在两个人之间都是一回事，只不过不那么清楚明了。我安于管好自己的事，还是指使他人按照我的意愿办事，这二者之间的巨大差别我一目了然。但如果世界上四分之一的人吩咐我干这干那，我可能会被这种情况弄得心神不宁，看不到他们的要求其实是很荒谬的。所以，相对于私人目的来说，公众的目的显得模糊、空洞。因为除了那些为了自身利益而制定的法律，所有法律都令人发笑。如果我将自己放在我孩子的立场上，而我们处于同一个思想境界，看到事实如此这般，那这种认知便成为他和我共同的法律。我们在同一个地方，做着同样的事。但是，如果我没有让他处于同样的思想境界，只是去审视他的计划，猜测他的情况，并向他发出这样那样的指令，那么他决不会顺从我。这就是政府的历史——某个人的行为约束着他人的生活。一个不认识我的人，要求我交税，远远地看着我，规定我的一部分劳动成果应该用于满足这样或那样奇怪的目的，而且是他突如其来想象出来的目的，与我无关。看看事情的结果吧。在所有的债务中，税收是人最不愿偿付的。这对政府是多么大的讽刺啊！人们认为，除了缴税，他们把钱花在哪里都值得。

因此，我们拥有的管辖越少越好——法律越少，委托他人的权力就越少。要防范形式政府的这一弊端，需要个人性格的影响和个人的成长，需要当事人再度出现取代代理人，需要圣贤的出现——必须承认，现有的政府不过是对圣贤的拙劣模仿。那世间万物衍生出来的，那自由、教化、交流、革命产生和传递的，都是个性。那也是自然的目的，以此来为她的君主加冕。国家的存在，是为了培养圣贤。圣贤出现了，国家就应寿终正寝。有了个性，国家就没有存在的必要。圣贤就是国家。他不需要军队，不需要城堡，不需要海军，因为他太爱自己的国民；他不需要贿赂、宴请或豪宅来笼络朋友；天时或地利，他都不需要。智者不需要图书馆，因为他还没有停止思考；不需要教堂，因为他是先知；不需要法典，因为他是立法者；不需要金钱，因为他便是价值；不需要道路，因为他四海为家；不需要经验，因为造物主借其身而生，借其目而观。圣贤不需要私交，因为他颇具魔力，可以吸引所有人的虔诚祈祷，故无须栽培、教育少数几个人来与他分享这精致而诗意的生活。他与人的关系如天使般圣洁，他的记忆像没药树，他的存在如鲜花和乳香。

我们认为人类文明近乎如日中天，然而，我们只不过才刚听到雄鸡报晓、看到晨星在天际而已。在我们这个野蛮社会里，人物个性的影响还处于襁褓中。作为一股政治力量，一位欲将所有统治者从王位上拽下的合法君王，人物个性的存在几乎尚未被人察觉。马尔萨斯和李嘉图全然忽略了人物个性；《年鉴》也对它只字不提；《会话字典》也还未将它收录；总统咨文或是女王演说从未提及；然而，它绝非不存在。天才或虔诚者投入世界的每个想法都改变着世界。通过格斗长袍和模拟战斗，竞技场上的格斗士们感受到了价值的存在。在我看来，贸易的冲突和野心的较量本身就是对这种神圣的认同；在这些领域的成功只是微不足道的补偿，像害臊的灵魂用来遮羞的无花果叶。到处我都能发现类似的勉为其难的忠心。这是因为我们知道，我们应该付出多少，所以我们急欲施展一些小小的才能代替价值。

人物的个性有权要求获得光荣，我们了然于心却总是辜负它。但是，每个人又都有一些小才能，可以完成一些有益的、优雅的、令人惊叹的、逗趣的或是能够获利的事情。我们没能达到美好而平等的生活，我们就做了这些事，作为对别人和我们自己的致歉。尽管我们极力使这些才能引起同伴的注意，我们自己却并不满意。这些才能也许可以迷惑他人的双眼，但却不会舒展我们的眉头，也不能让我们在公开场合显出强者的气定神闲。我们一边前行，一边悔过。我们的才能是一种赎罪，我们情不自禁地，带着一丝羞愧，回忆我们的辉煌时刻，认为那好得有些出乎意料，而不认为它是我们诸多行为中的一次，是我们永久能量的合理表达。大多数有才能的人在社会上都会遇到某种说不清道不明的诱惑。每个人好像都在说，“我并没有使出全部的才能。”历届总统和参议员们历尽千辛万苦爬上他们的位置，不是因为他们觉得这个位置特别令人快乐，而是认为这样才能显示他们的真正价值，才能在我们心中证明他们的男人气概。这些引人注目的交椅是对他们的补偿，补偿他们贫穷、冷漠又冷酷的天性。他们必须竭尽所能。就像一种丛林动物，除了一个善于把握的尾巴，他们一无所有：要么攀，要么爬。如果有人天性富有多彩，能够与最杰出的人们建立起最牢固的关系，并能通过认真和友善的行为给自己创造宁静的生活环境，他就可以设法回避决策委员会或媒体的追问和审查，回避那些隐匿、虚伪、自负——像政治家之间的那种——关系么？毫无疑问，要是能够真诚待人，谁愿意行骗呢？

时代发展的趋势青睐自治的理念，不管所有的法典如何规定，都只让个人按照其自有章程接受奖励或者受到处分。这种奖惩的效用大过于我们的想象，而我们却依赖于人为的约束。这种动向在现代历史上尤为突出。它们大多盲目可耻，不足为信，但革命的本质不应该受累于反叛者的恶习，因为这是种单纯的道德力量。在历史上，它从来没有被任何政党采用，当然，也不可能被采用。它将个人从所有的政党中剥离，同时，又把个人同整个民族联系起来。它许诺将认同比人身自由、财产安全更重要的权力。每个人都有被雇用、被信任、被爱慕和被尊敬的权利。作为国家的根本，爱的力量，从未被施展过。我们不要以为，如果不强迫那些稚嫩的抗议者在某种社会公约中履行职能，所有的一切就将陷入混乱；也不用怀疑，即使强权政府终结，道路还会修建，信件还会传递，劳动成果还能得到保障。难道我们现行的方法如此优越，让一切竞争都失去了意义？难道友爱的国家不能想出更好的方法？另一方面，我们不要让最保守、最胆小的人因提前交出刺刀和政府的强制力而恐惧，因为，高于人类意志的自然法则显示：只要人自私自利，便总会有政府的强制力；如果人类足够纯洁，能够放弃强制性法典，那么他们便有足够的智慧知道邮局、公路、商业、财产交换、博物馆和图书馆以及艺术和科学机构这些公众目标会如何实现。

我们生活在一个低水平的世界，违心地为依靠强权建立起来的政府歌功颂德。即便在宗教色彩最浓、文明程度最高的国家里，在对宗教最虔诚、最有文化的人群中，也不存在对道德情感的依赖，更不存在一个对事物统一性的充分信仰，说服他们相信：没有人为的约束，这个社会也能像太阳系一样，有条不紊地运行；或者说，没有监狱，或罚没财产的惩罚暗示，平民百姓之间也会通情达理，和睦相处。更奇怪的是，没有人心中有足够的信念，相信正义的力量，激发遵循正义和仁爱的原则，在国家复兴大业上一展宏图。所有曾经声称要一展宏图的人，都是不彻底的改革者，都以某种方式承认了腐败国家的至高权力。我记不起有任何一个人仅仅基于自身的道德本质，坚决地否定过法律的权威。那种宏图大业，充满着天才的智慧和命运的多劫，没有人关注，就算有人关注也不过宣称那是空中楼阁。如果展示这些宏图的人，胆敢认为它们切实可行，那么他会招来学者和牧师的厌恶；就连才子和具有高尚情操的淑女恐怕也难掩他们的藐视。然而这种状况无损于人性持续不断地将这种热情的暗流灌注到年轻人心中。现在，有一些人——如果我可以用“一些”来描述的话——确切地说，我刚刚才和这样一个人谈过话。对他来说，没有任何逆境的压力让他有片刻怀疑，千千万万的人之间也可以像朋友和情人之间那样，互相表达最高尚、最淳朴的情感。

新英格兰改革家

1844 年 3 月 3 日，星期日，在艾默里会堂向协会宣读的演讲

在过去的二十五年里，无论谁有机会了解新英格兰的社会，认识那些真正代表这个社会特性和引领这个社会潮流的中上层，那么就会深受那些伟大思想和尝试的影响。必定会特别注意这样的社会现象，即教会或宗教团体正在背弃那些有名无实的教义，出现在节制主义和不抵抗主义的运动中，出现在废奴主义和社会主义的运动中，出现在被称作安息日和圣经集会那些重要的聚会里。他们由思想探索中的极端主义者以及不同立场的核心人物构成，他们是为了反对安息日、牧师和教会的权威。在这些运动里，备受关注的是倡导者对运动有不满情绪。正是由于这种抗议和决裂的精神，大会成员提供了反对教会的证据。紧接着他们再次表示对这些大会的不满，宣称要从同僚中独立出来，并且在工作中也急躁而少有耐心。他们彼此抨击，仿佛是一个有势力的国会，他们各自为营，他们总有方法让合作化为泡影。那是多么富有成果的拯救世界的方案啊！有的煽动者认为人们应该去种地，有的认为买卖不应该存在，因为金钱是罪恶之源，还有人认为一切罪恶都是由我们的饮食引起的，我们要吃要喝就该遭到天谴。这些人热衷于做无酵饼，对发酵恨之入骨。虽然家庭主妇劝诫说上帝不但创造了面

粉，而且创造了酵母，上帝爱酵母与爱万物毫无差别；因为发酵能产生更多的糖分，使得食物更加美味，也更易于消化，但是这纯粹是白费功夫。他们想要的是纯净的小麦，他们宁死也不愿发酵粮食。亲爱的大自然，请停止你不断前进的步伐，让我们阻挡你永远转动的车轮吧！有人攻击农业制度，因为在农业中使用动物肥料，这践踏了畜生的天性，也污染了人的食物。再不能让牛去耕地，再不能让马去拉车，百亩之田也要用铁锹来挖，若没有船只和火车代步，人们就只能走路了。甚至也必须保护昆虫世界，它们长时间被忽略，所以建立一个蠕虫、鼻涕虫、蚊子保护协会迫在眉睫。同时，顺势疗法、水疗法、催眠术、骨相学等方面的大家和有关基督奇迹的怪诞之言也应时而生。有的人抨击律师、商人、工厂主、牧师、学者之类的特殊职业，有的人抨击说婚姻制度是社会恶习的源泉，还有的人大费周章地建立一些公共的礼拜教堂和聚会场所，年老的清教徒们和那些形形色色的唯信仰论好像应和了许多初步见效的改革。

在这个百花齐放的社会，有的史无前例地探究制度和家庭生活，有的针砭时事，有的痛改前非。毫无疑问，高调行事的也大有人在，也有人在开倒车。但是，每次运动都会带来一种良好的结果，带来一种事事求简的倾向，带来一种对个人能力的捍卫。曾有过这样的事例，有一教会批评其一名成员，并扬言要开除他，因为在良心的指引下，他参加了废奴运动中敌视教会的活动，反而这位遭到恐吓的成员自己立刻通过公开而正式的程序离开了这个教会，这与这个时代的精神十分吻合。这种情况屡见不鲜，一鸣惊人，然而一旦被模仿，其价值便一无是处。每一个改革史上的方案，如果是因个人的天赋和性格的原因，不论多么剧烈和让人惊异都是美好的，一旦被采纳就显得索然无味让人怀疑了。如果一个人非常得体而又坦诚地说：“我要从你这儿拿这件衣服，拿这本书，或者拿走量米的容器。”我们认为他的行为不墨守成规，是他所有的情绪和信仰的自然流露，而他的索要会得到充分的满足。然而，对于同样豁达的请求，如果我们看不到其中的诚心，那我们就容易加以拒绝。

在这二十五年里，在新英格兰的全部社会活动中，怜悯之心渐渐地淡出了社会这个大舞台。机械方法与精神方法的竞争自始至终是众所周知的，然而有思想，有修养的人越发信任和依靠精神事实已经成为一种固定趋势。

例如，在政治上可以明显看到越来越多的持不同政见者。国家四分五裂，诸侯林立。在我的领地上，由我自己处理事务，他人不得干涉。因此自由贸易的学说及其派系便产生了，就如同面对那些不可辩驳的事实那样，也总有人想要加以证实。事实上，《环球报》上那句题词十分的恰当，我几乎不愿再阅读下面栏目中的内容。那句话这样写道："这世界被束缚得太多了。"因此，这个国家单独抗议政府的事件络绎不绝，主张拒绝执行国会法令的呼声也此起彼伏。他们完全信赖被保留的权力，甚至他们干脆保留了自己所有的权力。他们如此"答谢"陪审推事与法院书记官，他们根本不知道什么是国家，他们蔑视陪审制度让法院难堪，他们拒绝抵抗，纵然是民兵总司令也不能阻止他们。

在民间组织、节日集会、街坊邻居与家庭事务中也同样有寻根溯源、固执己见的倾向。谁也不知道在什么地方就会有一番滔滔不绝、锲而不舍而又义正词严的评论。我买衣服的钱是从哪里获得的？为什么专业劳动与职员劳动的酬薪同搬运工、锯木工劳动相比差距那么大？诸如此类的问题层出不穷。贸易往来的各个方面令我深感彷徨，因为它让人与人之间构成了虚伪的关系，这些人认为对支付他们酬金的人没有义务行为得体、举止高尚，而一旦他们一贫如洗时，在各种场合待人彬彬有礼，于是人就会成为别人的恩人。当一个人不失自我时，才证明他有权求得他人的帮助和服务。我不是被过度保护了吗？我那穷苦的兄弟姐妹们，我们之间是不是有太多的不平等？如果失去了体力劳动、缺少急需的体育运动，那不是剥夺了人们最好的文明吗？这种圆滑的社会习俗中，我找不到任何健康或让人激动的东西，我厌倦沙龙里过度亲密的氛围，虽然深受恩惠和享受，但我却开始怀疑自己是个囚徒，我为自己的顺从付出惨重的代价。

这种永不满足的指责在教育改革的奋斗中可见一斑。大众教育因脱离实际与自然而深受谴责。世人对教育中没有求真务实的精神而怨声载道。我们仅仅学了些字句，我们在中小学、大学的教室里一待就是十年、十五年之久，当跨出校门后，我们只会夸夸其谈，记了一大堆词汇，除此之外什么也没有学到。我们不会运用自己的手脚、眼睛和臂膀，我们不知道林子里有什么可吃的植物，我们不知道怎样根据星辰识别道路，也不知道怎样根据太阳确定时间。倘若我们会游泳、滑冰就好了。我们都很害怕牛、马、狗、蛇、蜘蛛。罗马人有这样的原则，要教孩子那些能够自立的东西。英国也有这样一则古训：夏天深入田间，冬天钻进书房。由此可见，好像我们应该学习种植、捕鱼和狩猎，这样无论如何都能生存，就不会成为友人及同伴的包袱。科学课程也该是试验性的，通过望远镜观察行星抵得上所有天文学的课程，静电在与肘部摩擦时产生的电比所有的理论都有价值，一氧化二氮的气味，模拟火山的喷火，好过数十卷化学书籍。

我们的学术界潜心钻研那些遗弃的语言，而对这种钻研的深入调查则是这种新精神的特征之一。古代语言由于结构的美妙非凡，所以具有与生俱来的古韵遗风，它吸引着而且还将继续吸引志同道合的人——各国推崇希腊和罗马的人去钻研它们。然而它凭借神奇而又让人昏昏欲睡的方法，要求所有的人都去学习。曾经（据说是两个世纪以前），拉丁语与希腊语都曾与欧洲的科学和文化息息相关，而数学在自然科学的某些活动阶段显得至关重要。像现在的教育，这些东西就像现在人们的仪态举止一样变成了陈言旧习。但是那种所谓的“良好的精神”从未受到过大学的青睐，虽然从儿童时代都在学习拉丁语、希腊语与数学，他们却把那些贝壳孤立无援地留在沙滩上，在世界另一端创造、喂养着别的东西。然而，在许多中学与大学里，这种违背常识的冲突还在上演。不管是四年、六年、还是十年，学生还在研习希腊与拉丁文文法，但当他离开“大学”（这种称谓很是滑稽），他就永远地合上了那些书本。每年这个国家都要毕业数以万计的大学生，而到四十岁还在研读希腊文的人寥寥无几。我遇到的十个人中，只有四五个人读过柏拉图的著作。

这个国家所有的人才在风华正茂之时却被教授些毫无意义的东西，岂不显得有些荒谬怪诞？结果是什么呢？睿智的人这样看待：“难道希腊语与拉丁语只用来施展魔法，而不用来推理吗？如果医生、律师和神职人员都不用它也能达到目的，我也不必学习了。施咒已经过时，我也不必对此煞费苦心，还是直奔主题好了。”所以他们跳过希腊与拉丁语，就去攻读法律、医学或布道辞。让人惊讶的是，这些自学成才的人很快就和最年长的科班出身的专家水平相当了。就几个月的时间在波士顿与纽约最守旧的圈子里，已经全忘掉了他们之中谁受过高等教育，谁又没有受过高等教育。

透过所有急躁和幼稚的行为来看，这种趋势同样出现在哲学思辨与最粗野的民主运动中。也就是说，他们希望将多余的环节抛到一边而选择捷径。我想，这种想法是受到某种直觉怂恿，人的精神是所有干劲的总和，他所运用的方法常常是得不偿失的。

我认为物质帮助被逐渐抛弃，迹象表明个人自给自足的信心日益增长，这显示出最近的哲学的积极原则，并感受着自己深刻的真理，此时此刻正在得出让人愉快的结论。我爽快地承认在目前这个阶段，跟智力活动的各个阶段一样，已经掀起了一种否定与抗议的思潮，一些遭到了抵制，还有一些尚未确立就被那些受过旧式教育的人所摒弃。许多改革家在遭到摒弃时就枯萎了，而这就使得整个革新阶层显得行为唐突。他们表现得偏执，装腔作势，志大才疏。他们迷失了方向，在对黑暗王国的猛烈进攻中，他们耗尽精力来对付一些次要的罪恶，而失去了清醒的头脑与优势的力量。我们的社会体制不时会有些许错误需要纠正，这并不是最主要的，而更为重要的是人应当保持清醒的头脑。

我们已经见证了对体制的批评与抨击使得这种情况一目了然，如果一个人不能自我更新，而试图革新周围的一切，社会就会一无所有、驻足不前。他会很擅长某一方面的事情，然而在其他方面略懂皮毛、见识狭窄，虚伪与虚荣常常使他被人厌恶。

比一种体制好但又保留在这个体制内，并发挥最积极的作用，这要比用整体重建支持的单一改良措施去攻击罪恶的行为方式更为合适。不要庆幸你只有一点缺陷，你真认为你只有那么一点缺陷吗？还是算了吧！我的好朋友，无论哪里的社会、哪里的生活都不比别的地方好多少，一切事物都有好有坏，邪恶的波浪同样在荡涤着我们的制度。你是否在抱怨我们的婚姻制度？我们的婚姻制度并不比我们的教育体制、饮食条例、贸易制度和社会习俗更加糟糕。你抗议过财产法吗？如果过分看重这个问题怕是有些迂腐。我们就不能跟用那些筹码的赌徒一样用这些筹码来赌我们的人生，在财产制度之内赌就比不上在财产制度之外赌吗？放进全新的爱的原则，财产就会具有广泛性了。没有人对制度产生良好的印象，只有立志改革制度的人才需有此印象。你所说的没什么影响，你要让我觉得你远离了制度，用你自然的或超自然的有利条件，一定要清楚地看清制度的末日，一定要看清在没有制度的情况下人类是如何生活的。现在所有的人都站在了一边，反对财产法的说法不值得人知晓，只要我们拥有爱，只要我们拥有思想，才是我们反对财产法的唯一武器。

我不能敏感躁动，不能挑剔求全，更不能耗费全部精力去攻击。一旦有虚假陈述进入我的耳朵，就是走出教堂的时候了，绝不再有超过五分钟的停留。可是我出来的目的何在呢？大街上的虚假与教堂里的如出一辙，当谈到我的家庭，触及我的为人处事时，说谎还是在所难免的。如果遇到一个嫉恶如仇的人，一个职业改革者，我们想问问他：先生，您凭什么说您身上就有美德呢？难道美德是零散的吗？其实不然，美德就像乞丐的破旧物品中的一粒宝石那么珍贵。

另一方面，在各种暴行中，在城市的中心，在虚假教堂的走廊上，在其他任何地方，这种权力都一样会得到维护。如果一个正义、勇敢的灵魂认识了自己，接着就在那里进行下一步工作。它一定会赋予新的个性品质，然后在自己的思想法则前废除它曾经赖以存在的陈旧制度、法律或学派。

假如说徇私枉法是这个改革派的一个缺点，它的另一个缺点就是过分依赖他们的团体。我暗示过诸如此类的疑问，推动了大量优秀人群对社会改革问题进行激烈争论。但是仅仅依靠个人力量去反抗行业风气、贵族作风以及坚不可摧的城市顽疾显得不大实际。要抵抗磅礴气势，他们也必须保持数量上的优势，要对抗团体力量，他们也要依赖于建立新的协作力量。

仅仅在马萨诸塞州就已经成立了三个社团以追随或超越圣西门、傅立叶与欧文的思想。如果将范围扩大到全国那就更是数不胜数了。社团的目标就是把体力劳动分配给每一位成员，体力劳动者与脑力劳动者都将获得同样的报酬，同时，自由文化与劳动教育要有机结合。这种方案提出建立共同劳动与共同消费的经济体制来实现所有成员的共同富裕，而将同样数量的财产平均分发到各家，结果每个家庭依旧贫穷。构成这些新社团的成员具有优秀的才能、高尚的品德，这也许很容易使人们产生质疑：这些社团能否始终像最初一样吸引优秀的人才吗？那些能者是否会自始至终安心于社团卑微的现状而放弃各种出人头地的机遇吗？这种退却能否不会成为失败的尝试者们的避难所，蜕化为强者施展能力的角斗场？社团成员是否会因为发现每个期待进入社团的人都会做出一些妥协而变得支离破碎。友好与协作是美好之事，为了一个人所敬仰的目的而团结起来，由人类精英组成的宏大方阵是优秀卓越的，但是我们要记住没有社会能永远像人的胸怀那样博大。一个人在友谊中、在自然和暂时的联合中可以把自己化为两个或是许多个自我，可是他在把自己分化为两个、十个，甚至二十个自我的时候，他就成了侏儒，就再也不像原来那么伟大了。

但是，缺乏信念的人却怀疑这些。在他们看来，协同安排好像是唯一强力的特效药。我失败了，你也失败了，可是你我联合起来可能就不会失败。我们的家务管理不够要求，可是一个方队，一个团体就会做得让人满意。我们中有意见无法统一，我们找不到可以将真理解析得简单、明了的人，或许一个大学、一个教会会议便能解决我们的问题。我既说服不了我的弟兄，也说服不了自己停止开车或戒酒，然而，说不定一个禁酒的坚定宣誓就真能起到促使我们停止这些行为的作用。我所属的团队投票选出的候选人完全不可信赖，可他到了参议院里便会变得诚实，富有正义感，因为我们能用舆论令他倍感压力。这样看来，协作真是一服万能的特效药。但是，协作与个人力量相比便不过如此了，不好不坏，不强不弱。一个人不能让一尊雕像、一滴鲜血、一片草叶行走、说话，即使让全世界的人集合起来共同协作也还是一样无法做到。如果两个人，甚至十个人中有一个人掌握了真理的话，协作才真正成为可能，因为这种推进世界的力量是一种新的特性，其他任何性质加起来也无法产生这样的力量。那些虚伪不和谐的协作能起到什么作用呢？倘若一个人缺乏协作能力，那么这两人之间就不可能存在协作关系。当个体不是一元的，而是二元的，当他的思想与行动不统一，当他的习惯背叛了信仰，当他的意志受到理性的启迪却又被感性曲解，当他左手向前划船，右手又向后划，又有什么协作可言？

我并不怀疑这些计划的引人注目。这个世界正在唤醒人们团结一致的想法，这些实验也透露了它正在思考的东西。无论现在还是将来这个世界都让人感到颇为费解。人们一旦团结一致，便会生活、交流、耕种、收获与支配，仿佛加注了飘忽的力量。比如在一次著名的试验中，通过团结协作，四个人只用各自的小指头就把一个五大三粗的男子从地上抬了起来，而且毫不费力。但是，这种团结必须是发自内心的，不是一纸空文，只有与签订合同这一方法彻底决裂才可真正发挥其效用。当每一个参与者都是孤立的个体时，这样的团结才算完美。这是居住在不同街道或不同城镇的朋友间的协作。如果一个人试图将自己与他人联合起来，那么他就要约束自己的各个方面以缩小身体的比例。同时，这种团结越是紧密，他就显得更微不足道、更让人可怜。然而，将他独自一人遗留此处，让他随时随地去认识隐匿的灵魂，他会像一位真正的团队成员奔走四方，而且，还会令人大为惊讶，虽然无人言语，但是这些工作都是通过协作来完成的。一个没有统治者的政府才会坚不可摧，实实在在的个人主义才是理想的联盟。

我从人类的信仰之中得到一些具体的启发，现在用心来说教，给予更多的关心，一代人的思索是下一代人的历史。

刚才谈及教育体制时，我提到其中的细节犹如一潭死水。然而，除了其施行者的麻痹外，它还应该受到更多严厉的批评，这是一个令人觉得没有希望的体制。目前人类思想的疾病使劳动者的信仰缺乏，人们否定教育的力量。我们认为无法与人身上神圣的情感进行交流，于是就不再去努力。我们放弃一切远大目标，相信社会是堕落和轻佻之人组成的有机整体，是无药可救的人群驻留的医院。一位通情达理却无信仰的人，好像同情心才是每次做礼拜的驱动力。他说：“我希望像音乐会、集市、礼拜、集会等所有的公共娱乐项目能永远保持下去。”恐怕这种过于诚实的表白与暴君的座右铭如出一辙：“你想天下太平，就得让他们纵情玩乐。”我也留意到，那些杰出的公务人员极力主张大众教育是因为恐惧：“这个国家有着千千万万的选民，他们必须接受教育，否则会令我们窒息。”我们不相信有任何教育、任何哲学体系、任何天才的影响赋予我们对肤浅思想的深刻洞察力。由于安于没有信仰的现状，我们的本领只能消耗在减轻痛苦、娱乐消遣与麻醉药物上。我们用手工技能来使受害者生色，用语言让他的舌头灵巧，用规范的行为和优雅的举止让他的肢体协调、自然。我们就这样狡猾地将无法逃避的限制与精神的死亡悲剧加以修饰，社会就被潜藏着的忧郁症吞噬，它让所有的欢笑、愉悦与游戏戛然停止，这难道不奇怪吗？

其实，之前再向前跨一步，我们便可获得信仰。那些优秀聪明的人们似乎产生了某种怀疑，那些我们称为教育的学科中的精神文化是否真正增加了人类的幸福和正直？说来遗憾，这种疑虑也是由学者们和这些方法的尝试者们提出的。就他们的经验来看，学者并没有通过他的神圣思想获得升华，反而是利用它们来满足自己的私欲。这样的学者只属于庸俗之辈，甚至还变得喜欢出风头，他没有将天赋用来充实与完善自己，而是直接把它变成了明码标价的商品。人们发现，智力是能够脱离人身、独立成长的，就像任何一个器官可以单独地充分发挥功效，可结果成长出来却是畸形的。即使是狗的求知欲，一旦激发，仅靠食物是永远满足不了它的，而知识不是用来作为行动的指挥，它永远无法表现人性的实质与仁慈的真理，也不会降福于它所眷顾之人。它赐予学者某些表达能力，诸如一种能言善辩、吟诗作赋的能力，却始终不能带给他平和、仁慈的性格。

如果连文人都表现出对信仰的缺乏，那么由于缺乏信仰，社会变得一片狼藉，人群自甘堕落、终日沉迷声色，这也不足为奇。可是该如何补救呢？生活必须跨入一个更高的层面，我们必须上升到一个更高的平台，因为我们不断受到向上攀登的鼓励，达到了那个层次，事物就会有翻天覆地之变。我抵制那种教育中的和接受教育的人所持的怀疑论调，不相信人类在观点与性格方面的差异是根本的。我不认为，优秀明智之士的阶层之外，还有一个永久的怀疑论者阶层，一个保守派阶层，一个保皇党阶层，或者一个物质主义者阶层，我不相信两个阶层的共存。还记得那个故事吗：一个可怜的妇人强求马其顿的菲利普国王为她伸张正义，却遭到了拒绝。于是那妇人大喊："我要上诉。"国王吃惊地问她要向谁上诉，她答道："不是那喝醉了酒的菲利普国王，而是向那头脑清醒的菲利普国王。"这段文字很合我意，虽然不相信有两个阶层，但相信人的两种精神状态，醉酒的菲利普国王与清醒的菲利普国王。我想起了柏拉图的那句良言："灵魂不愿意被夺去真理。"没有人是注定的保守派、吝啬鬼与盗贼，其中必定有迫不得已的原因，或是由于他的目光短浅或是麻木迟钝。如果没有一个更加神圣的礼拜或圣日，灵魂是不会放开任何人的。我们粗略浏览一下任何一本传记，很容易看出无论我们如何倾心于自己每一个细小的表现，都会将自己的行动与认为自己理应做到的事业相比较，间或优雅地将自己的表现嘲笑一番，甚至将自己置身于敌人立场，高兴地倾听关于自己的议论，于是会以同样的理由责难自己。

人们热爱天才，因为他具有的希望无限，可正是这种希望使他的成就统统贬值，他还有些什么没降级呢？在天才的眼中，自己所有的旷世奇才都微不足道，转瞬即逝，从未将自己的想法付诸实践。《伊利昂纪》、《哈姆雷特》、陶立克式圆柱、罗马式拱门、哥特式大教堂、德国赞美诗，在完成之后，它们纷纷被大师们抛在脑后。宇宙翩然于飘扬的旋律，用歌声淹没它的灵魂！在那雅致的"无限"面前，它依然轻描淡写，看上去实属拙劣，虽然它赢得了世人的赞扬。艺术上的伟大成就迫使它转向更大的战绩，让那些想赞美的人去赞美吧。它暗自欣喜自己能够创造出的这种美，让自己的一切成就、人类的一切杰作都黯然失色。

不错，我们都是天才与美德的子孙后代，在较为快乐的时刻从他们那里发现灵感，寻到激励。不是人人都有做政治激进派的时候吗？精疲力竭、穷奢极欲之时人们就是保守派；酒足饭饱、睡意渐浓之时都是保守派。处于病痛年老时，智力或良知被唤醒时，听歌读诗时，他们又都成为激进派。在老英格兰或新英格兰中最固执的保守党人的圈子里，如果可以让一种强大且鼓舞人心的思维逻辑领悟力，一个思维开阔、心地善良的人来影响他们，那么，这群坚冰似的保守分子很快会因这友好的感化而消融，绝望之人开始翘首顾盼，怀恨者开始心生爱意，固定不动的雕像亦急速旋转。这不禁令我想起沃顿所述的关于贝克莱主教一件稍显夸张的笑话，当时主教计划离开英国，到美洲去向那些野蛮人传播福音。“伯瑟斯特勋爵告诉我，斯克里布勒拉斯俱乐部的成员们在他家里吃饭的时候，都表示要讽刺同为客人的主教贝克莱在百慕大群岛的计划。在他们讲了很多趣事之后，贝克莱请他们也听他讲几句，于是他道出了这项计划。他充满生气、极富雄辩的讲话令在座的个个目瞪口呆。短暂的停顿以后，他们同时起立，诚挚地大声说道：‘咱们马上同他一起去吧！’”大家都极力隐藏自己的各个方面，只是喜欢一时的赞美，其实自己都明白真实情况究竟如何。正是愚蠢的胆怯让我们不能信任他人，开诚布公地向他们透露事情真相。可能你的坦诚直率会令他们一时憎恶，但最终他们会因此而对你永远感恩。到底我们发自内心地想从彼此间获得什么呢？是称心是夸赞吗？当然不是。我们希望听到对方的指责与不屑，感受到对胡言乱语的羞耻，希望成为实实在在的人，而不是缥缈虚无的幻影。在这个飘忽虚幻的世界中，我们厌倦了像个幽灵一般地在其中漂流摇荡，我们渴求一种现实感，即使要承受痛苦的打击。借助于人们对真理的热爱，我这样思考：那些伟大灵魂之力常常陷入过火和错误的境地，而不是与其相匹配的洞察力。在世界充足富裕的幻影之下他们感受到的实为贫穷。他们了解戳穿那层浅薄伪装的繁荣，并厌恶于天性的贫乏。卢梭、米拉波、查尔斯·福克斯、拿破仑、拜伦——我很轻松地再添加若干离我们更近的人物姓名——这群愤怒的骑士奋力驱驾着自己的战马，在动荡暴乱的生活中忘却幻想。他们深知最坏结果不过就是被打下地狱。传颂百世的英雄，像西门、地米斯托克利、亚尔西巴德、亚历山大、恺撒都把生命与命运当作一次赌博，在其中尽情施展自己的技巧来赢得赌局。其实，赌注都无关紧要，随时都可以当作空气一样，一把抓住，然后把它抛弃。就在法尔萨利亚战役前夕，恺撒向埃及祭司问起尼罗河的源头，假如祭司愿意告诉他那些神秘的河流源头，他愿意以军队、帝国与克莉奥佩特拉当作交换。

在我们社会关系里，表现出这样一种偏好，即每个人喜爱优越者的社会都甚于喜爱同等人的社会。每个人倾其所有来维持正常的人际交往，愿意倾其所有为能在各种地方、各类场合下保持优雅风度。邻人们的名利角逐也是他的追求，他通宵达旦、呕心沥血，殚精竭虑以求一鸣惊人，成为众人眼中的一个人物。杰出的公民、知名的商人、优秀的专家所考虑的事，军人的荣誉、将军的委任状、元帅的指挥棒、公爵的头衔、诗人的殊荣以及别的什么获得承认的有突出价值的东西，在每个追求者眼中都是风光无限的，使他在曾令他自愧不如的人物面前抬头挺胸，昂首阔步。当他上升到自己所追求的级别，已经可以与更高一层等级的人们平等相待、和睦共处之时，他还是发现在某些人面前自己难以泰然处之，因为这些人物身上有种更富正气、更显高贵、更加纯洁的品质令他不由心生敬意。他的壮志真的纯粹吗？然后他的名誉、财产都显得毫无价值，他并不回避这些使他的财富黯然失色的人，反而统统将他们置于脑后，一心追逐他们的社会，才会招致这种谩骂屈辱，最后他应该清楚是什么原因使他在这群人身旁会双眼凹陷、声音沙哑、才思枯竭。他肯定灵魂会戳穿一切谎言但保持无语，天性是不会将他引入歧途。如果它不能像它应该的那样在人们面前表现出高尚且无可匹敌，如果能用甜言蜜语使他生活富有尊贵气息，那么一定从这里退避三舍，离他而去吧！是时候看轻他曾珍视的价值，剥夺他业已争取到的一切了，正如恺撒拥有军队、帝国与克莉奥佩特拉，却说：“要是你愿意将尼罗河的源头一一指给我，我愿意放弃所有这一切。”珍惜爱我之人，因为他们即我所爱，有他们陪伴的短暂时光是对重重苦难的补偿，他们丰富了我们的生活。然而，那些认为我们毫无价值而弃之的人我们更应该珍惜，因为他们为我们增添了另一种生活，为我们建立了一个未曾梦想到的天堂，让我们挖掘到潜藏于心灵深处的种种新生力量，催促我们尝试全新的、前人未曾涉足的丰功伟绩。

因为每个人的内心深处都向往着最美好的社会，而非残缺、不健全的社会。每个人真心地希望为自己的过错忏悔，从而表现出自己最真实的一面，所以他希望思想的治愈力不要停滞，而应该更加深入到他的意念与实际行动中去。自私之人因自己的自私自利所受的伤害远大于那些由于他人的利己而被剥夺了某些重要利益的人所受到的伤害。他最希望的就是能更上一级台阶，以便超越当下的恐惧，展望到阿尔比斯山那边的美好才能使他的畏惧、寒冷与习惯破碎成片片冰块，然后消融流入在美好愿望的洪流之中。你要我帮忙吗？我也想当一回恩人。其实我自己想成为恩主与仆从的渴望远远多过你需要我为之效力的愿望，那可能降临到我身上最好运气准确地说是会被你打动的，因此我应该说："拿去吧，带走我与我的一切，尽情地利用我与我的所有去实现你的愿望吧！"之所以说出这番话，完全是因为我的心智得到了极大的扩展，使我摆脱了运气的束缚。然而现实却使我们担惊受怕、提心吊胆地紧守住自己那可怜的财产：房屋与土地、工作与薪金。因为从经验中得知这些可以使我们获得面包，尽管我们都承认我们的存在无须通过它们来完成。我们渴望变得伟大，渴望沾染上那团烈火，以使坚冰融化成水流，使我们的存在富有诸多好处。假如我们对你的计划提出异议，哦！奴隶的朋友，穷人的朋友，人类的朋友，请充分理解我们的愿望：用你来鞭策我们达到你的标准。我们希望听到他人对我们的驳斥，有一种信念总是萦绕于我们的心头，你一定有个秘密，它最有益于促进我们的学习，所以我们想迫使你将其透露，哪怕这会使我们遭受牢狱之苦，或者把我们推向更加悲惨的绝境。

人人都是真理追求者，这是我永不动摇的信念。自然中没有纯粹的谎话，也没有纯粹的邪恶。腐败堕落的娱乐的最终境界就是肆意挥霍、亵渎圣灵，除此之外，怀疑主义和无神论都不复存在。假使成为人们普遍接受的信条，那么地球会由于自杀而变得荒无人烟。它其实已经存在于某教条神学的一处，可是因为人们的天真无邪和对朋友的真心爱戴，真理仅仅是几段文字的拼凑。记得一天我在投票的场合中，政治竞争使每一位独立选举人表情严峻，我身边一位有识之士望着这些人评论说："我很满意，因为双方的大多数人都是想公正地投票。"我想所有富有逻辑的观察者，在注视着这群人那无可厚非但模棱两可的行为时，都会认同尽管会掺杂有自私与轻率的因素，但大多数人的最终目的还是忠诚。人们会否决你的主张或者拒绝援助你的慈善计划，其原因归根结底还是你自己，因为他们不相信你是一位真理的颂扬者，虽然你觉得自己手握真理，却没能让他们深有同感，你没能让他们看到真实可信的迹象。

倘使值得花时间去娓娓细述那潜藏着被人们苦苦恳求的“精神”的普遍信条，那求证一个人等于一个教会、一个国家或其他任何人的案例就不胜枚举了。我们都还记得，就在几年前，自由派教会曾抱怨否认加尔文派教会基督教徒的名分。我想这种抱怨其实就是自我承认，因为一个虔敬的教会是不会有任何抱怨的。伯麦、福克斯、斯维登堡这样的虔诚者是不会懊恼自己得不到教会的认可的，然而他的存在与信仰本就是对教会的一种控诉。

只需一位正义之士到街上去走一走，明显就能发现我们的法令有多少可怜与拙劣之处。一个尽职尽责之人，又对社会无欲无求，那么社会无法不感受到他的力量。大家应该都熟知一个称为流体静力学悖论的实验：一根毛细管粗的水柱平衡了汪洋大海。这恰巧象征了个体与人类大家族之间的关系。明智的丹迪尼了解了苏格拉底、毕达哥拉斯与第欧根尼的生活之后，理解到：“不管从哪个方面他们都不愧为伟人，就是有一点，在法律面前他们都过于谦卑，一旦表现出对法律的赞同与认可，真正美德的原始活力会大打折扣。”

一个人等于一个教会，一个国家，他便等同于其他任何人。彼此间的力量悬殊仅仅停留在表面，当一个人向同胞直抒胸臆时，诚恳且毫无保留地谈话会使双方都了解到他们根本就是一样的。两个人如果可以坐下来推心置腹，必定少不了感叹：“想想，我们之前的那些争论真是荒唐可笑!”每个人身边都会有一位逻辑清晰、思维敏捷的友人，如让这位友人与一位声名显赫的诗人交谈，我猜他们之间不会存在大家认为的那种差别；只有相互间的透彻理解，同等的接受度，无差异的领悟会将这种种区别一一消除，然后诗人便承认，他那富有创造性的想象力不是多么深刻的优势，仅仅是一项浅薄的有利条件。他拥有别人缺乏的自我表述能力，他的优势不过是熟能生巧，也许能逃过好逸恶劳者的眼光，却对真理的热爱者无能为力。因为他们深知才能的重负，或者为了一个表述能力往往代价巨大。我相信，思想最纯粹的人都坚定人与人之间的净值相差不过毫厘。每个人赶超同伴仅限于个别能力，而在其他方面显得生疏，所以他适合从事自己的工作。每个人的弱点都会为他提供补偿，每一项阻碍都会促进他力量的凝聚。

这些相似的经验表明每个人紧紧联系着一个更高深但从未明了的事实。在我们的头顶或背后有一种力量将我们作为沟通的渠道。我们力图按特定方式说话，可那头顶上端坐的灵魂专门与我们所说背道而驰。我们劝说伙伴该这样或那样，可眼中的另一个我却不断加以阻拦。那边说要保密，这边却要泄密。我们白费力气去敛容正色，字斟句酌。这样不能掌控与敌人的谈判，虽然出于礼貌对我们附和 ，但他相信的却是那个灵魂。我们吼道："这屋里有叛徒！"但结果证明他是忠厚老实之人，我反倒成了叛徒。这条到达最高层次的生活的开放渠道自始至终都表现出真实，如此微妙、如此静然，却又如此固执。虽然我从未表述也未经他人之口表述过真理，但是我明白真理就在这里，全然为了我驻足停留。即使我不能回答你的问题又能怎样？我们口中的天意会起到什么作用？我并不懊恼对问题的无解，无言的事物就在面前，无所不在。我们每次谈话都试图将它用语言表述，但无论成败，我们都拥有那一段事实。每段谈话都是一次相似的作答，就算不把它转化成名词、动词也无碍大局，它永远都在静待沉思。

如果心灵预言所显示的预兆可以及时实现，那人物和事件都已做好充分的准备预示着一个人的出身，他就是一个欣赏与更高层次的生活紧密联系的人，一个欣赏人与人相互联系的人。他将用自己的信任去摧毁怀疑，利用自己与生俱来却为人忽略的方法。他不为血肉之躯所动，依赖于对我们从头到脚的所有事物做出规定、生动且优美的法则。可它毫无同情之心，要是我们遵从它，它会利用我们的成功；要是我们违背它，它就会利用我们的堕落。人们都悄悄地信奉于它，否则公正一词便会失去意义，人们相信最好的事物都是真实存在的，正义终会伸张，否则将会出现一片混乱。它奖赏的是天性使然，而不是代理者的精心设计。它告诉人们："工作吧，时时刻刻地工作，不要过问报酬。只要劳作，就少不了相应的回报。无论你从事的是细活还是粗活，是耕作还是写诗，只要诚实的劳动，遵照自己的意愿去完成，你不仅会从思想上，还会从感觉上获得回报。不论失败来得多么频繁，你的胜利从一出生便已注定，对一件做得好的事情的回报就是继续将它圆满完成。”

一个人一旦习惯了看透事物的表象，习惯了发现这种高尚意志如何无一例外不间断地流行开来，他便会归于沉寂。他已经能信赖重力法则，每块石头都应落在注定的方位。这个美好的地球是诚实可信的，它承载着我们安全地穿越宇宙空间，不管我们是迫不及待还是顺从天意，都无须插手去帮助它向前。宇宙空间给它的温和教训总有一天它会领悟，我们只需负责各自的生活轨道，无须插手宇宙的管理。请不要着急地去纠正城镇里一些身份高贵者的虚荣做作、虚假名声。他们干劲十足地在安置城镇里与他们自身相关的问题，并且一定会成功。克制住对某个教师或试验者的无能妄加评判，他的无能终有一天会暴露在众人面前。同样的道理，如果让一个人掉进神圣的圈内，遵照他的精神是唯一能获得自由的影响，我们想摆脱隶属感，摆脱自卑感，首先就必须抑制自己，饮水、进食、违法、入狱，所有这一切都徒劳无益。只有遵照他的精神，按照他的本质方式自由行动，似乎这样才会有天使出现在眼前，领着他离开所有的监牢。

快乐、勇气以及实现抱负的努力才是我们所追求的，而且像我们一样为美和神奇所环绕。人生是一部真正的传奇，如果整个人生都表现得英勇刚健，那想象所获得的快乐会远远超过任何小说的描述。环顾四周，习俗是一种不可抗拒的力量，所有的奇迹都被阻止。神经病学专家们惊讶于人们不通过眼睛还能看见周围事物，却想不到一个人能够用眼睛看见事物同样是一件多么不可思议的事情啊！智者和愚者差异始终在于此：后者惊讶于不寻常之事，而前者却感叹于平常之事。难道一颗博学之心不应当信赖它生存所依靠的力量吗？也许它还离不开别的指引，聆听不到那循循善诱的灵魂，曾经无私地教授它所有，并确保明日将无愧于昨日？

崇拜

(1860)

这就是他，即使被敌人打败，
但又能够毫发无伤的站立起来，并从重挫之中得到新生；
虽然被囚禁，
可一切牢房都不能锁住他，
即使被扔进怪石嶙峋的山中，
他还是能够找到出路，
假如将他关进牢笼当作狮子的美餐，
那百兽之王也会向其臣服，
假如把他绑在火刑架上，烈焰也会由此变得温顺，
化身成为荣誉的花环环绕着他，
这就是他，被人们误解为命运之神的英雄，
他总是穿透黑暗的夜色，姗姗来迟，
但是又能在关键时刻为人们惩处罪恶。
他的盛名持久且家喻户晓，
你的一切事物都不如他更亲近你，

但是他也会在人们欢迎他时面红耳赤，
他就是那个对祈祷者充耳不闻的朱庇特，
但人们又因为他的慷慨施舍而万分欣喜，
假如你可以，那么，请用画笔描绘下他那神秘的容颜吧！
用你自己的良心，让他能享有我们公正的对待，
它非凡而又人性。

在读前言的时候，我的一些朋友抱怨说我们所讨论的命运、权力还有财富的起点过低，而且沾有时代的弊害之处，且又过多地对当权者歌功颂德。这让我们冒着和库德沃斯相同的风险——因为过于直白而与无神论者激烈争辩最终使得他自己漏洞百出。我不害怕自己在不愿意的状况下而去充任人们口中所描述的“恶魔代言人”。我有着坚定的信念，我坚信“虽然我应该保持沉默，或者是尽量说反话，可是我有把握能说出某种真理来”，这句话是我本人还是其他任何人说的其实并不重要。同时，我也觉得怀疑主义对健全的心智并无弊端。充分地发挥质疑精神是应该被一个公正的思想家所允许的。我并不害怕自己会被淹没，这是我敢把笔尖插入漆黑的墨水瓶的原因。在我们的不同时期会有不太一样的看法，但是我们的内心却总是偏向真理的那个方向。我对我认识的任何一个可怜人都没有一点的同情，他在多次尝试自杀之后，对我说的竟是，他无法直视他的剃须刀。

我不知道我为何可以这样地一本正经。如果上天既不向世人掩饰身体的病痛，也不掩盖道德的沦陷和社会的腐败，而是满腔热血地用战争、贸易、对权力的向往和享乐、饥饿和贫穷、残暴的行迹、文学还有艺术来表达自己，那么我们就如实地记录下这些情况就好，我们就更没有必要去怀疑并否定一个夸夸其谈且违背上帝旨意的东西——觉得我们早晚会领会它，并且当它降临在我们心头的时候，事物就会变得顺畅。太阳系对它自己的声誉并不关心，诚实信用公理是可信任的。对于人们过分地依赖命运、实践的力量或是商业对教义的信仰有所下降并且产生怀疑的偏见，我并不担心。这种信仰的力量是不可以用称斤论两的方式来衡量的。大自然的核心

被它主宰着，我们能够给怀疑主义充分的余地是最好的。信仰精神将重回并占据我们的心胸，它将主宰着主宰者，它有抵消权力的任何压力的能力。

“感谢上帝，让我们的血管中流淌着道德的血液。”

我们天生忠贞。宇宙万物是由许多的扣件、沥青、胶布而构成。你的宗教团体不论是在耶路撒冷还是在加利佛尼亚建立，也不论它是由圣徒抑或是无赖所构成，它都会自然而然地圆满并且完善起来。人类建立一个国家或是一座教堂都仿佛像蜘蛛织网一样理所当然。若是他们的教养不错的话，事情反而会显得不那么自然了。他就会显得神经质，就好似震颤派[①]教徒那般。据说是他们被相同的方式影响，并且一起工作和娱乐，而因此养成了共同思考和感知的习惯；正是他们对田野和商店的工作在心灵上有共鸣的地方，他们也才乐于一同乘车外出或者旅游，也不用去预约马车来上门服务。

我们天性虔诚，人生来就会有信仰，就好似苹果树命中注定结出苹果一般。每粒微小的物质都会有它自身的平衡，每个心灵也会有它独特的正直，这些便是社会的复仇女神和保护神。我和我的邻居一直都相信：除非我们可以很快参加像加尔文教派、伯麦主义教派、天主教派、摩门教派那些好的教会，否则巨大的宗教瓦解将迟早发生。弥赛亚和杰拉米不可能降临，乌托邦也仅仅是空想，我们的信仰也将会不复存在。整整一代的男女都正在到处找寻他们心灵的归属地。我们的神学领域出现了完完全全的无政府状态——这就仿佛是革命时期的马萨诸塞州，及现在发生的落基山和尖矛岭的状况相同，可是我们努力地活下去是本着对我们国家的虔诚。大自然对它所创造出的一切都有它自己的道理，空气是由氧气和氮气等按照一定比例构成的。这样来说，人求生的本能及信仰便同弹簧和调节器的相互配合一样，相辅相成。

我们没有必要对加尔文、费尼隆、威斯理或是钱宁等人的影响力的衰

---

① 基督教新教派别，其全名为“基督复临信徒联合会”。18世纪,从英国曼彻斯特的公谊会分出而产生。

落而感到不安。天国的建造者一定不会把人和宗教这种公众的本性分离。公众同私人的关系，就好似南与北、内在的与外在的、向心力和离心力一样，依托在每个灵魂之上。除非灵魂早已烟消云散，否则它是不可能服从的。人们在教会与宗教的废墟上建立起了心灵的圣殿。

在前面的几章节里，我们探讨了关于文化某些细节方面的问题。可是人类社会阶层其实是一种文化形态，而在这种文化形态中它的明艳花朵和完美状态更可以称作是宗教信仰或者顶礼膜拜。宗教是真实存在的，而且如同希望与恐惧这些心理总被拓展进入神圣的领域——那种以防止灾难为目的而给桅杆或者门槛上钉马蹄铁的做法，就与教会的长老们吟唱启示录一样漫无边际。但是宗教却不能伫立于信徒的阶层之上。天堂和人间一直保持着某些联系，并且与人世之间存在着很多相似之处。野蛮人拥有的上帝是野蛮人，十字骑士拥有的上帝为骑士，自然而然，商人拥有的上帝也只是商人。人类历史上曾经出现过很多不合时宜的灵魂，他们显得古灵精怪，却又能预示未来。然而把他们归结为历史和国家的结晶，还不如说他们所处的环境造就了他们。他们这些人宣扬真理的绝对性，但是不管人们用怎样崇敬的心理去接受这些真理，这些真理也很快就会被曲解，最终变成野蛮的代言词。处于我国内陆的印第安纳州中的土著，以及位于太平洋某些岛屿上的一些土著，每次有不好的事情发生在他们身上时，他们都会把责任归咎于自己的上帝。而且古希腊的诗人们也经常向他们的上帝宣泄愤怒，进行冷嘲热讽。人们为拉俄墨冬建造了特洛伊城，然后又向他索要相应的报酬，所以拉俄墨冬向海神和太阳神发泄怒火，而且拉俄墨冬还毫不犹豫地威胁人们要将他们的耳朵割掉。[①]挪威人的祖先奥拉夫国王曾经劝说艾尔温德信仰基督教，否则就用烧红的煤炭将他的肚皮烫得皮开肉绽。最后奥拉夫虔诚地问对艾尔温德：“艾尔温德，你现在相信上帝的存在了吗？”。而另外一个故事是关于兰德的，兰德不信仰基督教，所以他的口中被塞入毒蛇，然而，兰德最终仍旧拒绝信仰基督教。

---

① 《伊利亚特》，第21卷，第1部，第455页。

在历史中的浪漫主义时代，宗教性质的基督教文化成了欧洲文化的代言人——这就如同枯萎的森林中长着一棵与众不同的树。在那时如果人们和一个不信仰基督教的异教徒结婚的话，就会被看作自甘堕落与野蛮人生活的做法。

汉吉斯的命运

有个美丽又聪明的女孩，
可她是异教徒撒拉琳，
多情的小伙弗尔提根，
痴迷于她的美丽和纯真，
汉吉斯赞成了这门婚事，
基督教徒迎娶了一个野蛮人，
高贵的血统混入了卑贱的生命，
只能留下一世骂名。

基督教教义究竟从异教那里吸收了哪些哥特野蛮民族的混杂观念？理查德·戴维兹在十二世纪所作的关于理查一世的编年史中对这些问题有所涉及。编年史中提到查理国王曾经认为上帝已经抛弃了他，于是他很痛苦地说："见鬼去吧！在这样孤苦无依的境地之中，我是多么的不想抛弃你。我统治着我的世界，人们对我的一切敬仰就如同我对你的敬仰一样！但是事实上，在未来，我的功绩将会被人们蔑视，然而这却不是我的过错造成的，一切都应该归咎于你，因为在战争中我从来都没有胆怯退缩过，反而是你致使了我的王位和信仰的丢失，所以这些都是你的错误造成的结果，而不是你忠实的仆人查理的过错！"另外，早期的英国诗人们的宗教修养意识同样很不完善，他们一方面很虔诚地敬仰神明，另一方面又亵渎神灵。例如乔叟在《迪多的画像》中表现出来关于天地之间联系的困惑。

她是那样的年轻美丽，
那美丽的双眸充满了似水柔情，
如果神是天与地的产物，
美貌与纯真也会成为他钟情之物，
他也热爱窈窕淑女、真理和美丽的风景，
这甜美女子成为他唯一的挚爱，
就如同精灵般完美无瑕。

我们可以尽情地用我们对生活的品味以及礼貌的态度与这些包含着不敬之意的粗糙诗句作对比。并且我们要更好地节制自己的行为以及用阶级思维来进行思考与交谈——但是这些冷漠的行为态度不正如迷信思想一样糟透了吗？

现在，我们的生活是一个过渡时期，而今那些宗教信仰，它们曾经深深地抚慰过各民族甚至造就了各个民族的新时代，似乎已经用尽了所有力量。到目前为止，我还是没有发现一种人们一直信赖的宗教。反而，它们不是幼小孱弱，就是十分的女性化，而且它们将宗教同道德分开成为它们的致命伤。例如现存的排斥知识的愚昧教会、蒙昧派教会以及那些拥有奴隶与贩奴的教派，甚至在一些有身份地位的人中，神圣庄严的宗教仪式成为一种掩盖恶行的有效途径。拥护古老宗教的信徒们抱怨道，而今现实生活中的人们，无论是学者还是商人，它们都深深地沉浸在一种悲观绝望的情绪中——他们再也不相信任何事情，唯独只将自己封闭在一种胆小懦弱的保守观念中。生活在大城市的人们，他们不喜欢和大家团结在一起，所以他们不能拥有充满热情的友谊，另外他们不信仰、不尊敬神明，因而变得唯利是图。所以他们只能被称作是一种被自己的欲望所驾驭的行尸走肉，而再也不能将他们定义为人。可是他们没有自己的理想追求，又是什么支撑他们生活下去的呢？而且，当他们达到了自己所要求的卑微的目标之后，他们就会变得无所事事，再也不去思考任何有价值的事情。在他们的观念里没有知识和道德。化学制品、酒肉食品、财富、机械、蒸汽机、蓄电池、涡轮机、缝纫机和公众舆论在他们的信念里成了唯一信赖的物质，更不相信这一切都是神的安排。古老的教会因为一场悄无声息的革命而放松了原来的管理制度，而怪异荒诞的行为和奢华的风气却取代了以往严肃沉重的社会舆论压力。如此轻浮的言行从来没有在基督教的教义中出现过。先介绍一下关于基督教中的各种异端邪说，例如那些存在周期性的“宗教复兴”、计算千年盛世的方法、各种眼花缭乱的仪式、退化的注脚制度、四处游荡的摩们信徒、具有卑劣行径的催眠术、胡说八道的神学者、猫鼠启示法以及黑色艺术等。各种疯狂的色彩感染了建筑学、音乐和祈祷仪式，艺术也只能充当一种权益的造假行径。现在的人们因为不能适应现在的情况而只能模仿自己的祖先，而且中世纪的阴影再一次笼罩着教会。基督教的传统思想因为人们日渐成熟的心理失去了以往的控制力。而提及耶稣神奇力量的教条被抛弃了，取而代之的是耶稣凭借着自己的个人天赋成为一名道德教师。现在我们不能够再强化耶稣的个性了，与所有人的个性一样耶稣的神圣形象在崇高的道德面前减弱了影响力。而对于这一变化，至今都没有出现一位能抵御巨大的物质利益的宗教圣人的现象而言，我们能清晰地感觉到宗教正在逐渐走向衰亡。保罗·勒鲁克斯的文章《论上帝》曾涉及“有关上帝缺乏真实性的问题”。这是保罗·勒鲁克斯向法国一家著名杂志的主编提交的一篇文章。

在意大利，“在否认上帝的基础上，国王建立了自己的政府机构”，这句话已经成为一句至理名言，这是格雷斯通先生在谈及去世的那不勒斯国王时说的。而且如此麻木的气氛在美国也存在，例如“更高的准则”这一人们常说的词语已经成为一种政治术语。还有什么能比人们对奴隶制度的容忍和传播更能称得上是亵渎行为呢？难道当今的教育方向不是最不尊敬的行为吗？随随便便改变信仰不也是其中之一吗？关于教会对于人类社会的影响力——这种曾经强势到指鹿为马、混淆是非的影响力，现在却衰落到如同墙上斑驳的白漆，难道这些不是关于亵渎行为的证据吗？再来谈谈人们常常提及的德才兼备的人所占的比例，难道还不能成为怀疑论最明显的证据吗？让一个享受了美国人最高的、最广泛的知识的人死于海难、车祸或者其他事故，这是每一个美国人都认为最好的结果。因为美国人付出了很大的代价来让他接受最好的教育，所以淹死他成了处理这些优秀人物最好的办法，这样才能让船上的其他人得到救赎。

美德成了怀疑主义的另一个瑕疵。那些衣着光鲜有身份地位的富人把美德定义为对物质财富的占有，而享乐性质的艺术也成为社会体系存在的唯一价值，并且生活本身也只是一种充饥的行为。这种简单低级的生活动机迅速传播。在英国，存在着一批试图形成一种社会舆论的学者，他们致力于用这种舆论去否决玉米法案，以便自由贸易能建立起来。街上的流浪汉叫道："哎呀，考伯登从那里得到了一笔津贴。"考苏斯以动员新大陆的人们支持欧洲的自由贸易为目的迅速逃亡美国。纽约人回答说："嗯，他干得真漂亮，这些足够让他衣食无忧。"

如此津贴制度究竟在上层社会造成了什么样的不良后果？假如一个小偷闯入了绅士们聚集的场所，这些道貌岸然的绅士会使小偷感到大为窘迫，恨不得赶快逃离现场。但是，如果一位唯利是图的商人运用各种手段，最终在托拉斯中取得一席之位，例如成为议员或者董事——尽管我们都深恶痛绝他用的这种窃取手段——然而这些绅士此时却对这个公共场合中的无赖表达他们的礼貌和尊敬，虽然他们一直厌恶自私无赖的小混混。而且他的斑斑劣迹也不能阻止人们对他的极尽逢迎。绅士们会设下丰盛的宴席欢迎他的来访，并以与这位贵人结识而深感荣幸。但是我们不能被冒险家们这种自私的手段所欺骗——他越是竭尽所能地夸耀他的声誉，我们就必须尽快数数我们所拥有的，可是我们不能将那些罪犯们公开发布的堂而皇之的通告和声明当作一种帮助手段，更不能把它们当作一种诚信的证据。其实这些挂羊头卖狗肉的富人仅仅只是对自己说说罢了。总而言之，对于他所崇尚的诚信我们一无所知，对于他的信任其可靠程度还比不上手中托着的一只鸟。

受到这些不良诽谤风气影响的还有那些心地善良的正直人士，所以每当需要勇气和正直的时候，他们往往心猿意马采取妥协的办法。他们不但忘记了千里之堤溃于蚁穴，一个微不足道的举措可能导致重大的失误，更忘记了快刀斩乱麻才是聪明之举——所以他们的戏份一直是循规蹈矩的死人身份。但是，你的实际问题却无法依靠这些生性古板之人解决，因为他们只会死板地引用教条旧例。而且能够帮你出谋划策以及将你的想法付诸实践的一定是那些无党派以及发誓要守护某种事业的人。万能的神灵早在他们出生之前就已经安排了他们的使命了，并需要他们用一生为之奋斗。

人们指责说，诚信是整个美国社会领导阶层普遍存在的一种弊端。但是健康状态的存在不能因为病人多而被否定虽然我们一直拥有愚钝思维和恐惧心理，最近又出现了“普遍的宗教衰败”的症状等。但是刚刚从亘古的美学以及力量源泉涌出的新的道德观念就像早晨的空气一样清新。如果人们认为现在宗教已经不存在了就好像是在说天在下雨就没有太阳了。可是太阳变化的极其美妙的结果之一正呈现在我们眼前。可以毫不犹豫地说，当今有一种行动和介入回避性质的知识阶级的宗教推翻了以往他们对行动和介入的理所当然的认知。但是这种回避性质却会即时地产生一些自发形式。所有的演说和行动对这一条万物基础的准则分别做了描述和促进演变——这一条原则静静地深藏在我们心间，感觉就像支配我们的合法的主人，它就像一种简单、沉静、未曾描述也很难描述的存在。我们任由事情的自我发展而不是我们去主动改变它；我们让自己受到他人的影响而不是我们自己对他人施加影响。但是在每一个时代、迥异的背景之下的有识之士都对这种效忠之举表示赞同。那些广泛而急剧增加的力量也随着这种情绪而积极聚集。值得关注的是，我们完完全全的没有经验竟然包含于我们狂热的信仰。我们会因为世界的教导而学会精确的感知力与理解力，而那择优吸引力量的机器，无疑也拥有它自身的功能。可是我们并不是没有意识到这些仅仅只是中介和从属的力量，因为我们将在某一天面对那真实的存在——本质中的本质。实际上，道德的健康也会因为那些狂热的物质性活动而得到某些益处。个人主义也因为时代的进步而得到发展，宗教由此变得孤立无援了，我认真对待这向着正确方向跨出的一步。上帝同我们交涉也不需要依靠代表制度。保证温饱的生活也并不能有效地拯救我们的灵魂。“你感觉怎样？是好还是坏?”灵魂这样质问人类。能够脱离宗教的影响对于一个拥有强大个性的人来说本身就是一种幸福——因为性格极其容易受到宗教的影响。宗教也总会像是一颗充满酸味的果子，它在嫁接之后不可能还会保持着原有的美味。一位历经磨难的旅行者说："我遇见过各种各样的人类的本性，他们在各式各样的情况下依旧大体相似，可是人的本性愈是狂野不羁，它也就愈正直善良。"

我们认为，宗教的古老形式腐朽了，怀疑主义在蹂躏我们的社会。我认为单纯的依靠任何形式修订宗教教条都不能改善或者维持这种局面，更不能指望加强宗教惩戒而产生什么成果。唯有天才的智力才能成为能够治愈已经走向误区的宗教的良药。这种智力能够使你忘记书籍以及传统知识，遵循你自己的道德认知。因为任何由"道德"和"精神"等词语而得到含义的事物都拥有一种恒定的本质，不管我们年复一年地向其中掺杂多少假象，它们总能够恢复词语原有的含义。我还没有遇见过比这含义更为深刻的词语。在我们的术语中，我们常说好像"寻找灵感"这样无形无质的东西，但是"真实的"确是"心灵"这个词语的真正含义。它遵循的规律是不借助任何外力而自食其力，并且是在它一定存在的条件下。"纯粹的道德"成为人们谈论的话题，这样就如同在说："可怜的上帝啊，竟无人来帮助他。"这种无处不在、无所不能的现象，我都能在大自然的一切反应中发现。

我可以举例充分地说明，为了能够回应人类的行动目的，大自然的每一个组成部分之间是如何进行反应的。善有善报，恶有恶报。我们可以将伤感主义用现实主义代替，目的是勇敢地揭示那些简单却又可怕的法则，不管它们是可见还是不可见，抑或它们是流行还是受到束缚。

人们都对邻居是否欺骗自己心存怀疑。但是当有一天他开始思考自己是否欺骗了邻居，然后一切就恢复正常了，他将自己封闭的内心向大家敞开了。所以当我们树立了虔诚的信仰之后，就会发现冲破黑暗的黎明是那么的美丽啊！所以为了让我们的投资得到更好的回报，我们不会选择行动而选择存在，也不会选择貌似真实的事物而选择真实的事物，也不会选择韵律和表演而是选择逻辑，不会选择一天而是一年，不会选择一年而是一生，不会选择逢场作戏而是选择坚韧持久的性格。最后我们都能理解我们的努力会得到丰厚的报酬。假如我们没有足够的天赋，也许我们需要更长的考验期限。

毫不怀疑，宗教信仰能对人的健康产生关键作用。从某种程度上讲，理智的源泉来源于它至高无上的权力。一切伟大的时代都是具有信仰的时代。我所要表达的意思是，每次人类社会出现与众不同的政权或者是具有伟大意义的民族运动，存在着令人敬仰的英雄人物以及新的艺术和诗歌诞生时，人都具有诚挚的灵魂。人们都专注于精神的真实性。就如同英雄持剑、诗人握笔、园丁挥动泥铲一样有着一股认真执着的劲头。人们期望着的一切美丽与权力都是源自于高山地区，每一个男女的美丽程度都能与道德魅力产生联系。

所以我认为，我们如果承认别人的道德水平比我们高那将是一个极其缓慢的过程。尽管他只是相对于我们多了点良心，抑或是比我们更敏感，或是能比我们更细心地分辨真假正误。我想我们对这一点始终存在疑惑，所以迟迟不愿意承认。但是，一旦他人的智慧得到了我们的承认，我们就会对他的智慧寄予无限的期望。因为相比之下，这些人可能更多地接近上帝的秘密或者是承受更多的照顾。他们能听见或者看见其他人不能感觉到的圣谕和圣光。我们相信，人的某种洞察能力是上天赋予的。因为我们了解和分享事物的本质是依靠群体的力量而非个人能力。

道德和理智之间，始终保持着一种相互依存的关系。如果这两种心智是相互平等的，哪一个能在好与坏之间形成最能让人信赖的判断力呢？“良心拥有理解力所不能理解的标准。”因为同时了解健康与疾病的情况的良心可支配人的精神状态——清醒或者疯癫。当然，这一判断原则应该成为一切新颖设计的辩论、证据充分的事实、言辞优雅的修辞的前提。理智和良心能无一例外地归宿于性格是因为它们拥有如此紧密的联系。一旦欲望与心智摆脱了人们意志的控制，他们会因为对于原则的偏见性错误而致使自己陷入危险的境地。因此形成了由于人们膨胀的野心而使自己陷入其中的那种弥天大错以及执迷不悟的心理状态。所以仁爱成为纠正错误、矫正盲目和罪恶的唯一方法。拉丁谚语说“仁爱有多少，思想就有多少。”仁爱是不可超越、无出其右的，就如同它是它们的原始本质一样，它同样也是一切灵魂的拯救者和引导者。

健康必须要让道德成为他的测量尺寸。如果你始终注视着永恒，你的才智就会得到提升，你的意见和行动也会具有一种连博览群书的学者以及有着多方面优点的人都不能企及的美。但是一旦你抛弃信仰，将世俗、唯利是图作为自己的标准后，你的才智会因此而处于一段时期的停滞和终止状态，然后你就会退步，并不可避免地失去自己对他人的吸引力。普通人都能很轻易地发现你的改变，虽然他们会看不起你，但是他们还是会拍拍你的肩膀表示祝贺你增长了见识。

自然科学方面涵盖了我们最新的文化成就。太阳与月亮的奥秘已经被我们窥探，河流与雨水的规律也已经被我们了解，矿藏与地理方面的知识以及植物与动物的情况都已经被我们掌握。人类能够计算太阳的重量，虽然它的重量基本保持恒定。我们现在能精确无误地计算出星球的轨道以及日食与月食的时间。如此，对于人类来说可以很好地诠释历史与爱情的秘密以及激情的诱惑与责任的戒律。而相关事物的必然规律在精神领域与思想领域中的延伸是我们接下来需要学习的一课。如果万有引力和运动规律在恒星时间与空间中保持不变，星球的轨道在穿越宇宙之时是绝对不会改变的——这种绝对精神与规则不亚于人类历史，它表现为一种更为隐秘的力量以及一种更为隐秘的运行规则，它是世代的力量平衡不被打破的凭证。虽然个人和自由是我们已经承认了的新因素，然而在道德问题产生之前原始物质就已经被预先设定；最终的真理在人们寻找公正答案时就已经被确定了。宗教和信仰完全是人们根据自己所看到的这种统一性、密切性以及真实性而采取的态度。他们并没被事物的表象所蒙蔽，而是明白了事物的本质一直在服务于真理和正义。

一种鼠目寸光的做法就是让我们的信仰只是仅仅局限于诸如万有引力、化学以及生物学等自然规律。道德的判断力一直伴随着我们，我们看不见它并不代表它没有发挥作用，它能够使自己上升到一个与社会和理性生活相适应的悟性水准之上，推动几何学、化学的发展。因此，不管我们身处何处，有没有参与儿童游戏，或是置身于种族冲突之中，它都会有很令人满意的表现。这种现象渗透并凌驾于人们的教义之上，它出现在与所有人都有联系的一系列相关事实中。

肤浅的人总是相信运气与机遇。要不是他沾了某人的光或者是那时候他恰巧在那里，可能情况就不会是那样了。或者说，换一天就可能会出现另外的结果。具有坚强信念的人就会相信事物是处于因果循环中的。人的出生就是为了某件事情而来，就如同他的父亲生来就是要成为他的父亲这件事情一样。细想此事，你就很快会发现这里面根本就没有什么运气成分，它的本质不过是一个数学或者化学方面的问题。一切的事物都是遵循既定的数量、规则以及重量运行的，就好像飞蛾的飞行轨迹是预先注定的。

怀疑主义者始终不认为因果关系是存在的。他们没有想清楚，他能够有思想，是因为他吃饭；他能成为现在的这个人以及如今的样子，是因为他所做的事。他不清楚正是因为思想与行为才能产生他的儿子，而所有的财富完全源于劳动果实。事物之间的联系是每时每刻都存在的，而并非在某时、某地特定的条件下才存在。种瓜得瓜，种豆得豆。因为我们能够做我们自己，所以我们才能够如此去做。出现这样的结果，是因为我们使用了与之相适应的做法。我们是我们自己财富的创造者。如果以流行的口号、欺诈的行为为目的意图想要得到那些本来就不属于自己的好处，那么最终会遭到挫折，并且毫无所获。然而在人们心中却是活生生的存在这条命运纽带，人类心灵的基础是自然法则。它在我们身上表现为一种灵感启示，然而在自然界它却是一种致命力量的表达——我们可以将它称作道德情操。

印度教义的成功之处被我们归功于自然法则的定义，它的诠释丝毫不输西方的《圣经》。“道者，无名，无色，无手无脚。它微乎其微，又硕大无比。万物归于道，道亦主万物。无耳能闻，无目能视，无脚能行，无手能握。”

如果读者强迫我使用含糊不清的传统表达，我唯一能够用下面的这几个例子来向他证明是否需要这种固执的信念。我让他看到那些已经染好了色彩的非常牢固的骰子，因为它们都是羊毛的本来颜色。地球上的每一粒原子都带有磁极，它本身也就如同一大块电池。而且上帝对人世间的诚恳信任都做了保证，上帝将他的神意分别给予每一个微小的物质。我也能够让他看到人世间既没有让人存有虚伪的空间，也不存有讨价还价的选择。

乡下人在首次离家远游时，他会发现他的一切习惯都会被打破。当他身处一个新的国家或者语言环境之下时，他丧失了作为魁克教徒或路德教徒的宗教归属感。为什么呢？这些不都是社会存在和社会秩序必不可少的吗？假如他忘记了这一点，邻居们便会用一种监督的目光来审视他，以便督促他遵守相应的规范。对于这些年轻人来讲，纽约、新奥尔良、伦敦与巴黎之间的危险之处正在于此。但是在拥有一些生活经验之后，他又会很快发现这城市小得连他的立足之地都没有。在利特尔顿或者是波特兰等小城同巴黎一样，那些多如牛毛的道德督察员你随处可见，防不胜防，这些地方同样拥有迅捷而又迅速的流言蜚语，人们在那里完全没有隐私这一概念存在，往往一次过失便会遭到多次报复。这种冷酷无情或者是睚眦必报的人际关系不只是利特尔顿或者波特兰的规定，它正是全世界都遵循的规则。

我们吝啬给人们一丁点儿的善心。我虽然不喜欢说长道短，但是能让天使们保持他们应有的节制也非常的重要。蚊子再小也还是需要吸血，而说闲话这种事不能将它从最秘密、最高级、最严格的事务中剔除出去。大自然组建了一支等级制众多的警察部队，上帝也为自己寻找了成千上万的代言人。处罚都是从世俗的细微之处开始的，然后再进一步地提升自己的规模。接着就是由于不公正而导致的怨恨与恐惧心理。那些身处于虚假人际关系中的犯罪者，但是他自己却感觉到内心孤独或者自暴自弃，因为他自己的过失最终反作用于他自己身上。

你不能在社会中隐藏你的任何秘密。然而如果一位艺术家使用鸦片或者酒精进行提神，那么鸦片和酒精的作用也会存在于他的作品之中，如同观察者通过你创作的一幅画或者雕像可以了解你当时创作的心情。同样这些东西也会将你的虚伪反映出来，如果你的目的是通过在建筑、园艺、绘画以及个人用品方面的大肆花费来炫耀自己。事物本身也能够探寻人们本身的秘密，就如同我们是擅长相面和分析别人个性的人。假如你想获得田园的建筑风格而又舍不得花钱装修房子，那么人们就会通过它轻而易举地了解你的目的：这是为一个寒酸而又想摆阔的人修建的。在文明的社会里丝毫没有秘密可言。如同一个化装舞会一样的社会中，人们用面具掩盖自己的本性，但是又由于这种遮掩而欲盖弥彰了。人们会因为想要隐藏与自己相关的东西而变得躲躲闪闪，遇见他的人都会从他的表现中明白他到底在隐藏什么。如果某种信仰或者目标是人们心里隐藏的事物，又会是什么情况呢？“事物的真相有如烈火一样难以掩盖”这就是答案。实际上工于心计的人会将自己的观点作为秘密深深地埋藏在心底；而处事老练的人通过他们的只言片语很容易理解有些人的生活品位与思想倾向。换句话说就是他是崇尚理智与理解这一派还是倾向于意念与想象，或者是偏向直觉与责任心这方面很容易就能被人们了解。人们似乎只明白自己是好是坏，而好像不知道世界是对他们自身个性的一种反应。假如他们自己犯了过错，一般会怀疑别人。一些伟人的名望也能显示出他们崇拜者的好恶，例如莎士比亚、伏尔泰、肯培多马以及波拿巴这样的伟人。世界也会依赖无情的宣传行为作为一种保护自己的手段，就像瓦斯灯被称作夜晚最好的警察一样。

每个人都应该将自己武装起来——但这并不意味着去装备毛瑟枪和长矛。如果你喜欢看到这些的话，与枪相比你会觉得自己的精力和毅力可能更起作用。任何生物都有属于自己的武器，这些武器同样具有剑与盾的作用，尽管它们对于伪装自己都很在行。我们不能指责他人，也不能刻意地伤害任何人。创建一个新的正义的世界是改造邪恶世界的一种方法。曾经有一种愚昧无知的政治经济学，它主张以扼杀外国资本的竞争为手段来建立一个属于我们自己世界政治经济秩序——通过武力或者是讨伐来排除异己，抑或是依靠巧立关税名目，用这些手段来保护我们自己品质低劣的货物。但是和平才能维持真正永久的胜利，而不是通过战争手段来维系。征服外国工匠最好的办法是想方设法地把他们的商品质量比下去，而不是将他们杀死。例如这种竞争精神在“水晶宫”和“世界博览会”上得到了很好的体现，因为评委会对各种工业行业颁奖。同一种产品其他国家的工人只随便地用铁锤锤打一下，但是美国的工人却能认真地用铁锤锤打十多次——这样才是击败竞争对手的表现，那些更多的铁锤就如同敲击在对手的身上。具有这种精神的人令我无比钦佩：因为当这类人在成功的道路上遭遇到阻碍时，他们会不断地反思自己的工作过程从中找到解决问题的方法，而不是通过向市场、舆论以及自己的监护人求助。在各式各样的行业里，不管是工匠还是艺术家，或者是航海家、农民或者立法委员。在这里总会存在一些马虎对待工作，或者换一种说法，就是他们在工作时尽可能地偷工减料敷衍免责。但是那些肩负着商业任务的工人——他们无比热爱自己的工作，并兢兢业业地对待自己的工作，把完成自己的本职工作当作自己的义务。国家和整个世界都因为拥有这种在人数上占优势的工人而深深感到庆幸。这些工人最终会得到世界的公正评价，而不可能有其他的结果。相信天生我材必有用，通过自身不断努力而使自己的能力不断提高的人总有一天他的能力会得到赏识和认可，这一点毫无疑问，因为他能够明白自己的才能一定不会被浪费掉，所需要做的只是静心等待。谈及胜利时，人们都会认为胜利不过是一种侥幸得到的东西吧！事实上，胜利的本质是来源于才能。不管你在什么地方，当你兢兢业业尽力完成自己的工作时，胜利也就会变得触手可及。不劳而获的事情是不可能在世间存在的。假如你想要得到的只是公正的评价，那么你只需要勤劳诚实地完成自己的分内之事，你就会被世人铭记。

然而，你需要证人时，他就会出现在你身边。从古至今都不存在一个天生如此聪明或者善良的人，同样他不过是和众多的人伴随着你一起出生在这个世间罢了。你的能力得到了这些追随者的欣赏，而且他们对此进行深入的报道。这让我感到惊慌失措，这里完全不存在独立思考或者独立行动的人，神圣的评论人总是陪伴着他们一起步入生活。这位圣灵披上各种伪装与人们一起并肩前行，足迹遍布整个时间王国。

事物的本质来源于这种反应，即诚挚性，我们只有言行一致才能使我们的言行变得高尚。相对于个人的言辞或者是毫无根据的行动，只有社会制度才能起到真正的作用。不管你使用哪一种语言，你完全不需要表明自己的身份，也不需要明确地知道我是谁，我心里所想的是什么？这些问题会完全地传达给你，就是我想要阻止它也不行。他人通过我了解到“我是什么人”这一问题——我让他了解这一问题的行动是徒劳的，因为在我未说出只言片语之前，他就已经从我这里了解了一切。

那些有身份地位的人，他们已经对诚挚的热爱以及担心别人的某种欺骗或是讥笑当作了一种习惯。一种不断加强的相对于道德情感的信任以及一种对于各种心理和主张的怀疑心理始终存在于人的个性发展中。年轻人尤其羡慕那些出类拔萃有才能的人。但是伴随着年龄的增长，我们的注意力开始转向权力与影响力，并且将它看作是一种精神或者品质。因此我们转换了视角，发现了新的标尺。这种新的眼光能直视行动者的内心，从而将事物的表面现象忽略。这种新标准更多的是关注人们内心的想法，而不仅仅是他们口头表达的意思。

在天主教的历史上曾经出现过一个叫作菲利普的人，他既聪明又虔诚。在那不勒斯和罗马至今还流传着许多关于此人敏锐的洞察力和仁慈的美德的奇闻逸事。在离罗马不远的地方有一个修道院，修道院中有一个与众不同的修女，她始终宣称自己拥有某种特殊的感召力和预言未来的能力。因此修道院院长向罗马教皇报告了关于这位修女的特异功能的事情。面对这种新鲜事，教皇不知道如何处理。菲利普恰巧途经此地，有一天，教皇询问菲利普关于此事的解决之道。菲利普为了能查明这位修女的真实身份，他决定亲自去见见她。他骑上自己的骡子，穿过沼泽和泥泞，一路风尘仆仆赶往修道院。菲利普向修道院院长传达了教皇的旨意，并请求院长将修女立即召来。当修女应召而来时，菲利普伸出自己满是泥泞的双腿，并命令修女脱掉他的靴子。这位修女这段时间沉浸在人们的崇拜和敬仰中，对此她不禁恼怒回绝，拒不执行菲利普的命令。当即菲利普夺门而出，骑上自己的骡子向教皇复命去了：“尊敬的教皇陛下，请你放心，那里并没有什么神奇的事情发生，因为她并不谦逊。”

我们不需要过度地在意人们想说些什么，更多的是应该注意他们到底会说些什么。虽然他们的真实意图受到那种机敏的美国式智慧的阻挠，因而他们的话语总是吞吞吐吐、故弄玄虚，然而我们还是应该明白他们的真实意图。当我们假装要去行动的样子时——我们就会很轻易地看透他们的本意，明白处于他内心深处的模糊主宰。与此同时，因为这种习惯你的好奇心会被吸引，我们恭敬而又忐忑地等待着英明的上司再一次开口说话。就如同孩子不会怀疑自己的父母一样，虽然它是一个虚伪的理由和欺骗的话语——回答孩子的疑问，这些答案往往涉及自然常识、宗教或者个人。每当父母完全无心思考问题，只是依靠伪传统或者伪善的答案对孩子的问题进行搪塞时，孩子们都可能会注意到这答案的虚假性。同一部完整严谨的宪法相比，另一部宪法的缺陷就昭然若揭了。由于我们身处不同的位置，所以我们看不到它所存在的毛病。一位解剖学家曾经说过，脸部的一切特征是由于胸部、腹部与盆骨的交感作用最终在脸上反应形成的。我们的美丽外表不但会消失，而且它还会留下那些逐渐消失的影子。相面术与骨相学只是一种关于灵魂的宣言，而不能将它们称之为新科学，它们仅仅是表明灵魂可以感应某些新信息的来源。目前，传统知识背后的具有广阔视野的新科学正在迅速崛起。所以，对我们来说，我们只要不故意脱离真理的轨迹，那些在言论上犯下错误其实不算什么。当人们完全遗忘某人的言论之后，这个人的言论却突然得到了新生——这是多么神奇啊！在寂静的时刻真理突然降临到我们身边，在我们穿越生死之间时它成为我们唯一信赖的护身符！你不能从你的机敏或者是愤怒中得到任何帮助；当你只能自己剖析真理，同时也不能同另外的党派争论和阐明你的意见时，你只是仅仅获得了一个停靠点，但是在这里你并不能卸下自己的货物。你参加的党派会对你的言辞进行赞誉，但是其他党派已经完全将你遗忘了。

为什么我是如此迫不及待地想要解决在我生活中留下的种种疑问呢？我毫不怀疑，相应的答案会在适当的时间出现用于解决那个伟大提问者给我留下的如此多的疑问。这位提问者热衷于鼓舞人心，他是一位非常富有和强大的人。他一直以他自己的行为方式来满足我的需求。既然这些与我思想相悖的问题是我不能回答的，那我为什么要抛弃我自己的独特思维呢？我只是因为太在乎他在我们心中是否仍然占有位置，所以我找不到一丁点反驳他的理由。他在我们每个人心中都有独特的形式，如果没有他的存在，我们便不能思考任何事物。因为我们没有得到上帝的庇护，所以我们心中不存在上帝。如果你心中有佛，那么你就能在普通人身上发现他们的闪光点，例如搬运工或者是清道夫。只有把万物都当作不朽的人才能真正地流芳百世。我读的某本书里曾经写到："世上没有十全十美的人，而且一个人的幸福不会由另一个人的苦难构成。"

佛陀说："没有种子会消亡的。"每一粒种子都会自主地生长，每一种服务都是有报酬的。无偿性质的服务去哪里找呢？摒弃掉这些以获得报酬为目的的贪婪心理，还能在这个世界上找到庸俗的本质以及称得上庸俗的事物吗？这些明显是匠人和艺术家之间的区别，后天的天才与先天的天才之间的区别，罪人和圣徒之间的区别。如果一个人不能够让自己的注意力集中在他的动机的本质之上，只是关注于它能够得到的报酬——不管是金钱、地位还是名望——那么他依旧是卑贱的。他的伟大在于他能睁大双眼确保行动的奖赏不会消失，因为他转化为行动，并且抓住了行动的本质，而这本质就像果树一样自会结出果实。行为的影响是阻止不了伟人的，因为那是直接的。对于高尚的人而言，生活中的天才是友好的，黑暗为他们带来远方的朋友。人们都敬畏上帝，无论你身处何处，他们都自愿来投靠神圣的教堂。

所以，我将那些人类引以为傲的情感——爱、谦恭、信仰——当作一种物质元素之间的反应。当人们认为那些事物是正确的时候，那些信念和预见性便会从他的身体和灵魂深处产生。这就如同花朵开放的时候四处会弥漫着香气一样，如果一切的岩石以及土壤都能散发出那些属于他们自己的气息时，整个地球都会处于一种十分完美的气场之中。

所以，人都是因为这样而变得与每一件事情相互平等。他可以用自己已经疲惫不堪、弱小而又充满痛苦的身体为了正义而甘愿面对一切危险，虽然他可能因为这样而深深陷入火海、枪林弹雨或者瘟疫之中，但是他因为职责的指引而能感觉到一股正义力量的召唤和鼓励，因而变得信心倍增。只要能坚定自己的立场，我们就不怕为了责任而牺牲自己。但是让人感到疑惑的是，人类在战胜困难面前可能拥有更强的抵抗力这一观点并没有得到那些自命不凡的人的赞同。生活本身并不能让人们由于受感动产生严肃敬仰的感觉，难道不是这样吗？如果生活中不存在那些具有保障性质的任务，也不具备那些能够组成人类生存所必需的感情职责，生活肯定会变得糟透了。保护自己的生活是每一个人的义务。人们的职责不是一味地祈求神明的宽恕和庇佑，而应该是致力于绝对信仰神灵。避雷针主要是在解除雷电对大自然的破坏力。一种高远的目标会对人的手段、时光以及人体器官产生作用。高远的目标如同甘菊一样拥有治愈外伤的功效。歌德曾经说，“拿破仑去看望那些感染瘟疫的士兵，目的就是为了证明：只要这些士兵他们能战胜自己内心的恐惧，那么他们一定可以战胜疾病。在这一点上他是正确的，意志力在这种事例中已经强大到令人费解的地步了——它能够渗透人们的肉体，使肉体再一次活跃起来，继而压倒由于恐惧心理引起的有害影响。”

有人说，奥兰冶的威廉先生在欧洲围攻一座古城时，他的兵营之中来了一位出公差的绅士，而这位绅士恰巧听到国王此时正在城墙下面，于是这位绅士就冒着生命危险去觐见国王。他看见国王此时正在指挥士兵作战。国王在了解了这位绅士的来意时，国王让绅士上前答话，国王问道：“先生，您是否明白，在这里多待一分钟都会对你的生命构成莫大的威胁？”绅士回答说：“陛下你所冒的风险比我大多了。”国王说：“确实如此，但是我的职责让我有责任待在这里，可是你却没有这份责任。”一颗加农炮的炮弹在几分钟之后击中了他们刚刚谈话的地方，那位绅士当场就被炸死了。

对于那些诚挚的学者来说，他很可能会否定他年轻时候的直觉，通过去指导生活中将碰到的各种事情。他从这些经历中学会了如何去面对生活的不幸，也学会了卧薪尝胆的哲理，以及谦逊的重要作用。他将会默默无闻地工作，而不在意那些失败、痛苦和恶意的阻挠。如果有人侮辱了他，他也会忍受这些侮辱。但是他不会去侮辱他人。哈菲兹曾这样写道：

在世界末日那一天，

世人定会灰头土脸，
把他们卑贱的信念，
视为其徽章与饰品。

道德让人变得富有、坚强和平等。在自己的口袋里人们可以找到能够收买一切的东西。即使身处奴隶贩子皮鞭的抽打之下，奴隶们还是会认为自己同圣人以及英雄拥有平等的地位。当人们身处艰难困苦中时，人们可能会对自己拥有这种极强的忍耐能力而感到吃惊，这种能力对于损失的痛苦是人们感觉不到的。

我想起曾经有一位名人在生活和言谈中的某些特点显示出关于这种态度的许多启示。在过去的时代班奈迪克特可以被当作一名伟人。他从来都不收藏任何关于过去的东西——在他的办公室和记忆里都不存在。对于未来他也没有任何打算——他既没有想过自己能为他人做些什么，也没有想过别人会为他做些什么。他曾经说："除非是我自己确信自己已经失败了，然而我是不可能会失败的。那些我遇到的蛮不讲理的人，仅仅是因为在他们面前我缺乏相应的应变技巧，这样他们就完全认为我已经被他们打败了，而且还将这件事放在杂志和公共场合上夸夸其谈——用这种方式他们打败了我，并且在人们的眼中我失败了，可是那报纸上仅仅十几行不同的消息才是我失败的真正原因。我已经债台高筑的传言在人群中传播开来，收支亏空极大，而且因为这些原因我的竞争对手被我赶走了。我的竞选情况不容乐观。我们这些人都存在着一些病态、丑恶、卑贱的特征，并且臭名昭著，我的孩子将来的情况可能会更糟糕。我的朋友及我的追随者们也成为我失信的对象。换句话说，在一切的对抗经历中，我并没有将自己真正的全副武装起来，以至于我能应付那场特殊的战斗，由于这样我被击败变得理所当然了。但我明白，我从来都不曾败给他人，甚至都没有参加那场战斗。所以当我做好一切准备工作之后，我一定会全力迎战，并且打败所有的对手。"维希努·萨玛说过，"如果一个人在比较了自己与别人的力量与弱点之后仍看不出差别的话，那么他的敌人就会轻易击败他。"

他又说：“明亮的猎户座成了我在这个国家度过十多个月的唯一伴侣。我也同样可以到达一只松鼠或者蜜蜂所能安全到达的地方。那些在我面前出现的东西成为我随时取食的食物，比如常春藤和山茱萸。在出国旅行时，路上所有的行人都是我结伴相随的对象。但是我知道我的善恶来自于上帝的旨意，而并非这些行动，我只是上帝的虔诚仆人。我不能如同他们一样改变自己，让环境来支配自己。他们在财富和公司中投入了自己的全部生命。我不希望自己费尽心思只是为了能让自己的记忆中能留下点什么，抑或是放弃静静的等待只为能够得到一种思想。如果能够得到，那么我会用适当的方式对待它。并且它应该理所当然地成为我身体中的一部分。可是如果它不是自发形成的，那么它肯定没有在一个恰当的时机到来。我也可能不会需要与我无缘的东西。我的朋友家人们也同样在这个问题上保持相同的态度。我从来都不会去取悦他人，也同样不会乞求他人的青睐或是友谊。我们都会在恢复自我时明白这一点。你不需要问任何问题，也没有必要做任何承诺。”班奈迪克特在半路上遇见了他本要去探望的朋友，可是他对这种巧合没有半点惊讶。另外，如果他登门拜访自己的一位朋友，但是这位朋友刚好不在家，然而他没有第二次去拜访——我们可以得到一个结论那就是他已经完全误解了这份友情。

他并没有因为自己的一时兴起而向朋友道歉。面对这样的情况，他辩解道，可能是因为个人的虚荣心在作祟。但是，当他面对下一个人时，他愿意改正他在这些方面犯下的错误。如此，正义就得到了普遍的伸张。

蜜拉询问她该怎样对待女佣——那个可怜的吉尼斯女人主动要求成为蜜拉的佣人并且只需要付给她每天一先令的工钱，但是现在她希望主人能够养活她，因为她病倒了。是把她留下来还是辞退掉，蜜拉应该怎样做呢？班奈迪克特却说：“这还需要询问吗？这些事情时间一到就会自己解决，而且不会再节外生枝。关于去留的事情——这个事情难道也能当作一个问题吗？是否要将小詹妮抱到街上与这个问题差不多。你送给乞丐的那些牛奶和肉制品足以把詹妮养得白白胖胖的。你把女佣解雇了就如同你将你的孩子扔出门外，不管怎么样说，关键点还是你自己怎样对待这件事。”

在那些被称作震颤教徒的人之间，我发现他们虔诚地遵循着一条教义，这条教义鼓励每个震颤教的信徒们开门接待每一个愿意进门做客的徒步旅行者。他们坚信，人们会知道他们是多么有礼貌的人以及他们在人民之中拥有怎样崇高的地位，因为上帝的圣光会使每一个人和社会明白这些。但是，教徒们并不会主动地接待客人也不会明显地拒绝。尽管他们已经了解了这些大智慧，可是他们还是不愿意自己的土布外套被别人白白地穿破，也不希望自己辛勤劳作的粮食这样浪费掉，也不想年复一年地跳着笨手笨脚的布鲁因舞蹈。

请赞扬那些在生活中不断成功的人吧！他们在劳动中找到的精神支撑，并不是来源于人们的赞扬，而是来自他们自身对于神灵和真实世界的同情。这些人并不甘于自身的平庸。他们睁开自己的双眼，选择了美德，但是由于他们的选择结果却引起了那些道德卫士的怒火。他们作了极具美德的选择，为了让其他教派停止争议，他们焚毁了自己的教会，这是因为高尚的美德总能与世间的法律相悖逆。

具有创新思维的人相对于那些工于心计的人一直以来都会发生奇迹。才能和成功是我喜欢的东西，但是面对它们我并没有激情。然而那些大师级的人物，虽然他们使我们的想象力变得丰富了，可是他们却不能把握身边具体事物的发展规律，这些都是容易让人沉溺、迷失的空想者——他们能为人们提及他们不能够完成的事情。他们通过同历史对话使自己的声音可以穿越遥远的时空。但是瘸子和畸形人却不是上帝所喜欢的人。如果一个地方存在一个健康人，那么在这个地方一定还会存在另一个或更多的健康人。

在相同的情况下，对于来世，在夜晚我们的窗帘旁或者白天我们的餐桌旁都会出现那个身着华丽服饰的幽灵时，我们不能思考任何东西，除了那些对于将在未来发生的恐惧心理。人们至少还是会对自己的生存能力心存感激——这是因为他们心里存在恐惧害怕生命会被夺走，以及这些以延续生命为目的的贪婪的好奇心和强烈的欲望。我们得到上帝赐予的全部启示就是那种让人驯服的信赖——他存在于我们过去的经验中，而且还要用鲜花作为装饰来掩盖这道倾斜的峡谷。

人们的灵魂处于忙碌状态的时候，不朽这一概念对于它来讲就没有太大的吸引力。在灵魂处于良好的自我感觉之下，相信他能一直保持良好的状态。它不会向无上的权威提出疑问。安提罗科斯的儿子询问他的父亲，他什么时候才能参加战斗。国王回答说："你心里害怕吗？如果是那样的话，全军中只有你才会听不到军号的声音。"在这之中一种更崇高的精神显示其中：假如我们能够幸运地活下来，那么我们就要好好地活下去——这种信念将会使人变得崇高，相对于那种希望可以永生的梦想这种信念更有价值。关于我们的寿命问题，功勋成为其中的一个重要问题，即人生意义和人生价值的问题。不朽的灵魂非常适合来解释这个问题，那些希望他们在未来能够成为伟人的人，他们必须从现在开始就要把自己当作伟人。这是一个伟大而严肃的原则，它只能依靠我们自己，而不是依赖任何传说和别人的经验。如果它能够成立的话，那么我们就必须用自己的行动对它加以证明，而一种任其施展的未来正暗含于这些行动和构想之中。

宗教是一种侵蚀人的道德观念的东西，这种东西可以使男人变得极其阴柔。上帝和诸神也是不屑于拯救我们这样的芸芸众生的。在许多方面，人类的表现其实都不适宜生存，从人类明显的等级制度，再到人类不可缺少的必需品，他们不是受到政治迫害，就是遭受不道德邻居的骚扰、疾病的困扰。他们会很高兴，当他们知道自己不用再承担任何生活责任时。但是聪明的人会本能的问道："他们会受到死神威胁吗？"可是这些问题并没有因为人的死亡而消失。你也不会因为胆小而希望死亡能快快到来。道德使者被迫坚守自己的工作岗位，因为他们身上肩负着世界道德的重任。在上帝统治的人世间，努力地干好自己的工作成为你解脱之前唯一逃脱的道路。这是一个与宇宙联系的遥远问题。马库斯·安东尼努斯将这些概括为一句话："人们死去时也会很快乐，假如他信奉神明；这些人活着也会成为一种折磨，假如他们不相信神明。"

所以，我所想象的生活的最后一课，就是来源于所有的生灵和天使合唱的那种挽歌的声音，就是要我们自主地服从死亡，并把死亡当作一种必需的解脱，人同组建世界的那些原子有着相同的本质。所以他可以与其共享同样的感觉、自然倾向和命运。一个人的良心会因为他的心灵得到启迪而变得善良仁慈，他愉悦地致力于建设那些崇高秩序，并且积极主动地发挥自己智慧的作用。宗教的作用在于它可以指导并完成目前和未来时代的任务。我们必须依靠我们的智慧去完成事情，不管宗教以什么样的形式出现，因为科学的信仰是科学的头脑之中必须存在的事物。穆罕默德曾说："我十分厌恶两件事：一是掌握知识的人却蔑视信仰，一是头脑迷糊的人盲目迷信。"这两种倾向在我们的时代都不能忍受，特别是后者。我们目前所要做的就是要摆脱掉那些毫无根据的东西。宗教本身就拥有让人去救赎心灵和发挥想象的能力。这样顽固的念头和繁杂的真理再也不能使我们烦恼了，而且情绪波动和嗤鼻冷笑也不能使我们感到不快。

一种以道德科学为基础的新教会将会建立。在最开始它让人感觉是冷漠的和赤裸的，就如同在马槽里的另外一个圣婴。它是关于伦理定律的数学和几何学，它被当作人类未来的神圣教堂，它并没有如同双簧管弦乐器和低音喇叭奏出的音符。但是它却是能够支撑起天地的横梁和屋椽的基础，自然科学也成为它的图像和符号。各种美丽的艺术品、音乐、绘画以及诗歌都是它在未来需要迅速收集的事物。斯多噶学派精神将会因为它严谨和单调的色彩而相形见绌。它可以使人们返回家中，绞尽脑汁，独善其身，并且将那些以曲意逢迎为目的社交礼仪当作一种耻辱，宁愿与自己的朋友享受更多的交际时间。他喜欢独来独往，也不期望能和别人合作，甚至将自己的同伴抛弃。而且只有那些不知名的思想、力量以及那些比普通人更强大的勇气——他可以枕着它们安然地进入梦乡。他的个人判断能力才是他自己所需要的。极高的声誉对他来说没有丝毫帮助，他也不会因为不好的名声而受到伤害。法律也会因此成为安慰他的一种方式。优秀的法律本身就具有生命力，它们了解，假如他能够完全遵守这些法律，它们可以让他变得很活跃，从而使他可以去承担重要的领导任务，最终能够向更为广阔的天空进发。他将与财富和荣誉一同存在——而且他一直可以追逐伟人们的足迹，并且将投身崇高的事业的信念牢牢地植根在自己的意念中。

美

(1860)

植物的生长呈螺旋式上升的发展态势，我们的教育亦如此。相对于我们迫切求知的心情，教科书总是慢半拍。我们引以为傲的科学与研究的目标之间虽然只有一臂之遥，然而却遥不可及！我们的植物学充斥着名词术语，但缺乏实际内容。连诗人和作家都可论及芳草的优雅及疗效，但植物学家对植物的功效又知道多少呢？地质学家揭开地层的奥妙，对其构造了若指掌。但他是否知道建造者将房子建在地层之上对建造者本身有何影响？那花岗岩基岩上的栖居者又会受到何种影响呢？同样地，那生活在泥灰岩、冲积层的人又如何呢？

鸟类学家若能告知我们那群栖息在秋日枝头叽叽喳喳的鸟儿在聊些什么，那我们也定会对其刮目相看。若是缺乏共鸣，鸟类学家的一切记录也只能如同字典般枯燥乏味，一切研究结果也不过是鸟儿的标本，毫无生动可言。鸟儿并非只是具有重量和尺寸的标本，它与自然的关系才是真正的价值所在。鸟类学家展示给我们的尽是皮囊和骨架，那已不再是苍鹭，余下的仅仅是一堆灰烬或是发出腐尸臭的容器，亦如同今日之但丁与华盛顿。自然学家之所以会走上今日之路，皆是因其自以为是的假想成就。当少年凝视着沙滩贝壳，或草地花朵，虽不知其名，但较之于以熟知术语学名为傲的成人，目光更加敏锐。占星术让我们兴致勃勃，因为它将人类和宇宙紧密相连。人类并非与世孤立的乞丐，因为有最遥远的星辰感知他，而他也可与星辰相感知。借占星术为名的骗子和商人无论怎样去编造谎言，那种暗示却是真实而又神圣的。灵魂告别了与大千世界的联系，还有那气候、世纪、四季、远在天边的抑或触手可及的万物都是其传记的一部分。化学反应会产生碎片，但它并不构建事物。炼金术寻求如何将一种元素转化为另一种元素，以期去延续生命，去拥有力量——这方向亦是正确的。我们的一切科学都缺乏人性的一面。房客已远超出租屋的数量。昆虫、雄蕊、孢子，耗费了我们如此多的时光，却无一定论，而人类一旦展现其力量，便会与自然并驾齐驱，一同将光芒照亮到心灵深处。对于我们而言，人类的心灵远比在显微镜下能够观察的重要得多，亦远比天文学家能够测量到的那庞大浮夸的数字大得多。

我们是如此轻浮，又如此多疑。人类总以卑鄙邪恶自居，然而人也像雷电霹雳一样。一切自然之力通过他的机体倾泻而出，他便是汹涌澎湃的洪水，是疯狂燃烧的火焰，他可感受正反对立，感受地极之端，如同鲜血滴落。它们都是他个性的延伸。他的职责是要通过自身这部仪器来测量，一个正直完美的人即可被哥白尼体系之中心所感知。令人好奇的是，我们的经历有多丰富，我们的认识才会有多深刻。我们觉得英雄除了表面作秀供我们娱乐消遣，就再没有更令人畏惧的力量。精深渊博之人总相信奇迹，亦会等待奇迹。他相信魔法，相信演说家会瓦解对手，相信邪恶的目光终将黯然失色，相信心灵的祈福终会治愈伤痛，相信爱可升华天资亦可解除疑惑。那源自伟大心灵的神秘磁场，源源不断地吸引伟大时刻的来临。但我们又珍视微不足道的好处，节俭持家的丈夫，优秀孝顺的儿子，客观公正的选民，尽职尽责的市民，讨厌不切实际的想入非非。或许，我们只愿顾及一个人的金钱价值，他的聪慧才智，他的情感喜好，只是作为一种兑换券，依靠它可以轻而易举地兑换成富丽堂皇的房屋，精致美丽的名画，优美宜人的乐曲，还有芬芳醇厚的美酒。

科学旨在将人类全方位地拓展延伸，适应自然，直到他的双手可触及星辰，他的双目可穿透地球，他的双耳可领悟飞禽走兽的窃窃私语和拂面微风的含义，他的慈悲怜悯之心可使其与天地交流。但我们现在的科学却不是这样。那些地质学、化学、天文学似乎可使人聪慧睿智，但它们只是让我们停滞不前。发明只助益于发明者，能否造福他人却令人怀疑。那科学的公式就如同袖珍书本里的纸片一般，只对其拥有者才有价值。无论在英格兰还是美国，科学与理论为友，与爱和道德为敌。这种泯灭人性的行为终将遭到报复。科学能造就什么样的人呢？少年不会对这些感兴趣。他说，我不想成为教授那样的人。

收藏家风干了所有的植物，放入植物学中，一同风干的，还有他的压力与诙谐。他将所有的蛇和蜥蜴装进瓶瓶罐罐，但科学亦如此这般将他自己也给装了进去。我们对医师万分依赖，这其实是一种自我绝望。神职牧师患上支气管炎，似乎表明他的精神也未必健康，所以麦克里迪认为这种疾病源于他们说话的声音矫揉造作。一日，印度王子迪索在林中骑马，忽见一群麋鹿嬉戏打闹。他说："看啊，它们多怡然自得啊！为什么那些僧侣，已在寺庙安顿妥当，舒适自如，却不能自娱消遣呢？"回到家中，他将这一疑惑向国王倾诉。翌日，国王将君权授予他，说："王子，你来管理国家七日，七日期限一至，我即将你处死。"七日末，国王问："你为何如此憔悴消瘦？"王子答道："因恐惧死亡。"国王回答："我不会处死你，我的儿子，你要贤良睿智。七日内，你总忐忑你将被处死之事宜，于是便不再顾及娱乐消遣。那寺庙的僧侣亦是如此，整日默想死亡之事，如何去娱乐自得呢？"然而相比他人而言，科学家、医生、神职牧师的追求并非去求死。磨坊主、律师、商人一生忙碌于琐事细节也并未更加强大。他们是否如我们对人类所要求的那般，有先见之眼光，怀远大之目标，具开明之精神，事事平等如一？抑或仅对石磨、货物、诡计有所兴趣？

世上无一物能如人类般使我们兴致盎然，而在人身上，也只有优越性令我们感兴趣。而且，纵使我们对自然中的完美法则清楚明了，但于我们而言，只有在与人类有千丝万缕的联系，或深深根植于人的脑海中时，这一法则的美好魅力方可展露无遗。在温克尔曼诞生的百年之前，伴随着那枯燥贫瘠，支离破碎，滞后迟缓的科学，一股对美的研究热情悄然而生。或许，其中的一些星星之火亦能在其他事物中点燃熊熊烈火。有关人类的知识，举止行为的知识，形态的力量，对个人影响力的感受，这些将永不过时。这些科学事实我们无须书本就能学习，因为老师和素材就在我们身边，唾手可得。

吹毛求疵的习惯已根深蒂固，因此我们在这一领域的大量知识都属于病理学这个范畴。大街上充斥的尽是潦倒堕落的人潮，而非天使或救世主。每一个灵魂都在寻找自己的归宿，而我们从这归宿的外壳就可敏锐地猜到栖息者的灵魂如何。然而，大自然从不吝啬，它总不遗余力地赋予我们仁慈和善意。孩童们的天真之美，女学生的怡人之美，“十六岁甜蜜得一本正经”，出身高贵极具教养的少年那高傲的姿态，意气风发的年轻人那激情澎湃的仪貌举止，和与我们相伴一生的挚友的无穷力量——这些东西曾让我们心情激荡，让我们呆若木鸡，让我们恼怒惊慌，让我们备受鼓舞，让我们心胸开阔。这些，我们再清楚不过。

美，是一种方式。才智非凡之人，正是出于美，才更愿探究这个世界。一切特权皆为美之特权，只因这世界有太多美：自然之美，容貌之美，体态之美，风度之美，智慧之美，方法之美，道德之美以及灵魂之美。

古人相信，自人一诞生，即被天资或邪恶占据，来引导其一言一行。有时，这些天资似火苗般潜伏在人的身体里，或是落在恶人的头上，或是与善人的身躯融为一体。他们觉得，在人类死亡之际，天资会移到一个新生儿的身体里，他们声称从舵手掌船便能得知其一二。我们对此道理亦隐约可辨，只不过我们又自行为其命名而已。我们说，每个人都因其最辉煌那刻而被尊重。我们亦以此法衡量朋友。我们知道，他们偶尔会愚昧无知，但我们漠不关心，只苦苦等待那天资的再度降临，我们相信那天资必定是真实可信又美好出色。另一方面，每个人都会熟知一些似乎被邪恶驱使的人，尽管那些人能力十足，但其散漫随意的做派却无法令我们感动铭记。他们亦知晓这点，窥视你是否已察觉他们的悲惨困境。我们幻想，我们能否念出那咒语，解除那魔法，从而使那云消雾散，那驾驭邪恶的区区魔妖便无处遁形，仓皇跌落，如此，那些人便可重获自由。补救之法似乎从不遥远，因为朝着思想迈出的第一步必定可成移山之举。思想俨然充盈着气体，仿若被抑制的球体，它能使星辰爆裂。物体所拥有的美，于他而言，也是友善的火焰，思想因其得到延展，即便是囚徒也因其明白那等待他的自由与力量。

对美的质疑，将我们带离事物表面，我们亦开始追寻事物的根源。歌德曾说："美好是大自然神秘法则的显露，若不这样显示，美好便永不会暴露在我们面前。"正是这种深不可测的本能，带来了一切对艺术作品的兴奋激动，虽然这种兴奋多是肤浅又荒谬。也正是这种兴奋，驱使爱慕虚荣的人们每年蜂拥至意大利、希腊、埃及旅行。每个人都重视自己在美的科学中的有所收获，这甚至胜过他所拥有的财富。即使是在那最求实际的世界中那最求实用之人，若只供给他日常必需品，他也必不会满足。但是，他与美邂逅的那一刻，生活便有了更高的价值。

许多哲学家的厄运警示我：不要试图为美下定义。因而，我宁愿列举若干美的品质。我们将美归于简单，不含任何冗余，恰好与它的目的呼应匹配。它与万物息息相关，它将极端平衡中和。它是永恒的，同时又是高尚的。我们常说，爱情是盲目的。连丘比特都用绷带蒙住了双眼。盲目——是的，是因他看不见他不愿见到的东西。然而，茫茫人世间，那目光最锐利的猎手亦寻其所求，并只寻其所求。神话作家说，伏尔甘被画成跛子，丘比特被绘成盲人，为了唤起人们注意：前者四肢健全，后者洞察一切。在真正的神话中，爱情是一位不老的孩童，美即为向导。没有什么能比"美是年轻心灵的舵手"更能表达那深刻的含义。

除却这感官的愉悦，自然的形式和色彩对于我们的认知更具有一种新的魅力。那对自然的装饰，并非点缀那般简单。它是更健全、更优秀的象征，或是更为出众的行为。飞禽走兽外形的精美，或是人类本身体态的优雅，都表明结构的出众，或者说，美不过是来自我们所处的大自然罢了。植物学中有这样一条法则：相同外形的植物往往具有相同的功效。这条法则其实不仅仅适用于植物，它的适用范围更为广阔，它也适用于面包，在任何纤维体或有机体结构中，对其目的越符合，事物也越美好。

我们研习希腊、哥特式艺术、古代艺术和前拉斐尔派画作，这一切都物有所值——就是说，所有的美必须是有机的组成，外在装饰不过是瑕疵罢了。只有骨骼的健美牢固，肤色才能如桃花盛开般优美；也只有机体健康，双目才能闪耀智慧与力量的光芒。正是由于骨骼尺寸、关节的不断协调，容貌举止才能如此优雅得体。猫和鹿的走路姿态和坐姿不可能粗野。即使是舞蹈大师，也无法让那体态不好的人用优雅大方的姿态行走。花朵的色彩斑斓源自根部，而那海贝的光泽明丽是与生俱来的。因而，我们对建筑物的品位，从不在喷漆彩绘，也不在转变替换，只在显示木料的纹路色彩；排斥那虚有其表的壁柱圆柱，只对那谦逊低调支撑房屋的一砖一瓦赞赏有加。只有那不可或缺或本质的行为才能愉悦观者。马夫牵马饮水，农夫播撒种子，劳工田间晒草，木匠建造船只，铁匠打铁锻器，或是其他任何务实的劳作，在智慧的目光中都是美好得体的。但若只为逢场作秀，那便鄙陋不堪。航行于海上的船只多么美丽啊！而那保存在剧场中的船只，或是为使弗吉尼亚港湾风景宜人而被乔治四世停泊在岸的船只，在一旁有穿着昂贵服装的雇佣兵看守又谈何美感！军队中步调整齐划一的士兵和那节日中游行的独立方阵，竟是有多么大的不同啊！在阅兵式中，充满着节日气息，处处飘扬华美艳丽的彩旗，突然见到一个男孩抓起静静躺在墙角的锈迹斑斑的旧锡锅，将它平稳地挑到棍子顶端，旋转，划出最为高贵优雅、形象奇妙的曲线，以致本留心关注游行队伍的目光，瞬间就被这叹为观止的美好所吸引。

神话家还有另一种描述。希腊神话记载，维纳斯生于海中泡沫。空洞乏味、束手束脚之物从未能引起我们的兴趣，只有那与生命一同流淌的溪流，才可让我们兴趣盎然。殿堂或庙宇能愉悦眼睛，是因为人们用智慧将石头按一定的规律排列起来，这样建成的建筑物表达了建造者的美学思想，其表达也变得温柔崇高。美是过渡的那一瞬，就如那一种形式已准备好成为另一种形式。任何形式的凝固、堆砌，或是特征的突兀——比如长长的鼻子、尖尖的下巴、驼起的背部——都与流动相悖，因此是扭曲变形的。尽管任何形态只要对称，都是美的，但若这种形态可运动，我们就会去寻求更为出色的对称。平衡打破，眼睛追求对称的重建，并且渴望重获平衡的步骤，这即为流水、海浪、飞鸟走兽之魅力。舞蹈理论亦是如此，动作莫要生硬和笨拙，而是在变化中以渐进婉转的舞姿不断恢复失去的平衡。许多经验丰富的人曾与我谈及品位的问题。他们说，时尚遵循渐进法则，而绝非主观臆断。旧模式在同一方向上前进一步，便有了新模式。有鉴赏力的眼光能对新的时尚有所准备，有所预测。这便是为何固有模式往往隐含不足之处。演奏时，你若奏出了不和谐之音，那就有必要以一两个中间音符调和才可以让听者感受舒服美妙。许多不错的试验，原本合情合理，胜券在握，却只因过于莽撞唐突而最终落败。我想，那位凭自己闺房品位来装点世界的巴黎女帽商，她定是明白如何让布鲁姆女装为人类所接受，通过调节色调层次，使之大获成功。此法则的适用范围有多广、可发挥多大的作用是不言而喻的。倘若能够遵守这条法则，那么那些进步党派所宣称的一切，尽管略显苛刻，也会轻而易举地被认可。因此，很容易就能想象出这样一些情景：只要逐步去实现，妇女在现实世界中就能理所当然地去演说、选举、辩论、立法，或是开车。一切循环运动都拥有这种流动之美，这就如同水体的流动，那血液的循环，行星的周期运动，植物年复一年的生长，大自然的作用与反作用。而且，倘若我们能够始终如一遵守这一法则，我们的思想将会始终向前，这即为永恒。

出于同样目的，神话家亦另有描述：美应凌驾于勇敢之上。美也是依托基本需求。只有精打细算才能铸就优美线条。修建蜂房的角度恰好可用最少蜂蜡获取最大强度。鸟儿的骨骼羽毛自身重量虽微不足道，却是翅膀最大力量的来源。米开朗琪罗曾说：“美是对冗余的净化。”在自然结构之中，并无多余的粒子。大自然利用植物，去创造每种新颖的色彩或形态，都有其必然的依据，我们的艺术通过巧妙的排列来节约材料，通过省去墙上那多出的价值一盎司的材料，使柱体既具有诗意又不失坚固，这即为美。修辞中亦是如此，删繁就简的艺术是首要秘诀，一般而言，能以最简洁之的言明表达伟大之事，即为文化修养超凡的体现。

真实是首要的也是永恒的，美即真实。在一切设计之中，艺术旨在突出对象，但在选择突出对象时，有一种艺术便已然存在。精美的艺术绝非随意偶然，而是源于创造了此艺术的民族所具有的本能。

美具有恒久的品质。我留意到，在我所熟知的一幢房屋里，壁橱与壁炉台上，静静躺着一块鲸蜡①，已有二十年之久，只因涂抹者已将其涂抹成兔子形状。我猜它或许会原封不动地再继续保留一个世纪。让艺术家在信纸背面信手涂鸦，勾勒几个人物轮廓，这张纸片便幸免于难，纳入藏品，精心装裱，上釉打磨，而那草草写就的几行文字所呈现的美，将会被经年保存。彭斯写下的几首诗作，由报社刊印发表，于是人类便收藏起来让它们永不消亡。

正如笛声要比牛车声传得更远，你会看到那美丽的外在形态如何激发人的想象，且被无休止地一再模仿与复制。有谁知道，到底有多少阿波罗神像、维纳斯像、塞姬像、沃威克花瓶、巴台农神殿以及维斯塔神殿的复制品呢？这于所有人而言，皆为充满温情之作。我们的城市中，设计丑陋的建筑物会即刻拆除，不再复建，然而，那些漂亮的建筑物却会被不断模仿，并不断改进，于是，所有的石匠和木匠都去复制和保留那些美好的形式，而那些丑陋的建筑便悄然消失了。

艺术的精巧设计，或自然的鬼斧神工，皆为美之身影和先驱。这种美在人类的形态上发挥到极致。人人都崇尚美。无论它去向何处，美带来的皆为欢快与喜悦。于它而言，一切皆有可能。而它在女性身上更加臻于完美。穆罕默德的信徒说：“上帝赋予了夏娃三分之二的美。”漂亮女人即为经验丰富的诗人，驯服了野蛮的配偶，将温柔、希望以及雄辩的种子播撒在每一个她所靠近的人身上。既然宁静祥和是美的根本，那优越的条件必定与美如影随形，尽管不乏对美的责难与傲慢，我们依然钟爱有加。依自然之愿，男人应被女人吸引，但女人常常狡黠地面露一丝讥讽，仿佛在说：

① 此处可译为“鲸油”、“鲸脑”、“鲸蜡”，根据上下文“鲸蜡”好一些。

“不错，我愿意去吸引男人，不过要我吸引的那男人，至少要比我所见到的更好。”15世纪的法国备忘录，对保琳娜·德·维吉耶这个名字大加赞赏，称其为贞洁优雅的少女。她那迷人的外表令她同时代的人们热情如火，以至于家乡图卢兹的市民取得地方政府的支持，要求她每周至少两次在阳台上公开露面。而她每次露面，人群便会拥挤混乱。同样毫不逊色的是上个世纪英格兰的康宁姊妹，其中伊丽莎白嫁给了汉密尔顿公爵，玛丽亚则同考文垂伯爵成婚。沃尔博尔称，“汉密尔顿公爵夫人星期五在庭院面见众人时，很多人汇集到这里，就连客厅里的贵族们也登椅爬桌，只为一睹芳容。民众守在家门，只为目睹他们登上马车。还有人得知他们要去戏院，早早便赶到占位子。”在另外的地方，他还提到，“人们成群结队去看汉密尔顿公爵夫人，甚至有七百人还在约克郡的小旅店及周围整夜守候，只为次日清晨目送她踏上自己的马车。”

不过，我们为何要用阿戈斯的海伦、科琳娜、图卢兹的保琳娜，或是汉密尔顿公爵夫人的盛名来慰藉自己呢？我们对这般魅力了若指掌，可一眼看穿。眼睛若是愚昧又没有品位，无论注视多久那美丽的双眼，都会看不到美，感受不到美。女人与我们身边的美丽自然息息相关，迷恋她们的青年将她们的倩影与月亮星辰、森林水流以及夏日的绚丽多姿相融相依。我们的笨拙与不安因她们的辞令与芳容而痊愈。我们发觉，即便是最为严谨认真的学者，也会在思想上受其影响。因为她们可美化纯净他的心灵，教他用愉悦轻松的方法从事枯燥艰深的研究。我们与她们交谈，以期得到倾听。我们唯恐她们会倦怠，便练就了谈吐机敏的功夫，这种功夫已由谈话艺术演变成为一种习惯和风度。

美是一种常态，这在大自然追寻获取美的不懈努力中展露无遗。依帅气而言，米拉博的相貌其实是丑陋不堪。我们每天都能见到张张俊俏的面孔，只是铸造时有些瑕疵，这说明我们都可被冠以美之名，若我们的祖先未曾违背过那自然之法，我们原本都应美丽动人——就像那美好盛开的百合和玫瑰。然而，我们的躯体并未与我们相适，而是讽刺嘲弄我们。如此，腿短便限制我们步幅短小，装模作样，这于短腿之人，实为人身攻击和羞辱。对于长腿的人来说，亦是如此，令他永久处于劣势，低下身躯，迎合人类的平均身高。马休尔嘲笑与他同时代的一位绅士，说他的相貌如同在水下游泳的人的面孔一样丑陋扭曲。萨阿迪也曾这样描述一位老师，说他是“面容丑陋，性情乖张，即便是传统之士看他一眼，本是兴高采烈也会变得心烦意乱。”完美的面庞极为罕见，他们却如雕塑一般记载了众多怪诞荒唐的趣谈轶事。肖像画家们常说，多数面容形态皆不规则不对称：两只眼睛，一只蓝色，一只灰色；鼻梁不正；肩膀不平；头发不均匀等。无论是就身体还是就心灵而言，人皆由碎片、补丁拼凑而成，而这些也不同程度从善恶难辨的祖先那里沿袭而来，因为从一开始，人的躯体就不匀称。

在希腊人中，漂亮人的美即被视为一种标志，显示那不朽诸神对其的秘密青睐：若一个女人拥有漂亮的体态，我们便可宽恕其傲慢自负，无论是站立，行走，无论是留其倩影于墙壁之上，还是正襟端坐让画家提笔绘画，这都是在将恩宠授予这个世界。然而，并非美才唤起那内心最深处的热情。恩典尽失的美就如同鱼钩缺少诱饵。无从表达的美会使人倦怠。阿贝·梅纳热曾这样谈及勒·巴约伊总统，“他只适合端坐着让人画像，其他什么事情都不适合。”有希腊格言云，爱情的力量并非表现在追求美丽，而是即便在容貌不佳的人身上，同样的欲望亦能燃烧起来。那年纪较大、脾气暴躁的绅士若碰巧曾体验过那美女身上的令人无法忍受的厌烦，或者他们曾见过随心所欲地拈花惹草，或者视痛苦为霓裳，情感上哪怕一丁点儿过失都会夺走霓裳的艳丽，此时，他们必然会断定，丑陋的秘密并非在于不合规则，而在于索然无味。

我们热爱任何闪耀着高贵品质的东西，不管外表何等丑陋。若领导力、口才、艺术气质或创造力，皆源于丑陋不堪之人，则原本一切让人不悦之事也会变得惬意，也会赢得尊敬与更高的赞赏。伟大的演说家虽然瘦弱憔悴，微不足道，但却智慧无穷。德雷斯主教评价德·布荣说，“他面孔如公牛，双眼却如雄鹰一般敏锐。”据牛顿之友胡克说，“他是英格兰最丑陋的人，却最少空许诺言。”“既然我长得如此丑陋”，杜·盖克兰曾说，“我就该大胆果断。”本·琼生告诉我们，菲利浦·锡德尼爵士，这人类的宠儿，虽

“貌不惊人，他的长脸具有高贵的血统，却尽毁于满面疙瘩。”那些如行星般主宰人类命运千万年的统治者们，也并非都英俊潇洒。若一人能将一个小小的城镇发展为伟大的王国，若他能让面包便宜，能使沙漠得以灌溉，能将运河连接海洋，能克制怒火，能赢得胜利，能引领人类的信念，能拓宽知识领域，那他的鼻子是否与其脊椎平行或是根本没长鼻子，他的腿是否笔挺直立或是根本已经截肢，诸如此类，都无关紧要。他身体上的畸形将成为一种装饰，整体而言，竟成为过人之处。这即为表达之胜利，虽然它降低了美丽的级别，却让我们陶醉于如此完美、友善和令人激动的力量之中，此种力量使备受羡慕之人也趋于平淡，使我们与之共度人生的想法也了无根据。有些面孔表情如此善于变化，思考使其泛起红晕，荡起涟漪，如此一来，我们很难看清那些面部特征究竟如何。若是更为迷人的美丽一经浮现，则那面容上的迷人美丽便丧失力量。一种内在、持久的形式已然显露。这样，美凌驾于勇敢之上，一如既往。这样，“世界因美而存在。”意大利的艺术家们在那暴风骤雨的时代，于国王、公爵和普通民众之中建立起天才的专制，他们用生命证明，任何时代里的人们是如何忠于比他更为优秀的头脑和方法。

一人若能在自家门前石柱上雕出一尊头像，这尊头像便可以以其美、其温厚和其深奥的含义，整日将一群人吸引于自己周围。一人若能建造普通的农舍，以其对称质朴而使其他所有的宫殿都相形见绌。若他能利用自然，使其全力为自己服务。若他无须耗费巨资，而凭借几何学知识，开山凿石，获取水源，使那日月仿佛只装饰其庄园。这一切皆为美。

人类外貌的光辉，尽管有时让人惊叹不已，但那却只是韶华鼎盛时的昙花一现，不过数年或数月，即很快消逝。然而我们依然钟情于美，只不过将兴趣移至内在的光辉罢了。这种美不仅使那非凡卓越之才能令人钦佩，风度气质亦是如此。

但是，美的至高无上的特质仍应关注。事物可漂亮、可优雅、可丰富、可高贵亦可帅气，但这些都必须以面对想象为前提，否则，一切仍是不美的。这就是为何任何理性分析都无法捕捉到美。美无法被据为己有，亦不能被操纵。普洛克勒斯说："美浮于外表的光亮之上。"也就是说，美不在外表，而在心灵。只在一瞬，美就可放弃所有，孑然一身飞向天边某处。假若我伸手可触及北极星，难道不是一种美吗？海洋美好动人，但当我们沐浴其中，那美便弃周围的水域而去。因为想象和感官无法同时满足。正如华兹华斯所言，"光绝不滞留在海洋或陆地上。"意思是，光本源于观察之人。威尔士的吟游诗人告诫妇女同胞：若与卡伦沃德相伴，她们的半数魅力将消失殆尽。构成美好事物的新鲜品德，是一种宏大的品质，或是一种力量，这种力量暗示了与世界的关系，并将目标从可悲的个性中脱离。每一种自然的特质，如海洋、天空、彩虹、花朵、音乐，它们都具某种特质——这种特质并非个体，而是源于普遍，它能够触及自然之魂的核心恩惠，那即是美。而且，从特定的男男女女们身上可以发现，他们的体态、言辞、气度中的某些东西，并非源自其本人或家庭，而是属于那人性的普遍的精神的特征。我们如同热爱蓝天般热爱他们。他们的联想广博无边，他们的仪容和气度崇高威严，有如时间，有如正义。

想象力的功绩在于它可展示事物之间互相转化的可能性。有些事实从未摆脱过那僵硬死板的常理常识，却突然化身为埃留西斯人的未解之谜。我的皮靴、椅子、烛台就像那伪装后的仙子，像那流星，像那星座。自然中的一切事实皆为智慧之名，构成了那亘古不变语言的语法条框。每个词语都有双重、三重乃至百重的用法和含义。天啊！我的火炉和胡椒瓶难道只有一个可以活动的底部吗？那伟大的鞋盒啊，我哭泣着诉求你的慈悲！我并没意识到你本是珠宝之箱。皮壳和灰尘开始熠熠生辉，全身披上不朽的外壳。能察觉到事实的代表意义或象征意义也是欢快愉悦的，这种趣味是赤裸裸的事实无法给予的。生命中，只有那伴随着想象节拍颤动的日子，才令人难以忘怀。

诗人常以美景、花园、宝石、彩虹、日晖和夜辰来美饰情人，这是极为恰当的，因为一切美皆是本性的一致。于我而言，不能表达海洋、天空、白昼、黑夜的事物，多少都是不容许的，或是错误的。浩瀚与神圣注入每一种美的事物中，正如那被轮廓束缚的线条，就像地平线上的高山，像音乐的曲调，浩瀚的空间。偏光使建筑构造的秘密显露无遗。那头脑的预知力一旦开放，便时而呈现此种颜色、此种形式、此种姿态，时而又呈现另外一种，并且又刺激夺目，仿佛某种更为内在的光线放射出来，揭示了事物框架的内在本质。

轮回之法则我们并不知晓，我们也不明白为何那种特质或姿态会这样令人迷恋，为何某个字词音节会那样令人陶醉。但我们熟知的事实是，微妙细腻的眼神接触，高雅得体的举止行为，诗词歌赋的只字片语，都为我们插上翅膀。就好似神灵，靠近我们之时，移走那崇山峻岭的阻碍，俯身去勾画更为真实的界限，这界限只有心灵才能感知，才能拥有。这就是美的崇高力量，正如诗人所赞誉的，“vis superba jormc”（这就是一种崇高的美）——在那平静而又精密的轮廓下，美把一切智慧和力量都掩藏在它那平静的天空下，如此宏伟，如此神秘。

一切崇高之美自身都含有道德元素。我发现，远古的雕塑亦如同马库斯·安东尼努斯一样遵循道德：美从来都与思想的深度成比例。粗俗和微贱的本性，无论如何掩饰装扮，都只是肮脏的废墟，而高贵的品格使青春大放异彩，使皱纹满面、白发苍苍的老者受人敬畏。我们推崇真理，因为别无选择，只能遵从。那与我们共享高尚情感的女人，在我们看来，即使头发也显得高尚庄严。于是，那不断攀升的文化阶梯应运而生：从一块熠熠夺目的宝石或绯红的色彩第一次带给眼睛的惬意之感，到那自然美景的轮廓与细节，到人的仪貌体态特征，到思维、言谈举止的标志象征，一直到那难以言喻的神秘智慧。无论我们从何处启程，脚步却始终迈向那里：从给马佩戴上马饰马具获得愉悦，升华到牛顿的认知——我们赖以生存的星球不过是从一棵更大的苹果树上掉下来更大的苹果，或是升华到柏拉图的认知——地球与宇宙不过是包容万物的统一体的早期雏形——也就是那通达心灵殿堂阶梯的第一步台阶。

英国印象

English Traits

（1856 年）

〔美〕 拉尔夫·瓦尔多·爱默生

第一次访问英国

我有两次到访英国。1833年，结束了在西西里岛、意大利和法国的短暂旅行后，回国时我横渡布伦港海峡，在伦敦塔码头上岸，开始了我对英国的访问。与英伦三岛的第一次亲密接触让我欢喜不已。那是一个阴暗的星期日的清晨，街上没几个行人。我与我的同伴，一位美国艺术家一起，从伦敦塔出发，向上穿过齐普塞德和斯特兰德大街，来到罗素广场上的一座大楼。这里已为我们安排好了十分舒适的房间。在接下来的数月里，我们不得不收敛起旅行者无休止的喧哗的粗鲁习惯，也不敢再在大街上旁若无人地大声喧哗。这里，商店的招牌用的是我们的母语，门牌上也有我们的国名——无论是公共建筑还是私人楼宇都让人深感似曾相识。

与当时的大多数年轻人一样，我对爱丁堡人和《爱丁堡评论》的撰稿人杰弗里、麦金托什、哈勒姆、司各特、普莱费尔和德·昆西心怀敬仰之情。尽管我对柯勒律治、华兹华斯、兰多、德·昆西以及最近在评论性杂志上最具实力的撰稿人卡莱尔的作品阅读不多并且没有头绪，但我还是急切地想亲眼见见其中几位。正是受到他们魅力的吸引，我才会生病在家休养时接受了外出旅行的建议并且最后选择去欧洲旅行。假如歌德还健在的话，我也一定还会去德国旅游。除上面提到的那些人（司各特已经过世了）以及后来在威斯敏斯特修道院参加威尔伯福斯的葬礼时见到的惠灵顿公爵外，在英国其他的当代作家我是不屑关注的。年轻学者总幻想着与那些洞察世事的学者生活在同一时代并以此为幸运的事。殊不知他们其实也是自己思想的囚徒，听不进别人的意见。由于文学与自由总是结伴而行，而这种自由只有在最有利的条件下才会找到它的伙伴，因此文学成就的前提几乎都是对社会至高权威的否定。人们宁愿跋山涉水去与那些久负盛名的作家玩捉迷藏的游戏，也不愿与身边那些真正拥有天才头脑、平易近人的酒店职员或农夫为伍。尽管如此，我发现作者还是优于其作品的。并且我坚持我的第一信念：一个拥有强烈意志和想法的人能够很快地解决困难，并拓宽人的视野，让人有一种似曾相识的感觉。

再次浏览我1833年的旅行日记，我觉得没什么值得发表的东西。但我摘录了几篇拜访英国名流的日记。对世人来说，他们声名显赫、备受尊崇，因此无须任何言辞的矫饰就足以让他们的光辉人格流芳后世。

在佛罗伦萨主要的艺术家当中，我认识了一位美国籍雕刻家霍雷肖·格里诺。他是如此的仪表堂堂，高大英俊，他有梅朵拉那样漂亮的面孔、阿基里斯巨人般的体魄。格里诺是一位出众的绅士，他既热情洋溢、能言善辩，又见识过人、博学多才。他认为古希腊人是以学派或社团的方式来研究学问的，极具天赋的大师把他的设计献给了他的朋友们，以此激发他们来研究它。因此，在他才智枯竭之时，才会有一个拥有相同热情的人来接手这一工作。如此这般，像接力赛一样，直到最后以相同的热情完成每一部分工作。这种方法在攻克一些坚如磐石的难关时显得十分重要。并且他还认为我们只有像古希腊人一样团结协作，远离胆怯和猜忌，艺术才会永远繁荣昌盛。霍雷肖·格里诺是一个十分认真、极富涵养的绅士，他的思想处处闪烁着博大的光辉。他无法容忍哥特式的艺术，却是古希腊文化的忠实拥护者。他在1843年发表的一篇关于建筑学的文章里预言，罗斯金先生的建筑道德观念将会成为未来建筑艺术的主导，尽管他们关于艺术史的观点大相径庭。我收到过一封他的亲笔信——后来，但差不多是在同一时期——他在信中粗略地描述了自己的理论："下面就是我的建筑结构理论：房屋的空间大小和外部造型要根据其功能和所处位置科学合理地设计，房屋在功能上的重要性要根据外观的比例有层次地体现，房屋的颜色和装饰要根据建筑的基本法则来决定、组合或改变，并且每个决策都要有充足的理由，而那些临时的和虚假的设计应该完全摈弃。"

通过一个普通的朋友，格里诺给我带来了一张家住圣多米尼加迪菲索尔的兰多先生的请柬。5月15日，我有幸与兰多先生共进晚餐。他是一位才华横溢、彬彬有礼的绅士。他居住的格拉德斯加别墅被许多精美的图片装扮得如诗如画，四周的景致一览无余。他的作品和一些趣闻逸事给我的印象是一种阿喀琉斯式的愤怒，一种极不驯服的傲慢。我不知道这种评价是否公正，但我可以肯定的是在5月15日这天，他的彬彬有礼代替了他的傲慢，可以说兰多先生绝对是主人中最和蔼可亲、最温文尔雅的绅士。他盛赞在佛罗伦萨遍地生长的仙客来的美丽，钦佩华盛顿，敬重华兹华斯、拜伦、马辛杰、博蒙特和弗莱契。当然他也固执己见，喜欢一语惊人，总是竭尽所能地以他那英国式的冲动畅谈不能改变的过去。他说"自古英雄背后都很落寞，当然菲利普和亚历山大例外"。对菲利普，他推崇备至。兰多先生喜好希腊艺术，特别是在雕塑方面，他只推崇希腊雕塑。他最喜欢维纳斯的雕像，其次就是摆在陈列馆里的亚历山大的头像。他最喜欢的雕塑家是波洛尼亚的约翰，却不是米开朗琪罗。在绘画方面，他喜欢拉斐尔，对佩鲁基诺和其他早期的绘画大师们也兴趣盎然。兰多先生认为只有希腊的史书才是唯一的经典作品，其次是伏尔泰的作品。我不能让他赞赏马金托什，也不能让他对我最近结交的朋友有所赏识，但他却对蒙田和沙朗称赞有加——这似乎有点儿不分是非。他认为德热兰多的成就受惠于《卢卡论幸福》和《卢卡论神圣》。他在我面前一个劲儿地谈论索西，可是我连索西是谁都不知道啊！

兰多先生邀请我星期五去吃早餐，这次我是和格里诺一起去的。在星期五的早晨，当我们一到那里，兰多先生就急不可耐地为我们背诵了五六行裘力斯·恺撒的六音步诗来款待我们，他对我们说，这首诗出自《多纳图斯》。他对查斯特菲尔德勋爵极为赞赏，但对伯克和苏格拉底评价过低。就像果树学家在其目录表上选出三到六个最好的水果品种“来建一个小果园”一样，他把华盛顿、福西翁和提摩勒翁称为三大伟人。他甚至不忘对他们名字的相似尾字母作一通评论。他说，“一个伟人应该享受隆重的祭奠，宰杀一百头牛为他献上，不要去管它们是被上帝和英雄们享用还是让苍蝇们去美餐”。在此之前我曾经拜访过阿米奇教授，他让我参观他那据说可以放大两千倍的显微镜，我向兰多谈及那些显微镜的用途。虽然兰多先生轻视昆虫学，但他听了我的话却说：“于细微之处见本质。”——这倒是与昆虫学的精髓不谋而合。我试图谈起最近声名在外的作家赫歇作为消遣，可他却说没有听说过这个人，甚至连名字也是第一次听到。兰多先生有一间挂满了各种图片的屋子。他喜欢向客人展示他的图片，特别是其中的一幅，他站在那幅画前说：“要是有人能证明这幅画是多梅尼奇诺的手迹，我就给他五十基尼。”我对兰多先生的图书室倒更为好奇，但据他的另一位客人霍雷肖先生说，兰多先生喜欢将书送人，因而有时他的房间里只有寥寥数本书而已。

英国人沉迷于怪异的思想，好像这可以体现他们所驾驭的自由，兰多先生尤为喜好这种怪异的思想并将其推向了顶峰。他那神奇的大脑专横、暴戾而又取之不竭，他意欲当兵，却转向了文学创作。在文学界他既不合潮流又并非微不足道，然而他对作品的情节和人物却有一种英国式的嗜好。事情是让人来做的，而不是对此夸夸其谈，一个独创的句子、向前的一小步也比所有的责难更有价值。不可思议的是兰多先生在英国被低估了，他常常被人们忽略，有时在《评论》杂志上遭到疯狂的抨击。这些评论可能正确，也可能不对，很快人们就会忘记。但是，学者们年复一年依然在品读兰多先生的文章，从他那众多优雅的字句中去找寻那让人难以忘怀的学识、才智与义愤。

我于 8 月 5 日从伦敦来到海格特，写了个便条送给柯勒律治先生请求去拜访他，以示我对他的尊敬。他在临近中午捎来口信说他在午睡，但如果我能在一点钟以后去的话他愿意见我。我一点返回来见到了他，老人身材矮小、结实，有一双明亮的蓝眼睛，面色很好，拄着拐杖。他悠闲地吸着鼻烟，很快就弄脏了领带和整洁的黑色衣服。他问我是否认识奥尔斯顿，然后就热情地谈起他在罗马认识奥尔斯顿先生时他的所作所为。他说奥尔斯顿是位多么了不起的一位大师啊！他随后又说到了钱宁博士。柯勒律治先生竟不是一神论教徒，这是多么难以言表的的不幸。就这一点，他蓦然慷慨陈词说一神论教徒有多愚昧和无知，简直是无理至极。他拿起放在桌子上一本瓦特兰主教的书，充满激情地朗读了他自己在书中空白处写下的两三页感想，我相信这些段落已经收录在《思维的助手》中出版了。我在他停下来喘气时插话说：“虽然我高度评价你的所有解释，但我依然得告诉你，就出身和教养而言我都是一个一神论者。”他说，“是的，我想情况就是这样。”依旧继续谈论他的看法。在那么多年后人们还盲目地默许圣保罗的教义是多么不可思议的一件事啊！而这种三位一体的教义，根据菲洛·朱迪厄斯的观点，它们也是基督以前的犹太人的教义，遭到了少数教士的否认。柯勒律治先生十分惋惜钱宁博士信奉那种教义，这个他崇敬的人，不对，说他崇敬钱宁博士可能有些不实，但是他对钱宁博士有极大兴趣，并且非常关注他。所关注的人。当柯勒律治先生见到钱宁博士的时候，他提示说他喜欢基督教恐怕是因为基督教的某些令人愉快和优秀的地方，他爱的是基督教蕴含的美德，而不是它的真实。而钱宁博士回答说：“先生，我告诉你，我了解到如果有十个人崇尚基督教的美德的话，那么只有一人喜好它的真实。但只爱其真实却比只崇尚其美德更具伟大的美德。”因为柯勒律治先生以前是一神论教徒，因此他十分了解一神论，深知它只是一种骗人的东西。他曾经被人称为“一神教派一颗冉冉升起的新星”。他接着定义，或者说是精练地说：“三位一体教义是现实主义，上帝的理念不是本质的，而是超本质的。”他又讲到“三位一体论”、“四位一体论”，甚或更远的话题，其中我只明白了这个道理：“意志就是成为一个真正的人的东西。要是一个人在街上推了我一下，我又把靠近我的另一个人挤进了阴沟，我会立刻大声说，‘不是我挤的你，先生。’意思是说‘我不是故意这样做的’。”同样如此，“如果你在英国坚持你的信仰，而我坚持我的信仰，那我就会更受欢迎些。”

我趁柯勒律治先生暂停说话的时候告诉他，在美国他所有的宗教看法都有很多读者。我继续询问，《朋友》第三期上的“摘录”是否是真实引用于《独立报》的宣传小册子。他回答说那确实是引自于他所有的一本被叫作《一个独立者的抗议》的小册子，或是受其影响而写成的。我告诉他那段摘录十分优秀，我很期待能看看整部著作。“是的”，他回答说：“在真理面前人类显得一团糟，但缺乏‘上帝就是规则的上帝’这种认识。然而那段引文毫无疑问比原文更能打动你，因为我已对它进行了筛选。”

我站起来准备告辞时，他对我说：“我不清楚你是否喜欢诗歌，但我想给你朗诵几句我在洗礼纪念日那天新作的诗。”随后他便站在那里，郑重其事地背诵了十到十二行诗，诗的开始是：

“直到上帝生下基督——”

他还问我曾去过哪些地方旅游，听说我曾游历过马耳他和西西里，他就比较了一下这两个岛国，“重复了他从那两处回来时对伦敦主教所说的话，他说西西里岛是一所优秀的政治经济学校，因为那里的城镇只需问政府制定了什么政策，然后把它颠倒过来就知道应该做些什么了，那些法规与所有的道德和智慧正好相对立。政府只带给了那个快乐花园三样东西，也就是疥疮、瘟疫与饥荒。尽管如此，在马耳他，法律和意志的力量让那居住着半撒拉森居民的不毛之地变成人口集中、生活富庶之地。走出会客室，在隔壁房间他让我看了奥斯顿的一幅画，告诉我说：“蒙塔古，一位画商，曾拜访过他，在他瞥了一眼这幅画后，就认定它是一位古老的艺术大师的手笔，于是便说：‘哦，你收藏了一幅好画！’还在说着话的蒙塔古背对着用手指摸了摸这幅画，可他一摸到这幅画便惊叫起来：‘天哪！这幅画才面世不到十年。’——他的触觉真够灵敏的！”

柯勒律治先生陪我谈了约一个小时，但发现我不能回忆起他的绝大部分谈话，他的讲述常常就像他书中的很多段落，也许是完全一样的，他是如此容易落入某些俗套。也许就像我所预料的那样，那次的拜访与其说是一次谈话，倒不如说是不能满足我的好奇心的一次演出。柯勒律治先生年事已高且心事重重，他既不接受我，也不接受我的看法。

我经爱丁堡出发又游历了苏格兰高地。在回来的路上，我从格拉斯哥来到了邓弗里斯。因为一心一意地要转交一封从罗马带来的信件到克雷根普托克，我又来到了克雷根普托克。那是一座位于尼思河谷的农庄，属于邓斯科尔教区，有 16 英里的路程。由于没有公共马车途经那里，我就从客栈里租了一辆私人马车前往。我发现那座农庄坐落在石南丛生的荒野之中，而那位孤独的学者就在此滋养他坚强的心。卡莱尔青年时代就负有盛名，是一位对读者无所隐瞒的作家，眼界开阔，尽管放逐山林荒野鲜为人知，但他对伦敦所发生的事情的好坏似乎持有个人的看法。他高高瘦瘦，剑眉高耸，遇事冷静，有特别的能力掌控谈话，有浓重的北方口音。他的谈话里充满了趣闻，滔滔不绝，幽默诙谐，触及了他所有的看法。他所谈的是人所熟知的话题，近乎玩笑又让人兴奋，我从中很快就了解了他的思想和性格。知道了什么是命中注定的美丽的神话，我非常的高兴。由于卡莱尔的孤单又无事可谈，“方圆十六英里内除了邓斯科尔牧师再没有人可以深入交谈”，书籍也就必然成了他交谈的话题。

在谈话中提到的所有熟悉的东西，卡莱尔都给他们取了名字。他把《布莱克伍德月刊》称作“沙子杂志”，把更贴近生活的可能性的《弗雷泽月刊》称作“泥巴杂志”，把在某家破产企业的标志附近的一小段路称作“最后六便士的坟墓”。人们过度赞扬了某位天才人物让他烦不胜烦时，他便站出来大声地赞美他的猪所表现出来的才华。他花费了很多的时间和心思想把那个可怜的畜生关在属于它自己的圈里，可它凭借非凡的判断力找到了方法，拱掉一块木板逃跑了。虽然这样，他依然认为人类是这颗星球上可塑性最强的小精灵。而在大多数的历史事件中，他最喜欢尼禄之死，“看我这个伟大的艺术家是如何死的！”他敬重每一位能让他看到真理的人。他曾经探究了美国的问题并阅读了大量的书籍。兰多的原则是单纯的叛逆，而让他担心的是美国人的原则。在美国，他听说最多的事情就是人们有了工作就能吃上肉。他曾在斯图尔特的书中看到过这样的句子：当他向纽约的一家旅馆服务员询问哪里可以买靴子时，服务员对他说街对面就可以买到，结果他看见芒戈在自己家里正吃着烤火鸡。

我们论及书籍，卡莱尔既不看柏拉图的作品，又蔑视苏格拉底的作品，却固执地把米拉波捧为英雄，把吉朋称作是连接新旧世界的辉煌的纽带。卡莱尔涉猎广泛，《项狄传》是继《鲁滨孙漂流记》之后他读过的第一部作品，罗伯斯顿的《美国史》是他早期的最喜欢看的书，他也从卢梭的《忏悔录》里明白了自己并非傻瓜。他接受了一个友人学习德语的建议迄今已经学了十年德语，这位友人跟他说能从德语里找到他所期待的东西。

卡莱尔对现世的文学深感绝望，冷嘲热讽，他列举了大书商们一年内花费在各种广告上的令人难以置信的费用。因此，他认为如今的报纸没有可信度，书也卖不出去，书商们也快破产了。

接着卡莱尔又谈到英国的贫困、拥挤的城市、公职人员自私自利和玩忽职守。他认为："政府应对那些在荒原上流浪的贫穷的爱尔兰人进行适当的管理。我的夫人把面包分给那些同为上帝的子民吃，接济邻里乡亲，这已成为常规。其实并没有人逼着他们到处流浪，在此之前他们有成千上万亩的良田可耕种，足以让他们过上有酒有肉的好生活。然而他们却烧毁谷垛，设法让富人们来供养他们。"

我们在户外长长的山路上漫步，路上碰到了克里费。然后卡莱尔摘下帽子，朝华兹华斯的村落远望。我们席地而坐，谈论着灵魂的不朽。我们探讨那个话题并不是卡莱尔的错，因为对敏感的思想他天生不感兴趣，也不愿把自己弄得进退两难。然而他很真诚，熟知把所有时代能维系起来的敏感环节，能洞悉诸事如何影响未来。"基督死在了十字架上，所以在那里邓斯科尔教堂修建起来，而教堂又把我们联系在一起，时间只是相对性的存在。"

卡莱尔先生早已用学者的视野关注着伦敦。他说伦敦是世界的心脏，只从她密集的人口就能看出它的不凡。他喜欢伦敦自成一体的大机器。面包房的伙计每天在固定的时间把松饼送来窗口，这就是每个伦敦人了解的或期望了解的那个伦敦。她造就了许多的优秀人才，卡莱尔先生提到了一些具体的人名以示佐证，特别是那位他认为是他所认识的人中最有思想的文友，在伦敦是备受优待的。

我在8月28日到赖德尔山去造访了华兹华斯先生。他的女儿把他请了进来，他相貌朴实、年逾古稀、白发苍苍，他的外貌并不引人注意，而又戴着一副墨镜就让他显得更加的平凡。他坐下来，谈起话来干净利落。他不久前才旅行归来，身体状况很好，只是在与两位律师散步时，不小心摔了一跤，跌掉了一颗牙齿。华兹华斯先生庆幸这事没有发生在四十年前，因此两位律师很是赞赏他这种豁达的人生态度。

华兹华斯先生对美国的现状有许多的看法。如果给他更多的时机，他最喜欢谈论的话题就是社会的文明因人们表面的教化而得到启迪，但常常与道德文化对它的约束相冲突。他认为美国的学校做得不好，单纯的讲授教育并不是真正的教育，而环境教育的效果要比讲授教育好得多。法律认定了的犯罪行为不存在多大问题，而法律条款未曾描述的犯罪行为才是问题。罪恶是华兹华斯先生甚为担忧的事，可社会要怎样才能从源头上避免受到罪恶的祸害呢？甚至他说过似乎有些自相矛盾的话，他说在美国需要一场内战来增强美国的社会凝聚力，加强其社会联系。他又说："或许美国人在举止上有些粗俗，那不算重要，毕竟这只是事物自然的体现而已。但我担心他们过于倾向挣钱，其次才是政治，他们把政治荣誉放到末端而不是把财产放到末端。恐怕他们缺少一个由有闲人士组成的阶层，简单地说就是没有绅士阶层，来树立追求荣誉的社会风气。据我所知，那里社会的中等阶层有一种浮夸之风，天知道，英国天天都在发生这种事情，只是人们从不说出来而已。在美国有多少教堂、多少学校我不想了解，我想了解的是那里有些什么样的报纸。我住在山脚的朋友汉密尔顿上校，以前在美国住了一年，他明确无误地对我说美国的报纸极为犀利，能把国会议员们偷汤勺的事情都抖搂出去！"他反对英国政府由于改革者们把对报纸收税如同是对知识收税而对报纸施行免税，因为对报纸的免税，低劣的报纸就会充斥社会。他说他谈论政治这个话题是期望我和所有优秀的美国人知道要陶冶情操、行为检点，而不要对人民付诸武力镇压，就像刚在英国选举法改革案中所表现出来的情形，德洛尔姆所预言到的那件事。有一两次华兹华斯先生随便提及他与钱宁博士的谈话，钱宁博士最近来拜访过他（那时他把手放在钱宁博士坐过的那把椅子上。

我们的谈话又转向了书籍。华兹华斯先生对卢克莱修的评价要比诗人维吉尔高出很多，那不是在于卢克莱修的理论体系，而在于他强有力的例证。对解读世事以及协调上帝的先见之明与人性本恶之间的关系来说信仰是必需的。关于库辛（在波士顿，我们一直在听他的演讲），他说他只知道有这个名字。

我询问华兹华斯先生他是否看过卡莱尔的评论性文章和他的译著，他说他认为卡莱尔有时是个精神病。他又继续毫无遮拦地谩骂歌德的《威廉·迈斯特》，说各种形式的乱伦行为充斥其中，如同在空中乱飞的苍蝇，他看了第一部分就没再看下去，那本书令人厌恶透顶，他随手就把它扔出了房间。我不赞成他的这种激愤，并告诉他书中一些好的章节是值得一读的，出于礼貌他答应以后再看看这本书。他说卡莱尔写的大部分作品晦涩难懂，他聪慧、深邃却忽视了作品与所有人的共鸣。尽管他总是期望柯勒律治先生的文章应该更易理解，但卡莱尔的作品甚至不及柯勒律治先生的简单明了。华兹华斯先生把我领到了他的花园，让我见到了他曾赋诗千行的沙砾小路。一来到这里，华兹华斯先生便激情飞扬起来。除了少读几页书之外，我的拜访对于他并无什么损失，因为他从不写散文，要是写诗的话，他要在脑海里构思好了数百行后才开始写作。华兹华斯先生说他才从斯塔法岛旅行归来，在三天内就写了三首关于芬戈尔洞的十四行诗，我来拜访时他正在创作第四首。他对我说：“如果你喜欢我的诗歌，也许愿意听听这些诗句。”我高兴地说我当然感兴趣了。于是他回忆了一会儿，向前踏出一步，然后一首接着一首，兴致勃勃地朗诵完那三首十四行诗。我认为第二首和第三首比他平日的诗作更为优美，他说第三首是献给鲜花的，尤其是歌颂那些在岩石上争相盛开的牛眼菊，第二首暗指洞名“音乐洞”，第一首描绘的是汽船上形形色色的同伴在游览岩洞时的景象。

我没有料到年迈的华兹华斯先生会给我背诵诗歌，这实在是令我感到惊讶。他站在花园小径上，像一位背诵课文的小学生一样，慷慨激昂地为我朗诵他的诗歌。刚开始我忍俊不禁，但转念一想，自己千里迢迢来拜访这位诗人，而他也愿意为我朗诵他的诗歌，这不正是我所期待的吗？我意识到他是对的，而我却错了，就高兴地聆听起他的朗诵。我跟他讲他出版的诗歌太少，人们都急切地期望能拜读他还未发表的诗作。他回答说，他从不急于发表诗歌，部分原因是在于他要做大量的修改，发表之后任何修改都会让读者难以接受，但他的作品一定会付梓出版的，不管是在他生前还是在他死后。我说他的《丁登寺》好像是公众最喜欢的诗歌，那些好沉思的读者却更喜欢他的长诗《远游》的头几卷和他的《十四行诗集》。华兹华斯先生说："是的，那些诗确实写得不错。"与他的这一类诗歌相比，华兹华斯先生更喜欢自己那些触及情感的诗歌。因为那些充满说教的文字，诸如社会理论之类的著述，很快就会被人遗忘，只有那些能将真理和情感结合起来的作品才是世界的经典，才会万古长青。他援引了他最喜欢的十四行诗《论一位高尚的西班牙人的情感》（我是这样来理解他的）和《两个愿望》，显然很愉快地引用了《致云雀》这首诗。在这一点上他说牛顿的理论或许也会像道尔顿的原子理论一样被取代，甚至是被遗忘。

在我准备向他告别时，他说他希望能让我看看英国的一个普通人所做的事，他就把我带到了他的秘书的围场里，他把这块地送给了那位年轻人。那块地被打理得非常有特色，或者说是它本身就非常值得人品味。看完围场后，华兹华斯先生说要带我走一条回客栈的捷径，于是他便陪我走了大半英里，我们一边走路一边闲聊，时而华兹华斯先生还停下来引经据典，最后非常友好地与我分手，穿过田野回家去了。

华兹华斯因彻底遵从真理而受到世人景仰，他并不愿意炫耀，但他的思想的严重局限性让人诧异。就这一次谈话判断，他给人一种狭隘的、十足的英国式的思维的印象，一种以普遍的温顺和一致性而付出了自己可贵的崇高的印象。偏离了他自己的领域时，他的观点就失去了价值，那些既富同情心又钟情闲情逸致的人并非少数，他们通过在其他方面的一致性来补偿自己在某个方面偏离了的常识。

航海第二次赴英访问

我第二次造访英格兰是缘于兰开夏郡和约克郡的几所机械学院的邀请。这几所学院各自的组建方式和新英格兰学会有着异曲同工之妙。早在1847年，它们就被合并成一所联合学院，覆盖了二三十个城镇，并且正向中部的郡县拓展，向北部的苏格兰延伸。我受邀前往这些学院，不拘形式地开设一系列的讲座。为了促成此行，曼彻斯特的同行好友提出了诸多善意的建议，并保证提供帮助及舒适的条件。最终他们做的比之前承诺的还要好。我所得到的酬劳相当于当时在这个国家享受同类服务的费用，足够支付我全部的差旅费用。行程的安排也非常周到，我到每个城镇都有一帮如家人般善解人意的友人在等候，陪同我游历英格兰和苏格兰的内陆风光。旅行之事我仍感差强人意。因我不太愿意旅行，且认为长途跋涉会耗时太多。可是，就在我相对空闲且因为从事研究而筋疲力尽之际，有人一次又一次地邀约我，我也正好需要调整休养身体。此时有人提议英格兰之行。此外，至少还有大海那令人敬畏的魅力以及有益身体健康的作用也吸引着我。于是，1847年10月5日，星期二，我登上华盛顿·欧文号定期邮轮，踏上从波士顿前往英格兰的航程。

直到星期五的中午，我们才航行了 134 英里。一个身手矫健的印第安人花同样的时间都可以游这么远了。但是船长向我们保证说按照这个速度一定会如期抵达。邮轮似匍匐般徐徐前行，所经之处漂浮着木板、原木以及木屑，这些都是洪水之后随着缅因河水流入大海的。

花了四天的时间才完成了原定一天的航程，在星期天的晚上，暴风雨来临。狂风呼啸，每根缆绳紧绷，每张船帆鼓满，邮轮乘着西北风颠簸前行。日以继夜，我们的船像飞鱼一般乘风破浪，高速行驶，摇晃战栗，滑过阵阵海浪，向着新的地平线不断进发。经过塞布尔角岛，邮轮到达海岸。陆鸟已经飞走，海鸥、鸌、野鸭、海燕或在海中畅游，或潜入海水，或在空中盘旋。没有渔夫打渔的踪影。船驶离了海岸，将五只帆船远远抛在后面，破晓之时它们还远在东边，日落之时早已落在西边的天际了。虽然，人们说，在海上船只的追逐是一场持久赛，我们开足马力拼命往前赶。从波士顿到利物浦的最短航程为 2850 英里，这条最短航线汽轮才能行驶，可以节省 150 英里的距离。帆船的航程至少为 3000 英里，通常情况下会更长。我们优秀的大副把轻帆高高挂起，上下拉动翼帆，让船保持直线行驶而不致偏离航向。由于舵手一丝不苟的掌舵，我们的船一路航向准确，劈波斩浪。保持高度警惕是航行之准则，慎之又慎，不仅是为了船只更好地航行，也是为了保障船上人的生命安全。自这艘船造好以来，大副晚上就从未合过眼，即便是白天在船上也是和衣而卧。“海上航行有不少好处，”萨阿迪说，“但是安全并不在这些好处之列。”快速行驶在这些深海区域，无论遇到什么危险，我们每天在数百英里的行程中化险为夷，虽然风暴、撞船、海啸、海盗、严寒和雷电袭击随时可能发生。在海上航行的时间越长，汽轮的危险性就越大。好在邮船以安全速度行驶，只需承受 12 天而不是 24 天的潜在危险。我们这艘船的注册重量为 750 吨。算上所有的货物，重量可能为 1500 吨。主桅杆从甲板到桅杆顶全长 115 英尺[①]。甲板，从船头至船尾，长 155 英尺。给一艘船赋予人性并不是不可能的，事实上人人

---

① 1 英尺=0.3048 米。

都这样，无论在说些什么：她表现得真棒；她开的方向真准；她行驶时活像水里的鸭子；她把鼻子插到水里了；她正朝港口看着呢；诸如此类。我们爱恋触手可及的一切事物，我们将了不起的团队精神注入其中，这种精神使我们成为航行品质的捍卫者。

在大家的赞扬声中，这艘有灵性的邮轮一周之内就航行了 1467 海里。而现在，在这黑夜中，她仿佛听到了在她身后那艘今天两点驶离波士顿的汽船已经加速，正乘着阴冷的南风以每小时 11.5 海里的速度飞快行驶。船尾泛起航迹之处，磷光熠熠，随着海浪向远处渐渐散去。借着这光亮，我看了看时间，显示的是 9 点 45 分。若是在赤道附近你甚至还可以看见手表上的细小字体。用桶把这些带磷的昆虫捞上来时，大副说它们长得像卡罗莱纳州的土豆。

我发现海上生活是一种需要后天慢慢培养的嗜好，就像我们对土豆和橄榄的喜好一样。这种类似监禁的生活沉闷、寒冷、不自由、嘈杂、怪味刺鼻，令人难以忍受。舱房的地板成 20°~30°角的倾斜。每当早上醒来时，我总以为有人把我的床头掀了起来。没有人心甘情愿承受这些，我们被挤到舱房的一边，翻来滚去，被船底的污水、恶臭和油烟呛到几乎窒息。虽然最终我们渐渐适应了这个环境，但是对海洋的畏惧却许久都挥之不去。大海是桀骜不驯的，充满了无穷的力量。看吧，那些个鸡蛋壳般的东西漂浮其中，每一个，都像我们的船一样，载满乘客，大海巨浪腾空时惊恐万分，而平静如镜时又装腔作势自命不凡。难道这个深邃的怪圈真是一座永久的坟墓？在这个坟场上，我们轻轻地挖个小坑，可这暴戾的海水却敞开一海里宽的口子和深坑，一口就能吞掉一支船队。在地质学家眼中，大海才是唯一的苍穹，而陆地充满了永无休止的流动与变化，时而像肿瘤一般破裂，时而又陷入断层之中。根据数百年可考证的观察可发现，陆地始终处于倾斜、上升和下落的变化之中。海洋则一直保持着它原有的状态。也难怪，如果大海的咆哮让文明噤声，则人类的历史早就戛然而止了。

据观察，海平面每世纪以一英寸的速度上升，并由东到西向陆地蔓延，将逐渐毫不留情地吞噬所有的城镇，历史遗迹，骨骸及人类的知识。如果海洋真的能够完成这么宏大的现世闹剧，那么它对局部的破坏早已在悄然的准备之中。船长和大副的说法让我们感受到的不安与威胁如同前往欧洲要支付的庞大开销一样糟糕。但是总是会有新的惊喜，那就是但凡健全之人都可以做水手。就在我们航程的第二天，一个穿着短褂的小男孩儿窜了出来，船还停靠在港口时他就藏在面包柜里。他身无分文，却告诉我们想要去英格兰。水手们给他穿上水手服，在腰间别了把刀。他总是机灵地跟在水手后面爬上爬下。“他很喜欢干这活儿。如果船长愿意把他留下，那就意味着他得跟着这艘船返回。”大副说，这就是所有水手的来历，十个水手中有九个都是出走的孩子。虽然他们都晕船，但是出于自尊心还是留在了船上。水手的一生充满了危险，吃不完的苦头，报酬却是最低的。大副的情况稍微好些，但就算是船长也好不到哪儿去。一周如果能拿到100美元就算是很高的报酬了。如果水手知足，没有下决心不再出海，我就应当向他们表示敬意。

当然，对那些一心想做水手的人来说，海上的不便和可怕根本算不了什么。船上的规矩、极地的严寒、天气、冰山、水雷只会将伦敦人的派头击得粉碎。高尚的活动都会为自身创造机会。好水手都有着过人的胆识和宽广的心胸，而大海也是勇于向热爱大自然的人揭开自己的无穷奥秘。

每次旅行都可学点什么，而不至于把时间耗在埋怨坏天气、坏伙伴和饮酒作乐上，这真是个不错的办法。经典名著在家读起来让人昏昏欲睡，而在乡村旅馆或是船舱里读起来却有着别样的魅力。我记得多年前最快乐、最有价值的时光就是在船上读书度过的。只是我发现在船上看书最大的障碍就是船舱的光线不足。

我们在船上有一间普通的图书室，里面有巴兹尔·霍尔、大仲马、狄更斯、布尔沃、巴尔扎克和桑德的作品，他们就是我们的海神。船上的乘客来自各行各业，其中也不乏有才之士。我们交流彼此的经验，总能有所收获。海上的闲聊悠闲自得，最为热闹。有时，对一个百思不得其解的问题一下恍然大悟，让人难以忘怀，欣喜若狂。但是，即便是一帆风顺，海上航行也是一次最严峻的考验。在它面前考大学也算不了什么。海上的日子十分漫长——这些日子暗淡无光，缺少欢乐，仿佛是对我们的嘲笑。但是船长数了数，这样的日子只有十五天，而我数的是十六天。从我们离开浅水区的时间开始推算，我们的速度已经快到让船长在他的图表上用红墨水标出航线，以此为未来的航海家们鼓劲儿，或者说让他们羡慕。

据说，英格兰国王为了显示其尊贵会在军舰船舱里接见外国大使。我认为大西洋航船的白色航线就是通往这些航海人的宫殿的正确路线。数百年来，英国人声称对海洋的绝对主权，向其他国家的过往船只收取通航费。后来他们的特权受到荷兰和后起国家海军的挑战，理由是你永远不可能在相同水域抛锚两次，或者将流动的东西作为财产持有，所以英国人没有坚持声称对英吉利海峡或是整个缅因河河床的拥有权。他们说：“我们争夺的似乎是大海的水滴，而不是它的地理位置，或是这些海域的海床。海洋是以英王陛下的帝国划界的。”

随着邮轮靠近岸边，我们感受到了英国的气息。这是英国所固有的一面。每个人的脑海里，一个新的体系，英国式的情感，英国式的爱与忧，英国的历史与社会形态，诸如此类，便油然而生。昨天，乘客们通过观察船舷边上的浪花估算船的速度。今天，我们用金赛尔，科克郡，沃特福德，阿德莫尔代替浪花来测算。在那里便是爱尔兰的绿色海岸，和某个富饶的海岸一样。虽然我们能看见城镇，灯塔，教堂和丰收的场景，但是我们却看不见她八百年来所遭受的灾难。

英国的国土

在阿尔费里眼中，只有意大利和英格兰才是最宜居的国家。因为前者用自然维护她的权利，战胜了统治者的恶行；后者用智慧征服自然，将荒蛮贫瘠之地变成舒适富饶的天堂。英格兰俨然一座花园，在灰色的天空之下，辽阔的田野错落有致，仿佛用笔墨勾勒的画卷。坚硬牢固的城镇建筑诉说着各个时代的工业历史。一切都改变了。河流、丘陵、山谷和大海都在造物主的掌控之中。一个强大又富有才华的民族长期栖居于此，使每寸土地都物尽其用，使世间万物都各尽其能——可耕作的土壤、可开采的岩石、公路、小道、浅滩以及可航行的水域，还有随处可遇的新的交流方式。因此，英格兰是一个庞大的共产村庄，这里能提供人类所需要的一切。在舒适惬意的环境中，我乘坐的列车如炮弹出膛，以近两倍于火车的速度，跃过高低起伏的地面，跨过河流与城镇，穿过高山中三四英里长的隧道。我静静地阅读着《泰晤士报》，它似乎用包罗万象的通讯和报道将整个世界变成了一台可供它随意把控的机器。

在利物浦登陆的旅行者会产生一个疑问：为什么英格兰会被称为英格兰？英国凭借何种力量领先于世界列国？如果说有一种可以检测民族智慧

且又被人们普遍接受的标准，那便是成功。如果说在过去的一千年中世界上有一个成功的国家，那这个国家便是英国。

一个明智的旅行者自然会选择造访当今世界上最强大的国家。较之于他国之人，美国人有更充分的理由选择英国。美国人凭借正确的思维和实践在已完成或刚开启的事业之中运行着，但一种存在已久且无法抵挡的文明正冲击着我们。当今的文明以及人们的思想和目标都以英国人为楷模。作为自艾格伯特以来有着一千年历史的民族，英国在世界舞台上扮演的角色不可小觑。在过去的几个世纪里，它已经取得了巨大的进步，在科学知识、社会活动和人类权力方面彰显了重要地位。那些抵制它的人却又在探索它，并被它所折服。身处冰天雪地的俄罗斯人正在向着学习赶超英国人的目标前进。土耳其人和中国人也在为学习英国的科学技术和社会文明而付出艰辛的努力。现代社会的实用性常识以及劳动、法律、舆论和宗教所崇尚的功利主义倾向，均源于英国人的自然天赋。虽然法国对现代文明的形成影响重大，但它对世界的影响却无法与英国媲美。而美国人只是英国人适应新环境的天赋的延续，而且多少还有些侥幸的成分。

来看看我们图书馆中的藏书吧。我们所读的每一本书、每一本传记、戏剧和浪漫故事，无论以何种形式呈现，都是英国历史和风俗的再现。所以有位思想敏锐的英国人曾对我说："如果你们不承认我们的版权，我们将好好教训你们。"

然而，要评判英国的社会或道德是极其困难之事：就如司法长官让陪审团审理一起令社会轰动的案件，但每一个陪审团成员都发现自己与此案有利益关系，官员、陪审员和法官互相袒护。世界上所有的国家在文明、智慧与品位方面都深受英国的影响。为了抵抗英国文化中的专横和偏见，一个理性的民族必须自我救助，学习最古老的东西方文明之所长——诸如古希腊文明，古老的东方文明，更为重要的是，理想的价值标准，还有倚靠英国民族具有的迫切渴望唤醒其独立自主的精神意识。

此外，如果要访问英国，现在是最好时节，因为一些迹象表明英国的发展已经达到了顶峰。可以看出，在未来几年之内，人们对英国的兴趣将逐渐减少，因此英国对世界的影响已经处于巅峰状态，达到了极致，换句话说，已经开始盛极而衰。

你一踏上英格兰的领土，就会有一种错觉，认为这个小岛拥有一个帝国宏大的版图，其实即使加上威尔士，它也只有佐治亚州一般大。无数的细节——鳞次栉比的城镇、教堂、城堡和富丽堂皇的庄园，具有实力的贸易公会，强大的军事力量，众多的富贵名流，仆人和侍从——这一切引人注目，让人应接不暇，宏伟壮观的景象和无尽的财富都给人留下国土无疆的印象。

若让我推荐英国非看不可的美景，我会这样回答——是的，尽情游览英国需要一百年的时间。因为我被告知，堪称英国文明精髓的伦敦约翰·索恩爵士博物馆价值连城——它修葺完整且保存完好；充满文化底蕴的城镇、塔楼、教堂、别墅、宫殿、医院和慈善机构遍布英格兰的每个角落和空隙。在艺术史上，从史前的巨石阵到如今的约克大教堂是一个漫长的过程。此间各个时期的艺术创作，在这座一应俱全的岛屿上，也许都可追溯得到。

英国的领土堪称完美。这里的气候比同纬度的其他地方要温暖许多。气候宜人，全年没有不适合劳作的日子。除了十一月像我们的马萨诸塞州稍冷外，英国没有冬天。这里的气候不会使人慵懒倦怠，而是让人精神抖擞。查理二世说过："英国人与其他国家的人相比，无论是在一年还是在一天当中，都有更多时间适宜外出。"除了木材，英国拥有一个工业国所需的一切资源。在某些地区伴潮汐带来频繁降雨，使众多的河流水源丰富，使其农业生产极为发达。英国拥有大量的水资源、石材、陶土、煤、盐和铁矿，也是众多野生动物的天然聚居地。广阔无边的荒野和丘陵上遍布鹌鹑、松鸡和丘鹬，海岸边栖息着水鸟，显得生机勃勃。河流和周围的海域盛产鱼类，无论是富人享用的三文鱼还是穷人食用的鲱鱼，都应有尽有。位于北部湖泊的浅滩，鲱鱼成群结队，数不胜数。据村民说，在产鱼的旺季，这些湖里三分之一是水，三分之二是鱼。

这个宜于产业发展的国度的唯一缺陷就是它那阴郁的天空。白天的光线几乎和黑夜一样暗淡，这使看书写字容易视觉疲劳。再加上煤烟，情形就更加严重。在工业小镇，细小的煤烟和“黑尘”将白天变得暗淡，将白绵羊染成黑绵羊，使人类唾液变色，空气变得污浊，植物受到毒害，古迹和建筑物受到侵蚀。

伦敦的大雾加剧了天空的灰暗，正如一位英国智者就英国气候所做的讽刺短诗：“朗朗晴空，烟囱抬头见；昏昏暗日，烟囱低头现。”一位利物浦的绅士曾告诉我，他一年中客厅几乎每天都要生火。不管怎样，据说，这个岛上的人们对煤炭的庞大消耗导致了气候的变化。

在气候被人为改变的同时，英国的地位也发生了改变。英格兰的地形貌似一艘轮船。如果它真的是一艘轮船，那么即便是最优秀的船长也无法驾驭它，或是将它停靠在更有利的位置。约翰·赫歇尔爵士说过：“从陆地的位置来看，伦敦是全球的中心。”用商业术语来说，这个商业大国拥有得天独厚的地理位置。老威尼斯人就十分乐意听到“威尼斯地处极地和赤道其间的北纬45度”这样的奉承话，仿佛威尼斯便是帝国中心似的。在远古时代，希腊人便在他们最喜爱的寓言故事中将地球虚拟为动物，将希腊古都德尔菲则视为地球的肚脐。犹太人则认为耶路撒冷是世界的中心。我曾经见过一张由一位费城的爱好者所绘的图表，通过推论，它可表明费城和雅典、罗马、伦敦处于相同的气候带。当他向人展示之时，栗树街的居民们看得兴致勃勃。可是这幅图表被带到查尔斯顿、新奥尔良和波士顿之时，不知何故，它却没能说服这些都市的博学之士。

但是英国地处欧洲的一边，恰好也是当今世界的中心。根据著名的维吉尔线，将可怜的大不列颠与世界其他国家完全隔离的大海，被证明是将英国与其他各国相联系的纽带。这在书中没有记载——只是在地层学说上有所记录。对于英国而言，那是幸运的一天，北海波涛汹涌，一阵巨浪将连接肯特郡、康沃尔郡和法国的古老地峡撕裂，给予残留在欧洲的断裂层以坚不可摧的海堤，将其变成一个长八百英里宽三百英里不等的岛屿。一个面积辽阔、独立自主的国家处处孕育着民族力量的种子。它是如此的近，以至于可望见欧洲大陆的丰收；它又是如此的远，以至于穿过英吉利海峡的人必须是经验老到的水手，随时准备应对狂风暴雨。较之于美洲、欧洲和亚洲，英国恰恰处于全球最优越的商业位置，这无疑为它所生产的商品提供了市场。为了发挥这些优势，泰晤士河必须从这个王国的中心伦敦开凿一条通向海洋的宽敞航道，为不可胜数的船只提供通道和码头，为贸易活动提供一切便利，这些都是一个擅长利用船坞、货仓和驳船巧妙节省海滨用地的民族所需要的。当詹姆斯一世扬言将他的王宫迁出以此惩戒伦敦时，市长大人回答道："希望陛下离开他的臣民之时，将泰晤士河留下。"

英国地貌多样，是欧洲的缩影。在其辽阔的土地上，有平原、森林、沼泽、河流、海滨。康沃尔郡有矿山，马特洛克和德比郡有岩洞，达夫河谷风景如画，托尔海湾风景宜人，还有苏格兰的高地，威尔士的斯诺登峰。在威斯特摩兰和坎伯兰有个袖珍瑞士，那里湖泊和群山密布，山清水秀，令人赏心悦目，唤起无限遐想。英国是国土面积适宜且便利的国家。丰特内勒认为大自然有时略有偏心，在这个能工巧匠辈出的国家，它的建造已属完美，好像从一开始就精心设计好构建一个更大的伯明翰。大自然告诫自己："我的罗马人不见了。为了建立新的帝国，我将选择一个粗犷的民族。这个民族的所有男性都具有猛兽般的力量。我将不惜挑起男性间最凶残的角逐，让他们相互厮杀，牧场将归强者所有，因为我的事业需要最强大的意志力和最强健的体魄。时而猛烈时而温和的北风吹拂着，为的是保持那强大的意志和警觉的头脑。大海将英国人与其他民族分离，使其自身结合成为一个勇猛强悍的民族，并从四面八方给他们提供各种市场。我将长期以贫穷、边境战争、航海、海上冒险、收获的刺激使他们站稳脚跟。就是这样的一个岛屿，面积不大，人口不多，但确保有各种市场并使之竞争激烈，其规模堪比欧洲与其他大陆。"

随着物产的丰富，贸易的繁荣和财富的积累，一个国家对文明的影响必然扩大。伊曼纽·斯威登堡提出的人类精神中心论与这里所说的地理中心论惊人的一致。他说："对于英格兰民族而言，他们中的精英就是所有基督徒的中流砥柱，因为他们的内心闪烁着智慧之光，这种智慧之光在精神世界尤为令人瞩目。它源于言论自由和写作自由，更源于思想自由。"

英国人的种族

一位天才解剖学家曾写过一本书来证明种族永世长存，但是种族实为脆弱的政治构筑，极易被改变或摧毁。但这位作家并没有为他假定的种族找到任何必要的规则依据，以揭示其想象的或者是理论上的必然性；另一方面，他也没有准确统计现存的种族，界定它们之间的真正差异，给出清晰的观点以及验证此理论的普遍方法。同一种族中处于两个极端的人之间的差异就像狼与宠物狗的差异一样明显。然而不同种族之间又存在着潜移默化的影响，我们无法明确的界定一个种族的起源和终结。因此作者们各持己见。布卢门巴赫认为有五个种族；洪堡相信有三个种族；而最近我们探险考察队的皮克林先生则认为他目睹了地球上各类不同的人，共有十一个种族。

据统计，大英帝国共有二亿二千二百万人，约占世界总人口的五分之一，领土面积达五百万平方英里。迄今为止，在大英帝国占主导地位的一直是不列颠人。大约有四千万人拥有英国血统。而美利坚合众国，除去奴隶外，共有两千万人，生活在三百万平方英里的国土上。尽管国内的移民数量相当可观，但他们正经历被本国人迅速同化的过程。两者相加，世界上拥有英国血统和讲英语的人达到了六千万人，然而就是这些人，在这二亿四千五百万人中居于支配地位。

英国人口普查的准确统计结果显示，英国本土拥有二千七百五十万人口。这次人口普查之所以如此重要，皆源于不列颠人的优秀品质。他们是一群自由而强健的人，生活在有安全保障的国度，每个人都能将其价值发挥至极限。他们在世界上首屈一指，这并非偶然，也不是凭借人多势众，而是因为他们的优秀品质和突出的个人才能。尽管英国多天才的说法颇遭质疑，但信不信由你，这片土地上孕育了众多才能杰出之士，他们有着大量的发明并将之运用于实践。他们身强体壮，在战争或者工作中毅力超群。这个种族的旺盛生机使得大英帝国在世界各地进行殖民扩张成为可能。1852 年，每天有超过一千名英国人走向海外，大英帝国能否为这数以百万的移民提供更多的机会，我们拭目以待。他们有强大的同化外物的能力，海外殖民地的人们都在竞相效仿。他们依旧积极进取，善于宣传，不断扩大其艺术和文化的影响范围。他们的法律非常宽容，禁止奴隶制的存在。所有的压迫都是偶然和暂时的，他们的成功绝非意外也并非出于幸运，而是源于他们长期以来的不懈努力和对人人平等原则的一贯坚持。

这种力量是源自他们的种族本身，还是源于其他因素？对于这个问题，人们更易于接受的观点是，这种力量来源于血统或者种族。每个人都想听到他的优势不是来源于空气、土壤、大海或矿井、采石场等当地资源，也不是来源于法律和传统，更不是出于幸运，而是来源于他们优秀的头脑，因为这才更像是在赞扬他们自己。

我们期望在种族学说中找到某些类似生理学法则的东西，也就是说，在一个健康人身上发现的任何一块骨骼、肌肉或基本器官，在其同类人身上的相同或者相近部位都能找到。我们也期望在子孙身上能够发现其祖先所具备的精神或道德品格。一个种族的优势并非来源于其宽阔的肩膀，柔韧的四肢或高大的身体，而是能够深达智慧的协调。因此奇迹和名誉才得以显现流传。于是我们首先关注研究其血统，必然地，也要复制其培养方式——吃何种食物，受何般照顾，受何种教育，获何种锻炼，想要找出是何种原因造就了这种天生的智力，缜密的思维和超群的智慧。为何世界上会存在阿尔弗雷德大帝、罗杰·培根、威廉·威克姆、瓦尔特·罗利、菲利浦·悉德尼、艾萨克·牛顿、威廉·莎士比亚、乔治·查普曼、弗兰西斯·培根、乔治·赫伯特、亨利·韦因等伟人呢？是什么造就了这些天才人物？是空气？是海洋？是血统？毋庸置疑，这些人皆为其时代的代表。正如听话的耳朵与说话的舌头总是形影不离，而若没有周围人的盛情邀请或善意接纳，天才也不可能说出那些至理名言。

正是这个民族将数百万印度人置于遥远北欧岛国的统治之下，难道不是吗？据说，所有的凯尔特人都是天主教徒，所有的撒克逊人都是新教徒；凯尔特人喜欢集权，撒克逊人坚守原则。如果这些断言属实，那么种族的作用便显而易见了。两千年来，犹太人虽历经磨难，却依旧保留了相同的品质，从事着同样的工作，种族对造成这种现象起着决定性的影响作用。种族对黑人的影响也极其可畏。生活在加拿大的法国人，在中断与法国本土居民的所有交往后，依然保持着他们的民族特征。不久前，在密苏里州和伊利诺伊州中部，我偶然拜读塔西图的《论日耳曼人之习俗》，发现书中有大量观点阐释生活在赫西尼亚山林里的日耳曼人与居住在美国森林中的印第安纳州人、伊利诺伊州人和威斯康星州人之间存在的许多相似之处。

每个种族都总是试图保持自身特性，但这种特性却会因为其他因素所消磨。文明是一剂药，会逐渐消除先前的特征。今天的阿拉伯人依旧和法老时期的阿拉伯人一样，但今天的不列颠人却与昔日的卡西贝鲁斯人或奥西亚人大不相同。每个教派都有其独特的面貌特征。卫理公会教徒有自身的面貌；教友会教徒有自身的面貌；修女也有其自身的面貌。英国人会通过一个人的行为习惯来判断他是否为新教徒。职业刻画着一个人的外貌特征。英国生活的某些方面是极富影响力的，如绝对地个人自由；充足地食物；优质地啤酒和羊肉；开放地市场以及各行业的可观收入；对人才和技术的高额回报；岛屿生活环境；或者为雄心勃勃却怀才不遇的人才提供的许许多多机遇；为了达到政治或商业目的合作意愿；举行罢工；在工作或战争中取的胜利而获得优越感；对优越感的诉求与日俱增。

要削弱一个种族的力量并非难事，信仰是其中的主要因素。据说，一个种族的世界观决定着他们所有的制度。信仰对精神和道德所施加的任何影响都会使人独立于种族之外，就像独立于其他事物之外是一样的，这使得种族在其生存过程中会做出不得已的妥协。

令人敬畏的种族学说的种种局限表明，当一个种族的根基尚未牢固之时，会面临被其他种族颠覆的威胁。种族的稳定性和不可替代性并不能为这些脆弱界线的永久存在提供有力的依据，因为我们所有的历史时期在大自然的轮回转化中不过是弹指一挥。在自然历史中，任何微小和个别的事实，如水果的改良和动物的演变，在地质时期，都有类似“原子能”般的价值。不仅如此，尽管我们以种族纯洁的传奇故事来恭维人类和民族的自爱自怜，然而我们所经历的都是种族的逐步进化，奇怪的相似之处更是比比皆是。当我们在人类身上看到老虎和狒狒未发育成熟的器官时，就会知道种族的界线并非那么牢不可破，而只是从史前的大海溅到我们身上的几滴浪花而已。因此，马来人和巴布亚人、塞尔特人和罗马人、撒克逊人和鞑靼人之间易被混淆就再正常不过。

低级动物的机体构造最为简单。它们只有一张嘴，身体如胶状物或者一条直线形的蠕虫。随着等级的升高，动物的机体构造随之而变得复杂。人类对纯净的血统兴致勃勃，而自然却热衷于杂交。孩子的面孔遗传了父母的容貌特征，甚至继承了已故祖先的某些特征。最优秀的民族往往是那些与外界有着广泛联系的民族。航海业，因其能促进世界范围内的融合，而成为民族发展的最强动力。

英国人的多重性格揭示了其血统的复杂性。英国人身上的每个特征都是毫不相干和对立元素的结合。语言是复杂的，人名来源于不同的民族——源于三或四个民族的三种语言；思想倾向相互对立：远大理想与实际能力的对立；思维活跃与僵化保守的对立；向外海拓展与忠守本国习俗的对立；进取的自由和宽容的法律与森严的等级制度之间的对立；因战火和重大事件而流落世界各地的民族却又思念故土的对立；一个充满各种极端的国家——伯爵与宪章主义者并存，达勒姆的大主教与衣不蔽体的异教徒矿工共处——总之，这个国家无一是处，即便受到称赞的时候也会受到遣责。

这个民族并非源于同一血统，但他们组成的种族比任何一个他们自身所发源的种族都要优秀。追根溯源并非易事，谁能准确辨认出英国的所有种族？谁能按照历史的演变追溯它们的起源？又有谁能从解剖学或心理学的角度将它们区分开来？

在种族这一历史问题上我们无法得到满意的答案，不论它来源于哪一个不确定的祖先。站在我面前的这位英国人特征显著、独一无二、无可争议，于是我决定还是把对他们直系祖先的考察暂且放到一边。笛福曾愤怒说道，“英国人就是由各个种族混合而成的泥土。”我相信这有一些道理，就像用水、石灰、沙子混合成灰浆一样，某些特定的特质也能很好地组合在一起，这些组合有序的矛盾体便造就了英国人极端的性格特性。总而言之，这并非来源于同一地方，有着相同血统的某一个族群或撒克逊、朱特或弗里西亚数个族群各自的历史过程，而是这几个族群的所有特征汇集组合的过程。这些特征中有些适应英格兰的天空与大地，比如说有八种、十种或者二十种，它们得以在英国人的性格中延续，就好比一百棵梨树中只有八棵或者十棵适应果园的土壤，枝繁叶茂地存活下来，其他不适应的则逐渐消亡了。

英国人的血统沿袭于数个民族，施展他们多样的才智和性格需要广阔的海洋和陆地空间。海洋就像一个一极为酸，一极为碱的原电池，因此，英格兰在美国中积聚着那些崇尚自由之人，而在伦敦则汇集着那些坚守传统之人；斯堪的纳维亚人仍在聆听他们的海洋母亲的低语，不列颠人的血液里则依旧流淌着对故土家园的眷念。

当再次谈及英国人的特点时，我们会将它局限在一个非常小的范围，这样做似乎是在强调非种族因素的影响。我们将爱尔兰、苏格兰、威尔士排除在外，最终将范围缩小到只谈论伦敦，也就是只谈论那些进出于伦敦的人。那悬挂于伦敦学术展览馆墙上的肖像画，那《笨拙周刊》漫画中的公众人物或者酒馆众生，那商店橱窗里的海报人物，都是具有典型特征的英国人，不是美国人，也不是苏格兰或爱尔兰人，但这只展现了非常有限的民族特征。如果你北上到达制造业和农业区，去见见那些一生从未出过远门的人，一进入约克郡和苏格兰，你就会发现再也找不到世界人眼中的英国人。苏格兰人的高贵风度和举止快速消失，取而代之的是乡下人的热情与精明。这个地区以贫穷和粗俗著称，学识之人却又痴迷于辩证逻辑。爱尔兰拥有与英国一样的气候和土壤，但却物产贫乏，与欧洲大陆关系疏远，政治不独立，佃户众多，俨然一个劣等的或是上帝安置不当的民族。

对于祖先和血统追问的理由充足，因为没有哪个民族比不列颠民族的繁荣更依赖于人种的优越。只有吃苦耐劳、聪明智慧的民族才能将这片狭小的土地变得如此富足。我们说，在平底船或帆船赛中，如果双方的船只相差无几，只有人才能决定比赛的胜负。无论把最好的赛手放在哪支船上，他都能取胜。

尽管已经模糊难辨，且在传说中失去本来面目，但我们仍应努力探索完整的传统。他们已经根深蒂固，难以动摇。厨房里的钟表计时比我们计算恒星时间更简单方便。我们必须使用最普通的分类方式，就像林奈分类法一样，不求精密和确定，只图方便可行。否则，当一个种族已经牢固建立的特性被某些新的人类学家宣称为其敌对部落的特征时，我们顿时就惊慌失措了。

我发现了众多具有显著特征的英国人类型：一类面色红润、皮肤白皙、身材丰润、体格健壮、面部轮廓清晰、海岛口音浓重；一类是诺曼底型，带着生活在那个制度下的人所固有的骄傲；另一类，面色及身形均似美国人，没有明显口音，思想相对开放，我们称其为撒克逊人；最后一类是罗马型，皮肤黝黑，由三四种血统混血而成。

这些英国人的血统来源主要有三种。一种说法是来源于世界上最古老的血统——凯尔特人。历史上有些民族只是昙花一现，如希腊人、伊特鲁利亚人、罗马人都早已消失。但凯尔特人或西顿尼德人是一个古老的种族，人们不知道它始于何时，因其耐力持久，充满生机，因此也无法预见它将止于何处。他们创立了英国，赋予海洋和山脉诗一样的名字并效仿自然最纯正的声音。他们是欧洲史册上最古老的记录。他们没有暴力的封建土地制度，百姓就是土地的所有者。他们发明了字母表，创造了天文学，建立了僧侣文化，树立了自己的崇高信仰。他们有着深藏不露的才华。他们在梅林之歌中创造了中世纪最优秀的大众文学故事和为人们津津乐道的亚瑟王传奇。

第二种说法是，英国人主要起源于日耳曼人。当翻开那段漫长的历史之时，我们会发现日耳曼人是罗马人在长达210年的时期都难以征服甚至不可征服的民族。古帝国时期曾有这样的传言，凡试图征服这个民族之人，无一不感到懊悔的。

查理曼大帝一天在纳博纳高卢的小镇驻足休息时，透过窗户望见在地中海巡逻的北欧舰队。他们甚至进入了查理曼大帝所在小镇的海港，引发轩然大波。查理曼大帝紧急集合精兵强将，装备战舰，准备防御。当他们再次出海时，国王长久凝视身后的城镇，眼里充满泪水。“我被悲痛所折磨，”他说，“因为我预见他们会为我的臣民带来灾难。”北欧人造船，发明各种船具——缆索、船帆、罗盘和水泵。他们频繁穿梭于港口，得到的远非船只。一旦武装起来，他们所到的每个海岸地区将被他们统治。因为，即使在他们抛锚停泊之处寡不敌众，他们的舰队只需驶出很短的距离，便会重获优势。波拿巴的战争艺术，也就是集中力量发起进攻，那也必定是他们的战争艺术，因为是他们发起了战争。当然，他们从制高点对陆地的种族发起攻击，即便是撤退也仍似占据优势般凯旋而退。一旦海岸上严防死守使之不能实施其掠夺行为，他们便会故伎重施，拿出同样的勇气做起买卖了。

斯诺洛·斯特雷森收集的《海姆斯克林拉》，又名《挪威王列传》，就是英国历史上的《伊利亚特》和《奥德赛》。它所刻画的人物，正如荷马笔下的人物一样，个个性格鲜明。《挪威王列传》描述了一个类似于斯巴达的君主制共和国，政府屈尊于民众的地位。在挪威，波斯人并不会为强化王权而聚众争斗或丧生，而立法者和土地拥有者却为此争斗不休，他们每个人都被任命或者世袭得到现在的地位，被称为是国王的朋友和伙伴。由于国家人口稀少，因此人人皆有机会获此荣耀。他们潇洒英俊，这种特征使得这个传奇听起来像是在描述英国种族。英国人对物质利益的追求占据了主导地位，他们认为，只有把土地和价值结合起来才符合逻辑。《挪威王列传》中的英雄既不是南欧骑士，也不为法国和西班牙的不良风气所影响。他们世代为农，只有在世事艰难迫不得已之时才会奋起保护自己的财产。他们果断地拿起武器，不是为了展示骑士精神，而是为了保卫赖以生存的土地。他们拥有相对发达的农业技术，依贫瘠的海岸而居，一半的食物源于海洋，另一半源于陆地。他们有成群的奶牛，自己酿制麦芽酒，种植小麦，腌制咸肉，制作黄油和奶酪。他们在海湾打鱼，捕鹿。作为众多农民的首领，国王拥有某种权力，但有时甚至不如郡治安官。在某些地区，国王像冬季牧师一样，被安排在四个地方由所有的农夫轮流供养，一个星期在这里，一个星期在那里，另外两个星期在下一个农场，国王称之为宾客入驻区。在贫穷的国度，一个拥有众多仆人的窘迫国王离开自己的农场四处收租，是维持生计的唯一方式。

这些北欧人总体上都出类拔萃，反应灵敏，意志坚定，能言善辩，行动敏捷，但他们却嗜杀成性，其最终命运就是如果不杀人就会被别人杀，船桨、镰刀、鱼叉，铁锹、泥灰刀、干草叉在他们眼里都是绝佳的杀人工具。有两个国王，英弗和阿尔佛，晚饭之后，以比试剑法刺穿对方的身体取乐。另外两个国王，阿尔里克和艾利克，早晨骑马玩乐，发现附近没有武器，就拿出马嘴里的嚼子互相攻击对方的头部。一看到帐篷绳或者斗篷线，他们就会想到要吊死自己的丈夫、妻子、甚至高高在上的国王。如果农夫有一把干草叉，他就会用来刺杀达格王。英格亚尔德王甚至把六个国王灌醉后关进大厅里烧死取乐。没有哪位可怜的绅士像北欧人这样急于了结自己的生命。如果不能挑起事端，他们就会像埃吉尔王一样自己撞向牛角，痛快死去，或者像奥农德王一样丧生滑坡。奥丁在瑞典的自己床上死去，却因为寿终正寝遭到世人耻笑。瑞典的哈克王，站立的最后一秒还在与敌人厮杀，然后命令装满阵亡战士和武器的战船扬帆起航，驶向大海，等甩掉追兵后，他点燃焦木，躺在甲板上安心等死。风从陆地吹向海洋，熊熊燃烧的战船被吹到了海岛之间，那便是哈克王的最终归宿。

《挪威王列传》中早期的国王都血腥暴力，充满匪气，后来的国王才得以充满贵族气质。历史对此最好的证明就是十字军战士西格德王和他的兄弟埃斯泰因王关于他们各自优点的对话——他们一个热衷战争，另一个则热爱和平。

诺曼人历史的读者一定会对野蛮才能得到报偿的古老说法深信不疑。对化石世界的研究表明，远古混沌状态的首批幸存者是蜥蜴和其他体态庞大、凶猛可怕的动物，所以是最野蛮的人奠定了新文明的根基。

脱离法国进入英国的诺曼人比他们160年前进入法国时的人更加恶劣不堪。他们丧失了自己的语言，学会了罗曼语或粗俗的高卢人口中的拉丁语，同时也沾染了伴随语言而来的一切恶习。史书上称诺曼征服为“痛苦的记忆”。两万名强盗登陆黑斯廷斯，那些贪得无厌、凶猛残暴的海盗的后裔，成了上议院的创立者，他们贪得无厌、凶猛残暴。他们都是同一种人，烧杀抢掠，无恶不作，几乎毁灭了英国。然而，这只是遗产和财富的幻影，这些强盗以那些与他们类似的猪，羊，狼，豹和蛇为他们的象征，而现在衣着得体、风度翩翩的英国人却在炫耀他们从这些丑恶的强盗身上继承来的血统，认为这比他们自身的优点更能让人引以为豪。

公元10世纪和11世纪，丹麦人和北欧人统治了英国，并源源不断地向那里派遣好战斗的勇士。这种海盗式的远征不断向外输出着挪威、瑞典和丹麦最优秀的人。就像一棵小树被过多的果实压得苦不堪言一样，这些国家从此就沦为了二流国家。种族的力量不断向外迁移，最终使挪威变得不再强盛。奥拉夫国王说，“当我父亲哈罗尔德王西征英国的时候，被他选中的勇士随他而去，但挪威自此变得空空如也，再也找不到这么优秀的士兵，尤其是再也找不到像哈罗尔德王这么智勇双全的领袖。”

英国对这些侵略的反击迟缓。1801年，政府派纳尔森炮轰桑德海峡的丹麦要塞。1807年，卡思卡特勋爵俘获了停泊在海湾里的整支丹麦舰队，并将他们军械库里的所有武器装备运回英国。挪威、瑞典和丹麦国王经常会晤的孔赫勒小镇，现在已被租赁给了某位英国绅士做狩猎场。

经过数代人的努力，从第一艘船上下来的北欧海盗变成了皇亲贵族和著名骑士，但每份荣耀本源于那只海盗船。假如有足够的时间，这种野蛮的力量也将转化为文明和信仰，就像一个医学事实，盲人的孩子能够看到光明，罪犯的后代心智健全，就像青春期过后的乖张、怯懦的孩童会成长为沉稳、宽厚的青年一样。

接下来的几个世纪的温情并未能完全消除奥丁时代遗留的特性，高加索人身上某些与老虎相似的特征依旧清晰可见。这个民族带有一股暴戾的动物天性，几个世纪的宗教熏陶和文明教化仍然无法将其改善。阿尔菲里曾说，“意大利的罪行就是这个种族优越性的证明”，有人可能会说，这块表是在英国的顽石碎片上转动的。未开化的英国人曾是个野蛮的民族，他们残暴冷血，罪行累累，最喜欢公平决斗。下层人民的野蛮行为随处可见，他们热衷于拳击，斗熊和斗鸡，而处决罪犯和街头斗殴则是各阶层都乐此不疲之事。伦敦的街头小贩厌恶懦弱——“我们必须利用好自己的拳头；拳头给我们带来了诸多便利。”公共学校变成了被人青睐有加的野蛮的斗兽场，以大欺小屡见不鲜。梅德温在《雪莱传》中就曾讲到，在军校，他们把一个年轻人裹在雪球里，待其学员都去教堂之时，把此人独自扔在屋内，从而导致他终生残疾。他们仍然保持强制征兵的传统，士兵们在甲板上、军队里、学校里都会遭到鞭笞。军纪冷酷无情，以致士兵被判处鞭笞时甚至祈祷改判自己死刑。鞭笞之刑在西欧各国军队都已废除，但在这里得到威灵顿公爵的支持得以残存。丈夫买卖妻子的恶习延续至今。犹太人成为王室和民众最中意的迫害对象。亨利三世曾将国家所有的犹太人都抵押给了他的兄弟康沃尔伯爵，作为他借款的担保。虐待罪犯、严刑逼供被渐渐废止。对于刑法，撒弥尔·罗密利爵士说，“我考查了所有国家的法规，我们的最为不堪，甚至可称其为吃人的法规。”在最近的议会上，下议院就听取了关于监狱里鞭笞虐待罪犯的详细介绍。

英国的地理环境决定了无论哪个吃苦耐劳的民族踏上这片土地，都注定会成为水手和世界的统治者。他们从幼年开始就在水中嬉戏，像鱼一样游玩，船只便是他们的玩物。为了解决造船费用，法官制定了这样一条法律，“鉴于英国是座海岛，内陆各郡应与沿海各郡一样缴纳船费。”富勒补充道，“那些有才之士，即便是来自内陆地区，也同样可以娴熟地利用海事资源推进内陆的发展。”早在诺曼征服时期，英国就因其全球贸易而富可敌国。

现在的英国人充满活力、耐力超群。其他国人相形之下显得瘦小纤细，羸弱无力。他们的身形比美国人更为高大。据我猜测，如果随意从英国街头选取100人，他们的体重之和肯定会比相同人数的美国人还要重出四分之一。然而，有人告诉我，他们的骨骼并不比美国人大。他们体态丰满，面色红润，潇洒英俊，至少上半身体形美观，容易长得高大结实，骨骼健壮。当我第一次到利物浦时，我就发现他们身材健硕，脚夫、车夫、马车夫、护卫—个个都健壮结实，彬彬有礼，和颜悦色，举止优雅，穿着得体。我走进那座古旧的宅邸，仿佛置身于众多亲友之中，他们是育儿室壁炉贴画上的人物原型，让我为之一怔的是，他们连穿着和神态都那么相似。

体型粗壮是英国人的外貌缺陷，英国女人亦是如此——很少有高挑苗条的曼妙身材，大多矮小粗胖。法国人说，英国女人笨手笨脚。但是从古到今，他们都是一个优秀的种族。无论是伦敦圣殿教堂里青铜纪念碑上跷腿斜躺的十字军战士，还是伍斯特和萨利博瑞大教堂里拥有700年历史的塑像，刻画的都是最优秀的英国青年——他们拥有同样的人格魅力，集天资、英勇、文雅于一身，青春无邪却又充满着阳刚之气，这样的面孔在伦敦大街上随处可见。

斯堪的纳维亚人的两大分支都俊美出众。公元600年，圣格雷戈里在罗马发现英俊俘虏的轶事在500年后得到诺曼史学家们的证实，圣格雷戈里对年轻英国俘虏的俊美外貌和飘逸长发惊叹不已。同时，《海姆斯克林拉》一书也反复提到那些英雄的俊美外表。当涉及这个金发碧眼的种族人性如何，拥有怎样的精神和道德力量时，我们发现这个帝国的诞生预示着一个新的美好纪元的到来，旧的野蛮力量终将会被人性的力量所征服，并从此被人性的力量所取代。螃蟹永远是螃蟹，只会故步自封，墨守成规，而英国人不会停滞不前，这个民族拥有美好的未来。

英国人外表果断，肤色白皙，眼睛碧蓝，性格直爽，气色红润。他们崇尚真理，情感细腻，感知敏锐，浪漫多情。英俊的撒克逊人并非用来造就食人者、审判官、杀人犯之才，他们心胸开阔，诚实善良，本分爱家，充满激情，生来就是法律，贸易，文明，婚姻和教育的材料，是服务大学，教堂，慈善机构和殖民地的精英。

与其说英国人好战不如说他们充满男子汉气概。战争一结束，他们摘掉暴戾的面具，重拾浪漫多情，温柔爱家的形象，展露出他们如女人般仁善的一面。英国人以这种多重性格的组合为原型创作了民族传奇故事《美女与野兽》，或者我们也可以在很久以前的希腊神话《两性人》中找到共鸣。在英国人的意识里，两性共同存在。这里我想以海洋和殖民地女王不列颠尼亚为例，在最新一本描述她的小说里，作者这样写道："她的温柔如同她的勇敢，她的勇敢亦如她的温柔。"英国人乐于欣赏这人性中的对立与共存。尼尔森在特拉法加奄奄一息之际，仍向科林伍德勋爵表达爱意，俨然要上床睡觉的天真少年，说道，"亲吻我，哈代"，然后便永远睡去了。他的伙伴科林伍德勋爵生性多情而温顺。罗德尼上将天生娇弱，他说自己易受惊吓，只有在顾忌名誉和履行公务之时才会克服恐惧。克拉伦登说，白金汉公爵风度翩翩，谦恭有礼，一些朝臣有意冒犯他，结果发现他只是披着温和柔弱的外衣，实则可怕决绝。某天，詹姆斯·帕瑞爵士这样谈论约翰·富兰克林爵士，"如果他发现威灵顿海峡没有冰封，他一定会去探个究竟，因为他是一个从不躲避危险的人；可他如果温柔起来，连一只蚊子都不忍心赶走。"甚至是绿林大盗也有同样的美德，罗宾汉被人们描述为"最柔情的强盗"。但人们知道那些好战之徒栖息何处。克伦威尔、布莱克、马尔伯勒、占丹、内尔森和威灵顿都非善良之辈，他们深谙如何鼓动社会底层的残暴力量，挑起码头和斗鸡场人群的野蛮兽性，引诱肖尔迪奇、塞文戴尔、斯皮特尔丰尔兹市场的地痞寻衅滋事。

他们精力充沛，身体强壮，即使到了中老年时期仍然保持良好。即使是年长之人，面色仍如玫瑰般红润，仍不失英俊潇洒。岛上的人个个皮肤白皙，面色桃红，齿如含贝。他们饮食丰盛，注重营养。工人们不能只靠吃水芹为生，牛肉、羊肉、小麦面包和麦芽酒是工人最普遍的食物。生活富足是养成他们民族自豪感的主要原因，在他们的漫画中，法国人被刻画成了贫困不堪、食不果腹的形象。泰西塔斯发现德国人早就开始喝英国啤酒了，这使他感到非常惊讶。“他们用大麦或小麦发酵，制作出类似于葡萄酒的饮品。”亨利六世时期，首席法官福蒂斯丘勋爵说，“一般情况下英国居民不喝水，只是在礼拜或者忏悔等特殊情况下才会饮用。”在英国，即便是极度贫穷的人和苦行者都不会去喝凉水。古文学家伍德在描述耶稣教徒莱西神父时这样写道，他如此贫穷衰弱都不至于舍弃饮酒。他说，“他的床在茅草屋顶之下，要攀爬梯子才能靠近，他吃粗劣的饭食，喝一便士一加仑的酒。

英国人有着比任何一个民族都优秀的体能。他们和亨利·考特尔一样，都认为体育锻炼是精神升华的基础，可使一种天性战胜另一种天性。或者和阿拉伯人一样，认为在追逐猎物中浪费的时间不应计入他们的生命历程。他们走南闯北，拳击、跑步、射击、骑马、划船、航海。他们食宿虽无定所，但生活快活又惬意，天黑以后就围上自家的栅栏，安稳地睡觉。他们走路和骑马都非常迅速，头伸向前方，似乎被急事所催促。法国人说，英国人总是像疯狗一样在街上横冲直撞，男男女女都是浑浑噩噩。只要会打枪，狩猎便成了有地位的英国人的最好运动。他们是史上最贪婪的捕食者。每个季节，贵族都会去乡下狩猎打渔。精力更充沛的人则离开海岛，奔赴欧洲、美洲、亚洲、非洲和澳洲，带着猎狗、骏马、猛象或骆驼，用枪、陷阱、鱼叉和套索捕杀大自然一切可捕杀之物。像霍克、斯克罗普、默雷、赫伯特、马克斯维尔、卡明等一大批旅行家甚至将他们在所到国家进行的猎杀游戏记录下来。国内的民众则沉迷于拳击、赛跑、跳跃和划船比赛。

我猜测，如果狗和马会思考的话，它们定会因人和它们拥有同样结实而柔软的肌肉而庆幸万分。如果每个有能力的人首先是一只优秀的动物的话，那么英国人肯定是最好的品种，它们生活富足，无忧无虑，心胸宽广，整日沉醉在啤酒和喝彩声中，体态微胖。有着动物天性的人，仍然像动物一样，依赖自己的本能。英国人对狗和马情有独钟。管理马所需要的胆量和专注更激发了他们对马的喜爱之情。马能够发觉谁害怕他，并且从不伪装它的看法。比起与教授的往来，血气方刚的小职员和精力旺盛的大学生更喜欢以马为伴。马对他们而言可能是更好的伙伴。马的用途比布丰记录的还要多。走在街上，你会发现每个汽车或马车司机都在恃强凌弱。如果想要一队精兵，我宁愿去马厩里挑选，对这些精力充沛的骑手训练有素，你就会发现你已经拥有了令上层社会的绅士和淑女敬畏的品质。

撒克逊人从他们的种族的先辈亨斯特和霍萨那里继承到了实实在在的骑术。他们种族的另一分支是游牧部落鞑靼人。马是他们所有的财富，孩子都是喝马奶长大的。长期以来，北欧人仍然固执地保持着圣餐上吃马肉的习俗，这不禁让人想起鞑靼人的牧场。丹麦入侵期间，他们在登陆的地方，掠夺了大量马匹，并立即汇集成了大批精干骑兵。

骑术曾一度衰落。两个世纪前，英国人的马从未在海外有过什么优秀表现。究其原因，英国人总是将他们的天赋用在利用马匹作为运输工具，而不需要兼顾其他功能，就像人类追求自身的纯粹一样。可是，一旦骑马打仗获得胜利，他们认为人要与马平分功劳。两百年来，这种情形已发生了变化。他们现在夸口说，对于马的了解，他们胜于世界上的任何一个民族，马已经成为他们的第二个自我。

卡姆登说："征服者威廉对动物的感情比对人的感情深，谁要是碰了他的猎物，他会施以重罚。"《撒克逊编年史》中写道，"他喜欢高大的鹿就如同父亲喜欢儿子一般。"富有的英国人都加以效仿，利用权势，侵占耕地，欺辱百姓，开辟私人狩猎区。英国有句谚语说，杀死一个人比杀死一只野兔更安全。严厉的狩猎法表明了人们对马和猎人的极度重视。绅士们通常都骑在马背上，将他们的马匹装扮得美轮美奂。英国的赛马由人工育种而成。赛马时，人们经常看到二十多个骑着马的绅士像半人半马怪一样顺着屋顶一样的陡坡飞奔而下。每个旅店里都挂着赛马图片。每小时都有从纽马克特和爱斯考特发来的电报，传达最新赛马消息。德比马比赛日（德比马比赛日为英国一年一度的节日）这天，即便是下议院也要休会。

英国人的能力

撒克逊人和古北欧人都源于斯堪的纳维亚人。我们无法确定这两个名称的使用范围，因为我们没有精确的历史记录。但是从在法国居住的这两个民族中的部分人中以及那片养育他们的土地对其血缘和生活方式的影响中，流行的观点是在英格兰的诺曼第人代表贵族，撒克逊人代表平民。虽然我对贵族和平民都由这两种人组成的观点不太确信，然而，在使用这两个名称时，我们还是倾向于带有点神话色彩，一个代表了劳动者，而另一个则代表了享受者。

这座岛屿是对最好的种族的一个恩赐。有很多种族曾在这里轮流尝试着统治这座岛屿并寻求财富，这些种族有腓尼基人、凯尔特人和哥特人。罗马人在其最繁荣的时期也来这座岛进行过统治，但罗马人也眼睁睁地看着后来取代了他们的新种族。罗马军队登上这座岛屿后设营建城，但好景不长，他们很快就听说了从意大利传出的噩耗，此后一年不如一年。最后，他们只好把已经建好的公路和城墙都让出，然后离开这座岛屿。撒克逊人以日耳曼人真诚的态度和坚韧的精神居住在这块土地上，他们修建房屋，开垦土地，织网捕鱼，开展贸易等。后来，丹麦人也来到这里，并划出界限，进行统治。最后，诺曼第人，或叫法籍丹麦人，来到这里，才算真正地征服、占领并统治这个国家。撒克逊种族在一个世纪以后被认为是这里根基最牢固也最长久的种族，他们成功地使征服者使用这里的语言，接受被统治者的法律及行为准则，而且还使贵族们不得不对诺曼第国王讲述撒克逊人的行事规则，这样他们就一步步地建立和稳固了公民自由的基本保障。这一功勋来自这个种族的聪明才智以及这块土地的伟大力量。这个岛屿是有利于自由劳动者的，而其他人是不配拥有的。这个种族智慧超凡，以至于一切封建王朝和军事政权都会随着战争渐渐消失。虽然丹麦籍的撒克逊人的政权在战争中受到了彻底的攻击，以至于英国人的名字与佃农意思相近，但这里的人民十分顽强，国王被迫通过了民主宪章。理性和经济必须在由理性和经济组成的政府来统治。凭借7%的利率，银行家可以让贵族放弃城堡，精明的有科学知识的人群不受皇家军队的压迫，斯蒂芬森和布鲁内尔为那些蒸汽机的纺织厂主和一群健壮的利物浦商人设计火车机头和管桁桥，用族系的血缘关系来反对他们起什么作用呢？

这些撒克逊人有勤劳的双手。他们喜好勤劳，讨厌好逸恶劳的生活和无所作为，即使收获的希望渺茫。他们是财富的创造者，因为他们有自己特有的超凡的智慧。撒克逊人热爱劳动，或只为自己而去劳动，他们致力于劳动是为了在这块贫瘠的不列颠土地上体现出自己惊人的价值，消除掉所有的耻辱、烦躁和障碍，然后充分地发挥出他们所有的力量。

斯堪的纳维亚人想象着自己被巨人所包围，这类巨人是具有神力的人群，他们具有巨大的工作能力和生产技术，他们可能是超凡的搬运工、木匠、收割者、铁匠，以及泥瓦匠，这些巨人很快就用金钱回报了社会，在整个英国历史中，一直都在实现这个梦想。一些善变而灵慧的人，用阿尔弗雷德、比得、卡克斯顿、布莱克顿、卡姆敦、德雷克、塞尔顿、达格代尔、牛顿、吉本、布林德里、瓦特和维吉伍德的名字，印证在不列颠的巨人山上，让他们把辛劳的汗水变成了力量和声誉。

如果这里的种族好，那么这个地方就跟着沾光。来到这块充满魔力的岛屿上的人，都会焕然一新，贫瘠的荒滩和恶劣的天气使探险者们成为劳动者，每一个到此的流浪汉不是弯下腰来为财富累死累活，就是被这里的环境憋得难以喘气。在这里真实体现了强者生存，弱者灭亡。甚至英格兰的寻欢作乐者和酗酒者都养成了坚强的品格，而且还在方方面面影响到了那些来这里定居的法国人和诺曼第人。

在英格兰，所有令人钦佩的行事方法与方式都被看成是这个种族扩张思想的发展或是其不可抗拒的衍生。具有这种思维的人就是这样思考也这样行事，他们心甘情愿地用公正的思想和行为来对待他的仆人和佃户，虽然这么做完全违背他作为贵族的权力意志，他的邻居也同样这样想，也同样富裕，拥有贵族身份，也同样被这种想法困扰着。

这个岛屿在古时就以驯养各种獒犬而闻名，他们驯养的獒犬极其凶猛，要是被这种犬咬住，就只能砍下它的头来把牙齿扒开。这里的人就像这里的狗一般地强健、勇猛，这一点可以从医学上得到验证，所以使具有这种个性的人屈服于他人的意志是绝不可能的。英国人举行的比赛也主要是强强相对，十分贴近在户外场地进行的公平的比赛，这是一项公正而不可逃避的竞技，这类比赛直到一方或双方倒下才会结束。当埃塞瓦尔德国主和“长者王”爱德华在温伯恩大战前，他用英语说道：“他可二选一，要么活，要么战死。”他们憎恨阴谋，既不会暗下毒手、陷害他人，也不会相互使诈，即使双方打得贴满膏药，他们也会重归于好，成为终生的朋友。

无论是在学校里、在乡村集市上、在议员竞选处，还是在议会上，你都可以随意捕捉到这些哥特式举动。这块土地上没有阴谋诡计，而是人们彼此坦诚，和平共处，就连被允许的无记名投票选举方式也不愿意实行。在议会上，反对派的战略就是无情地抨击并抵制政府的每一个做法。在货物交易中，对于英国商人而言，最大利益是他们的追求，但要是被欺骗，就他们而言那是一件十分可耻的事情。

克勒尔姆·狄格拜爵士是跨越查理王朝和詹姆斯王朝的朝臣，他在斯堪德昂海战取得了伟大胜利，在当时是英国人的楷模。“这个人英俊潇洒，高大威武，能言善辩，言语优雅。不论他在世界的哪个地方，都受人敬仰。他精通六种语言，文武双全。”克勒尔姆爵士写过一本叫作《论肉体与精神》的书，在书中他写道：“推理造就了人生，更准确说是孕育了多样的人生，我们通过一步步这样的阶梯向人生道路前行。人，之所以成其为人，只是在编织着人生的这些链条。如果偏离这种工作，不管他们要做什么，都是不完善的，都如同偏离自己的天性一样。但是，如果只关注各种各样的外在行为，而没有其他可做之事，他就能在简单的言语中发现人生的艺术、目标、规则、范围与模型。”

英国的天才们说明了这一点。他们凡事都讲究符合逻辑，如果不合逻辑，那么即使是好事降临在他们身上，他们也不会欣然接受，就好像这种好事和他们的自我价值不相称一样，而且也令他们费解。他们本能地担心如果他们的思想掺杂进复杂的关系，他们的注意力就会分散，所以他们嫉妒那些能自由想象的心灵。他们对天才缺乏耐心，无法容忍那些喜欢深思的人，也不遮掩自己对奇思妙想的蔑视，因为即使这些思想有理有据，他们的惯性思维也跟不上。他们讨厌不停地推理，因为他们非常重视事实依据，他们的推理只有一个逻辑，就像盐放在汤中，锤子用来敲钉子，桨用来划船，厨师、木匠、化学家们的逻辑就是遵循这样的自然顺序。夸夸其谈在这里毫无用处，他们只注重结果，思维是不会迷失方向的。像大学博士塞缪尔·约翰逊这样的人是他们喜爱的对象，在他的主要命题处在危急之时他会立刻停止推理并不顾一切地去挽救。英国人眼界十分开阔，他们握着很多股丝线也不会让它们缠绕。有条有理的规律是他们的追求，他们逻辑分明，绝对不会轻重不分。他们有明确的目的，有宽广的胸怀，能包容一切事物，能科学地把握事态的进展。在法庭上法官的自主与起诉者的真诚同样精妙，在议会上他们最好的发明是自由，而且是符合宪章的反对手段。就算法庭和议会都假装没听见，起诉人也不会沉默不语，安静而耐心地等待，年复一年的答辩手段就是用累计和估量来顽强地作为他们为冤屈辩护的武器。然而，他们也在考虑他们的人手和花费，在绝望时就会下定决心拿出最后一招，就是采取革命来获得胜利。他们一定要看到他们的措施得以实施，就算这种坚持会持续数十年也要坚持到胜利。

然而，英国人的逻辑里还注有正义，而这在其他民族中并不明显。他们相信存在的两面性，决心看到公平竞争得以实现。他们处处都要寻求各方的意见，直到得到足够的证据。他们会十分看重事实，对理论有所怀疑。那是一种机器吗？是一个执照吗？是拳击场上的拳击手吗？是符合选举程序的议员候选人吗？他们通行的办法就是在得到事实之前不做任何推断。他们不会受到巧言雌黄的蛊惑，他们需要一个可行的工作策略，一台实用的机器，一个可行的宪章，他们会耐心听完审判，勇于承担后果，丢弃所有的早先的揣测。在政治上，他们会无所顾忌地提出一些不容回避的难题，谁在纳税？做什么来促进贸易？如何提高粮食产量？准备为纺纱工人做些什么？

这种独特的正义感及其影响使法国人十分惊诧。菲利浦·德康敏说："在我所知道的主权国家中，在我看来，最关注公共利益、对人民最少施加暴力的国家就是英国。"生命是安全的，人权也有保障，没有安全，哪来自由呢？而在法国，"友爱"、"平等"、"团结"却是暗杀的代名词。孟德斯鸠说过："英国是世界上最为自由的国家，要是一个人在英国有无数敌人，也不会受到伤害。"

英国人有很强的自尊心，而且相信因果关联，追求现实的逻辑，紧密地把结果与手段相结合，这些都促使他们成为现代世界的领导者。孟德斯鸠说过："只有地地道道的英国人才具有真正的常识。"这种常识是指对我们实际存在状况的认知，对可以陈述的法则的认知，以及对不可陈述而能以实践来证明的法则的认知，其中产生摩擦力是允许的。他们毫不关心所怀疑的理论，也不在乎那些让他们感到无从下手、枯燥无味的权威部门，而是无条件地忠于事实，竭尽全力去实现自己的目标，他们就像勤劳的蚁群和蜂群一样值得赞扬。

这个民族十分钟爱实用的精神。他们喜爱杠杆、螺丝、滑轮、佛兰德斯的军马、瀑布、风车、水磨和承载他们货船的大海与风力。比起镶在皇冠上那熠熠夺目的印度克伊奴尔大钻石，他们更偏爱比人聪慧的天然鹅卵石，它的两极指向地球的两极，它的轴线与地球的轴线相平行。当今英国人最爱蒸汽和电流，他们在精湛的艺术方面显得笨拙，但是在原生艺术方面却别具一格。他们在珠宝或镶嵌艺术方面也不是能人，但在冶炼、采煤、羊毛加工、制革等方面他们高深的技艺享誉整个欧洲。他们注重农业、灌溉，掌握了抵制海水的侵蚀、治理狂风、流沙以及寒冷的沼泽地的方法；学会了捕鱼，学会了加工生活必需品，比如食盐、石墨、皮革羊毛、玻璃、陶器和砖块，学会酿蜜和养蚕，他们通过牢固的协作获得了极大的成功。一个工厂老板坐下来吃晚餐时穿的是一件羊毛西服，但是在黎明时这件衣服却还是羊背上的羊毛。你与一个绅士一起用餐，吃的是鹿肉、野鸡、鹌鹑、鸽子、家禽、蘑菇、凤梨，而这些全都来自他的庄园。他们很会持家，会保管好所有的家用器具和农用工具，不让任何一样东西缺失和浪费。他们在建筑、家居和穿戴方面注重实用、恰当。法国人创造了褶皱饰边，英国人则发明了衬衣，英国人穿外套时会非常正式地把扣子一直扣到下腭，布料虽然粗糙但是十分耐用。一个贵族会穿得比平民还要差一些。他们对朴素结实的帽子、鞋子以及外套的喜好极大地影响了整个欧洲。他们认为他的穿着最为得体，并且非常实用，以至于你不会注意和记住去描述一下他的穿着。

他们把这些要领保留在饮食、艺术和制造当中。每件刀具在形状上都显示出工匠们的想法和丰富的经验，他们把钱花在关键的地方，像制造蒸汽机船，提高机器的可靠性和轮船的驱动力。他们的北极船队的让人羡慕的装备像是要把伦敦带到极地去，他们修建道路、沟渠，建造温暖又通风的房屋，他们率真的性格、务实的作风给现代文明打上了深深的烙印。

在贸易方面，英国人相信任何人都不得破坏自己不该破坏的事物，而且还坚信，如果你不能为了生意做好一切准备，你就会在做生意时毫无收获，所以他们就以这种信念行事。系统精确、关注细节、主次分明、不吹毛求疵（这种性格源自德国人），这些理念让他们在生意场上灵活快捷，这就是英国商业会极为强盛的原因。

英国人在战场上十分留意自己的作战方法。他们心怀他们德国祖先西维利斯的观点，塔西佗的专题这样叙述西维利斯的观点："神圣总是站在最强者这边的"，但波拿巴却不自觉地把这句话理解为："他关注到上帝总是喜爱那些战斗力最强大的军队。”在军事科学方面也是如此，进攻军队的体重比防守部队大时，那么防守部队就会被歼灭。所以惠灵顿在西班牙的军队中，他先把每个士兵及其所带装备都一起称重，再称他们自身的重量。因为他坚信一个军队的战斗力取决于每个士兵的重量和能力，而不是大炮。帕默斯顿勋爵对下议院曾经说过，与世界上其他任何军队相比较英国军队对士兵的健康状况和舒适程度更为关心。“养兵千日，用兵一时”。因此，英国军队在战争时就能比其他任何军队征集到更多的兵力。尼尔逊勋爵在炮击波罗的海的丹麦军事要塞之前亲自在船上不辞辛苦地用了很多天时间测量航道。爱尔丁海战颇有名望的战略家约翰·克拉克所运用的攻破敌舰的队列战术，只是把波拿巴集中兵力的作战思想搬到海战中罢了。尼尔敌舰施行的前后夹击的战术，运用的手段是在敌船的前方安置一部分舰队，敌舰的后部安放一部分舰队。科林伍德公爵时常对他的手下说，假如他们能在五分钟内发射三发炮弹，能直接打中敌舰的侧舷，这样任何船舰都不能抵御他们的进攻，然而在不断地训练之后，他们用三分半钟就做到了。

可是英国人认为没有哪个民族的人能强过他们，因而他们通常只使用一些最简单的手段，不喜欢采用那些困难复杂的战术，喜欢采用近距离方式来解决问题。对他们而言，胜利就是建立在士兵的力量、勇气与耐力之上。虽然他们竭尽全力改进装备、运输、武器，但他们内心还是相信，海战最好的策略就是靠近敌舰，然后集中全部火力来进攻，直到一方沉下水底。这是一种古老的作战方式，但这种方式从来不会过时，在英国不会过时，在英国之外也是这样。

一般情况下，英国人不会为了荣誉、宗教感情或片刻的幻想去流血牺牲，而主要是为了财产，或与财产相关的权利才去闹革命。他们没有雅兴去跳印第安人的战斧舞，也没有法国人那样为一个徽章或是为了一个什么宣言而激情澎湃。英国人是踏踏实实地做自己的工作，去赚每天的工资。如果你想对他的工资、他的牛群、他享有的公共权利或是他的店铺打什么主意，那么他就会和你拼命，直到去法庭上一决雌雄。大宪章、陪审团、人身保护令、秘密法案、船税、天主教会、普利茅斯殖民地和美国革命，所有这些问题都牵涉到一个自由公民生活的基本权利，否则就不会激起不列颠民族的不满和反抗。

英国人本能地十分讲规矩，并且擅长计算。他们的视野开阔，这一点应该被承认，但放纵会使他们付出了高昂的代价，还会引起重大的危机，也十分耗费精力。通常，戴上眼罩的马干活干得更好。英国人所想的事情也只是我们平常生活中的事情："先生，请问你只待在家里依靠什么过日子呢？"自由、税收、特权相关的问题都是关于金钱的问题。健壮的家伙天天吃喝玩乐，所以视力听力都下降了。他们需要战争、贸易、政治甚至是迫害来刺激一下那昏沉的思维，他们只有在烽火岁月的火光中才会领会到一点道义。

塔西佗评论德国人说："他们对短暂的付出力量强大，不过他们对吃苦耐劳没有耐心。"如果这个受命运控制的民族头脑中缺乏耐心的话，伦敦城他们就没法建成。我不知道这个民族是受了哪个部落和哪种习性的影响，来形成了他们不屈不挠的这种个性，但我知道他们会把每一颗钉子都钉得稳稳的。靠碰运气，急于求成不是他们的性格，他们会花大量的时间做准备工作，尔后慢慢地等待回报。他们出产的皮革要放在大桶中鞣革七年时间。我在谢菲尔德参观了罗杰斯的工厂，看到了他们制造剃刀和小刀的流程。我被告知锻造好的钢材绝不能靠运气，他们也不能犯任何错误，这样才能制造万无一失的刀片。那也是他们全部劳动的特色：百炼成钢。

托尔和他的同伴们到达幻城时，有人告诉他说："没有人可以一直在这里，除非他懂得某种技艺，而且还要比别人更优秀。"托尔的子孙后代面临着同样的问题，作为劳动者的民族，大家都要培训某种技术或把握具体细节，并力图完美。他们宁愿放弃其余诸事，也要让这件事情做得精益求精。我想没有哪个民族能具有这样的彻底精神，从上级到下级，人人都想有自己精通的技艺。

一个法国人在一场辩论中最后说到："这是为了显示我的能力。"英国人立刻就反驳说："不！这只是为了全力以赴去促进事业的成功。"塞缪尔·罗米利爵士拒绝在公众集会上发言，而是只在下议院，在那里可以通过演讲来实施自己的办法。下议院的事务由少数几个人来管理，但那里的工作是非常繁重的。罗伯特·皮尔爵士“对英国政府蓝皮书了然于心”，而《英国议会议事录》也铭记在他的同僚和竞争对手的脑海里。高级的文职工作和法律办公室职务不是轻轻松松的岗位，而是需要准确庞大的脑力劳动。我们很多伟大的领袖，像皮特、甘宁、卡瑟尔雷和罗米利都早早死去，都因为在这个职位上殚精竭虑。他们是鉴别优秀劳动者的伯乐，像克拉雷登菲利浦·沃里克爵士、威廉·科温特利爵士、阿什雷、伯克、瑟娄、曼斯菲尔德、皮特、艾尔顿、皮尔或是罗素那样的人，如果他们发现一位，再好的工作、再高的职位他们都能胜任。

在追寻公共目标上英国人怀有极高的热情。每个人在科学研究和文物考古上都显示了顽强的毅力，就与这个国家在与欧洲大陆结盟共同反对波拿巴帝国时一样执着，不断的失败后又不断地崛起，到第六次才成功地让波拿巴下台。

约翰·赫歇尔爵士的父亲制作了北半球星云图，而他为了完成父亲的事业独自在好望角工作多年，最终完成了南半球的星云图。返回家中后他又花了8年的时间来整理完善，到三十年后它的价值才体现出来。从此，他创造了有史以来投入最高的一项记录。年复一年海军部都要派遣北极探险队去寻找失踪的约翰·富兰克林爵士，最后他们绘制出了通过极地浮冰和白令海峡的航线，同时解决了一个地理学难题。在雅典埃尔金爵士看到那些就要毁坏的希腊遗址后，他搭起台架，不顾别人的嘲讽，花了五年时间辛劳地收集它们并把大理石搬上船，但途中不幸触礁，使船沉入了海底，于是他又用了大量资金雇工把所有的东西打捞上来，并运到伦敦。那时他没想到后来就连海顿、福斯利、卡诺瓦等世界上所有的著名学者都为他的壮举而欢呼。查尔斯·法罗斯爵士和莱亚德带着同样的精神分别对土耳其的赞西亚纪念碑和古巴比伦亚述王朝的尼尼微石刻做了挖掘和研究工作。

这个民族居住在他们建造的大都市里，他们不论是生活在凡·代曼还是生活在开普敦，伦敦早已深深地刻印在他们的脑海里了。他们不但自己遵守诺言，而且还要求别人也要做到这点，并以此来证实平等与他们相伴。

现代世界属于他们，是他们缔造了现代世界，现在他们仍在日复一日地建造这个现代世界。伦敦吸引了世界各地的商业往来，世界上的每一种货币都为英国政府贡献了力量。如果世界上的所有财富都因战争或洪水而消失，英国人会自信地说他们有能力再次创造同样多的财富。

通过航海技术，他们证明了自己骨子里的撒克逊血统；通过世代相传的炼铁技能，他们证明了自己史密斯家族欧丁的后裔；通过务农和小麦极好的收成，他们证明了自己不列颠的出身；通过超凡的本领以及四海为家的精神，他们证明了自己居住在世界的中心。他们耕种、修房、锻造、织布，让这个岛屿成了人间天堂，让伦敦成了购物中心、法庭、档案馆、科研机构，世界各地的游客纷至沓来。英国是各种政治和宗教难民的避难所，所有国家里差不多每个活跃的人都会在某一时刻发现自己应该去访问一下伦敦。

在现实生活的每个方面，他们都做得最好。任何战争的胜利秘诀他们都了如指掌。瓦特的蒸汽机、斯蒂芬森的火车机头以及罗伯茨的走锭纺纱机都在为全人类服务。无论在文学、科学，还是实用技术领域，他们都出版过最好的书籍。这就是英格兰人，人们拭目以待他们在创造发明和科学进步方面为人类做出新的贡献。这个伟大的帝国的商业和政治关系十分复杂，对于紧急事件他们用律师和实在的行动来处理。不管是一个想法，还是精巧的发明，在这个民族里都会得以显现，这是他们走运还是他们拥有天生的智慧呢？不管怎样这就是他们的商业优势。他们这个民族得到了命运的眷顾，班西女妖发誓说道，他们肯定不会缺少男性。他们有的是男性来担任重要的职位，而党派间的争辩确保了他们有能力成为最佳人选。

大不列颠这个民族的活力体改为整个民族的组织结构是高度人为的，甚至是充满矛盾的。这里的风土人情和地质地貌如我说过那样不是天然的，倒像是人工完成的一样，在整个王国都有同样的特点。培根曾说：“罗马这个政权没有遭受过什么悖论。”而英国充满了矛盾和冲突，所以情况刚好相反。这个国家之所以伟大就在于那汹涌澎湃的波涛，彻头彻尾它就是一个反常现象的博物馆。这个多雾多雨的国家把天文观测数据提供给了整个世界，它的河流虽然短，并且也没有充足的水力资源，但是水车的轰鸣声却震动着这片土地；它没有重要的金矿，但是拥有最多的金子。它靠近北极，天气十分寒冷，因而无法种植葡萄，但它的码头上却运来了世界各国的葡萄酒。法国的德·劳拉盖斯伯爵说过："除了烤熟的苹果，英国就没有其他熟透的水果了。"但在伦敦橘子和菠萝的价格和盛产水果的地中海同样便宜。《马克——莱恩快讯》或海关报告刚好证实了蒲柏的自我吹嘘：

任印度人去夸赞她的棕榈，
我们也不要去羡慕那晶莹透亮的琥珀与梦魇中的香料树，
然而我们的橡树船上却装满了这些宝物，
我们也遥控着那些奇树装扮的国度。

这里的家养牲畜已经灭绝，只有人工繁殖的品种。农学家贝克威尔制定了绵羊、奶牛和马匹饲养规则，只经济地饲养它们。奶牛奉献牛奶、公牛奉献牛排，牛在畜舍饲养长肥产仔，牛圈变为化学工厂。由于过分捕捞或因工厂污染，河流、湖泊和水塘里的鱼变得越来越少，但是这里充斥着人工投放的鲑鱼、多宝鱼和排青鱼的鱼卵。

曼彻斯特郡的查特、林肯郡以及剑桥郡的沼泽地有害健康，而且十分贫瘠，所以没人愿意租来开垦。通过修建一些圆形的排水沟并安装马来橡胶管，五百万英亩的废地排干了积水，都等同于良田，种上了油菜和草皮。气候也是如此，由于大量消耗煤炭使气候变得更暖和干燥，据说现在连雾和暴雨都消失了。整个英格兰在适宜的时间会把所有的积水排干，蒸汽机就如同一个英国公民一样能够促进农业生产，但还不知道他们是否会把它送进议会去形成法律。蒸汽机可以用来纺纱织布、锻造金属、拉动锯子、举锤锻打、鼓风，但是现在用它来为农民抽水、磨面、钻井、耕地。工业人口形成的市场让农业建立起一个巨大而兴盛的消费产业。房价与地价在英格兰差不多，各种人造产品都比天然产品更便宜，一英里一便士的廉价列车使大家不愿意再步行，在城市不计其数的高楼大厦里煤气灯比日光还要便宜。但是在伦敦每一家庭都必须缴纳水费，英国的商业贸易没有本地农产品出口，只出口自己的加工产品和世界其他地方生产质量不好的产品。他们为墨西哥人制造斗篷，为印度人生产印花大手帕，为中国人栽种高丽参，为印第安人制作念珠，为佛兰芒人生产花边饰带，为天文学家制造望远镜，为国王铸造大炮。

商务部从希腊和意大利引进了各种最好的生产样品配置给每一位制造商。他们引进慕尼黑、柏林以及巴黎最好的制造工艺，并配上精心制作的插图。他们在整个意大利寻找最新的服装款式回本地生产。

我们越近距离观察，就越能探知这个社会系统的人为活动。他们的法律是虚拟的，其财产只是没有人能看得到的能证明财产权的一张纸片或单据，法令规定了他们的社会阶层，其权力和代表的比例也由历史传统和法律规定。坟墓、遗址以及古老石墙的政治权力被最新的改革法案剥夺了，尽管伯明翰和曼彻斯特的工厂替英国在欧洲战场作战投入资金，还是没有分给他们一定比例的代表，他们不能通过花钱购买席位，议会得到选举的纯洁性。国外的权力由殖民地的武装来保障，国内的权利就由常备警察部队来维持。乞丐的生活好过自由劳动者，小偷的生活好过乞丐，流放罪犯的生活好过服刑罪犯。犯罪同样是人为的，比如走私、偷猎、不信奉国教、信奉异教、叛国，他们说在英国杀个人如同杀一只野兔。通过强征水兵来维持国家的海上霸权，艾尔顿勋爵曾说："强行征用海员是我们海军的生命。"通过发行国债来维持国家的偿付能力，他们依据这样的原则："要是你不借给我钱，我哪有钱还你呢？"司法部里，塞缪尔·罗米尼爵士清理大法官法庭事务欠款的最好方法就是让大法官全部从法庭搬出去。他们的教育体系也是人为的，大学让已经消失的语言恢复语言教育。他们的教会也还是人为的，礼仪和风俗也娇揉做作，充满做作的人和做作的行为。因此，整个社会都伯明翰化了。我们的民族的存在就如同一件工艺品，这个寒冷贫瘠的北极小岛被建成为地球上最富有、最奢侈、最威严的国家了。

英国人让自己沦为政治经济方面的产物。在阴冷的荒原上修建一个工厂，再开张一家银行，那么人群就会如洪水般涌来，城镇和城市就出现了，人类被当作伯明翰式的一粒纽扣。在瓦特发明蒸汽机时代，人口增长迅速。拥有大量土地的地主却这样讲：“他们在佃农那里无利可图，我就来养羊。”接着他们开始把房屋拆掉，把农业人口运往美洲。这个国家的人民对于暴发户毫不稀奇，“英国现存的绝大部分财富是靠国民的双手在近一年来创造出来的。”这就是他们的经济学家的座右铭。与此同时，连续下三四天的雨又会使伦敦成百上千的人挨饿。

英国人之所以具有强大力量，秘诀之一是因为他们彼此之间相互理解。聪明的头脑并非只有英国人才有，所有的人都具有。所有民族都创造出了一些才智，只是对于很多民族他们的才智很是单一。但是英国人的智力组织却能使知识和思想在他们所有人之间传播，每一次思想撞击将它们都融为一体，将个体贮藏的力量汇集起来，加以应用发挥出全部效力。英国虽小，但英国人自豪、仁爱，彼此团结，相互信赖。

英国人的智慧非常持久，如同羊毛织品染色之后一样。怀着坚韧不拔的毅力拥抱他们的事业甚至超过了自己的生命。一个平民百姓可以通过选举投票去作军人。这些不苟言笑、勤俭持家的人以他们的全部热情投身于公共利益，许多英雄事迹就是这种情感力量所铸就的。人的阶层不一，但并不会影响整个民族的情感。丹麦诗人佛莱希平格抱怨说：丹麦语写成的作品读者只有两百位。在德国，有文化的人讲一种语言，平民百姓则讲另一种语言，相差甚远，听说德国大作家的作品中所描述情感和措辞是下层阶级的人从来没有听说过的。可在英国，穷人富人使用的是同一种语言。演讲者在议会、教堂、剧院里要表达自己的思想和情感时，所使用的语言是通俗易懂的，市井大众都听得懂的语言就是最好的语言。他们的语言似乎引自于《圣经》、习惯法，或引自莎士比亚、培根、弥尔顿、蒲柏、杨、库柏、伯恩斯和斯科特的大作。这座岛上孕育了两三位流芳百世的伟人，可是他们在自己所处的时代并非隐士。人们很快就在格林尼治天文台和实际的航海领域中具体化了牛顿的发现。现在所有的孩子都了解哈顿的地层知识、道尔顿的原子研究和哈维的人体血管常识。而这些研究在以前都是危险的，如今它们却成了一种时尚，农业、贸易、战争、艺术、文学和考古方面的研究或知识同样如此。伟大的才能不是只聚集在少数巨人身上，而是要在普通民众的思想里倾注，所以在紧要关头人人都可以互相接替。他们在个性上受到限制，不能因为能力或等级受到限制，劳动者可能成为贵族，贵族也许是一个编篮的人。英国的制度潜藏在每个人的头脑中，他们都知道自己受到怎样的信赖，在那里他们会全力以赴。国家的一切体现在内阁大臣的权杖上、体现在海军学校学生的刀剑上、体现在铁匠的铁锤上、体现在厨师锅碗瓢盆里、体现在赶车人扬起的马鞭上、体现在水手一次次摇起船桨“上帝保佑君王”的祷告里、体现在重刑犯忠于国家的自豪中。政治上与战争中，他们如钢钩相连，团结奋斗。尼尔逊充满魅力就是他的大公无私，他支持的人肯定会支持他。英国人的生活艺术领先于世界其他各地，同时，有某些方向他们不代表现代精神，而是在构建现代精神，他们冷静地审视自己这块礼仪和力量的先锋盾，他们组成方阵，步步紧跟，成千上万的人声势浩大地迈向前方。

英国人的风俗

我发觉所有人当中英国人立场最为坚定。他们身上具备他们所看重的马的品质：勇气和耐力。我到达利物浦那天，一位先生在向我描述爱尔兰总督时说道："克拉兰登勋爵气如雄鸡，临危不惧，誓死战斗到底。"这就是自始至终我听到的英国人最重视的东西——"勇气"。出租马车夫有勇气，商人有勇气、主教有勇气、女人有勇气、报刊也有勇气。人们说，在英国，最有勇气的当数《泰晤士报》。西德尼·史密斯曾说过，小个子约翰·罗素勋爵将来肯定要执掌海峡舰队的帅印。这句话后来无人不知。

英国人推崇敢于坚持己见的勇士而唾弃不置可否的懦夫。他们敢于触犯你，然而若你能妥善处之，并具有气魄，他们亦能容许你打破清规戒律。然而你必须是个人物，你才可以随心所欲。

机器已经应用到各行各业，达到了至善至美的程度。人们只需看管发动机、加加燃料即可。机器需要及时维护，而且，因为它们不知疲倦，往往让看守机器的工人力不从心。矿井，熔铁炉，磨坊，酿酒厂，铁路，蒸汽泵，蒸汽犁，团队演习，警察演练，法庭制度，店铺规则等发挥作用，赋予人的习惯和行为一种机械的规范性。可怕的机器已经占有了土地、空气、男人和女人，甚至连人们的思想也难以幸免。

机器的力量和构造要求人们体格健壮，反应敏捷：那些和机器打交道者必须多少具有金属性。最终，你从所经历的生活狂澜中得到启示：有一件事是明白无误的，即这个国家容不下胆小鬼，不要唯唯诺诺、卑躬屈膝。只有果断下定决心，走自己的路，勇往直前，你才会赢得尊重，得到发展。

据说，去西班牙旅游要体格健壮。我个人认为，去英国亦如此，只需看看英国人的精力和体格即可。虽然他们早餐只吃鸡蛋和松饼，但是只有最严肃的工作才能消耗这些狂野勇士的体力。英国人说话全身用劲，声音发自肺腑，而美国人说话则是动动嘴皮而已。旅途中，英国人对旅店住宿、旅途的舒适度极为讲究。对烤面包、牛排和生活用品等也都百般挑剔。稍有不慎，他们便会极不耐烦、破口大骂，语言尖酸刻薄。他的活力不由自主地在各个方面迸发，在行为举止中，在呼吸声中，在清嗓子时发出的含糊不清的声响中——无不显示出他们魁梧的力量。他精力充沛，在紧急情况下可以先发制人。他沉着冷静，因为他善于调和道德世界和物质世界的矛盾，能够依从意志协调各种力量，就好比他双眼的轴心被固定于脊柱之上，只有身躯运动，双眼才会跟着移动。

英国人表现出来的活力一点也不让人感到好奇，他们彼此也都漠然视之。每个人走路，吃饭，喝水，刮胡子，穿衣服，做手势等各种言行举止，行为经历，都好似旁若无人，我行我素，但是，他们始终小心翼翼，惟恐干涉别人或者惹恼别人；这并不是因为他们训练有素、学会了不理睬旁人的眼光，而是因为他们全神贯注于自己的事，没有顾及别人的存在。在这个文明优雅的国度，每个人行事只需考虑自己方便，就像美国威斯康星州一个孤独的拓荒者那样。我不知道还有没有别的地方，对个人的怪癖如此包容，视若无睹。一个英国人走在瓢泼大雨中，挥舞着手里一把合着的雨伞，像手杖一样。他们无论是戴着假发，披着披肩，顶着马鞍，还是倒立行走，都不会有人议论纷纷。因为这种做法代代相传，现在已然流淌到每个英国人的血液里。

总之，在这些岛民中，每个人就是一座小岛，平安，宁静，孤僻。身处一群陌生人之中，你可能会认为他是聋子，因为他的目光从不离开他的桌子和报纸。他从不会表露好奇心或不恰当的情绪。他们都在礼仪学校受到过严格的训练，并绝不会摆脱那副枷锁。他从来不会脱下自己的外套。他既没有伸手援助别人，也不会让你直视他的眼睛，因为如果未经介绍，就盯着别人看，这等同于一种冒犯。不管是在混杂的场合还是在精英分子的派对，他们都不介绍人们认识，因此每作一次介绍，就像签署合约一样具有约束力。哪怕介绍犹如圣礼般庄严，他也不愿透露自己的名字。即使在酒店订房，他也极不情愿地把自己的名字轻声告诉工作人员。如果他给你印有私人住址的名片，这就是公开地表明他对你的友谊。当别人介绍他时，尽管此时此刻他正想结识你，正寻思怎样为你效劳，但神情依旧冷漠。

英国人精力充沛，给人的印象极为深刻，这里有一个不太充分的证据。我在描述那些贫穷、弱小和无能之辈时，惯用一些有丑化之嫌的言辞。英国人体格魁梧、精力充沛的形象时时在我的脑海中闪现，以致当我面对他们演讲时，就思量再三，择言而发，不敢贸然造次。

我抵达英国的时候恰逢商业危机。但显而易见的是，谁都有可能倒下，但英格兰不会。这个民族在这里矗立了一千多年，还将接着矗立在这里。他们不会分崩离析，也不会像他们的邻国那样发生孤注一掷的革命，因为他们同过去一样活力四射、克勤克俭。他们的一切权力和财富都是自己创造出来的，在这一危急时刻，他们一如既往地勤劳有加。

英国人积极向上，做事有条不紊，爱干净，重礼仪，做事注重传统，循规蹈矩；诚然，他们热爱真理，有虔诚的宗教信仰，但在一些形式问题上却显得刻板。全世界都在赞美英式旅店和英国家庭的舒适性和私密性。你完全可以享受到干净整洁和端庄得体。法国人可能是干净整洁的，而英国人却一丝不苟地保持洁净。他们的衣着和物品都井然有序，十分得体。

因为英国气候潮湿恶劣，所以英国人只要有空，都喜欢宅在家里。由于天性挚爱和忠诚，英国人非常热爱自己的家。富有的英国人会买一块领地，修建一个庄园。中等收入的英国人也会不遗余力地装点自己的房子。他们会在户外栽种草木花果，室内则铺上地板，精雕细琢，挂上布帘和名画，并且家具陈设精良。酷爱装饰和修缮住宅。他们买来贵重的稀罕物件放在家里，加之大不列颠民族倾向于世世代代固守一处住所，久而久之，这个家便成了一个博物馆，陈设着传家宝、礼品、冒险活动战利品，以及家族的丰功伟绩。他们非常喜欢银器，虽然没有摆放祖先画像的画廊，但摆放有祖先用过的大酒杯和粥碗。在富有人家可以见到的银器餐盘数量之多，令人难以置信。就算是最贫穷人家也有一些教母在日子稍微殷实的时候馈赠的勺子或平底锅。

英国家庭一般人口不多，无论老幼，亲密无间，好似有一条无形的纽带把他们系在一起，亲密程度犹似连体婴儿。英国良好的文化环境和舒适的生活条件培育出世界上最美好的女性。并且，由于英国男人感情深沉、心思至诚，女性也激励着他们日臻完善。没有任何东西比两性之间的追求和相互支持更加细腻微妙而不失虚幻，没有什么更牢固、更自然、更富有情趣。1596年，有一首歌这样唱到："每一个英国人的妻子都是有福的。"《辛白林》中伊莫金的情感是英国人本性的展现，同样代表英国本性的还包括布鲁特斯的妻子波西娅，凯特·珀西和苔丝狄蒙娜。在露西·哈金森夫人和罗素女士的身上，有着浪漫风流，但更多的是高尚的情操，甚至我们从圣普斯日记朴实的语言中看到的英国主妇的圣洁性情也超过了浪漫风流。塞缪尔·罗米利爵士无法忍受丧妻之痛。英国的每个阶层都有高贵和温柔情怀的典范。

这个国家能够枝繁叶茂、繁荣昌盛，来源于人们对家庭的热爱。英国人经商贸易或建立帝国的动机和目的就是为了捍卫家庭独立，不受外界烦扰。英国习俗最突出的特点在于分外注重家庭关系。这种对家庭的热爱也传递到宫廷和军营。威灵顿统治印度、西班牙以及他的部队时，就像模范丈夫一样奋力厮杀，偿还债务。虽然身为驻守西班牙军队的将军，但却因为害怕公众债权人而不敢轻举妄动，虽然他这种对家庭和教区价值的偏好有偏颇和愚蠢之处。柯柏特先生把1810年泊西瓦尔首相的极高声望归因于如下的情形：他每个星期天都习惯性地去教堂做礼拜，一个胳膊下夹着一本大四开镀金祈祷书，另一个胳膊挽着他的妻子，一大群儿女跟在后面。

英国人保留了古老的风俗习惯、装束、仪式、假发、权杖、王权和皇冠。中世纪的景象在伦敦的街头随处可见，巴思的骑士宣誓保护受伤的女士，“金色王杖侍从”依然存在。当他们给现任行女王加冕礼时，还会重复11世纪时的仪式。世袭制度对他们来说是天经地义，官职、土地、生意以及传统都如是传承。他们的合同租约历时一千一百年，服务条款或是合伙条款都终身管用，乃至世代相传。艾尔顿阁下曾说：“霍尔德西普跟随我28年，对我的事务和书籍都非常熟悉。”习俗如果年代久远就足以证明其正确性。华兹华斯曾这样描述威斯特摩兰的小块土地世袭者：“穷山沟里卑微的孩子们都知道，他们同姓同宗的祖辈们已耕种了这块土地五百多年了。”公共船坞的木匠、庄园的园丁和脚夫，他们祖孙三代在那里，已经待了一百多年了。

英国人的力量还存在于他们不喜变化，因此他们很难把理性用于行动，而在任何情况下，他们都首先诉诸记忆。一旦他们摆脱了某个困局，确立了较好的解决办法，他们就会迫不及待地把它当作最终定论，再也不想听到任何别的提议。

每个英国人都是天生的大法官，他们本能地去搜寻判决先例。他们最喜欢的法律术语是：“不违记忆的习俗”。男爵们会说：“我们不想改变。”伦敦人一句话就打消了总喜欢刨根问底的外国人的好奇心：“哎呀，老兄，一直都是如此。”他们厌恶革新。培根曾这样说：“时间才是真正的改革家。”查塔姆则说：“信心是一株生长缓慢的植物。”卡宁也说：“与时共进。”威灵顿说：“习惯等于十倍的天性。”英国政界人物都认识到习俗的潮流不可抗拒，而且编造出许多优美的措辞来掩饰他们迟钝的认知力和拒绝进步的顽固不化。

海贝壳当仁不让地是英国的饰章，不仅仅因为它代表波涛积聚的能量，而且也代表了人经过艰辛达成的完美。英国人就像贝壳或骨螺一样光鲜精致。在螺线和脊骨形成之后，或在定型之时，一种汁液分泌出来，然后每个部分都涂上一层坚硬的珐琅釉质，从而露出光泽。在他们看来，恪守礼仪如同洁净的衣物一样不可或缺。如果礼仪缺失，其他任何美德都难以弥补，而礼仪有时候却可以取代一切。“这不成体统”是英国人口中最令人生畏的话。但这种表面的光鲜却需要他们付出沉重代价。有些英国人单调乏味，其木讷愚钝、死气沉沉，超越了所有其他国家的人。在他们自负肤浅的话语中回荡着绝望的丧钟，好像在说：撇下所有的希望吧！在这道礼仪的直布罗陀鸿沟里，平庸受到保护，进而逐步稳固，最后坚如磐石。时尚的英国人就像是纪念品，裹上金质羊皮纸，厚厚的热压纸板精雕细琢，富丽堂皇，很适合供贵妇、王子们玩赏，但腹内空空，不能给人留下深刻印象。

无论朝野，都有严格的礼数规范。在温莎举行的一次私人晚会上，钢琴家塔尔伯格演奏时女王伴着琴声唱了起来。此事一经传开，举国为之大哗。不过，此种有失体统之事再未重演。冷清、压抑的行为举止大行其道。除了在歌剧中，激情通通被人们拒之门外。英国人尽量避免出风头。在室内，用一种不引起他人注意的声调谈话。菲利普·西德尼爵士是英国礼仪的一位守护神，沃顿曾这样评价他：“西德尼的智慧是检验行为是否得体的标尺。”

矫揉造作与夸夸其谈一向令人深恶痛绝，而英国人却走向了另一个极端，衣着举止都十分低调。他们不矫揉造作，总是直接切入正题。他们憎恶胡说八道、多愁善感以及高谈阔论，总是刻意使用质朴的语言。就连有纨绔子弟之称的英国人布鲁梅尔衣着也极其简朴。在公众事务方面，他们重视踏实肯干，不追求戏剧性轰动效果；在个人事务中，则提倡简约得体。

在英国这样一个贵族政治国家，首要的文化体制不是法律上的陪审团制度，而是请客吃饭。请陌生人用餐，表达对他的礼遇——这一风尚已延续数百年之久。1500 年，一位威尼斯旅行家这样描述道：“他们（英国人）认为，人们能够给予或者获得的最大荣耀莫过于请别人用餐，或者受到邀请用餐；他们宁愿花五六金币来款待他人，也不愿掏四便士来帮助旁人摆脱困境。”在伦敦，正餐一般安排在晚上，家庭晚餐的时间通常是六点。倘若有客人到访，则会推迟一两个小时。每个人，无论是在自己家，还是在别人家做客，晚餐前，都得着装整齐。客人到达时间，则以请帖上所约定时间前半小时内为宜，除非出现人身意外，否则不允许拖延迟到。正是以英国晚宴为原型，美国大西洋沿岸的城市也建立了自己的晚宴模式。在女士们离开餐桌后，男士们会再饮一个多小时的酒，而后到客厅里，和女士们一道喝咖啡。盛装晚宴衍生出了堪称完美的席间谈话艺术：故事如此精妙绝伦，使人深信肯定被讲过多次，才能发展出如此美妙的情节。谈话内容包括各种各样巧妙的构思设计、少量的科普知识，实用的发明创造，各式幽默小品。有政治、文学和个人新闻，还涉及诸如铁路、马、钻石、农业、园艺、渔业和酒类方面的话题。

英语的小说故事、名言以及记录下的睿智诙谐的席间谈话，比起法国的最好作品来也毫不逊色。在美国，我们是聪明的学者，但我们还达不到他们那种至善至美的境界。伦敦吸引了世界各地的人。他们的生活环境千差万别，从而创造了一个异彩纷呈的社会，宛如岗峦起伏的地方造就如画的美景一般。然而，美国广袤的平地造就的则是温顺的大草原。同时，每天夜幕降临后举行的盛装晚宴可以汇集并突显所有精彩事物。如同子弹经反复擦拭会增大威力，所谈论的每一句话经反复提炼都成为至理名言。而且，在晚宴上，每个人都时而会遇见一些满腹经纶之士。他们无所不晓，无所不历，无所不能，文学艺术与科学无所不精。只要他们愿意，还有什么是他们不会的呢？

英国人的真诚

与拉丁族裔相比，日耳曼各部落向来对自己的祖国忠贞不渝。众所周知，日耳曼这个德语名字本身就包含真诚和忠实的含义，这点从他们的艺术中就可以得到明证。从那些历史悠久的雕像和装帧精美的弥撒书中不难看出，不管是牧师还是平民，脸上都流露着对信仰的虔诚。除了这种世代相传的诚实，你从他们在商业往来中养成的守时习惯及严谨作风中也可以体会到英国人的真诚和守信。政府恪尽职守，公众不容玩忽职守。即使在昔日特权时代，言而无信也受到憎恶，不为民众所容忍。而在当今社会，政府若政治上失信于民，或在财政问题上违约不守信，都会演变成为一场全民质询的改革。事无巨细，人人都信守承诺。信口开河、言而无信之人将被刻石记载，如同记录在《末日审判书》上，污名永远也擦不掉。

这个民族的实际能力取决于自身的真诚。他们的诚实与生俱来，这标志着一个族群的优越性。作为对力量不足的补偿，大自然赋予了某些动物以机智，但这同时也激发了其他动物的敌意，仿佛要消除公敌一般。一些更高级的物种拥有力量方面的优势，他们忠于真理，相信真诚是社会存在的基础。有的野兽与人类无法共存，但是它们彼此之间却以诚相待。据说狼会先将自己捕获的猎物隐藏起来，然后把同伴带到埋藏物猎物之处，但如果是那儿并无猎物，虽然它会立刻被其同伴撕成碎片，但毫不抵抗。看来，英国人的真诚源于一种更加完善的动物界的组织体系，而他们对这份真诚倒也受之无愧。他们表里如一，直言不讳，不轻易允诺。与别人相处时，他们也要求彼此以诚相待。我们不必同口是心非的人打交道。我们要是非分明，界限清晰，且顺其自然。阿尔弗雷德深受英国民众爱戴，并被奉为英国民族的典范。他的朋友阿塞称他为“说真话的人”。蒙默思郡的杰弗里在谈到亚瑟王的舅舅——奥里利乌斯国王时说“他最痛恨的就是谎言。”古北欧人古托姆对奥拉夫国王说：“君王之所以为君王，是因为君无戏言。”在英国，一些家族的家训就是警世箴言，像费尔费克斯家族的“言必行”；芬尼斯家族的“言必信”；狄沃斯家族的“真实无欺”等。让英国人引以为傲的就是他们言出必行。一旦他们发现了谎言就会说：“这不是真正的英国人”。对英国人说谎是对他们极大的污辱。在英国，连生活在最底层的人的口头禅都是“以名誉担保”，而对他们最通俗的赞美就是“他说话算话。”英国人讨厌搪塞不清、含糊其辞。可只要有一点闪烁其词，公众的舆论就会使他们的谎言败露。就连有着法国血统的切斯特菲尔德公爵也对“绅士”做出了自己的定义。他称是“真诚”让绅士与众不同，而这也是他说过的最得民心的话了。对于这点，威灵顿公爵是最有资格的发言人。他建议法国将军克勒曼相信英国军官的誓言。各个阶层的英国人都以这个特质来评价自我，这也正是他们和法国人的不同之处——人们普遍认为法国人更看重礼貌而非诚实。英国人出言谨慎，避免言过其实，慎于赞美他人，同时断言法国人只要说话就会说谎。

英国人喜欢实在的财富、真实的权力和真切的情谊，不轻易矫揉造作，对世事总能保持平和的心态，既不迷恋过去，也不妄想未来。他们不喜欢佩戴首饰，但如果要戴的话，就一定要佩戴宝石。在老福勒的书中，他们欣然读到了这么一则故事：在伊丽莎白王朝时期，有一位女士，她“如鉴别真假宝石一样耐心地去识别谎言”。英国人渴望土地，偏好地产，据说这是日耳曼民族的特点。他们用石头盖房子：无论是公共建筑还是私人房屋都庞大结实，且经久耐用。如果拿他们的船坞和政府办公室与美国人的建筑物比较，通常会发现，在我们只花了一美元的地方，他们花了一英镑。他们的住宅和所有物品中充斥着那些朴实却又昂贵的衣饰和用品，无一不标志了英国人的真诚。

英国人彼此之间互相信任。法国人非常欣赏英国人的这种德行，但是英国人并不会因为他们的赞赏而落入陷阱。他们只是诚诚恳恳地专心做自己的事情。如此这般，法国人的心思只能是白费了。斯达尔夫人说，英国人之所以激怒了拿破仑，主要是因为他们发现了把成功和诚实结合起来的诀窍。那时，她还没有意识到这些英国读者会将这句话应用的如此广泛。威灵顿凭借自己的正直笃实，揭示了波拿巴帝国灭亡的原因。当他发现这个帝国只靠战争生存十分不务实时，立刻就预言了这个国家衰落的命运。如果战争带来的不是新的贸易契机和更好的工农业发展机会而只是赌博玩乐、烟火表演和游行盛会，那么，再富庶的国家也无力支付战争，更不用说像法国这样一个经济上入不敷出、兵员上伤亡惨重的国家了。因此，他苦心经营里斯本的军事基地多年，最后还把他的宏伟战线从这一基地延伸到了滑铁卢。他始终只相信自己的同胞以及他们的推论，不相信欧洲人的自吹自擂。

回国后，我碰巧出席了在蒙特利尔举行的圣乔治节。席间，我注意到主持人这样向他的同胞致辞："他们相信只要有英国人的地方，就有诚实可靠的人存在。"如果，四月二十三日这一天，不管在世界哪个地方，两三个英国人聚在一起，彼此之间互相激励、发扬诚实这一民族特性，那么这个节日的存在就不是毫无意义的了。

英国人心直口快，即便在危急时刻也仗义执言，这是其他民族无可比拟的。按照惯例，在国王生日之际，每位主教都应该送给国王一包金子作为礼物，然而拉蒂美尔主教却送给亨利八世一本拉丁文《圣经》，并在"对嫖客和奸夫，上帝都要审判"这一句话上做了标记。由于他们原本就非常敬重彼此的勇气，因此国王对此事只是一笑置之。英国人坚持自己的信仰，不会曲意逢迎。他们就像头重尾轻的船只，难以见风使舵，无论身处逆境还是顺境，都不会动摇他们的处世之道。1848 年 2 月，我在伦敦的时候，基佐从巴黎逃亡去了那里。那时他的许多私交曾上门拜访他，他很快就被提议为文学协会的名誉会员，但却遭到了反对。英国人当然清楚这个名字所代表的荣誉，不过，他们可不是善变之人。对他，他们在心中早有定论。多年来，他们在报纸看到有关基佐的报道都令他们憎恶与鄙视。不管他是一个著名的流放者，还是这个国家的座上客，他们对他的看法都不会改变，而这在美国情况就大不相同，在那里，人们对他的态度会随着他身份地位的变化而变化。

英国人要求公职人员应具有始终如一的忠诚、坚定不移的信念和实事求是的精神。许多爱尔兰议员正是由于缺乏这种品格而名誉不佳。英国人说："看看这些人，总共有 127 个人投票，每一个人都表现得像绵羊一样温顺，从来没有人提出新的议案，而且所有人中只有 4 个人投票赞成所得税议案。"这是政府错误的让步，因为它将爱尔兰人减轻的财产负担转嫁到了英国人头上。

英国人厌恶议会内外的投机者。现在看来，英国人如今日常生活中最主要的情绪就是对谎言的憎恶了。相对而言，他们珍视诚实、坚毅和坚持自我的品格。他们喜欢全身心投入去实现目标的人。他们不喜欢法国人，因为他们行为轻率；他们不喜欢爱尔兰人，因为他们漫无目标；他们不喜欢德国人，因为他们看起来拘谨古板。他们说，"你看 1848 年 2 月法国国王和他的党羽就是因为没有开枪，所以垮台了，法国人没有武装斗争的意识，所以法国君主政体曾有的辉煌就此彻底结束了。"

基于同样的理由，英国人每天都要攻击他们的政客，认为政客都是投机者。他们坚决维护自己的权益，拒绝以任何退让为代价换来的钱财和晋升。如果一个高级律师的下级先他一天得到了英国皇家顾问的丝绸长袍，那么他一定会拒绝接受它。如果柯林伍德勋爵没有得到纪念 1794 年 6 月 1 日的胜利勋章，那么他也不会接受那枚纪念 1797 年 2 月 14 日的胜利勋章，因为这和长期悬而未决的勋章事件说到底其实是一回事儿。卡斯尔雷曾劝阻威灵顿勋爵接受国王的接见，告诫他应等到辛特拉事件得到合理的解释后再去，但是威灵顿勋爵却回答说："现在你反倒是给了我一个去那里的理由。要么我现在就去，要么就永远都不会去。"牛津的激进分子曾经跟在托利党人艾尔顿勋爵身后大声喊道："这是老艾尔顿，他是好样的，为他欢呼吧，他从未变节。"英国人称议会中那些趋炎附势的人为"投机者"，这种人的品格是他们所最不齿的。

在政治上，英国人非常易于沉溺于极端的妄想，以至于相信那些古老典籍中记录在册的言论，比如说，他们坚信 1848 年 4 月 10 日那天发生的运动如书上所述，是由外国人资助并鼓动发起的。毫无疑问，在英国，这种幻觉的盛行和英国人对民主抱有幻想并不相悖，而且我还发现，向来头脑清醒的人也有这样的奇思怪想。他们一直深信英国人才是美国政坛上黑奴解放运动的幕后推动者，也不怀疑在法国人人皆知的关于"背信弃义的阿尔比昂"的传说。但是，疑心会愚弄国家，也会愚弄臣民。

英国人性格不温不火，不像其他国人那般机智灵活，这也就有了英国人是"事后诸葛亮"的说法，这同法国人所说的"楼梯智慧"如出一辙。这种迟钝的性格使他们带有浓重的恋家情结，不管去了哪个国家，他们都要保持在家的习惯。英国人就连去埃特纳火山观光也会带着家中的茶壶爬上山顶。一位意大利老作家曾在《英国关系》（1500）中说过："我非常清楚，即使是在硝烟弥漫的战场，英国人也要想尽方法找到好吃、好用的，全然不计此举可能带来的恶果。"他们见识浅薄，眼界就如井底之蛙一般，坚信自己所知道的细枝末节，坚信世界上除此之外其他事物皆不存在。由于他们认为基尼（英国的旧金币，值一镑一先令）是万能的，因此，在任何情况下，他们都将金钱惩罚作为解决争端的最终处理结果。因此，当罗切斯特的迷魂术刚传到英国时，一个人在都柏林银行将 100 英镑存入了一个密封的盒子，然后，又通过报纸将此事告之梦游症、迷魂术迷等诸如此类的人，只要谁说出了这张纸币上的号码，谁就能得到这笔钱。这笔钱在银行放了半年，报纸上也不时地反复登出此广告，以期引起那些能手的注意，但是没有一个人能说出答案。然后他说："现在，这事儿已经证明了只是个谎言，那么，我也就不用再为它犯愁了。"据说有一位好心的名为约翰的爵士，一次在听完了一方辩护律师的案件陈述后，他便先入为主，以为自己对案件真相了然于心，后来，听完了另一方的辩护律师的发言后，他立刻感到困惑，不知道究竟谁真谁假，只好大喊："救救我吧，上帝！我再也不要听什么关于呈堂证供的话了。"这样让人忍俊不禁的故事不胜枚举，所以说英国人的迟钝已经成了欧洲的奇闻轶事了。我认识一位乡绅名士，我记得他曾是德比镇的地方法官。有一次，这位官员去歌剧院观赏马里布兰的演出。剧中有一幕，这位女主角要跑过一座废桥。这时，这位先生站了起来，温和但坚定地让观众和演员们注意，据他看来，这座桥不安全！英国人的迟钝与法国人的机智圆滑形成了鲜明的对比。大部分人都认为，在欧洲，法国人的影响力远远超过英国人。英国人凭借巨额财富和强权政治影响欧洲，而法国人则是通过亲和力和过人的天资影响欧洲。意大利人狡猾，西班牙人奸诈，据说，任何的严刑拷打都不能从一个埃及人口中套出秘密。以上这些特质都和英国人挂不上半点关系。英国人易怒的脾气和自负的性格摒弃了一切事物。笛福很了解自己的同胞，他曾在诗中这样描述他们：

大多时候，直言又直语，
面对诡计，却无计可施；
无谋无划，意志还薄弱，
议而不行，优柔又寡断；
圣贤之言，绝不是妄言，
忤逆英国，阴谋难得逞，
胸襟坦荡，为人所共知，
脑中秘密，为人所共晓。

英国人的性格

人们普遍认为英国人性格孤僻，我实在不知道还有比他们的北部邻国的气候更阴郁的面孔。比起那些载歌载舞的民族，他们确实有些阴郁。然而那却不是阴郁，而是迟缓、沉着，比如他们会在家庭生活中寻找乐趣。他们也坚信如果不会享受生活，他们的言语和思想也会缺乏生机和艺术，一颗充满快乐的心能让你畅行无阻，而一颗阴郁的心会使你寸步难行。他们的这一特性是法国旅行者们所赋予的，从傅华萨、伏尔泰、李·塞奇、米拉波到现在的专栏撰稿人，这些法国旅行者们用他们的智慧描写他们的邻国人的庄重严肃。法国人指出，英国的土地上不会有快乐的交谈。一个英国人不能在反省中获得安慰，因为反省本身就是一种安慰。当他想寻求乐趣时，他就投身到工作之中，他的欢乐就像突然发烧一样。英国的宗教、戏剧和阅读都满足甚至加深了他们自然的愁思。警察不会干涉公共娱乐，因为他们认为他们有责任去尊重这个缺乏安慰的民族的快乐和不多的娱乐，而英国人众所周知的勇气全是源于他们对生活的厌烦。

我想是他们庄重的态度和寡言少语让他们背上了这样的名声。和美国人相比，我认为英国人不及美国人欢乐和满足。英国的年轻人好像更加容易表现出忧郁的气质。英国人有温柔的外表和洪亮欢快的嗓音，他们本性大方，而且如同南方人一样不喜欢说笑。他们在南方人中就如成年人置身于孩子当中，他们要求的是战争、贸易、工程、或者科学，而不是毫无意义的游戏。他们孤傲、独立，而且如果想娱乐，他们甚至避开在空旷的花园里进行。傅华萨说：他们在游戏娱乐时也是愁眉苦脸的。我想从来没有哪个国家把派对搞得如此凝重，把花园篱笆围得如此高大。他们对宴会中的酒肉不感兴趣，他们只是冷漠、平静而安闲地等待宴会结束，自始至终他们都是那个样子。

英国人已经享有了六七百年寡言少语的名声，而且下议院的人在低劣的公共言谈中都表现出一种矜持，他们好像不愿意表明他们是靠舌头来生活的，或者他们觉得如果以绅士那样的口吻就会表达得更为得体。在男女混合的场合他们通常保持沉默，一位约克郡的磨坊主对我说他不止一次从伦敦乘坐头等车到利兹，车上都坐着那种类型的人，他们相互间都不交流。俱乐部成立的目的就是培养人们的社交习惯，但是两个以上的人在一起吃饭的情况在英国十分少见，他们通常都是独自进食。对严肃认真的斯韦登伯格来说，他认为英国人的灵魂在天堂是分开关押的，这究竟是他的一种诙谐说法，还是仅仅源自他那冷酷无情的逻辑思维？

人们把英国人描述得十分矛盾：乏味、易怒和顽固，却又温和、亲切而睿智。事实上，他们的性格跨度大、种类多，辐射面广，涉及不同的阶层。暴躁的威尔士人、热情的苏格兰人、易怒的东印度或西印度人，都是受过良好教育和举止庄重的家庭人士的广泛代表。身强力壮的农场主是这样，见识狭隘且粗鲁暴躁的乡绅也是这样。每个小旅馆中都有交易场所，带有商品的旅客或推销员都能在这里谈判、交易。对外国人来说，这个阶层的人应该具有英国的特征，他们在旅途中或在客栈里都能遇到这些人。然而贵族是不会出现在小旅馆中的，即使身处在小旅馆中也不会与他们交往。

可是，这些阶层的人却具有正宗的英国血统，而且未接受艺术和教育的熏陶之前就能充分地表现出他们的民族个性。他们是好情人、好对手，是行为迟缓而又性格倔强的敬慕者。他们做任何事情都专心致志，就像一个不想从美梦中醒来的人。他们的脾性和本能与生俱来，他们源自大地，朴实无华。他们源自海洋，海纳百川。他们依附于创造事物的造物者，而不源自任何个人情感。他们蛮力十足、行为粗鲁、肥头大耳、鼾声如雷。他们的生活理念建立在这种动物性的生活方式之上，而且他们怀疑对这种生活理念的任何充满诗意的暗讽或提示，就像有人在乱摸他们的身体，要断绝他们的供给。如果一个人吃饭毫无食欲，他们会怀疑那个人是否具有良好的判断能力，而如果那个人表现得特别纯洁朴实，他们也会摇头怀疑。一如既往地与他们交往，你就会发现平民百姓也乖戾冷漠，有时粗鲁生硬、脾气火暴，而且会发现在权力越大的人的头脑里越喜欢挑起无休止的战争。

“岁月和怨恨敢于招来最艰难的时刻，
使得愤怒不已的诺森伯兰眉头紧锁。”

他们倔强地坚信自己的观点是正确的，而且坚定地维护着他们的奇思怪想和刚愎任性。希西家·伍德沃写过一本书来反对《主祷文》，人们可以信任“忧郁的解剖家”伯顿，他通过占星预测出了他的死期，却从套住脖子的绳结中自己滑了出来，用来证明占星术不是作假。

他们的表情透露出勇敢坚定，他们不轻言放弃，不惧怕战死沙场。惠灵顿曾经这样评价卫队中娇生惯养的纨绔子弟：“但是这些狂妄自大的小伙子们却很能打仗”。而纳尔逊认为他的水手们：“他们真正在意的是豌豆而不是子弹”。其他民族没有更多或者更好的绝对勇敢坚定的榜样。他们很擅长袭击堡垒，擅长攻占船舰，勇于誓死抵抗，甚至能为光明和荣誉彻底献身。但是我认为他们不愿忍耐痛苦的折磨或者接受被动的服从，比如服从长官要他们从城堡顶上跳下去的这类命令。他们充满活力，头脑高度清醒，能清楚地感知痛苦，能理智行事，能看清事情的动机和荣誉。

尽管他们尽全力来生产日用品，但他们拥有更多的精力在坚忍中创造勇气，在诗歌中发挥才华，在机械中创新发明，在交易中获得成功，在财富中追求华丽，在典礼中开创辉煌，在年轻时有冲劲有计划。年轻人对待自己的健康非常不在意，这会导致恶性的后果，他们把白兰地当水喝，他们不把过剩的力气用在骑马、打猎、游泳和剑术上，而是沉溺在声色犬马的荒诞生活中。他们坚决地把他们躁动的意识散播到世界的每个角落，留下的谎言都前后矛盾，留下的借口都经不起检验。他们咀嚼麻醉剂，用有毒的折痕割破自己的皮肤。在那不勒斯，他们把雅努斯的血放在蒸馏器里，他们还在“眨眼处女”的头上锯开一个洞来寻找她眨眼的原因，用英制尺测量宗教法庭的每一个单元、每一座土耳其天房、每一个圣地。他们收集秘方破译后再卖给宾利，吓跑了惊慌的婆罗门人，而且制造恐怖来检验他们的能力。这些旅行者来自各个阶层，从上流社会到下层平民，而且那些粗鲁无礼的行为层出不穷。在暴发户和穷人中撒克逊人的忧郁表现出病态的幽默，每次都恶化为挖苦和谩骂。许多粗鲁的英国年轻人都有这个民族的自给自足和生硬直率的特性，他们对其他民族的人不屑一顾，还带有难以理解的暴躁易怒，使得英国旅行者成为难接受和喜欢攻击人的典型。英国人没有不良的记载，一位权威的牛津大学学者两百年前曾经说过：“英国人行为果敢。无论是在什么场所，也不管遇见什么人，他们都会直抒己见，他们因此经常受到惩戒，有时候还受到拳打脚踢的威胁。”

普通的英国人容易忘记社会权利法案中的一条基本条款，那就是每个人都有权利坚持己见。没人有权占用比其他人更多的公共空间，或者对朋友大肆宣扬他的奇思怪想和特立独行。

但是民族的深层特性决定着国家的命运，不论它如何起源、无论它是快乐的民族还是混血的民族，氛围和环境与他们相结合，成就了他们难能可贵的中庸品性。英国存在着世界一流的血统，高额翘臀、深沉渊博、温和大方、沉着稳重、情绪多变、强壮敏感、但文明聪颖；他们既是战士又是职员，既是伯爵又是商人；少数精明，多数愚笨；性情深不可测，犹如没有阳光照射的深井般阴郁；他们游走在常识和人性之间，杜绝一切欢愉和享乐；他们的性情像大海，所有的风暴都显得那么肤浅；国家的前途命运落在了他们的身上，因为只有他们头脑灵活、身体强健，能为祖国的繁荣强盛鞠躬尽瘁；他们就像一条健壮、内敛、沉默、顽强、凶猛、尖刻的龙，喷出炽热的火舌照亮了全岛，也把凶猛残暴赠给了征服者。他们将美德藏于缺点之下，有时也伪装在缺点之下。就是那位怪异而毛发丛生的斯堪的纳维亚人喊着号子把陷在淤泥里的马车抬了出来，“十个散工也打不完的玉米”到黄昏时就在他们不断地咕哝诅咒中全部打完。他粗鲁但内心温柔，他的言语粗俗苦涩，但是他乐于在你的危难关头挺身而出。他一声不吭地帮助你，不求回报。最近一个满面皱纹的守财奴，他古怪丑陋，形似《笨拙周刊》上的人物照片，只是没有笑容；他自己创业致富，独居在偏僻的寓所，从不赠予任何人食物，而且蔑视所有的善意；在形式上和曾经存在的色彩上，他是一个真正的美的崇拜者，而且用优雅而真实的作品浇灌着他的同胞冷酷的心灵，洗去了英国艺术匮乏的耻辱，从恶劣气候中捕捉所有美好的点滴，把更晴朗的城市、天空的色彩和特性引进他的画廊，开创了绘画的新纪元。然而当他在展览会上看到他的画作比旁边对手的作品出色时，他会悄悄地拿出一支笔来涂黑自己的画作。

英国人不会因为寒鸦啄人而泄露情绪，他们冷静沉稳，有时会出于恭维而打扰你。亚里士多德说过：“伟大的人总是天生忧郁的。”这种心理习惯将激情附着在抽象的概念上，能赋予他们巨大的成果。他们敢于触怒他人，不会去曲意迎合。他们喜欢唱反调的人胜过喜欢奉承的人。他们每个人都有自己的见解，使得他们觉得能更好地表达不同于你的观点。他们的想法标新立异，这种庄重与优异的心智是分不开的。

有一位英国的英雄，他比法国、德国、意大利和希腊的英雄都更优秀。当他完成同命运的斗争后，他奉献了丰厚的物质财富，步入了更纯粹的超自然境地。他坚持己见去了那里、他敢于直面命运、挑战命运。他从自身性格出发慎重地抉择，选择了自己的奋斗目标和献身的对象，而且要死得光荣。这个种族为人类增添了新的要素，也更为深深地扎根在世界的民族大家庭。

英国人的性情多种多样，有的残暴，有的优雅。因为性格多种多样，所以他们有极强的补偿能力。每当用一种方法把事情做到最好后，他们就会以同样的热情尝试另一种办法。他们比其他种族更理性，当他们与其他种族一同生活时，他们不会使用外族的语言，只是把自己的语言教给别人。他们拉拢外族人，但是不依附于外族人。他们改变别人的宗教信仰，但是自己却立场坚定。他们同化外族人，而不会被外族人同化。英国人没打算征服印度人，他们的性格决定了这一切。所以，他们管理着世界上不同的地方，给每个帝国和种族制定法则，在加拿大推行古老的法国律法，在毛里求斯采纳拿破仑法典，在西印度群岛实行西班牙国会的法令，在东印度群岛推行摩奴的法律，在马恩岛采用斯堪的纳维亚议会的律法，在好望角适用古老的荷兰法律，在爱奥尼亚岛屿上实行东罗马帝国的查士丁尼法典。

英国人十分清楚自己在历史上的有利位置，他们是立法者、支持者、指导员和同盟者。对法国媒体和英国媒体的措辞加以比较，法国人对英国人的观点就表现得牢骚满腹、吹毛求疵、敏感易怒。但英国媒体总是对法国人毫不理会，显示出自傲与鄙夷。

因为顽强的意志和过度的偏见，英国人急躁而又倔强，有时候吝啬得像一个常常向别人讨债的人，一个喜欢贪小便宜的人，一个喜欢我行我素的人。教育和交流让他们不再表现得粗鄙，只留下善良与纯洁。我想如果根据民族的倾向来改变身体构造，今后只有英国人才会有脾脏，而美国人不会有，这也是英国人区别于外国人的最大不同之处。我估计解剖学的另一个发现就是这种器官具有皮质性和早脱落性，所以他们只是从表面上看起来有些阴郁，但是本质上他们还是心地善良的人，由此可看出他们与罗马人和拉丁美洲人是不同的。英国人的内心温和、性格大方，他们经受着易受骗、易愤怒的恐慌，但不管受到怎样的干扰，他们的民族性情也很快能安定下来，就像温和地带的天空，无论经历怎样的暴风雨都能依旧晴朗，始终保持着宁静从容的状态。

表面上的愚笨掩饰着、保护着英国人的感官，就像鹰眼上的眼皮。当敏捷的美国人第一次与英国人交往时都断言英国人很愚蠢，然而不久之后他们就会公正地对待英国人，会认为英国人善于伪装、善于隐藏他们的实力。为了了解智者的能力表现，比如耐心的牛顿，或是多才多艺、出类拔萃的诗人，或是达格代尔、吉本、哈勒姆、埃尔登和皮尔的工作动因，他们应该去看看英国的工人是怎样坚持工作的。无论尊卑，他们都有种顽强坚韧的特质，好像他们也给自己的精神车轮上了油一样，可以在不伤害他们自己的情况下完成大量的工作。

实际上，学者和专家依照人们生活中身体的力度，证明了他们肌肉的张力，说明他们可以承载巨大的负荷，我甚至还可以说他们的日常饮食也能证明他们的精力十分充沛。

没有哪个民族像英国人那样人才辈出，正如查尔斯一世在提到斯特拉夫的时候，他说："对重大国事的决策，绅士的能力让国王感到害怕而非害臊。"维尔男爵就是这种性情的人，"如果他获胜归来，人们会看见他很沉默，让人怀疑他战败了。然而，如果他战败撤退，他也会泰然自若、满脸喜色，让人以为他获胜了。"

以下文段出自《挪威王列传》，几乎可以将它看成是描写近代英国人的蓝本："哈尔多非常健壮勇敢，而且外表相当英俊。国王哈洛德对他这样评价：在他所有的手下中，无论别人的言论预示着危险还是喜事，哈尔多都不在乎那些流言蜚语。不管发生什么事，他的情绪不激昂也不低落，他不会因为别人而寝食不安，他只是依自己的习惯泰然处之。哈尔多是个寡言少语的人，他心地坦诚、直抒己见、顽强严酷，他并不讨国王喜欢，因为国王身边有很多辛勤敬业的能人志士。哈尔多只在国王身边待了很短的一段时间，然后就来到了冰岛，居住在哈尔达霍特的农场里直到去世。"

在世界文明史中，这个民族的脾性不浮华、不轻佻。迟缓、深沉的英国民众把心中潜藏的火焰最后才燃烧到全国各地。伦敦的愤怒而不是法国的愤怒，记述着一段久远的往事，而这段往事在人民的热切奋斗中，将成为一个永恒的印记和定律。

英国人有卓越的决议能力，如果像经常所预言的那样，将来会发生种族战争、或因观念不和而发生战争（比如源于东欧的专制问题和自由问题），而这些战争会威胁到英国文明，这些海上霸主可能会再次建立起他们的漂浮城堡并去寻找一个新居，在他们的殖民地上建立起又一个太平盛世，对此英国人用不到自己一半的实力。

英国的稳定是现代世界的安全保障。如果英国人像法国人一样变幻无常，那么我们还有能信赖的人吗？然而英国人也主张自由，这些因循守旧、爱财如命、受神眷顾的人也同样崇尚自由，而这样的自由就是安全的保障，因为他们比其他民族有更多的个人魄力。这个民族始终抵制政府的不道德行为，尽管最后会被压服在统治者的权术之下，他们还是会充满人情味地关心法国、土耳其、波兰、匈牙利和石勒苏益格——荷尔斯泰因等国的事务。

虽然那些强大的偏见比较隐蔽，就像这个民族的活动遍及殖民地、商务、法典、艺术、文学，是不是每个种族的古代史都会显示出这种永久的偏见呢？那些古代史确实显示出了这一点，就像音乐家弹奏的一首隐藏在一场变幻莫测的暴风雨中的乐曲。对于阿尔弗雷德，对于北欧人，人们可能见识过英国社会的才华，换句话说，个人生活就体现着荣誉。荣耀、前途和抱负，这些为巴黎民众所熟知的词汇却很少在英国人的言谈中听到。纳尔逊依据他们的性情写出了质朴的文字："英国人期待每个人都能坚守岗位。"

为了实际的服务，为了行业的尊严，或者为了安抚病态的、情绪激昂的天才，他们也许可以进入陆军和海军锻炼（因为在海军中最糟糕的小伙子也会转变，会有很好的表现）。他们也可以去严肃的政府部门做行政人员，而且他们对从事法律研究的律师心怀尊重。然而大多数镇定从容和见解独到的英国人都畏惧官场社会，就像庸医不会治病，而且他们都推崇在农业、煤矿业、制造业、商业的基础上建设经济，这样就保证了他们通过创造实际财富而实现自身的独立。

英国人不希望命令别人也不希望服从他人，他们都期待能做自己的主人。他们聪敏睿智、醉心文学，他们期待着在书籍、地图、模型和每种时尚的精确信息方面得到满意的服务，虽然他们不会创造艺术，他们还是珍视艺术的精致优雅。他们期待着闲情的生活，简单而充实地过着自己的小日子，也不需要像别人那样为了一样生活必需品而约束自己。但是这个民族的历史处处都显露出对于个人独立性的一如既往的偏好，而且他们强大的殖民力量会利用贿赂诱使他人偏离自己的人生轨迹，虽然这种偏好可能会受到那些贿赂的干扰，但是这种偏好还是经受住了考验，最终形成并革新为法律、文学、习俗和职业。他们选择与英联邦一致的福利事业，他们知道只有这样的相处方式才能促进国家稳定，就像精明的商人只愿意百分之三的投资。

英国人的安乐乡

英国是个富于幽默人士的国度。它总是最大限度地推行个人权力使其相容于公共秩序。个人财产权十分完备，这种制度似乎是英国所特有的，而其他国家并不存在这一现象。国王也不能踏上农民拒卖的土地，就算有人立遗嘱只捐献一条狗或者一间陋室，欧洲政府也不能干涉这种荒唐的做法。每个人都有自己独特的生活方式，英国人喜欢推行这种荒唐事，而他们的同胞也会在法律、法官和骑兵护卫的约束下，明确地表达赞同，支持克软普先生的怪念头。除了一些英国人企图用金钱和法律铸造不朽的王国，再也没有人能做出如此可笑的异想天开之事。英国人同罗马人一样全能，安乐乡先生（谑指伦敦及其近郊的居民）对此了然于心。有钱人认为自由的含义就是拥有为所欲为的权力，他们做坏事也是为了享受自由，哪怕昧了良心也不放手。

英国人有强烈的爱国热情，原因在于他们的国土十分狭小。国家的力量和成就使他们充满信心，对其他国家丝毫不存好奇之心，他们不喜欢外国人，先前长期居住在英国的斯韦登伯格特别提到：“因为英国人的想法相似，所以他们中的大部分人只与本国人交往，很少亲近外国人。他们注视外国人，就如同一个人从宫殿的顶部通过望远镜观察城外的居民或在城边过往的行人。”在1500年，一位上了年纪的威尼斯旅客在他所著的《英国关系》中曾经提到：“英国人很爱自己，也爱一切属于他们自己的东西。他们认为没有比他们更强大的人类，除了英国不会有别的世界。而且无论何时他们看见一个俊美端庄的外国人，他们都说那个人看起来像英国人，但是很遗憾他并不是一个英国人。每当他们与外国人一起用餐时，他们都会询问对方的国家是否会做这种美食。”英国人给予的最高赞美之词就是：“太具英国特色了！”当他们打算高度赞扬你时，他们会说：“我都认为你是个英国人呢！”通过对比天性来看，法国人是一块黑板，而英国人则是用粉笔在黑板上涂画上他们性格的人。说到法国人的时候，英国人的傲慢会习惯性地显现出来。我猜想所有生活在美洲、欧洲、亚洲的英国人，都会有一种潜在的愉悦之情，暗自庆幸自己并非真正的英国本土人。听说柯勒律治先生在一次演讲结束的时候，曾当众致辞感谢上帝，在演讲中他竟没说一句法语。我发现英国人对他们的祖国有自己独到的见解，当与陌生人交谈时，上流社会中的人都会用普通用语轻视或贬损他们自己的东西，他们严肃地认为这些普通用语是他们对民族优越感的难以抑制的敬重。在纽约人、宾夕法尼亚人谦恭地悲叹他们那个新兴国家只有原木小屋和野蛮人这些不利条件时，就立即会引起所有同伴发自内心的怜悯，对此英国人就会感到诧异，他们显然认为除了英国全世界都是一大堆垃圾。

英国人这种狭隘的认知制约着英国的外交政策。英国人坚持自己的传统和习惯，这样上帝也会庇护他们。他们用法律的手段强行扼住其他大国的喉咙，比如印度、中国、加拿大、澳大利亚。他们不仅这样，还在维也纳国会上向沃平[①]征税，用税收把所有的国家踩在脚下。查萨姆勋爵努力寻求自由，他认为没有表现就没有税收——因为那里有英国法律；但是在美国他们连一颗钉子也不敢制造，只能在英国买他们需要的钉子——这也是因为有英国法律，美国的独立迫使英国着手去改造其商业模式，这一事实

① 沃平：英国地名。

让所有的美国人都很吃惊。

总体说来，我担心英国人的本性太过极端、太富侵略性，因此难以与其他国家调和相容。因为要容纳两个大国，这世界还不够广博。

然而，除了这个民族，我们必须承认英国为人们提供了一个每天的敬仰对象——古老的挪威神——布拉吉神，在斯堪的纳维亚的祖先之中，他因为能言善辩和气度不凡而受人尊敬。英国人拥有坚定的勇气，这与他们杰出的雄心和耐性相称；他们同时也有一点虚荣，每个人都十分乐于展现自我，对自己能做的事十分欣喜，因此在所有的伙伴中，他们每个人对于效仿他人都有自己的见解。英国人从不掩饰自己在身形、容貌、衣着、社交或其乡土方面的缺陷，因为他们认为属于自己的每个细节都应该介绍给你。如果他们中有秃顶的人，或有长红发的人，或有长青发的人，或有弓形腿的人，或有长满疤痕的人，或肚子过大的人，或咋呼或声音沙哑的人，英国人总能说服自己说这些人总有些过人之处，而且这种想法对他而言总是十分受用。

但是大自然创造万物皆有其道理，而且在英国人的心中，这一点额外的自尊是他们的力量和历史的秘密之一。因为这点自尊使每个人得以生存，还使他们能做真实的自己和自己力所能及的事。它能消除人们敷衍、逃避、退而求其次的消极心理，还能激励人们言行坦率、举止果敢，因此每个人都会尽其所能，而不会放弃自己想要奋进的机会。一个人的缺点通常在世上其他人身上也会显现，于人于己都一样重要，如果他不在乎这些缺点，那么其他人也会藐视它们。我们都在这些缺点中找到了一个便捷的性格判定规律，那就是一个年轻稚嫩的人会因令人烦恼的事而一蹶不振。我记得在某个西部城市，有一位世故圆滑的政治家告诉我说："我知道有些政治家就是因为他们自身的缺点而成功的。"还有，一位伊利诺斯的前州长对我说过："如果一个人任何事都知道的话，他只会坐在角落里，而且表现得十分谦逊；然而如果他是一位愚昧无知又爱慕虚荣的人，他就会上蹿下跳，寻求大放异彩的机会。"

吹嘘自夸也是有好处的，这样说话人就会毫无意识地把他想说的话表达出来。为了竭尽全力地展示自我，他会千方百计地调侃自己。英国人较高的文化水平和见识使他们避免自己陷入这种自娱自乐的荒谬困境，从而营造出一种愉快轻松的氛围，然后培养出英国人的天性，因为英国人的才能让他们颇受世人的接纳与尊重。据说路易斯十六的步态和气度与这位王者的身份相得益彰，可是这种气度在其他人身上就会显得荒谬滑稽；所以英国人名字的声誉就承载了某种自信，这是法国人和比利时人所没有的。在所有的事情中，在英国人价值功绩的问题上，他们随意使用最非凡的方式来处理。

一位英国女士在莱茵河上听到一位德国人谈论她的宴会，称宴会上的人都是外国人，这位英国女士大声争辩："不，我们不是外国人，我们是英国人，而你们才是外国人呢。"在伦敦，英国人天天都在讲一个关于法国人和英国人发生口角的故事。双方都不愿发生打斗，最后，双方协定在黑夜里用手枪单挑，他们吹灭烛火，英国人为了确保不伤及无辜，就点燃了壁炉击败了法国人。英国人对外国人没有好奇心，你告诉他们任何你可能感兴趣的信息，他们都用"哦，哦"来回答，直到提供消息的人认识到即使他愿意提供任何信息，英国人也会因为他们没听进去而丢掉性命。尽管他们之中较为光明磊落的人出于公正而做出了痛苦的努力，英国人的这种自负也真没节制。

从《泰晤士报》的职员到政客和诗人，从华兹华斯、卡莱尔、米尔、西德尼·史密斯到伊顿公学的学生，吹嘘自夸的习性贯穿于英国的所有阶层。在有关政治经济学的最庄重的论文中、在哲学随笔中、在科学书籍中，人们都会惊奇于这个果敢的民族所展现出的极度的天真。在一个谷类种植地带有一名极为和蔼可亲、知识渊博的绅士曾这样写道："依据贝克莱主教的看法，尽管英国陷入万尺高的铜墙铁壁包围之中，它同样可以在财富上胜过地球上其他的国家，比如现在它在职业教育的质量以及更为重要的自由、美德和科学等领域的成就。"

英国人不喜欢美国的社会组织，然而贸易、磨坊、公共教育和宪章运动等方面却借鉴美国的经验，以期在英国创造出相同的社会情况。美国是经济学家的乐园，是不变地引用毁坏原则的最好例子，但是当岛民直接谈到美国人时，他就会把他的人生观抛之脑后，只记得他毁谤的趣闻轶事。

但是这种幼稚的爱国主义会有所损失，所有目光短浅的人皆无例外。英国人对殖民地的统治没什么仁慈可言，他们用艺术和才能来统治殖民地，他们的公正多过仁慈，而且无论何时，一旦他们感到自己的权利减弱了，他们都不会向他们所依赖的势力示弱。

当国家、省或城镇缺少真正的特色时，粗陋的地域特色还是有用的，但是我们不必去强调这些次要的方面。个人特性常常会战胜民族特性，在形而上学的层面上没有分隔希腊、英国、西班牙的科学的围墙。伊索、蒙田、塞万提斯和萨迪都是世界伟人，在餐桌上或在大学里挥动我们的旗帜就像把消防队里喧闹的浊音带入一个文雅的圈子里。自然和命运总是密切注意着我们的愚蠢行为，当我们目中无人地行进时，大自然会绊倒我们，关于这种特殊的民族自豪感，历史上有许多稀奇古怪的例子。

卡帕多西亚的乔治，在主显节①那天出生在西里西亚，他是一个卑贱的寄生虫，他得到了一个赚钱的合同，就是为军队供给腌肉。他作为流氓和告密者发了财，但因为司法审判而被迫逃跑。他省下了一些钱，皈依了阿里乌斯教，收集了一些图书，还被一个小派别推举上亚历山大的主教宝座。公元 361 年，朱利安来后，乔治被投入监狱，民众把监狱炸开用私刑处死了罪有应得的乔治。这个无赖至极的人竟然很快地就成了英国的圣乔治，骑士精神的支持者，胜利和礼仪的象征，也被现代世界最优秀血统引为自豪。

不可思议的是，可靠的讲真话的英国人竟然是由骗子起源而来。更为古怪的是，幅员辽阔的美国——这个新世界没有更好的运气，竟还得背负窃贼的名声。塞维利亚的腌菜贩子阿美利戈·韦斯普奇在 1499 年离开家门当了奥赫达的属下，他的最高海军军阶是一个从未出过海的探险队的水手

① 主显节：基督教重要节日，为纪念及庆祝耶稣在降生为人后首次显露给外邦人。主显节为每年的 1 月 6 日。

长助手，在这个说谎的世界里成功地取代了哥伦布，还用他自己不诚实的名字给半个地球的土地命名，这样一来就没人可以对他扔石头表示谴责。我们同样也缺少开创者，那个虚伪的腌菜贩子只是虚假的腌肉贩子的替身。

英国人的财富

世界上没有哪个国家像英国人一般对财富心怀如此绝对的敬意。美国人总是羞于炫耀自己的巨额财富，似乎终究还要为此表达一番歉意。但英国人确不同，他们以富为傲，并且视其为人生价值的最高明证。英国人的灵魂充斥着一种世俗的思维逻辑：如果你自身拥有价值，为什么不用服饰、马车和马匹展现出来？不拥有美酒，又怎么能成为绅士？

海登说过这样一句话：要每个人根据所拥有的财富决定生存方式，这是令人生畏之事。这其中宗教意味浓厚。他们遵从犹太教规，大声诵读他们将“长命百岁，生儿育女，牛羊成群，衣食无忧”。他们谴责贫困，只希望由富裕之人来代表他们。据说有个英国人财富散尽，抑郁而死。于他而言，最大的侮辱莫过于被称为“乞丐”。纳尔逊说：“贫困是一宗罪，我无法容忍。”悉尼·史密斯也说：“贫困使人在英格兰臭名昭著。”最近有位英国作家在谈及个人生活与学术生涯时说：“财政亏空伴随道德退化。”其实就算没有如此直白的表达，这种说辞也深刻地寓于当代小说故事、人物传记、公众集会投票选举甚至传教布道或席间闲谈之中。

近来我在翻看伍德的《牛津大学的雅典》，想确定这部牛津大学学者

200 年编年史是否还有另外一个标准。不过我发现同大多数英文书籍一样，它有两处不甚光彩之处：一是对教会和国家的不忠；二是他们出生贫困家庭或者后来穷困潦倒。英格兰这样的地方产生残酷无情的政治经济实属自然。正如马尔萨斯所说："劳工之子在大自然的餐桌上没有一席之地。"1809 年，国会多数议员借福乐先生之言在下议院称："该死的，如果你不喜欢这个国家，你可以离开。"S·罗米利爵士在其法案中建议严禁教会执事接收 40 千米以外的儿童离家学徒，遭到皮尔反对。沃特利先生也表示："尽管上流社会赞美亲情的培养，但下层人士却不尽然。对于那些可能使儿童堕落之人，让儿童还是避而远之为好，而且禁止让儿童签约制造商学徒的提议一经通过，会导致劳动力和产品价格上涨，这对贸易损害极大。"

英国人极为崇尚财富，唯一可以与之媲美的是对真理的尊敬，这成了撒克逊艺术的骄傲，因为撒克逊人创造财富，渴望独立。英国人认为每个人都必须照顾好自己，如果无法改善处境也只能归咎于自己。还清债务成了国家的荣誉。因为有偿付能力，上到财政部和东印度公司，下到小商小贩，一切都繁荣起来。英国军队同样有支付能力。

同样地，大英帝国也有偿付能力。英国国债居高不下，但是大众对其评价却节节攀高。1789–1815 年英法战争期间，英国人抱怨赋税繁多。虽然全国都在资助欧洲大陆抵抗法国，但英国仍以空前速度积累财富。他们的座右铭是"税收是否过重取决于剩余的财富，而不是在于所取得的财富"。偿付能力这一衡量标准正合英国人之意。不管水晶宫提供多少方便，看起来多么美丽、多么辉煌，只有付清债务，自食其力，才会受到敬重。只要知道快艇会导致负债，英国人也能容忍慢速的蒸汽船。他们通过勤劳与节俭的两种方式有条不紊地向前行进。每个英国家庭都很节俭，不会像美国家庭那样超前消费。如果没有支付能力，他们就不会购买，因为他们无法像美国人那样推测明年是否会收获更多的财富。他们对自己没有购买力这件事毫无愧意。绅士们毫不犹豫地乘坐二等车或二等舱。一个节俭之人，一个善于分配用度、量力而行、合理安排全年开销不致使自己陷于困境之人，可以算是生活的主人，一个自由的人。伯利勋爵在给儿子的信中写到："日常开销不要超过收入的三分之二，一旦有不时之需，另外的三分之一便可派上用场。"

想要创造价值的抱负激发了各种能力：政府成了制造公司，每座房子都成了作坊。对实用性的极度重视使得每项才能都发挥到了极致。如果可能，还能教蜘蛛织出丝袜来。尽管一个英国人摄入的食物并不比别人多，或者说多不了多少，但他一年的劳动量却可以达到其他欧洲人的三倍，即一个英国劳动者一辈子抵得上三个欧洲大陆人工作一辈子。英国人工作效率很高，一切事物节奏也都很快。他们已经发明出空前先进的机器设备，极大地提高了生产力。

机械制造业成为近现代史上非常神奇的一章。600 年前罗吉尔·培根解释了"分点岁差[①]"的概念，结果引发历法改革，测出了一年的长度。他发明了火药，还预言（好像他 5 个多世纪前从那间高级牢房就预见了我们的时代）："可以制造出一种机器，只需要一个人驾驶，但船速快过一船水手划船；马车可能不需要借助牲畜，速度快得令人难以置信；最后，并非不可能，造出配有一组翅膀的机器，在空中像鸟儿一样飞翔。"但是这个秘密只能与培根一起长眠。六百多年后，他的话还没有全部应验。两百多年前，锯木材依然得靠手工，马车轮子还靠木轴支撑，耕地也靠木犁。要不是瓦特和斯蒂芬森发明蒸汽驱动压力泵和织布机，煤炭对英国人来说还没有什么特别的用处。所有伟大的进步都发生在过去的一百年间。罗伯特·皮尔是位典型的英国人，不久前去世。传记《罗伯特·皮尔爵士的一生》卷首插图惟妙惟肖地绘出了织出他所有财富的珍妮纺纱机。哈格里夫斯发明了珍妮纺纱机，后来死于一间济贫院；阿克赖特改进了这项发明，能替代 99 个劳动力，也就是说一台纺纱机可以做以前 100 个人的工作量。纺纱机又革新了一步，但有时候工人们要因为工资问题联合起来罢工，对抗厂主。再加上大约 1829–1830 年期间出现了纺织工人移居比利时与美国的情况，工厂

① 分点岁差是地球的自转轴相对于惯性空间的运动。分点的进动是因为太阳和月球对地球的引力有微小的差异。

主们担心贸易受到影响，恐慌起来，想利用钢铁造出一种能代替工人的纺纱机，因为钢铁非常温驯，用它造出的纺织机不会起义，不会抱怨，不会生气，不会嫌工资低而罢工，更不会移居国外。应这些大佬们的要求，在史丹利桥暴乱之后，曼彻斯特的罗伯茨先生开始打造一个安静温顺的家伙，不会像上帝创造的人类那样喋喋不休。几经试验之后他做到了，并于1830年为他的这只“自动骡子”取得了专利。这种机器成了工厂主们的福音，有人评论这项发明“注定会恢复工业阶级的秩序”。有了这种机器，一个小孩儿就能修补断了的纺线。如果说阿克赖特废掉了国内的纺纱机，罗伯茨则毁掉了纺纱工人。据计算，大不列颠工厂里机器的力量已经抵得上6亿个劳动力。50年前250个人才能做的工作，现在一个人在蒸汽机的帮助下就可完成，且产量不受影响。英国有着勤劳的民族，国土丰饶，水量充沛，树木繁多，煤炭和钢铁资源丰富，气候宜人。八百多年前因商致富，据当时记载：“北部所有地区中，英格兰最为富有。”诺曼史学家引例：“1067年威廉从英格兰带回诺曼底的金银比高卢的总量还多。”已有的劳力、贸易及当地资源，再加上蒸汽机永不疲倦，日夜不歇地工作，英国积聚的财富空前增长。蒸汽机堪称过去90年英国发展的原动力——蒸汽输送管使得英格兰的人口与财富都增长了四五倍，劳埃德劳埃德商船协会的业务单上新增了4000艘船。斯图亚特王朝时期小麦产量达两百万夸特[①]，到1854年已持续增长到一千三百万夸特。商业流通的货币据说有一千万英镑。1848年约翰·拉塞尔说英国人过去4年投入铁路的花费已达3亿。但比这么翔实有说服力的数字更好的衡量标准是这样的估计：英格兰的财富足以支撑赋闲的全国人口整整一年。

这种机器用途广泛，可以用于开凿、修路、造机车和发电报。惠特沃思工程师能把一英寸长的铁棒分成100万截。蒸汽能把空心轴拧成环状，像用稻草编织一样易如反掌。蒸汽还能与让地层变形的火山能量抗衡。蒸汽可以让粗砾山脉长满粗壮的橡木，也可以制造出能把枪身一切为二的剑

---

① 英国重量单位，1夸特相当于12.7千克。

刃。在埃及，人们利用它植树造林，引来三千多年来的第一场降雨。现在，蒸汽已经用来操控热气球，或许下一场战争将在空中进行。不过比英格兰的机器更强大的是英格兰银行。银行可以支持立法，刺激人口增长，可以新建城市。反之，如果它拒绝贷款，大批移民将使国家空空如也，贸易搁浅，革命爆发，国王也会被废黜。我们的社会体系就是依靠这些新兴力量建立起来的。蒸汽与金钱改变了战争与贸易。国家不再无所不能，爱国之情无法继续维系。国家的概念已经过时，我们可以随意去想去的地方定居。蒸汽机的发明使得人们可以选择任意一种法律体系，金钱为他们创造了条件。电报将成为一条捆绑战争魔狼芬利斯①的束带，至今，电报线已从伦敦贯穿法国直至整个欧洲大陆，通过这条线传递的每一个信息，都会把战争必须切断的那条束带变得更加结实。

这些元素使工厂主们有了新资源。要是某公爵为人正派，可能会希望国家依靠上议院，但要是一位工程师的话，那他的所见所想就是蒸汽活塞的每一次敲击都给公爵创造了价值，使得租户盈门，公爵资产翻番、四倍甚至上百倍地增长，并且创造出新方法，新的必要条件来教养子女。当然，它使贵族变为股东，在矿场、运河、铁路以及农业或贸易的运用中参与竞争。但是它还把其他大的阶层引入了同样的竞争。古老的挪威民族装备了这些强大的力量。结果新人成为土地所有者的劲敌，工厂业主买下城堡。斯堪的纳维亚的雷神索尔曾经在冰冷的赫克拉锻造弩箭，在偏僻的峡湾建造木船。到了英格兰，他与时俱进，修剪胡须，进入国会，在印度公司占了一席之地，还把蒸汽机引进伯明翰。

英格兰在过去的 90 年间创造了大量财富，这在近代史上是不争的事实。伦敦的财富决定了世界的物价。无论是奇珍异宝，有用之物，玩乐之物或是令人兴奋的东西，都被囊括在商业活动之中并流入伦敦。一些英国人一年的私人财产收入甚至超过了 100 万美元。众多豪华宅邸装点着大不列颠岛。所有能满足感官与情感之物，所有能援助天才之物，所有能武装

① 魔狼芬利斯：北欧神话中的怪物之一，生性凶狠残暴。

聪明的中产阶级之物（为自己花费他们可从不手软），所有能助长科学、满足味蕾、安抚情绪之物都能在市场上买到。只要是好的、漂亮的东西，城里也好，乡下也罢，甚至是宗教建筑、喷泉、花园和草坪，无论在何处，英国贵族们都会漂洋过海前往观摩，然后在家中原样复制。和平的三十代人的品位与科学，伊夫林亲自料理的花园，伊尼戈·约翰斯与克里斯托弗·雷恩建造的寺庙和娱乐场所，吉本斯的木雕，申斯通、波普、布朗、劳登及帕克斯顿等国内外艺术家风格的作品都在拍卖。世代沿袭的规则使得现在的主人们收益颇丰。继承人们挑选和获得喜爱之物随心而定，简直同父辈们如出一辙。这种舒适与显赫，辽阔的湖面和山脉，耕地，牧场和公园，华丽的城堡和时髦的别墅——所有这一切都井然有序。这里没有革命，没有骑卫队簇拥的国王，没有巴黎的长坠形耳环，没有路障，也没有暴乱。这里仅有散漫的习性，每日的正装宴会，葡萄酒、麦芽酒、啤酒、杜松子酒，还有酣睡。

这种创造的巨大能量和追求独立的激情，使财富的积累在英国日臻完美。财富的积累是这个民族生存的血液。法律的制定为财富尽可能提供了安全的保障。这些条款在制定和宣传时，锻炼了一个行业里最机智的头脑，淘汰了一个行业所不能接纳的愚蠢。公民财产所有权只在公民犯刑事重罪或叛国罪的时候才会被剥夺。每所公民住宅即是一座城堡，即使是国王也不能私闯。银行是一个牢固的保险柜，就连国王也没有钥匙。在英国，凡是所有权能赋予的各方利益都得到保护。既定权利是神圣庄严的，绝对的占有权使最小的不动产拥有者也可享有与公爵同等的权利。高高的院墙和紧锁的院门表明主人不愿被打扰的绝对意志。

有个英国人听说都格尔王后想把她的公园向他的土地上挪一竿之地，便可修一条马车道，这样一来她上街就可以少走一英里。闻此，他即刻将自家的篱栅栏铸得如库马城墙般坚固，没有人能说服他卖掉或通融一英寸的土地。他们对这种可以证明绝对主权的奇异之事乐此不疲。在卡登汉的斯皮克猎场，爱德华·博因顿爵士在景色无与伦比的悬崖峭壁上，建造了一栋长长的谷仓状的房屋，但在面向美景一边的墙上未开一窗。霍勒斯·沃尔波尔的草莓山，贝克福德先生的芳特希尔寺，还有拜伦勋爵经手的纽斯台德修道院皆是如此。

然而，这种创造最富有成效的地方是赋予了公民伟大的自由支配权。在社交界，英国人享受了世上最佳的条件：他们像身着便衣的国王，受到最完善的保护，与最优秀的人为伴，接受最优良的教育，且有财富作后盾。他们的英文名字及其附带的光环为其大肆宣扬，再加上温文尔雅的举止，使他们拥有至高无上的自主权利。不管是旅行，社会机遇，科学研究，还是享受居家的舒适和家庭的和睦，与欧洲名流相比，我更喜欢英国上层绅士的生活方式。

无论我们从哪个角度探究英国，所见到的英国皆富甲天下，人丁兴旺。这一财富的源泉来自英国人高贵的气质，不列颠的奇迹源于其丰富的自然条件。杰出人士身边围绕着与他们同样优秀的人才。他们的财富体现在每一个英国人的能力之中。他们每一个人都有充沛的精力和权利来支配。英国人天性富足，具有创造性，因而变得富有，仿佛已成为地球上的中流砥柱。如果一个人不想受制于自己的仆人，他必须留意他们。人类是精明的发明者，他们模仿自己的身体结构，用金属、木材和皮革来制造一种新的机器来完成世界上的某些工作。但是机器的使用使人类变得怯弱。织布使人得到一些东西，却又在日常生活中遗失了一些东西。饮食需节制，织布亦如此。一个人不应该像桑蚕一样的软弱，一个民族也不该似毛虫般卑微。粗犷的撒克逊农夫在列斯特式工厂里变身织袜工人，到了曼彻斯特的工厂里沦落为蠢笨的纺织工人——远不及蜘蛛或织针。不断重复同样的手工劳动消磨着人类，削弱了他们的力量，剥夺了他们的才智，最终使他们成为磨针工人，扣子制造工，或其他专业技工。当下英国正处于工业转型期，鞋带替代了扣子，棉布取代了亚麻，火车取代了马车，公用土地也被地主圈了起来，城镇像蚁丘一样成为了牺牲品，无一幸免。社会劳动分工的危害警醒了人们，并指出最好的政治经济是人文关怀，因为几乎所有人都遭受了这些灾难，只有个别的例外，比如富有思想，或者能够重新选择且发挥才能的特定人群。但新的灾难又出现了：英国几乎所有的食物、药品以及工厂和商店的织物都有掺假，牛奶毫无营养成分，糖没有甜味，面包不合胃口，辣椒不辣，胶水不黏。实实在在的国家，虚假造次的物品，这些真相的披露使英国人震惊不已。这就是机器的反作用力，确切地说是贸易机器的巨大反作用力。我想，缺乏诚信，甚至贸易专制，都迫使商家不断陷入低价销售的恶性竞争，如此一来产品质量自然得不到保证。

机器如同气球，难以驾驭，有时会带着驾驶员一起飞向空中。蒸汽从一开始就发出嘶嘶声和尖叫声警告他。更恐怖的是它会爆炸，使工程师粉身碎骨。机械师制造并监看着它。无数工程师和消防队员在探索如何驯服和驾驭这头怪兽的过程中丧生。但事实证明，抗拒和驾驭长着纸翼的金钱巨龙更加困难。商务部的大臣们，比如说皮特、皮尔、罗宾逊和他们的国会议员们以及他们那一代人都采取了错误的方针政策，直到寿终正寝，他们仍然坚信所采取的政策可以富国强民，而实际上这些政策使国家变得更加贫穷。他们为具有毁灭性的权宜之计弹冠相庆。几乎没有一个商人会明白为什么会发生贸易危机，为什么价格会跌宕起伏，以及为什么货币会有如此危害。在国家繁盛、不断扩大殖民地的鼎盛时期，政府大肆建造船只、仓库、城镇；大量金银流入之际，大臣和金融家窃笑不已，而面包的价格涨到饥荒年份的天价；自耕农被迫卖掉奶牛、猪、农具和田地。平民救济税如同濒临毁灭的晴雨表，吞噬了有偿付能力的阶层。平民和机械师们为生计四处漂泊。这些困境都根植于金融危机，根植于虚伪的法规。

英国所取得的这些财富不断增长，并为英国增添活力。但老难题再度出现，考虑到各国巨大的财富，英国是否敢特立独行，合理消费？一国处理剩余资金的方式展现出该国智慧。由于各种危害，英国尝试采取了一些补救措施：一部分资金用于收购学校，图书馆，培养天文学家、主教、化学家和艺术家；另一部分则通过医院、储蓄银行、技能学院、公共场所和其他慈善机构等福利机构来补救过错。但是这些补救措施恐怕远未达到预期效果，恶疾自然需要良方，而时间和更为简洁的社会机构定能担此重任。当前英国并未很好地驾驭财富，它只是一个拥有财富的国度。它丧失了充满神性、智慧聪颖和具有教养的灵魂，陷入了命运的漩涡，成为共同灾难的又一个受害者。

由于各种弊病，英格兰不幸被认为是罪魁祸首，还得为“消费至上论”负责。英国在世俗目标上倾注巨大的人力、才能和毅力才获得繁荣和光彩，这却正好被看作物质主义的论据。她的成功使无耻财富之手更加有力。当巧取豪夺征服了文学与艺术，当英国的成功需要靠背弃原则和装腔作势，谁还会向年轻人鼓吹清贫和智慧？这里充斥着琐碎、金钱以及奢靡的文明，一门耸人听闻的学问，我们尽己所能设置的障碍，成为实现目标的阻力，即使是最勇敢的人也难以抵御。因此，英国年轻人成熟的标志不是他拥有雄心壮志，而是开始思考如何应付庞大的开销。此番思想下，儿孙满堂成为不幸，英年早逝反而是一大幸事，因为这样便可以不用再花费。

英国的贵族

英国的封建特征正日趋衰落，但较之于民主特征，却仍略占上风。权力和财产之间的不均衡冲击着共和政体的神经。宫殿、庄园、别墅、带围墙的庭院在英国比比皆是，堪与皇家行宫媲美。许多庄园，如哈登、凯德尔斯顿，俨然凄美的废墟，主人们从不去照看，也不居住于此。这些华丽宏伟的建筑是长子继承权的印记。与每一位旅行者一样，我认为“趁着这些庄园还没消失之前去拜访”是心之向往之事。长子继承权是英国基本的财产制度。对此，无论是法律、习俗和礼仪，或是平民与贵族，均不否认。

英国的社会结构是贵族政治化的体现。人们具有效忠的思维心理。贵族们的财产、名号和礼仪都迎合了大众的喜好，赢得了必不可少的支持，尽管皇室的恣意妄为造成了背弃信仰、偷盗猖獗的社会现象，世风日下。当我们读到英格兰皇家或者查理国王和他的骑士党“重握政权”时，虽然我们深知国王暴虐不堪，朝中之臣强取豪夺，我们仍下意识地会有些偏袒。英国人皆深谙此中道理。民众对一个稳定政权寄予了美好幻象——它享有纹章、名誉，它蕴含欧洲历史的文字记载和口头传诵，它拥有希伯来教以及世界最古老的传统，因此是不会被几次冲突或者鞋匠小贩之辈的政治活动所破坏。平民大众的期望和贵族阶层的利益是一致的。每个发了财的人都会购买土地，以期借此跻身高贵之列。英国国教牧师与贵族阶层地位等同，是时间与法律将两者结合，并塑造完美。教堂、大学、民族音乐、浪漫传奇托起这枚纹章，而这纹章却正遭受当今政治的逐渐销蚀。英国民众传统守旧，他们以城堡、语言、骑士精神为豪，甚至“勋爵”一词也成了对贵族最吉祥的称谓。贵族们的良好教养与高贵举止为国人所推崇。

挪威海盗极尽所能，凡能得之物皆收入囊中，再将其所得留给长子。诺曼贵族与受过洗礼的海盗，做法如出一辙。西方贵族优于东方贵族之处就在于他们是从底层开始。英国历史即为门户开放的贵族史。谁有勇气和才能便可成为其中一员。当然，进入此阶层的门槛颇高且踏入不易。贵族的利益建立在民众的利益之上，需要具备显著优势。海盗活动和战争让位于贸易、政治和文学；战争贵族让位于法律贵族；法律贵族让位于商人和企业主。虽然特权本身得以保留，但获取方式已经改变。

这些家族的基业依赖于挪威人在海上的开拓和撒克逊人在陆地的劳作。贵族的高贵源于天性中的优越感。英国人冒着生命危险，依靠自己的智慧和行动创造了生活的优越。据说，开拓者们必须经常面对对他们有何德何能拥有这些荣誉的挑战，否则必须让位于更强之辈。威尔士领袖贝内格里德将他所有的部下背过河后说：“谁为强者，便服从谁”。他的母亲也讲过：“谁得此道，谁成其事。”而阿尔佛列德也正是凭此获得荣誉：我不怀疑封建土地占有是徒有其表，但是贵族、骑士和佃户会使他们回忆起获得土地的往事。德维尔、博翁、莫布雷和金雀花王朝并没有沉溺于沉思冥想。中世纪，人们凭借勇气和忠诚妆点自己。国王谈到理查德·博尚伯爵和沃里克伯爵时对亨利五世说道：“没有其他基督教国王能拥有这样一位具有如此智慧、素养和勇气的骑士，因此他被冠以‘礼仪之父’的称号。”一位历史学家这样说道：“我们在法国的成就与其生死休戚相关。”

军阀虽然赢得荣誉，获得赏赐的土地并不大，但只要唤起他们保卫土地的责任感，任何时候他们都会与劲敌殊死搏斗。在法兰西和英格兰，这些贵族自出生之日便要历经战争洗礼——决斗，即便身处和平年代也要承受争斗的风险，这有助于缓解在这个贸易和勤劳的国度人们对得到殊荣者的嫉妒心理，不会被视为孤注一掷之徒。

要保持庄园的强大，庄园的经营绝非易事。富有创新性的经营体制便是强盛的动力。根据沃里克家族记载，博尚的第二代继承人即为强壮的亨利六世和爱德华四世伯爵。很少有人以此方式来尊崇他们，只因他们头顶未装饰那黑色手杖徽章。他们在伦敦的府邸每天早餐要吃掉六头牛。每个酒店都源源不断地为他们提供充足的肉，任何与其家族熟识的人，都可用长叉带走尽可能多的煮肉和烤肉。

新的时代带来新的品质，迎合新时代的需求。海盗的优点让位于种植者、商人、政客和学者的美德。守礼谦让、社交才能和优雅举止，毫无疑问，都占一席之地。我不知曾在何处获悉这段史料，不论细节是否真实，都是普遍真理。“贝德福公爵如何获得他的大片土地？他的祖先一直在大陆上周游。他活泼开朗又讨人喜欢，成为外国王子的陪伴，后来死于多塞特郡海滨的船难。罗素先生就曾住在那里。王子将他介绍给亨利八世，亨利八世非常喜欢他这位游伴，还赠予他一大片掠夺而来的教会土地。”

有讹传说，贵族都是诺曼人的嫡传后裔，已有八百年之久的历史。然而，事情并非如此。博翁在哪里？德维尔在哪里？律师、农民、丝绸商躲藏在冠冕之下，对古董商示以眼色，却一言不发。尤其是精明的律师，都是一些籍籍无名之辈，只要为当权者做点小事，便可时来运转，加封晋爵。

英国民众的风格并未将他们引向谄媚者之路，而是更加确保了家庭的温馨和独立。贵族生活以崇尚乡村生活为特征，他们是乡村之族。他们大多不住在伦敦的府邸，只在空闲的时节，偶尔来小住几日，观看戏剧罢了。他们热爱修建、种植和装饰府邸，世世代代，生生不息。有些家族太古老，太傲慢而不愿接受皇家的任何封号，或者正如谢里丹对可克所言，“不愿寻求冠冕的庇护”。此外，还有许多奇异的例子亦可显示英国家族的稳定性。

有谚语说：离伦敦五十英里者，家族昌盛百年；离伦敦一百英里者，便可繁荣二百年，以此类推。但是我怀疑的是，蒸汽，时间与空间的敌人，可能会改变这些古老的规则。亨利·沃顿爵士谈到白金汉公爵一世时说：“他出生于列斯特郡的布鲁克比。他的先辈们在这里生活了约四百年之久，宁肯籍籍无名，也无意接受封赏。”拉克索尔说，在 1781 年，萨里勋爵(后来又封为诺福克公爵）对他说过，他将在 1783 年到来之时，为诺福克的骑师死后留下的那些后人举行盛大节日，以此纪念从理查德三世获封后其家族保持了 300 年公爵爵位的历史。1666 年，佩皮斯写到牛津伯爵时，就告诉过我们，到目前为止，此荣誉存在于他们的名字和血液已有 600 年之久。

家族血统的延续和对土地深切的眷恋激发了人们的想象。城镇和国家、区域的名字与此有着紧密的联系。

这些名字真是奇妙无比。它们将这片国土笼罩在一片具有传奇韵律的氛围之中。它们比所有的史诗和历史都要古老，它们使这个民族承载着无数原始与蛮荒时期的传说。剑桥是剑河上的桥；谢菲尔德属谢菲尔河流域；莱斯特郡是李尔王的驻扎地（为现在的索尔）；罗奇代尔是罗奇河的河谷；埃塞特或埃克塞斯特是埃克斯的宿营地；埃克斯莫斯、达特默斯、西德默斯、延茅斯分别是埃克斯河、达特河、西德河和廷河的入河口；沃尔瑟姆是一个坚固的城镇；拉德迪夫是红崖，等等。英国人在命名上体现的真诚和实际，使美国人印象尤为深刻，因为反观美国，名字皆是千篇一律，索然无味。而给地方命名的那些词语，大多是随移民者迁入之时，从移民者抛弃的破烂中得来，或从诗篇中随意攫取而来。然而，英国人就是詹布里柯斯口中所谓的“蛮夷之人”，但他们习俗稳定，坚持使用古老词汇，这些词汇连上帝都颇为珍视。

爱尔兰贵族因喜爱从剧本中取名而素来招致嘲笑。英国贵族却并不以自己的名称来命名其领地，而是以领土的称呼为自己命名，好似代表养育了他们的国家。他们理所当然得佩戴上纪念之物，即代表曾养育他们的土地，以此来暗示着他们之间的联系从未被割断过。但是，在伦敦，阿盖尔的峭壁，康沃尔的甘蓝，德文郡的丘陵，威尔士的烙铁，斯塔福郡的黏土，这些地方以前从来没有被忘记，以后也不会被忘记。它们了解依赖其生存的人，那些如同他们祖辈一般的人，在他们血液中和风俗里传承着峭壁、河畔、山谷、沼泽和森林。这也有好处，因为它们意味着责任。一位精明人士是不会接受真正意义的英国城市或者郡县名称来命名的，因为这显然是对责任和荣誉的挑战。

英国贵族偏爱乡村府邸，农民具有一定自由度，两者的结合使英国庄园的安全得以保障。1784年，米拉波在英国时曾预见性地写道："如果大革命发生在法国，那我会为贵族忧心：他们的城堡将沦为废墟，死亡众多，血流成河。但英国佃农却会为他们的领主奋战到底。"英国贵族去庄园时趾高气昂，排场十足，法国贵族却乐意留在府邸，去庄园俨然被流放一般，不为节约开支是不会去的。他们不会与佃农同住，更不会与佃农亲近，而是想榨取他们身上的最后一文。1644年，伊夫林在布鲁瓦写道："在这里，野狼成群，常出没街道叼走孩子，然而主宰一方的公爵却不允许将它们铲除。"

若要证明这些古老家族拥有的财富，游客可以参观皮卡迪利大街的宫殿、柏林顿公馆、德文郡公馆、位于伯克郡广场的兰斯多恩公馆，还可以参观城南的几处贵族府邸。它们在四周街道的蚕食之中依旧挺立。贝德福德公爵拥有或曾经拥有伦敦中心一英里见方的区域，那里有大英博物馆，也就是曾经的蒙塔古公馆。沃伯恩广场、贝德福德广场和罗素广场，都曾是贝德福德公爵占有的领地。威斯敏斯特侯爵也用几年时间修建了数座广场，总称为贝尔格莱维亚广场。斯塔福德公馆是伦敦最豪华的府邸。诺森伯兰公馆位于查林十字街旁。切斯特菲尔德公馆仍矗立在奥德里街，锡安公馆和荷兰公馆则修建在市郊。但许多具有历史意义的府邸因用于商业和慈善活动而变得面目全非。成片的城镇宫殿自身就是无价的艺术殿堂。

在乡间，私人庄园的宏伟规模令人印象深刻。我从巴纳德城堡出发。距离海福斯23英里处的蒂斯河上有一个瀑布，我从那里骑马去达林顿，路过雷比城堡，穿越了克利夫兰公爵的领地。布雷多班侯爵拥有从府邸直达海边、直线一百多英里范围内的土地。萨色兰郡属于萨色兰公爵，两面临海，横跨整个苏格兰。德文郡公爵除了其他田产外，在德比郡还拥有9.6

万英亩土地。里士满公爵在古德伍德郡拥有 4 万英亩土地，在戈登城堡还拥有 30 万英亩土地。诺福克公爵在萨西旦斯郡的庭院周围就有周长为 15 英里的土地。一位农学家最近买下了赫布里底群岛中的路易斯岛，岛屿面积达 50 万英亩。朗斯代尔伯爵因其资产丰厚，在英国议会获得 8 个席位。这再现了七国并存的局面：1832 年改革前，154 个人派遣了 307 位议员出席英国议会，属于自治市、镇的议员们统治着英国。

没有最大只有更大。大庄园不断地兼并弱小的自由土地。1786 年，25 万家公司和业主占有英国土地，到 1822 年就下降为 3.2 万家。这些庞大的庄园就矗立在狭窄的英国领土上。整个英国，无论是船坞、磨坊还是锻造厂的空隙间，到处都是英国贵族的天堂。这与你躲避的工业与生存所迫产生的喧嚣形成对比，更突出了它的沉静与优雅。

当我看到出席上议院会议的贵族寥寥无几时，非常诧异。我发问，有 573 位贵族，经常出席会议的也就二三十人，其他人去哪了呢？“有些待在府邸，无所事事；有些去了阿尔卑斯山；有些或者去了莱茵河畔；有些在哈尔茨山；有些去了埃及；有些在印度的山路上。”然而，在如此紧要的时刻，他们怎可熟视无睹呢？我的朋友回道：“如今，英国的每一个人都在为他们工作，替他们劳苦费神，他们为什么还要为自己工作呢？难道你还不清楚这些吗？”就算那些强烈的激进派见了英国贵族也是和颜悦色。1848 年 4 月 10 日（宪章派游行反抗的那天）这天尤为明显。贵族阶层第一次为自己的利益拿起武器奋战，并承诺与其他人一起维护社会治安。“是啊，他们为什么要坐等辩论会结束呢？此刻，惠林顿公爵就可为其全权代理。如果有什么紧急情况，他手里还有 50 位贵族的代理权，可以用来为他们自己投票。”

然而，事实上，参议院作为政府的一个分支，贵族们拥有内阁一半的投票权，且他们财力雄厚，社会地位极高，实际上也可决定另一半的提名。此外，他们还在一些从属机构中任职，比如培训机构。政权的垄断使得他们在欧洲获得了显赫的知识分子的地位与社会地位。一些法律贵族和许多政治贵族肩负了公共事务的职责。在军队，贵族占据多半高级职务。他们出手阔绰，言行高贵。在服役期间，他们承担起一切职责和危险。在对俄战争中，几乎每个贵族家庭都有成员伤亡或伤残。至于其他方面，诸如国家事务、社会习俗，贵族都担当了重任。一般来讲，他们需要做的就是稳固自己的地位，主持公共会议，扶持慈善机构和为英国民众做好道德榜样。

如果有人问，在当代批判精神中，贵族起到何种作用？作用肯定是有的，否则早已销声匿迹了。有些作用可以轻易列举出来，而其他的更为微妙神秘，成为这潜意识历史中的一部分。他们的制度是社会进步的阶梯。一个民族以某种形式造就贵族，不管我们怎么称呼贵族，都像造就女人一样令人确信无疑。

英国贵族都精力旺盛，积极活跃，而且受过良好教育。他们生来就享有财富和权利。他们游览世界各地，结识世界各地的优秀人士，了解艺术与自然的奥秘。当他们具有才能和胸怀抱负之后，但凡每次重大活动，人们都要向他们讨教求助。因为若非依靠他们，人们难以施展拳脚。当伯爵的才能和精神品德与他们的头衔和职责相符，我们就拥有了最好的行为榜样。力量显示于行动之中。仁慈的力量展现的威严无法隐藏，也不可抗拒。

地位给这些人带来的得与失似乎不相上下。他们以圣·保罗大教堂顶的高度审视社会，即使他们从未听说过平凡的真理，他们能看到世间最美之物，看到事物的分类与聚合，从而便可轻易总结出要点和精华，而非乏味的细枝末叶。他们的优雅行为为其赢得名誉，他们的平和宁静便是卓越的最佳装饰。

人们常说，贵族阶层不过是有好的出身罢了，他们多为缺乏思想见解之辈。是的，但是他们风度翩翩，而这是多么美妙精彩，要有多少才华才能转化成风度——这仅存在于英国。他们有优越感，却缺乏实现抱负的脚踏实地，这让雄心壮志阶层为之憎恶；他们思想纯粹，情感纯净；他们在其他奢华之事中也拥有无上权力；他们在盛大聚会中表现出非凡的社交风度让人为之倾倒。

对于英国人，忠诚从属于宗教。他们以法律为外衣修饰自我，凭借信念游走于光鲜亮丽的上流阶层，好似穿梭在神界中。1855 年，一位经济学家问过："贵族有何用处?"他或许可以从富兰克林的"婴儿有何用处"的问题中得到答案。忠诚是一座社会教堂，可以激发爱和被爱的相互情感。风雅是社会仪式，如教堂里的祈祷一样。风雅也是一所礼仪学校，是对它成长时代的美好赐福。对英国人的生活来说，它是用开阔眼界妆点生活的浪漫传奇，它是实现他们传说和诗歌的娱乐天堂。这跟贵族的成长一样，忠诚造就了他们的勇敢、潇洒、多才和活力。

总的来说，一切事物，但凡有助于形成良好风俗，培养优秀人才，都具有莫大的价值。每一个品尝过友谊喜悦的人，都会尊重由礼仪建立起来的社会规范，都可以阻碍肮脏和厌烦之人的烦扰。阶级都可以自我戒备，这种戒备是他们发现生活现实的最好证明。人一旦想要对自己有公正评价，就需要消除视贵族阶层为迷信的恐惧。无论是谁把守着矿藏的大门，不管是水银矿、镍矿或者是石墨矿，毫无疑问，他都深知世界少不了他的存在。每个真实的人都应敞开胸怀准备迎接一切真实的事物。

这些贵族阶层使英国成为保险柜和博物馆。正是他们在收集和保护艺术品，这些艺术品是他们从战火纷飞的城市和革命爆发的国家抢救出来，并从世界各地带到这里。我怀着敬畏之心望着这些存在了 600 年、700 年甚至 800 年的古堡，或如沃立克城堡那样，甚至拥有 900 年的历史。面对着那些高高的篱笆，我顿时肃然起敬。这里面除了雌鹿和野鸡外，还保留着阿伦德尔伯爵石雕、汤利美术馆、霍华德和斯宾塞图书馆、沃立克和波特兰花瓶、撒克逊人抄本、修道院建筑、千年古树以及在其他地方已经销声匿迹的家禽。被疯狂的战争摧毁之后，在这些庄园里，古董商找到易碎的罗马广口坛子和斑驳的埃及木乃伊箱，上面并未积新尘，依旧保持着历史的延续，等待着那些历史的解读者。这些贵族是人类珍宝的收集者和管理者，他们的荣誉感和财力赋予了他们这项职责。

但是，依然有别的事情需要英国的公爵们去完成。乔治·卢敦、昆蒂尼和伊夫林向贵族们传授园艺；亚瑟·扬、贝克韦尔、梅杰则使他们熟悉农业耕种。在库洛登战役前，苏格兰一直是战场，阿索尔公爵、萨色兰公爵、布雷多班侯爵引进油菜培植、农场养羊、小麦种植、排水系统装置、森林种植、人工湖泊的开凿、池塘养鱼和禁猎区租赁。不顾佃户的呼声和英国媒体的舆论压力，他们将土地翻新并重新种植，才使现在的600万人民得以生活在本来只能养活300万人民的土地上，而且还生活得更好。

依据所处时代的评价标准，每个时期的英国男爵都是勇敢而伟大的。雄伟的古老庄园遍布英国，是英国民族与古老贵族热情好客的无声证明。莎士比亚塑造的友好的汉佛莱公爵、沃里克公爵、诺森伯兰公爵以及塔尔博特公爵，他们的形象都遵循了这种热情好客的传统。伊丽莎白时期大主教帕克描绘的什鲁斯伯里伯爵、舍伯里撰写的赫伯特贵族的自传、菲利浦·西德尼先生的信件和文章、古董收藏者富乐和科林斯所记录的奇闻逸事、佩皮斯和伊夫林合作的贵族府邸掠影、本·琼生的假面戏剧（曾在肯尼沃斯、奥尔索普、贝尔沃和在其他贵族府邸上演过）所记录或暗示的细节、奥布里描写的霍布斯在德文伯爵府上的生活片段，皆是一幅幅浪漫主义风格的画图。斯赫斯特仍然照耀着我们，它的圣诞节欢宴“不是木头在燃烧，而是人在燃烧”。在威尔顿公馆，根据布鲁克勋爵与富尔克·格雷维尔的谈话，《阿卡狄亚》得以问世，其中崇高、不媚俗的思想，和他自己的诗歌所讲述的思想一样。我一直承认勒德落城堡是一座忠诚的城堡，因为弥尔顿为其创作了《宴会欢乐之神》，并由那具有良好修养的演员们心怀同情地排演。这些贵族中，除了诗人、哲学家、化学家、天文学家，还有品德坚定和思想高尚的人。他们通常都是天才和学者的友人和赞助人，特别是美术人才的资助人。现在，差不多所有雄伟的府邸里都装饰着极为奢华的艺术画廊。

当然，这华丽的表演还存在着另外一面，正如每一次胜利都隐藏着不如对手的缺陷。城堡值得他们骄傲，但只有身处城堡之外，才是最安全的地方。战争是一种肮脏的游戏，但是这并不是贵族历史当中最恶劣的部分。在后来的时期，贵族接受教育只是为战争服务，他们的思想迟钝，饱食终日，足不出户，无所事事，以致变得体态臃肿，放荡不羁，粗鲁残暴。格拉蒙、佩皮斯和伊夫林揭露了国王和随从曾经寻欢作乐的肮脏之地。戏院里的娼妓成为公爵夫人，他们的私生子享有了公爵和伯爵的头衔。“这些年轻人成了有地位的人，而严肃正经的老贵族没了往日的光辉。”国王与随从的谈话“浅薄而空洞”。但凡头脑明晰之人，都不会和那些与国王狼狈为奸的大臣们一样，去干龌龊不耻之事。根据这些逻辑，佩皮斯便能推测出国王一旦沦落到乞丐般穷困潦倒的境地时，在他的案桌上找不到纸张，在他的衣橱里“没有手帕”，“只有三根用来上吊的绳子”，而且亚麻布商人和文具用品商人不肯赊卖任何东西给他，面包商人也不会送他面包。此时，荷兰舰队已横扫英吉利海峡，直捣伦敦。具有讥讽意味的是，舰船上载的是英国水兵，因为国王常年克扣的军饷，他们已经投敌叛变了。

乔治三世在位时期，塞尔温的信件泄露了贵族意欲分裂国家的腐败堕落行为。为获取地位和头衔，这些贵族极尽奉承之能，出卖选票和信誉。他们荒淫无度、游戏人生、猖狂走私、收贿受贿、坑蒙拐骗；他们对那些幼稚轻率之人争来吵去嗤之以鼻；他们思想贫乏、身份显贵、民族感淡漠、诸如此类，发人深省，使读者驻足思考，探索是非分明的界限，将这些恶行归咎于一小撮为富不仁之徒。乔治四世在位时，此种情形仍未好转。一个荒淫之徒利用从窗户斜置的木板从女王家中偷走马车，逃之夭夭，一时间流言在欧洲喧嚣尘上，女王和皇家声名狼藉，难以挽回。

当下，完善的宫廷礼仪对权贵们的公然恶习有所制约。然而贵族们还是没能抵挡住赌博、赛马、酗酒和情妇的诱惑。只要民主派愿意，就可收集大量丑闻。阴暗之事层出不穷，印证了有关上一代公爵们的传言：管家典当金银器皿来养活公爵；大贵族靠展出他们的府邸度日；坐在轮椅上的老者不停地移出房间以便向游人开放赚钱；没落公爵和伯爵因债台高筑而背井离乡。名家望族诸如白金汉、博福特、马尔堡和哈福特，如今已光辉暗淡，还不时传出丑闻，就像奥尔良王朝时期给发生在法国“引起轰动的事件”增添新的话题一样是不祥之兆。甚至一些受人敬重热心公益的贵族也会陷入巨额开销的困境。受人敬仰的德文郡公爵在他的领地上就像米西那斯和卢库那斯一样慷慨资助他人，最近却传言他只能够负担在查特斯沃斯生活一个月的费用。多处府邸让他们捉襟见肘，但因为他们是指定继承人，所以不能变卖府邸。出于面子考虑又不得将其出租，只得闲置，因为需要通风干燥、铺整地面、修剪杂草，一年的花费就多达四五千英镑。许多府邸佣人过百，大部分的花费就开销于此。

贵族们大多都备受指责，说他们无所事事，挥霍无度，这无异于犯罪。我的一位朋友曾说：“这也许是天意。他们大部分都是赛马骑手和纨绔子弟”。坎贝尔说：“我不想结交贵族，因为那意味着一生碌碌无为，衣冠楚楚却沉溺于社交。”我也在想，自尊感驱使有教养的人远离世俗，贵族们似乎对于时代的精髓领会迟钝，还未学会低调为人。一位集智慧、时尚、财富于一身之人对其朋友坦白：他未能进入他们的府邸，他觉得他们身为显赫的贵族，而自己只是一介庶民。对于艺术家，包括音乐界也不例外。贵族们排斥他们，不屑与他们结交。当朱莉娅·格里斯和马里奥在惠林顿公爵和其他贵族的府邸演唱时，歌手和听众之间用一根绳子隔开。

当贵族成为士兵时，会精心培养自己的威望。在19世纪培养一名士兵要比培养一名伯爵简单。并且，这本为应严肃对待之事。他们要精通各种骑术，接受各种危险的训练，这一直延续到奥兰基的威廉继位。但是慎重之人会把自己的儿子培养为处理国家事务之才。伊丽莎白的思想影响英国深远。菲利浦·西德尼爵士在写给他的兄弟、米尔顿与伊夫林的信中，都提出了朴实而诚挚的忠告。英国的贵族和乡绅们也已经准备节俭消费，平稳生活。他们去往各个城市学习制作香水、芳香粉、香丸、解毒剂之法，搜集种子、珍宝、钱币和各类古董，以备日后私人生活之需，并且乐此不疲。

一切为免除年轻贵族进行智力活动而提供的便利都是大错特错的。“在大学里，贵族可免于参加公共练习，便可获得所谓荣誉学位。但与此同时，他们的入学考试以及其他费用都更为高昂。”富勒记载道，“外国人观察到英国人在孩子成年之前把他们培养成绅士，使得孩子们极少成为智者。”这种溺爱方式有力地证明了约翰逊博士对长子继承权的深刻反思：“这样的培养只能在家里训练出一个傻子。”

社会的变革已经影响到了贵族阶级。英国工业技术的威力与名誉血统并不相斥。我们这个时代的工具，即蒸汽机、轮船、印刷、货币和公众教育皆属于那些能操纵它们的人。工业革命的影响是，从前只限于贵族家族享受的利益，现在亦普及到整个中产阶级。马路能够通行四轮大马车，劳作之人也可以乘坐自己的二轮马车出行。

此种现象日渐明显，但是我认为这本就贯穿于整个英国历史。如果认真领会英国的历史，便会发现它也是对人类智慧的证明。这里有适合民众释放才能的环境。敢于创业敢于挑战，便能掌控世界。这便是宪章，这是大自然的云雾、大海和雨水所颂扬的——智慧和个人力量制定法律，勤勉与管理才干付诸现实，劳动则为至高无上。但我知道事实并非如此，它已被虚构之物所代替。这种虚构之物却使得贵族和民众都同样心满意足——这些贵族是诺曼族的嫡出后裔，持续800年未曾劳作过。家族更迭但姓氏传承，他们与记忆立约结盟，永不中断历史。对贵族和绅士的分析表明：古老家族正在衰退和消亡，新生血液在不断注入。虽然门庭看似戒备森严，但实则洞开，贿赂腐败的力量由此而生。加勋晋爵的障碍只能刺激欲望，提高犒赏的身价。“现在，”纳尔逊在出海作战时说，“要么获得贵族封号，要么去威斯敏斯特教堂做修士。”西德尼·史密斯也说：“除了坎特伯雷大主教的职位，我别无其他幻想”。伯克说：“律师只不过是下议院的候鸟而已。”然后他换了个姿态补充道：“他们在上议院会找到最好的船锚。”

英国社会的另一大改变便是徽章的日渐消逝。当贵族的特权下移到中产阶级时，徽章就失去了它原有的效力，贵族封号也变得陈腐而累赘。我们无从知晓这些明智的贵族是否已经对这些徽章和封号感到厌倦。它们与假发，香粉和绯红外套一样都属于历史的印记。把它们，连同脂粉和文身，统统交付给澳大利亚和波利尼亚的达官显贵，这或许是件有益之事。

大批英国人受过高等教育，带着礼仪、才能、财富步入社会。他们每日与贵族们地位相当，且往往在荣誉和权利的争斗中超越他们。这些有教养的阶层人数庞大，并在不断壮大。根据统计，有7万多这类来往于伦敦的人士，这些有或没有贵族封号者构成了所谓的上流社会。然而，不容忽视的事实是：没有封号的贵族，也可以轻松掌控属于爵位的至高权力。富有的英国人，如今也可以环游世界。他们获得了远比他们至高无上的国王所能支配的还要多的权力。

英国的大学

剑桥大学是英国首屈一指的著名学府。如今，这所大学已超越牛津大学，毕业生中涌现了众多杰出学者。遗憾的是，我只能在此停留一日，仅参观了国王学院的小教堂和各所学院漂亮的草坪与花园，也仅拜访了几位教授。

但牛津大学却多次邀请我。我于 1848 年 3 月的最后一日抵达。在牛津大学，我有幸结识了植物学教授多贝尼以及一位皇家神学教授，还有一位是受人敬重的朋友——牛津奥里尔学院的研究员。在奥里尔学院，我是朋友们的贵宾，被安排在学院附近下榻，受到学院的盛情款待。

新结识的朋友陪同我参观了博物馆、博德莱安图书馆、伦道夫美术馆和默顿会堂等处。路上，我遇见几位虔诚高尚的年轻人，其中不乏为追求心灵平静而不惜奉献之士——当然，对于这个话题，我无意评说。虽然我把几位年轻人的沉稳持重、举止文雅归于英国人所特有的优点，可他们表达感情与为人处世的方式还是令我想起剑桥人的习性。学校的餐厅装潢富丽堂皇，壁板和天花板是橡木质地，墙上挂着创始人的肖像，桌上摆放着闪闪发光的餐具。一位青年走到餐桌的首席，做着古老的餐前感恩祷告，口中念念有词，诵读着“让受到祝福的人也祝福他人，让正享福的人继续享福”，我想这已是这里数百年的习俗了。

这里的年轻人晚上 9 点之前就须归寝，九点之后宿舍门卫须公布晚归学生名单，这是英国人恪守的习俗，天性笃厚的奇特印证。更值得一提的是，在这一千二百多个年轻人中，不乏具有勇敢精神的贵族，但却从未有过决斗发生。

即便是在英国，牛津大学也算是既古老又保守的学府了，其历史可以追溯到阿尔弗雷德时期。据说，信奉德鲁伊德教的费利尔特曾在这里举办过神学院。如果属实，其建校历史甚至可追溯到亚瑟王时期。在爱德华一世统治时期，据称牛津大学的学生曾达三万之众，有十九座宏伟建筑在这期间竣工。乔叟认为它坚不可摧，在英国史上享有盛名，不仅是英国的学术中心，还是英国和欧洲学术交流的纽带。1497 年，荷兰哲学家伊拉斯姆斯欣然来到牛津大学。早期国际法学家阿尔贝利库斯·真提利斯于 1580 年在英国寻求庇护并受聘于这所大学。1583 年，波兰贵族锡拉德王子艾伯特·阿拉斯科出访英国，对伊丽莎白女王的才智敬佩不已，访问期间受到热情款待，在基督教堂餐厅观看了舞台剧演出。来自法国的亨利利卡特勒的艾萨克·卡索朋也应詹姆斯一世的邀请于 1613 年 7 月来到基督学院讲学。我参观了阿什莫尔博物馆，有幸目睹了伊莱亚斯·阿什莫尔于 1682 年赠送的 12 辆珍贵的货运马车。这里确实就是安东尼·伍德和奥布里笔下充满了竞技和英雄的奥林匹亚，每寸土地都闪耀着荣光。伍德的《雅典娜的牛津人》就是一部两百年来师出牛津的作家年鉴，它生动地记录了英国人的言行举止与优良美德，可与珀切斯的《朝圣者》或是《英国国会议事录》相媲美，都是大英民族的不朽之作。无论从哪个方面来看，牛津大学都会唤起岁月和权威的联想。面对现代革新，它选择坚守传统。罗德大主教的法则依旧是这里的治校之本。默顿图书馆的书籍仍然被束之高阁。正是在这里，约翰·弥个尔顿的《为英国人声辩》和《偶像破坏者》于 1660 年 8 月 27 日被付之一炬。我还参观了学校法庭。1683 年，就是在这里，英国的宗教大会导致托马斯·霍布斯的《利维坦》被当众烧毁。我真不知道这个学术巨人是否听说过《美国独立宣言》？不知这里是否仍是被托勒密天文学所把持的天下，依然容不下哥白尼的新说？

有多少学子，几乎就有多少捐助人。在牛津大学，每位贵族，或是每位富有的学生，在毕业离校之际都留下一件金银器具，这都是寻常之事。这些价值不等的馈赠，上至一所会堂、一笔奖学金、一座图书馆，下至一幅画、一把汤匙，在这百年间不断地积累。我的朋友杰博士给我讲述了这样一桩逸闻趣事：托马斯·劳伦斯爵士在他的伦敦收藏品中有幅拉斐尔和米开朗琪罗的草图。这件无价之宝被转让给牛津大学，叫价7000英镑。牛津大学接受了这个报价，但负责此事的委员会当时还只筹集到3000英镑。向其他朋友募捐时，他们拜访了埃尔登勋爵。令他们意外的是，埃尔登勋爵开出了3000英镑的支票，而不是100英镑。于是他们告诉埃尔登勋爵剩下的1000英镑应该很容易筹到的，但埃尔登勋爵却说："没有必要，你们可能已经倾囊而出，剩下的不妨由我来支付吧。"他收回了那张3000英镑的支票，又开出一张4000英镑的支票。我有幸在1848年4月见到了这些收藏品。

在牛津大学的博得利图书馆里，班迪尼尔博士给我展示了克拉克博士从埃及带回来的公元896年柏拉图著作的手抄本，还有一部同时代的维吉尔著作的手抄本，在门兹印刷的第一本《圣经》（我想是1450年出版的），及其相同版本的副本，但末尾大约有二十页残缺不全。可是有一天，班迪尼尔博士在威尼斯花了4000路易买了一间房子，里面放满了各种书籍和手稿——各种纸片和残片。于是便让领事把屋子上锁并贴上了封条。后来，接着翻看所购房屋里的东西时，他发现了那本门兹版《圣经》末尾缺失的二十页，完好无损。博士把它们和屋里的其他东西一并带回了牛津大学，最终把这二十页归集成册。或许是他收集文献时对天意的敬畏之心，使得这些残缺的书页重新团聚。比起克拉克博士从埃及带回来的这些破旧脆弱的手稿，即使是牛津大学最古老的建筑，也年轻了二百年。在博得利图书馆里，还从未点过烛火。它的书目采用的是牛津大学每个图书馆书案上的目录标准。每个学院各自用红墨水在目录之下画出本学院图书馆所珍藏图书的书名——这就意味着，牛津大学的所有书籍都藏于博得利安图书馆。这座库藏丰富的图书馆仅在去年（即 1847 年）就耗资 1668 英镑用于购买书籍。

注重逻辑的英国人培养一位学者如同是在培养一位工程师。牛津大学宛如一座希腊文化工厂，就如同威尔顿工厂加工毛毯，谢菲尔德工厂锻钢造铁。他们知晓导师的作用就如同他们了解马匹的功能，他们从二者汲取精华。读书人经常长途步行、骑马锻炼、节制餐饮、养精蓄锐，考试的前两天便不再学习，只是休闲、骑马或跑步，以待学院考试之日能精力充沛。理论上说，获取硕士学位的学生需住校学习七年，但实际上，一直以来都是住校学习三年、剩下四年可以走读。这“三年”大约也只有 21 个月住校学习。

休厄尔教授说：“牛津大学普通学院每年的全部学费大约需要十六基尼。”这个听似合理的价格也许会蒙蔽了那些不知实情的就读者，殊不知，导师制教学是这里的主要教学形式。接受导师私人授课一年的学费估计在 50 至 70 英镑不等，那么三年半期间的所有课程总共要花 1000 美元。而在剑桥大学，一年花 750 美元的学费也算是节省的，花上 1500 美元也不算奢侈。

牛津大学的学生及住校人员的人数，学校管理的很严格，各种基金提供丰厚的奖学金，学校的历史及建筑，以及众所周知国人的敬仰，都证明了莘莘学子的寒窗苦读是值得的。而在美国，这种情况就罕见了，除非是学贸易及政治学，大学新生总会对所接受的大学教育的质量持怀疑态度。牛津大学本身就是一个小的贵族群体，人才济济，地位显赫，这足以使它跻身于名门望族之列。到这里学习的人都是为了功名利禄，为了得到所有文明民族的一致尊重。

当然，牛津大学这个贵族群体拥有自我修复功能。一旦有所空缺，便会让学生这个群体来填补。学校设有 540 种奖学金，平均每年投入 200 英镑，并提供食宿。在一个这样的学术宫殿，假设给一个热爱学习却经济窘迫的美国青年每年提供一个住所，一张桌子，活动场所及图书馆，还有一年 1000 美元的奖学金，只要他决定过单身生活，那么他一定会欢呼雀跃。尽管这些年轻人享受了如此的待遇，有人为他支付学费，但他们却无法忍受对他们不多的限制，其中不少还准备放弃奖学金。他们指着让我看一位被搀扶着走进会堂的中风的老头，一想到自己的未来将是做一个研究员而终其一生他们就不寒而栗。因为牛津大学在校学生大约只有 1200~1300 名，学生之间也不会构成太多竞争，所以取得奖学金的几率很大。据估计，19 所学院年收入高达 15 万英镑之多。

这种训练效果使牛津学子们在希腊文、拉丁文和数学方面有着精深的知识，行事稳健，拥有英国式评论事物的素养。无论获得这种或那种奖学金有多少幸运的成分，可以确定的是，伊顿公学的班长可以用拉丁文作长短诗，能把校园指南改写成六音步诗。可以确定的是，古典语文的优秀生可以准确无误地引经据典，并对所有人文科学都有着独到见解。无论对莫德人和布雷森诺斯人的评价是否得当，伊西斯河和剑河上始终承载着希腊人的博学智慧；空气中也弥漫着希腊学识的氛围；河水水位上升到一定的高度，象卡斯塔利亚的诗意之泉将会清除那恣意生长的杂念。英国人生性珍爱文化，正如英国诗人弥尔顿所认为的，希腊文化陶冶了古斯堪的纳维亚人的情趣，接近希腊精神使其修养得到提升。得益于激昂的天性，英国人思若泉涌，以充实的心灵，新的严谨品味，用文字和雄辩抒发满腔激情。英国的作家不容忽视，总有伟大而沉默的希腊文学家围绕在其身旁。他们使他用词洗练，文笔锐利，造就了英国式新闻的文风与笔调。他们学问精深，理解深厚，逻辑严密，富于节奏。他们勇于探究，坚韧不拔，雷厉风行。与生俱来的良好体魄，使他们被造就成了消化良好的学习工厂，铸铁般顽强的群体——科克、曼斯菲尔德、塞尔登和本特利这些家族就在其中。他们的能力较之于与我们，就好像气锤与音乐盒的对比。当天赋禀异的骑手驾驭骏马时，我们便拥有了这些世界级的大师，他们将最卓越的处世才华与最卓越的文化深深相融。

令伊顿、哈罗、拉格比和威斯敏斯特培养出来的人感到慰藉的是，他们的母校有着公众认同的高尚刚健的校风。在运动场上，勇敢受人敬仰，卑劣遭人唾弃，雄健与慷慨得到激励。这些不成文的荣誉准则公平公正——无论是对被宠溺的贵族子弟，还是对创业起家的平民学子，洗涤着学子们的心灵，尽其所能把他们造就成绅士。

此外，人们主张大学要致力于培养教养良好的绅士——这是英格兰所珍视的民族精华。德国作家胡贝尔在向他的国人描述英国绅士的特质时坦承："我们德国没有这类人。绅士必须要有政治个性，要有独立于大众的立场，或至少拥有这样的权利。绅士个人或是家族要拥有中等财富，要身手灵活，力量强壮，这些条件都是久坐办公室的文弱书生难以企及的。英国绅士这个群体所呈现的活力与体魄是很难在其他群体中找到的。没有哪一个民族能孕育出这种血统。这种血统，即便是在英国，也在逐渐衰落。大学一定是人们情趣的引领者。学子们卓越超群，只需浏览年鉴便可发现，世界上没有比牛津大学或剑桥大学的人更值得结交了。"

这些公学是上流阶层的精修学校，和平民百姓无关。这里不推崇实用主义。公学的本意就是："一所排斥所有平庸之物的学校。"

毫无疑问，牛津大学的奖学金使用已误入歧途。它的财富可敌几个欧洲小国，但它取消了原本为"所有所在地对公众聚会交流而开放"的学术讲座；滥用本该用于"最具培养潜质但生活困顿"的青年人的生活补助，徇私现象屡见不鲜；大学教授及研究员的席位和身份成为安逸享乐的温床，学校似乎总有应对董事会质询的对策，这并非没有可能。毫无疑问，他们的学识正趋于陈旧——但是，牛津大学的优势仍在。在这里我还看到民族忠诚尽职、踏实认真的证据，这就是他们崇尚、秉持和传承的知识。无论是通过课堂传授或是课外自修，无论是通过填鸭式的教学还是用奖励和奖学金激励的考试，教育的任务，根据英国式的教育概念的定义，已经完成了。我查阅了 1848 年通过各种奖学金评定的考试试卷，包括卢斯比奖学金、哈特福德研究奖金、爱尔兰教长研究奖金和大学研究奖金，诸如此类，这些试卷的副本是一位热心的希腊文教授提供给我的。我相信这些试卷中试题的难度对于那些报考耶鲁大学或哈佛大学学士学位的考生来说都是过于严峻的挑战，然而许多竞争者在考试中都表现出色。总之，这证明了，他们对特定领域的研究更为精深，大学应该传授的知识都传授了。牛津大学每年培养出 20~30 位精英人才，300~400 位接受过良好教育的人才。

健康的膳食和艰苦的锻炼使他们保持了斯堪的纳维亚祖先的特定力量。纨绔子弟素好打斗，情急之下也会表现出男儿气概。见到这些年轻人，我相信，我早已看出他们生机勃勃，气色红润，习惯良好，较之于他们，美国大学的同龄人有过之而无不及。毫无疑问，学子们展现的活力与卓越多源于身体的锻炼与身心的保健。如果能培养更加坚韧的习性，锲而不舍的身体锻炼，每日多五英里的行走，少五盎司的饮食，二十英里的骑马飞奔，溜冰和划船的竞技，美国学生也定能像他们一样强健有力，神采奕奕，谈笑风生。要不是我发现他们的阅读与写作也胜于我们，我会理所当然地认为这些优点是很容易获得的。

英国人在基础教育和大学教育的大力投入，使学生得以系统阅读那些最优秀作家的作品，深入探究所学知识的来龙去脉，而并非像阅览时事评论或新闻一般只是为了聚会进行的一场争论，为撰稿而收罗话题，或是为了一些并不那么重要的目的。这样的阅读往往浮光掠影，走马观花。查理一世曾说，他对英国法律的理解并不比绅士们差。

英国人经常翻看各类书籍，但这个国家的年轻人并非个个都有机会享受这些图书馆的丰富藏书。饱学之士总能学到更多或学得更好，因为他一听说某本书就会马上查阅。相比之下，普通人会用数年的时间寻找或阅读一些平庸之作，因为他们没法获得最好的书籍。

再者，有学养的人聚在一起可以相互督促，不断提升。常与博学多识的人结交，会学到取舍与甄别的艺术。

当然，在大学，天赋异禀之人也会招致敌意。他们目光独到，行事特立，不愿墨守成规，如同年轻的圣徒往往遭受教会和修道院的迫害一样。尽管如此，我们还是会把子女送去大学，即便他是个天才也得去试试。大学是值得回顾与追溯的地方。知识的强风为塔楼上的风向标确定了方向，吹走了陈旧之物。牛津大学宛如一座图书馆，而教授们就是这座图书馆的管理员。如果抱怨教授不赏识欧几里德和亚里士多德追崇者们的新观点，或者抱怨他们没有尝试像原创作家那样创作作品并用他们填满空白的书架，这些怨言就如同抱怨看门人不像克尔希或金布恩将军冲锋陷阵般冲上街头一样的可笑。

对大学教育百般挑剔是轻易之举。但如果我们愿意等待，大学将经历自身的不断完善。大学里人才济济，但他们并不会听从于下议院某个委员会的呼唤。天才是稀有的，危险的，不同寻常的，而且高深莫测。英国是个包罗万象，充满神奇之地。当你断定这里的大学辉煌已逝，那么，来自牛津大学心灵深处充满诗意的魅力将作为塑造城市的概念，建造如鸟巢般朴实的家园，还艺术以真实，重新吸引人类，正如同我们对道德秩序始终如一的呼吁。但除了这有助于复原的天才之外，在这个时代，英格兰最美的传统诗篇，都出自两名剑桥学子。

英国的宗教

如今，一个人信仰国教并不能太多地展示他本人。人们并不觉得需要对国教负责，因为国教离他们非常遥远。他们热爱真理，他们劳作，他们节俭，都是出于现实考虑，与国教全无关系。显而易见的是，英国人的生活并不是源于亚他那修信经、国教教规或圣餐礼。它与宗教的关系就像它与婚姻的关系一样。一个年轻人仓促地缔结了婚姻。到后来，当他心智成熟，开始领悟人生哲理之际，有人问他如何看待婚姻制度，如何正确理解两性关系，他或许会回答："如果这个问题仍然悬而未决，我应该可以滔滔不绝。可我已有妻子儿女，这个问题于我已毫无意义。"在一个国家的野蛮时代，会形成或引入一些礼拜祭仪，如修建祭坛、征收什一税、委任牧师。国家的教育和经费投入也以宗教为导向。当财富增加，教养提高，英才辈出，那些谨小慎微的人就会说：我们为什么要与命运抗争，去改变这堆积如山的荒谬之事呢？那么我们最好能从虔诚时代开采和雕刻的一大堆石头里找到一丝线索或痕迹，这总胜过那些力所不及的既荒唐又危险的尝试。

看着那些古老的城堡和教堂，有时我不禁感叹："这些建筑巧夺天工，非人力可为!”今天，我站在已有八百年历史的敦提教堂古塔也发出同样的感叹。显然，这座岛屿隐藏着巨大的情感力量。英格兰经历了风靡欧洲的基督教热潮，就像火发生了化学反应，坚决地划分了野蛮与文明的界线。宗教情感的力量结束了用人献祭的习俗，抑制了人的贪欲，鼓舞了十字军东征，激发了对暴君的反抗，唤起人的自尊，限制了农奴制和奴隶制，形成了政治上的独立自由，还建造了诸多宗教建筑，如约克教堂、纽斯泰德教堂、威斯敏斯特教堂、喷泉修道院、里彭修道院、贝弗莉教堂和敦提教堂。这些建筑的建造方法随同建造它们的宗教激情一起，早已难觅踪迹。宗教的情感力量还促使英语《圣经》、祈祷书、僧侣史、迪韦齐斯的理查德编年史等编撰成形。牧师翻译了《拉丁文本圣经》，把古圣徒行传中的神圣事迹改写成发生在英国本土的高尚行为。这是高加索人乐观向上、积极进取的精神风貌。人类经过漫长岁月的沉睡后醒来，精神焕发。北方野蛮民族的暴力行径激怒了基督教信仰者，使他们变得强大。基督教依靠爱而存在。威尔弗里德主教释放了250名被束缚在土地上的农奴。牧师使劳碌的农民在安息日和教会节日可以稍作休息。“领主若强迫他的农夫从星期六日落一直干到星期天的日落，他将彻底失去这个农夫。”牧师来自民众，对自己的阶级满怀同情之心。在欧洲，教会就是调解人、督察者和民主原则的执行者。拉蒂默、威克利夫、阿伦德尔、科伯姆、安东尼·帕森斯、哈理·范内爵士、乔治·福克斯、佩恩、班扬等人不仅是他们那个时代的圣徒，而且还是他们那个时代的民主人士。这个劳苦虔诚的民族当初勉强接受了天主教会，却在14世纪建立起一个庞大的体系，紧密契合国民的生活方式和时代精神，国计和民生完美结合。在很长一段时间里，基督教会与天上人间的一切事务浑然一体。它渗透到黄道十二宫的飨宴和斋戒之中，给一年中的每一天、每个城镇、集市、海角和纪念碑都命了名。它还自己编撰了历书。没有教会的许可，法院不能开庭，土地不能耕种，马匹不能钉掌。所有谨言慎行的行为准则，店铺经营或农场运营的法则都由教会来制定和废止。因此它的势力在农耕地区得到扩展。把土地分成不同的教区，使每一件世俗特权都须经教会许可。神职人员的等级划分造成高级教士为富人布道而助理牧师为穷人布道的局面，加上牧师都能保证接受古典教育这一事实，使神职人员成为“缔结与世隔绝的农民和时代的知识进步的纽带”。

无数事实证明，英国教会做了许多不起眼但富有成效的工作：教化了国民，振奋了他们的精神，提高了他们的修养，为他们提供了饮食、医疗、教育等服务。教会留有殉道者和忏悔者的印记、最神圣的典籍、宏伟的殿堂和非宗教特性的仪式。这种仪式虽然具有同样的世俗特征，但绝非低俗平庸，也非金钱可以左右。

教会在缓慢壮大的过程中引发了一些重要的反应，对民族文化的发展、对当今民族情感和意志的发展方向都极为重要。精雕彩绘的小教堂——它的整个外观充满了意象和象征，显得生机盎然，成为人们眼中的典籍和《圣经》。

后来，撒克逊民族的天赋在民族语言中找到了用武之地，教会成了人们的导师和大学。新的大主教登位的那一天，在约克郡大教堂里，我听到唱诗班朗读和合唱晚祷礼。在 1848 年 1 月 13 日，在约克郡大教堂里，一群衣着考究、举止端庄得体的英国人刚刚读完《泰晤士报》，抑或刚刚放下酒杯，在这里带着民族自豪感全神贯注聆听着来自远古时代丽贝卡和艾萨克订婚的优美牧歌。这是一件多么奇妙的事情！这是新与旧的有益结合。对《圣经》的尊崇是文明的重要元素，正因为如此，世界历史得以保存并传承。在英国，人们每天都要读一章《创世纪》，看一篇《泰晤士报》的社评。

这次晚祷礼上另一部分也绝不是无足轻重的。卡米奇博士用风琴演奏了亨德尔谱写的加冕赞歌《主佑吾王》，庄严雄浑。大教堂与乐曲浑然一体，相得益彰，似乎暗示着教会扮演着政治工具的角色。从婴儿时期开始，每个英国人都习惯于每天倾听为女王、为王室和国会做的祈祷。这种伴随一生的祝圣仪式不可能不对他思想的形成产生影响。

大学也是教会体系的一个部分，目标是培养牧师。因此千百年来，牧师一直就是这个国家的文化人。

这个民族的气质使之可以充分体味教会的完整秩序和传统，可以欣赏教堂里的祈祷书、宗教仪式和建筑风格，可以品味持重的优雅、志趣相投的伙伴以及与王权和历史的联系，而这些都为教会增光添彩。教会还受到有优雅有余而行动不足者的青睐。由于教会同社会治安、政治、金钱之间存在千丝万缕的联系，英国的国家稳定对教会的发展至关重要。

坏人无法成就神圣的教会，至少在社会上必须有品行高尚且满怀热情之人。这些大教堂既不是由无神论者建造，也不用来容纳他们。教会里都是些最博学、最勤劳或最忠诚的人，这许许多多的“教士和主教们，即使脱下他们的黑色礼袍，也不会对任何人冷眼相向”。[①]他们的建筑仍然和他们的信仰一起永存。当一个民族充满灵性和虔诚的时候，历史就将迎来激情与天才横溢的时期，或者我们可以说，历史将要迎来大量“神的降临”，从而激发人类精神境界的高潮，涌现出大批智识超群、笃信虔诚之士。十一、十二、十三世纪，连同后来的十六和十七世纪，都是这样的时代。

然而，不管是威克利夫、科布汉姆、阿伦德尔、贝克特的时代，拉蒂默尔、莫尔、克兰姆的时代，泰勒、劳顿、赫伯特的时代，还是舍洛克和巴特勒的时代都一去不复返了。悄无声息的民意革命已经使得这样的伟人不可能再度出现，也不可能再在他们曾经的圣坛上找到一席之地。曾经托身于教会的精神已悄然离去，去推动其他的活动。那些到古圣殿去的人只会见到迂腐之人穿着旧袍咿咿呀呀装腔作势。

英国人的宗教信仰是良好教养的一部分。当你在大陆看到一位衣冠楚楚的英国大使在小教堂把脸埋在被刷得光亮的帽子下默默祷告时，你不禁会感受到他那强烈的民族自豪感，感受到一位绅士的宗教信仰。他远未理解那些祷词的含义，反倒相信自己的行为近乎宽宏大量，来向上帝祷告简直就是纡尊降贵。一位大公爵在上议院的一次庆功会上说，他认为他们没有善待全能的上帝。在取得如此巨大的成功之后，接受命令适当地向上帝表示感谢，这才符合他们的慷慨大度。教堂是贵族的乐土而不是穷人的天

① 参看《英国的杰出人物》，富勒著。

堂。做体力活的人是没有教堂的。他们最近在下议院证实说，他们一生中从未在教堂里看见过衣衫褴褛的穷人。

英国人刻板麻木的宗教信仰和敏锐活泼的思维体现了智慧与愚昧是如何集于一身的。他们的宗教只是一种引证，教堂只是一个玩偶，任何的认真审视都会随着恐怖的尖叫声而中止。如果，你想让你的伙伴们去嘲笑平民百姓的宗教狂热，那么你会大失所望，因为他们本身就是平民百姓。

英国人也许与19世纪的基督教徒一样，崇尚实干却不重权力。对于思想，也只看重其经济功能。威灵顿看重一个圣徒，也仅仅是因为他可以当随军牧师。“布里斯科尔先生以其令人钦佩的品行和广博的见识，战胜了在士兵中流传并一度在军官队伍中流传的卫理公会。”他们并不认为哲学家比送来金鸡纳树皮或药水的药剂师高明，还认为灵感不过是某种玻璃吹管或一种精致的辅助器械而已。

我怀疑在英国人的大脑里有一道阀门，可以随意关闭，就像工程师关掉蒸汽一样。最通晓事理、最见多识广的人，其思维能力与处理宗教事务的大主教、参与国家政治的国家财政大臣相当。他们能言善辩，处事决断，思路清晰，成果丰硕，但一旦话题涉及英国教会，这些成功推动自由贸易或地质学的人，神情马上就变得严肃，并立刻关上阀门。随后，谈话就无异于对牛弹琴了。

不管是教授的内容还是大学的精神，大学的职能更多地指向培养英国绅士，而不是培养圣徒或心理学家。大学教育成就了大主教，造就了哲学家。我不知道英国国教里的神秘教义是否比其他教会多，但人们通常把国教的神职人员看成是贵族。他们说，在这里，如果你和一个牧师交谈，你肯定会发现他教养良好，知识渊博，而且坦白率性。他会对你的思想或计划表示赞同和夸奖。但如果有第二个牧师走进来，这种赞同就到此为止了，如果两个牧师在一起，他们就不会再接受你的思想了。每当思想要付诸行动，牧师都会坚定不移地站在教会一边。

英国圣公会教堂以其典雅、理性的外在形式著称，神职人员也往往气度不凡。它宣扬的福音是：“大众因情趣而获得救赎。”它把古老的建筑加以修缮，在音乐和建筑上不惜重金，还斥巨资购买奥古斯都·普金的著作和建筑文献。英国国教圣公会教堂因便利的设施和宽松的环境而远近闻名。它通常不会迫害教徒，也不进行宗教裁判，甚至也不会对教徒寻根问底。它极有涵养，对所有惯常发生的事件睁一只眼闭一只眼。如果你不招惹它，它也不会干涉你。但它本能上对所有政治变革、文学发展或社会艺术进步都满怀敌意。教会不是伦敦大学的创建者，也不是技工讲习所、免费学校和其他旨在传播知识的学校的创办者。牛津大学的柏拉图主义者就像托马斯·泰勒一样，对这类异端充满仇恨。英国人信奉的是《旧约》教义，《新约》他们一页也没翻开。英国人相信的上帝不会视金钱如粪土。他们既不是先验主义者也不是基督教徒。他们不做苏格拉底式的祷告，更不用说为女王的思想做圣洁的祷告了。他们不会祈求光明或正义，只会直截了当地说："祝她身体健康，财源滚滚，长命百岁。"人们可以在所有英国私人日志中找到这种犹太式祷告的踪迹，包括《迪韦齐斯的理查德编年史》中所记载的理查王祝祷词、塞缪尔·罗米利爵士和画家海登的日记中的某些记录。"我第一次乘坐自己的马车携妻外出时，"佩皮斯虔诚地写道："我内心欣喜不已，不禁感谢上帝，祈求他赐福与我，让我永远拥有我的马车。"犹太人入籍法案（1753）遭到了国内四面八方的请愿和反对，伦敦市民开始游行请愿，拒绝接受这项法案，理由是该法案"极为严重地玷辱了基督教，极为严重地损害了整个王国的利益和商业贸易，特别是伦敦市的利益和商业贸易"。

但是他们不能通过议会法案来泯灭人性。"天行其道，永不停息"，艺术、战争、新发现和新观念都在按自己的步调发展。新时代有新的希望、新的敌人、新的贸易和新的慈善机构，开始用新的眼光阅读《圣经》。法国政客的喋喋不休、汽笛的轰鸣、磨坊里的嗡嗡声以及移民们登船时的喧闹声已将大多数古老传说从人们的记忆中抹去。因此，你若面对现代的教众集会大声朗读祈祷书，就会显得不合时宜，几近荒谬，让人想起身穿古旧服饰的化装舞会。

没有哪位化学家企图使宗教具体成形的努力取得成功。宗教是与生俱来的，就像皮肤和身体其他的重要器官一样。宗教每天的表述都不一样。先知和使徒深知这一点，不信国教的信徒通过援引他们必须遵循的经文来驳斥国教徒。宗教存在的前提条件是以宗教来阐释宗教。只有先知和使徒才能正确理解其他先知和使徒。政治家知道，宗教元素将永远存在，就像纤维蛋白和乳糖的供应一样。但宗教的本质是建设性的，将按自己的意愿组建教会。聪明的立法者愿意花钱建寺庙、学校、图书馆和大学，却不会让神职人员发财致富。如果他们以任何方式把选举和支付牧师薪资的事交给民众，他们会做得很好。就像贵格会教徒一样，他们会反对将神父等级化，在社会上创造机会，创造希望，使人们可以尽情施展在这方面的天赋和才华。然而，当财富聚集到祭师、主教或教区长的时候，就需要有钱人为他们打理，而这些有钱人为宗教指出的方向绝不是当时宗教神秘主义者的道路。金钱自然会追随金钱，会持续不断地腐蚀获得财产的人，使他们没有精神信仰，远离教会。那些人必然会因得不到各方的青睐而被排除出局，这就是宗教的特性，进而被驱赶到其他教会——这就是自然自身的法则在发挥作用。

副牧师的薪金很低而高级教士的报酬过高，这个弊端吸引豪门子弟和其他不称职的人投身教会，但这些人关注的却是消费。因此，主教实际上是一个穿着白色法衣的商人。透过他那上等细麻法衣，我能看见那属于店主的华丽外衣上亮晶晶的纽扣。一笔像达拉姆那样的财富就可成为犯罪的诱因。布鲁厄姆曾在下议院发表的关于爱尔兰人民选举权的演说中谈到："上议院尊敬的主教们在上帝面前庄重地宣称，他们应召从事一年 4000 镑俸禄的工作，这个时候，他接受圣职和管理权完全是出于受到圣灵的感动，没有其他理由，说出这种话的他们怎么能够表达出对假誓罪应有的憎恶呢?"教会入会模式比海关的誓约更为有害。主教是由大教堂的主任牧师和受俸牧师选举产生。女王给这些绅士下发一份主教选举许可令，但同时也发给他们候选人名单。他们走进教堂，诵经祈祷，祈求圣灵帮助他们做出选择。做完祈祷后，都无一例外地发现圣灵的指示和女王的推荐正好一致。

但是你们必然会为从众付出代价。只要你们信奉国教，一切都相安无事。但你们在其他方面都很诚实，你们深知，在某地有一个人，他的诚实也达到了这个境界，他从不跪拜伪神，也知道你们要是有一天与他相遇，你们将沦为虚情假意的一类人。此外，这种违心的屈从将受到严厉惩罚。因为如果你接受一则谎言，就不得不接受随之而来的一切。英格兰接受这种经过粉饰的国教，结果使人目光呆滞、体态臃肿、声音嘶哑、领悟力衰竭。

德国人的批判重创了英国教会，除了传统，再无可取之处，顺理成章地又退回到天主教教义。但那个元素只有狂热之徒才能接受：在有文化的人看来，大致而言，这并不是一件见得了阳光的事。如此一来，这些人与教会就完全疏远了。

大自然自有它的补救办法。教徒们被逐出英国国教，分化成许多教派，这些教派立刻名声大噪，开始制衡英国国教。大自然还有更精明的办法。英国人反感事物的一切变化，尤其是宗教事务的变化。他们抱残守缺，满口仁义道德。英国人（我希望仅限于英国人，但是它是东西两个半球盎格鲁·撒克逊血统的一个污点），英国人和美国人的假仁假义令所有其他民族望尘莫及。法国人把这一产业全部拱手相让。还有什么比我们的书籍和报纸上故作斯文地膜拜上帝更令人作呕呢？大众传媒的虚假虔诚程度之深令人发指。当代宗教俨然戏台上的西奈山，那里轰隆的雷声都是由道具人员制作的。狂热和虚伪催生了讽刺作品。木偶戏素材取之不竭。狄更斯写了很多小说讽刺埃克塞特会堂式的仁慈，萨克雷揭露了上流社会无情无义的生活。大自然通过下层社会的异教信仰更迅速地为自己复仇。沙夫兹伯里爵士把贫穷的小偷们召集起来，向他们念经布道，而小偷们却斥之为“屁话”。乔治·博罗则号召吉普赛人来听他讲述希伯来人在埃及的经历，并用吉普赛语向他们宣读使徒信条。他说：“我读完后，看了看四周，发现人们表情怪异，都用吓人的眼神斜睨着我，每一个在场的人都这么斜睨着我。彬彬有礼的佩普，和善的奇卡洛娜，还有科斯达弥一家，都斜眯着眼。那个吉普赛骑手的眼神最可怕。”

眼下的教会颇令人同情，除了产业一无所有。如果一位主教遇到一位才华横溢的绅士，并从他眼睛里读到了致命的质疑，他除了与他喝酒别无良策。虚假的地位导致神职人员满口假话、背信弃义、买卖圣职、才能和品德空前退化。当教阶集团畏惧科学和教育、畏惧虔诚、畏惧传统、畏惧神学的时候，神职人员只能脱离这已经名存实亡的教会，别无选择。

但英格兰的宗教是指国教吗？不！是指那些教派吗？也不是！这些教派只是一些个别的人不服从国教的产物。它们之于英国国教就如出租马车之于四轮大马车，虽然更便宜更方便，但实际上是一回事。宗教到底在哪里呢？请先告诉我电流、动能、思想或者手势存在于何处吧。他们根本就不存在，也不作停留。你不可能加快电流的速度，或者用砂浆把它砌起来，停驻在某个地方，使之固定下来，就像英国人一直以来固定他们所有的事物，如伦敦纪念碑或伦敦塔，好让你知道在哪里能找到它。但电流稍纵即逝，一闪而过，如同一个手势。它是一个匆匆过客，一个陌生人，一个惊喜或一个秘密。它困扰着英国人，使他们不知所措。然而，如果宗教的定义是做尽善事，并因此遭受所有罪恶，“代所有人受罪，不让任何人受罪”，那么，在英格兰，这个神圣的秘密已经从阿尔弗雷德时代一直流传到罗米利时代，从克拉克森时代，流传到弗洛伦斯·南丁格尔时代，而且存在于千百万默默无闻的大众身上。

英国的文学

长达千年之久，一种根深蒂固难以改易的常识在英国人的灵魂深处打下烙印：英国人的思维模式，就像刚学会认字的水手与士兵，带着粗犷和激情。他们缺乏想象力，也不像雅典或者意大利古人那样会为隐晦或精妙之语而喜悦，并且还很快将其变成寓言。但是他们却钟情于世俗的表达方式——准确无误，一针见血，直指人心，雅俗共享。从古至今，这种朴实无华、真实平淡的写作风格在各个时期的作品中都有所体现。这些特质为民歌民谣注入了泥土的芬芳，牛羊的气息，就像是一名荷兰的画家，为了展示居家生活的魅力而把锅碗瓢盆绘入画中一样。即使询问宪法的功能，这样的话语也能用诗歌表达，从甘蓝到鲑鱼，从未离开过诗人的视线。诗人们总能在迸发的想象中迅速回归自我。

英国诗人对农家小院、乡间小道、村落市镇都情有独钟。用斯代尔夫人的话来说就是："当他们将我推上云端的时候，我仍要穿着木屐脚踏泥潭。"这么说是因为英国人洞察力敏锐，能准确掌握事物要领，而且几乎从不失手。诗人们喜爱斧头，喜爱铁锹，喜爱船桨，喜爱枪炮，也喜爱蒸汽管道。他们喜欢自造自用，自力更生。他们都是物质主义者，他们既勤俭节约，又看重钱财。对待英国人的时候要拿出真心实意。你要招待他吃松饼就得真的拿出来，而不是空口承诺。比起那印在提花纸菜单上的法式大餐，英国人更喜欢无忧无虑地尽情享用一份热气腾腾的排骨。即使成为学富五车的诗人或哲人，也会将同样严苛的真理和精密的思维融入他的精神领域。他必定基于事实思考问题。他不会迷惑，也不会异想天开，但是头脑里面必然有着明确而坚定的精神象征。他喜爱但丁的作品，因为他在其中可以看到诗人用一种铁钳般的坚定与执着将一幅精神画卷呈现在人们眼前，仿佛它是镌刻于盾牌上的纹章。拜伦“喜欢有挑战性的东西来激发他的灵感”。英国人所喜好的平实有力的表达方式是英语语言的典型特征，被称作是“圣经语体”。这一特征亦体现于《阿尔弗雷德大帝》、《撒克逊编年史》以及《北方英雄传奇》等作品。拉蒂默尔是一个朴实低调的人，霍布斯在“高尚而又通俗的语言”上造诣颇深，还有多恩、班扬、弥尔顿、泰勒、伊夫林、佩皮斯、胡克、科顿等等一班文豪以及一些翻译家们也都是用这种风格来写作。斯威夫特的作品十分现实与唯物，他笔下那些虚构的人物，似乎就是专门为警察所塑造。笛福的文章字字珠玑，言简意赅。休迪布拉斯也有着同样的敏锐头脑——他的作品追求既符合情感又符合理性的真实。

这种情况在诗歌里面并不少见。乔叟在《坎特伯雷故事集》中极尽描写之能，满足了人们的感官。莎士比亚、斯宾塞和弥尔顿在他们巅峰时期的作品里也都体现出了这种民族的执着和严谨的精神。这种精神上的物质主义造就了英国天才们的非凡价值，这在上述这些作家以及赫伯特、亨利·莫尔、多恩和托马斯·布朗恩爵士等人身上都展现得淋漓尽致。这种撒克逊式的物质主义和执拗影响到了思维领域，造就了像莎士比亚和弥尔顿这样的天才。达到登峰造极的至纯境界时，即便是云端漫步也如履平地。而即使在这种物质主义的至高境界里，诗歌也只是被激发出来的常识，就像铁被熔至白热化一般。

上述的两种特质在英国人的语言中完美地结合在一起。在遣词造句方面，有一条不言而喻的规则：即用撒克逊词汇搭好框架，再用罗马的辞藻来加以修饰，以求字句的优美。但是任何一个语句都不能只用罗马词语，否则就会显得缺乏力度。孩童和工人们操着地道的撒克逊语，而大学和国会则用的是被弃之不用的纯正的拉丁语。英伦三岛上的这种语言的混杂使用令人难以理解。另外，在用语特征上，阳刚之气来自撒克逊语，而阴柔之气则取自拉丁语，这两种气质在每一句话中都有所体现。一个沉迷于使用罗马圆润语气的优秀作家，总会使用英语中的单音节词来修饰语句，使之简洁有力。

当哥特民族踏上欧洲的旅途时，他们发现这里被来自希伯来和古希腊的天才的日月光辉所照亮。他们那久未开化的头脑，终于感知到了这双重的光辉。面对基督教和艺术这双重来源的图景，他们的心智就如同被圣灵教化一般，变得丰富起来。英国人在几乎所有领域都成果斐然，各种常识得到开启与激发。在长达两个世纪的时间里，英国不但是一个哲学的国度，宗教的国度，还是诗歌的国度。这个民族的精神财富丰富多样，其记忆之浩渺犹如广袤的大海；他们对待科学研究热情而有毅力；思维大胆而又细致；思想充满想象，跨越星河；面对新事物充满进取，勇于尝试；对权力的运用从容不迫。以上种种，就像“沃里克的盖伊”的传奇功绩一样，令人咋舌。在莎士比亚身上，可以很好地看到撒克逊人的细致和东方民族的直率的完美结合，而这种结合在近两个世纪的历代作家身上也有所体现，只是不及莎翁结合得那么天衣无缝而已。我发现，无论是那些难以望其项背的大师还是那个时代的作品，都洋溢着阳刚与不羁的气质。

哪怕是一个二三流的作家，也有能力用简洁粗犷的语言把事物描写得犹如身临其境。我认为这是英国人的共同风格。这种风格在诸如遗嘱、信函、公文、谚语和各式言谈中得到呈现。更为诚恳与强健的表达方式则表明在这里北欧人的天性并非荡然无存。他们才思敏捷，妙语连珠，犹如飞石旋转时掷出的沙砾。我可以引用一些 17 世纪的语句，其锐利程度为 19 世纪所不可比拟。他们的诗人可以与我们这个时代的诗人相媲美，不同的是，他们靠的是单纯的精神力量，而我们的诗人则倚靠积累的知识。英国的乡绅们喝一种叫作“十月”的牛乳酒或者饮料，诗人们受此启发，知道了如何将四季的精华提炼到他们的诗歌之中。像大自然一样，有时候为了激发更多灵感，需要在美中有意加一点不足，就像是阿斯帕西娅或者埃及艳后的故事那般。这么一处理过后就像是古希腊的花瓶或石柱一样，或者过长，或者过于轻盈，或者有凸点和有凹槽，无论如何，却都能呈现美感。这也正如那些才思敏捷，充满活力的作家们，他们以平庸和普通之物为对象，却仍能让诗歌变得充满魅力和富有内涵。

人们都会认为这是一个教养良好和思想深刻的时代——这个时代里的假面剧和诗歌都洋溢着男子汉式的英雄气概，就像本·琼森的作品那样深受世人所爱。人们毫不惊讶地接受了莎士比亚，这不得不说是文学史上空前绝后的一个史实——人们充满了矛盾，接受他是因为他创造了丰富的精神财富，对他冷眼相对则是因为他没有为那个时代唱赞歌，这似乎恰好说明了人们在思想上的巨大进步。一个民族越伟大，相形之下它的伟人就显得越渺小。在尚未拥有今天的现代化工具，没有词典，没有语法书，也没有各式索引的时代，人们学习希腊语和拉丁语靠的是听教授讲课，靠的是独立钻研，这需要过目不忘的记忆力和各种能力的完美结合。而当时的学者比如卡姆登、亚瑟、赛尔顿、米德、加泰克、胡克、泰勒、伯顿、本特利、布莱恩·沃顿等人，都具备这种学习技能和方法，并能很好地运用。

英国的天才们也深受柏拉图的影响。他们喜欢推理，喜欢认知事物之间的相同之处，也喜欢探究万物统一的真理。事物的差异性与同一性之间的争论亘古有之，只是这种争论在英国得以延续。诗人们自成一体，而凡夫俗子则构成一派。但是，英国拥有许多柏拉图的门徒，比如莫尔、胡克、培根、西德尼、布鲁克爵士、赫伯特、布朗恩、多恩、斯宾塞、查普曼、弥尔顿、克拉肖、诺里斯、卡德沃斯、伯克利和杰米里·泰勒。

培根爵士有着英国人的双重性格。他所掌握的几百年来的实用科学和实验的观察资料在我看来都一文不值。对培根而言，不管是富兰克林还是瓦特、道尔顿、戴维或任何一个具有实验天赋的人，只要给出一点点线索，都足够抵得上他钟爱一生的小玩意儿。但是他有先见之明，开创了英国理想主义的先河。在理想主义所及之处，都是诗歌、健康和进步。只可惜人们既不知它源于何处，也不知道它流向何方。如果我们能够研究清楚，那么所有我们称之为科学的东西都将被其取而代之。这就像是一个分类或者化学的问题，重点在于统一意识和寻找相似性的本能占据了多少。因为不管朝哪个方向走，都会发现他与更广阔的领域融为一体，而与我们以往所熟知的领域区分开来。诗歌和所有积极的行动皆由此产生。

从思想结构方面来看，培根是一名类比论者，或者说是理想主义者，还可以说（按照我们流行的说法，以最贴切的例子来命名）是一名柏拉图主义者。但凡谁要诋毁类比论或者是想在理论可行之前就想得到某种事实，只能说明他没有诗意，也创造不出新颖或者美好的东西。洛克就是一位腐朽和单调的代言者，正如培根或者柏拉图主义者们所代表的就是成长一样。柏拉图主义是诗歌未来的发展趋势，而所谓的科学主义对诗歌则是消极有害的。显而易见，斯宾塞、彭斯、拜伦和华兹华斯都会成为柏拉图的弟子，而那些愚钝的人，则会成为“洛克式”人物。因此政治和商业将从受过教育的人中吸收那些有才能却无天赋的人，只因为他们不会反抗。

培根思想活跃，但仍专注于目标的实现。在他的思想体系之中，普适性，或者说第一哲学是首要的——这一概念依托普遍且有益的观察及公理，而不是局限于哲学的某个特定领域，因此更具有普遍意义，层次更高。他一直保持着这一基本要素，从不曾忽视它，也从不宽恕那些忽视它的人。他坚信完美的发现是不可能凭空产生的，而是必须站在更高的科学层次之上。“如果有谁认为哲学和普适性是虚无的，那他必定不知道各个专业领域都受其指引。这些基础知识至今都被鼓励去研究，这便是阻碍知识发展的一大原因。”他用各种稀奇古怪的关于概要和普遍法则的案例，同时又分别对每个学科进行阐释。他抱怨说：“他发现对这方面的研究是有缺陷的，人们为了各自的目的在进行更深层次研究时不够专注，没有探究事物的本源。这势必严重损害损伤人类的天性。”柏拉图曾对此深有同感。他说：“所有伟大的艺术都有赖于对自然法则的细致而专注的研究，因为崇高的思想和对任何事物的完美掌控似乎都发源于此。除了具备自然天赋，伯里克利还具备这种能力。因为当他遇见阿那克萨哥拉这样一位与他同样类型的天才时，便开始追随他，学习他这种超凡的思维能力，并将有益之处应用到自己雄辩的艺术当中。”

一些归纳及综合的方法在世界上广为流传，而对它们的创造者我们几乎无可获知。这些方法的出现令人惊叹。它们成为通往广袤的思想王国的途径，就像哥白尼和牛顿的物理学说一样永恒不变。在英国，这些理论或许可以追溯到莎士比亚、培根、弥尔顿或者胡克时代，甚至还可以追溯到范·海尔蒙特和贝蒙时代。这些人都是柏拉图和古希腊先哲们思想的继承者。培根曾说过一句话来表述这一点：“首先要尊崇自然，而后才能征服自然。”他对诗歌的理解是“物欲相容”，或者是索罗亚斯德式的解释，“模糊本质的清晰展现”。很玄妙，也很精辟。斯宾塞的信条是“灵魂是身体造就之形式”。伯克利的理论则认为我们无法确信事物的存在性。塞缪尔·克拉克博士则从时空的本质面找到了一神论的依据。哈灵顿认为权力必须依附土地而存在——这条规则需要充分的解释。斯韦登伯格认为天堂地狱，人自为之，并将这一理论身体力行。黑格尔研究人类文明史，提出了人类文明历史就是人类思想不断斗争而且是更深层次思想取得胜利的过程。席勒的本体论哲学用一句话来概括就是“所有的差别都是量上的差别”。所以，万有引力定律、开普勒三大调和定律甚至道尔顿的定比定律一经提出便得到人类精神的共鸣，这些都是经验主义教条的极好依据。这些推断有些是近代才提出的，我在此引用仅仅为了说明有这么一类人存在。这类人，不是有关他们的一些琐碎细节，而是他们的精神境界或者他们所散发出的神韵，成为生活在被称为伊丽莎白时代（根据文学史，这一时期始于1575年，止于1625年）的作家和读者们的精神家园和素材来源。但是这一时期似乎太过短暂，无法验证本·琼森对培根的评价：“是他所在的时代以及他的思想才使这个民族引以为傲并促进科学研究的智慧得以产生。”

历史上，这种人才济济的时代可以说是史无前例的。因而，他们所达到的高度也是后人难以企及的。正如我们在贫瘠的土地上发现大树的残枝，便可以想象古代耕种劳作的丰富传统。历史可以让我们推测出一个曾经闻名遐迩的民族的衰落。英国天才们的结局也是如此。他们所创造的繁荣被后来的人性的卑劣和思想水平的下降所埋没。这个民族失去了翅膀，再难高飞。像洛克这种对观念的意义知之甚少的人成了哲学的典型象征，而他的“理解”成了全英国民族知识分子的思维标准。他的同胞放弃了这个神圣诗坛，这个诗坛曾回响着民族先哲的脚步声。不仅如此，他们对曾经热衷的科学研究也弃之不用。思想的力量被逐渐忽视。后来的英国人渴求拥有柏拉图和亚里士多德的智慧，拥有按照一般法则将人类按自然本性分类的智慧。这种深奥的法则能够从少数或者某个对象推断出来，同时又能达到从众多对象推断出来的精准度。莎士比亚在此方面境界甚高，如同他的精神能量。德国人总结说，英国人不可能理解德国人的思想，但是德国人却能在科学上领会英国人的精神。大量的事实证明，英国人因缺乏能力而表现得胆怯，正如一名蹩脚将军只会仗着人多势众和固若金汤的防线来壮胆和作战。

从概括能力来看，英国人的水平也大不如前。培根曾这样说：“他们看不到事物的普遍性，或者说他们只是从‘第一哲学’的泉水里打了自己用的一桶水上来，却不去寻找它的源头。”在他的同胞们中，至少是在那些散文家当中，培根是唯一具备追根溯源优点之人。弥尔顿是引领英国天才走下莎士比亚巅峰的一级台阶。他偶尔会在诗歌中运用这一优势，但在散文创作上却很少运用。在后来很长一段时期，这一能力不再被发现。伯克醉心于概括事物，但是他的思想过于肤浅，概括太过简短，而且范围太过狭窄。休姆的抽象论既不深刻也缺乏智慧。他只是凭借其敏锐的观察力而获得名声，他认为无论在实际上还是思想上，任何因果之间是没有联系的，因和果这对术语只是被随意或无端地用于我们认为是连贯的而非偶然的事情之上。约翰逊博士的抽象概念几乎毫无价值可言：如果说有价值，其主要价值在于意境。

哈勒姆先生是一位学识渊博、气质儒雅的学者。他编纂了三百年以来的欧洲文学史，并试图对每部作品都做出评价。这显示了他的勃勃雄心。但是他的眼界却达不到理想标准：所有的评判均始于伦敦，就如同所有的新思想都可以被看作新瓶装旧酒。在他的书中，造就文学的所有要素都被否定，柏拉图及其学派遭到了抵制。哈勒姆虽然总是彬彬有礼的样子，但是缺乏同情心。他写作的观点明确，胸怀宽广，但是却未意识到神秘主义的深层价值。这种价值曾经被认为是力量之源泉，革命之星火，比当时所有声名远播的正统作家都更要珍贵。可是，哈勒姆不是对此轻描淡写，就是对此视若无睹。他认为那些更为出色的大家们，钟情于理性概念，观念上不相投，且令人费解。哈勒姆的博学、敬业以及他对书籍的热爱为他赢得了敬意，但是他却把自己拔高到一个仅次于莎士比亚而俯瞰众生的地位。他欣赏弥尔顿胜过约翰逊。但是在他以及更加坚定的文学家麦金托什身上，人们仍然能够看到英国精神的共性：智慧博学，阅历丰富，但却仅限于自身的经历，而且易于怀旧。但是当一种新的庞大思想冲破旧的体制隐隐出现在他们的视野中时，他们又怎样分辨并为之欢呼呢？

那个时代的散文、小说和诗歌都带有相似的地域性。狄更斯擅长描绘一幅伦敦的市井百态图。他对语言、风俗和市井生活有着超常的领悟能力，作品充满悲喜之情、爱国之心和广阔胸襟。像贺加斯一样，他像画家一般勾勒出英国人的诸多细节，且色调和风格都具有地方性和瞬时性，目标也具有本土性。布尔沃是一名多产的作家，不时有惊人之作。他把智慧当作俗物来推崇，并以此激发学生的理想。他以此而著称于世。他的罗曼史小说正好迎合了这些低级趣味，也让那些小说家们心生绝望。萨科雷发现上帝的世界里没有弱者的一席之地——最多给点同情而已——但是这对我们来说并非明智之举：我们必须抛开理想去接受伦敦的现实。

才华横溢的麦考利表达了他对当时英国统治阶级的看法。他明确指出：所谓的“好”就是指衣食无忧，物质丰富。现代哲学的荣光就在于它对“成果”的定位，在于它在经济上的创造。它的优势就在于这么做绕开了理想和道德。他认为这是培根哲学的突出优点，它超越了原有的柏拉图主义，把世间万物从“一切皆公”和“一切尽善”的理论桎梏中解脱出来，就好比是给一个残疾人提供了更好的轮椅和更香醇的奶酒——这并不是讽刺而是发自肺腑——他把这称为是“现实利益”。而这实际上是一种世俗的利益，也是唯一的好处。天文学最大的好处就是创造了更先进的航海技术，从而使得运水果的船能够把柠檬送至他们家中，把葡萄酒送到伦敦的商贩们手中。英国长达千年之久的文明和信仰，最终因为道德的沦丧和知识精英的消亡而走向坟墓，这是一个很耐人寻味的结局。

批评家用英国崇尚实用主义的假话来掩盖他的怀疑主义。说服理性，唤醒良知是浪漫主义的借口。高雅艺术已落入凡尘，而美，除了被当作奢侈品之外，已不复存在。这里顺便说一句，如果培根真如研究他的批评家所说的那样是位物欲主义者，那他定然不会赢得如此巨大的声望，这一点毋庸置疑。培根之所以享有如此声望，皆因他富于想象，精神悠然，远离现代英国的喧嚣，寓乐于思，给人们留下深刻印象，并且成为一个不可忽视的权威。大卫·布鲁斯特只看到了培根的显赫地位，却忽略了牛顿也受惠于他，反而认为这种看法是错误的。培根能够有此地位，全仰仗他那特殊的严密性和多变性，而非他的丰功伟绩或者对牛顿等人有多么深的影响。这种情况在后来的胡克、波义耳和哈雷身上表现得更为突出。

柯勒律治拥有天主教徒的精神和对知识的渴求，总是在追寻伟大的吟游诗人的传说故事。与此同时，他也是那个时代唯一的优秀评论家。有人说英国已经不再可能像以前那样人才辈出，而他的出现则反驳了这一说法。他命运多舛，虽志存高远，可惜大多数都未能实现，甚至一生之中连一部代表作都没能完成。这似乎标志着一个时代的终结。即使在他身上，作为传统英国人的特质也远远胜过了作为哲学家的特质，从而显得庸俗化。就像洛克试图把英国理想化一样，柯勒律治试图把英国国教哥特式的教规教条与永恒的思想结合在一起，结果却让自己“心胸变得狭隘”。柯勒律治沉默少言，他只偶尔发表个人演说和一些评论。人们会这么说：英国最杰出的头脑只有在德国和美国才能得到最崇高的敬意。当统治阶级不再能够理解其自身的哲学思想时，这就是一个民族衰落的准确先兆。

腐烂和窒息紧随各种物质主义产生。卡莱尔对烦琐和伪善十分厌恶，可这却偏偏驱使他去向命运之神说教。同这种腐化相比，任何制约与净化，哪怕是熊熊烈火，都是人们所追求和赞美的。在他看来，角斗士和他们角斗的“理由”没什么分别。唯一值得欣慰的是，这两者都肩并肩地奔向了深渊。而当他在任何创作中都找不到灵感时，他便会想象通过对死亡法则神圣之美的赞颂来作为报复。精神结构的需要使所有的思想观念分为几个大类。不管在哪里，人们略施小计就把复仇之神变得和蔼可亲，并建立起祭坛来对付邪神，但是在这场意志与命运之间实力悬殊的较量中，个人的英雄主义和勇敢行为必然畏缩不前，最终成为荣誉的祭品。

哈尼曼的支持者、《斯维登堡》的编辑威尔金森评注过《傅立叶》。他以对社会关系的普遍性的视角为形而上学和生理学注入了天然活力。他的成就可与最高尚的尝试媲美，犹如古代骑士坚不可摧的武器。他的思维如同大西洋底的暗流般深沉，若非潜入到深处就无法知晓，而如果不将它置于显赫的中心地位，人们便无法理解它。如果他的头脑不受成见的左右，也许视野会更加开阔。但是一位大师应当对自己的信仰有坚定的信心，并且始终把他正在进行的研究放在同样重要的位置。

要给英国人保守的思维找一个例外十分容易，要为其特质举出有力例证则更是易如反掌。如果摆脱教条的限制，深入大众文化，可以从中感受无限的魅力、愉悦、睿智、情感和学识。但是英国人独特的行事风格，时常出现在文学作品中，使得众多美学作品不是陈词滥调，便是胡编乱造。文学声誉是由那些强势之人所带来的，这些人跟风逐流，频繁更换职业，与文学打交道纯属巧合。这就不难解释心怀抱负的年轻人为何对地质学趋之若鹜；议员之所以成为议员，牧师之所以成为牧师，情形大同小异。

英国人的实用技能影响了整个民族的思想。他们绝非无能之辈，甚至在歌词里都表现出他们对五种机械能的崇敬之意。他们现代的缪斯女神的声音就是动听的汽笛声，诗歌创作也被用来粉饰君王政体，而绝不会像那些清晨的小鸟，在等待新世界的满心欢喜中忘却了自己的过去。他们喜爱幻想，行事保守，刚愎自用。他们不愿放弃自我，似乎都是千年不老之人，活在回忆当中。而如果你告诉他这一点，他们则会把这当作是赞美来接受。

书店里充斥着诸如政治、游记、统计学、图表、工程技术之类的书籍，别无其他，即便是所谓的哲学和文学类的书籍，在编排上也是机械呆板，灵感已经枯竭，志向已被磨灭，什么信仰、诗歌、智慧、类比之类的都已不复存在。无论是高等学府、学者还是文学界都暮气沉沉。我感觉就像是站在大理石铺就的地面上，眼前寸草不生。他们的各种才华都用在了更低的层次上，也可以说他们的生活和行为都失去了心灵的指引。他们在文学、哲学、科学上失去了权威的见解。一个健全的英国人也只用到了大脑能力的四分之一，而剩下的四分之三则被禁锢了起来。像这样的一个人，他可能学识渊博，感知良好，四肢健全，逻辑正常，但是却没有像阿基米德那样忠于思维规律，没有像欧拉或开普勒那样坚信经验遵循而不是引导思维的信条，也没有像胡克、弥尔顿和哈灵顿等近代英国人那样，执着于对政治学说的批判。

恐怕他们在科学领域也有着同样的问题，因为他们知道如何使科学令人生厌，从而使其失去魅力——尽管这可能会导致怨声载道，但这种抱怨不仅是冲着英国的物理学家们去的。博物学家们应具有像自然一样广阔的视野，敏于感知所见所闻，敏于感知创造性的思维和精神。可是英国科学界却把人性置之门外。他们缺乏联想力，而这正是对天才的考验。科学因为缺乏诗意而变成了伪科学，例如，爬行动物和软体动物之间是成系统、相互关联而存在的，可是英国科学家们却把它们孤立地加以研究。而诗人们对此的看法是：这是造物主在创造过程中的必然步骤。所以，在英国，如果某人发现某个事实，他们也许到死都不会去探究这个发现的价值。当然，总有例外，比如约翰·亨特，他是一个很有见解的人，还有植物学家罗伯特·布朗，以及把德国的同源理论引入英国的理查德·欧文，都是如此。理查德·欧文为英国科学的发展做出了巨大的贡献，他将先辈的预言融入英国式思维的持续动力之中。但是总体而言，英国的自然科学已经与他们的道德准则分道扬镳，就像财产转让书一般，缺乏想象，按部就班。这一切与德国的精英们形成了鲜明的对比，他们几乎可以说是半个希腊人了，酷爱推理，眼光远大，充满激情，胸怀欧洲。

没有希望，没有美好的前景能使学者们感到欢欣，没有把握实现从实验到证实预期目标的跨越，就像加州的淘金者那样，他们漫无目标，东挖西刨。狭窄的视野制约了英国人的感知能力。他们满足于陈规旧习，借哲学和宗教之名对他人冷嘲热讽，在政治上目光短浅，追逐功利。这些特征都显示出这个民族在精神和生活上的衰落。而当他们肆意践踏其他民族，意图在欧洲和亚洲复制他们的伦敦和伦敦人之时，却又对其他民族在思想、诗歌和信仰方面的对立感到恐惧。这是他们难以驱除的心魔。他们试图用英国的大氅和鞋罩驯化和妆点“圣灵”，却又因恐惧此举可能会摧毁整个体系而备受折磨。艺术家们说：“他们被自然拒之门外。”学者们也变得俗气起来。面对忠言，他们用戏谑和轻佻的姿态来回避，他们不是嘲笑你，就是转移话题。他们带着几分醉意断言：“事实是，所有的有关自由的东西已经不复存在了！”现实和安逸无情地压抑着他们，英雄的气概和诗人的才智遗失殆尽。没有诗人敢于在诗中低声吟唱美丽，也没有神父敢于提及那个蔑视英国式功利的上帝。不列颠岛变成了一座狂暴的火山，一座由命运、物质利益、关税、清规戒律、饱和的市场和低廉价格构成的火山。

我们缺乏崇高的目标，缺乏对知识的热爱，缺乏对自然的敬畏。我们的想象力受到压制，但是感官和理智却异常兴奋。我们假以人工之手去替代大自然的鬼斧神工。我们用庸俗的消费取代了艺术的审美。无论是谁，只要他能在人与客观事物之间设置更多的藩篱，就会被冠以“杰出发明家”的称号。

于是，诗歌衰落了，成为装饰品。蒲柏和他的门徒们的诗歌适合装点糖霜蛋糕。而司各特又洋洋洒洒地写了些什么呢？只不过是押韵的苏格兰旅行指南而已。他们印出来的诗集里面带着伯明翰的气质。我们到底要读多少格律严谨的诗作才能感到充实、受益匪浅和清新脱俗呢？我们想要一种奇迹，一种无法由人工创造的美，一种妙不可言的美，一种应当是乔叟和查普曼作品所具有的神秘之美。而那些诗歌却无疑低俗乏味，只是偶尔才能读到华兹华斯的良知、拜伦的激情与丁尼生的虚幻。但是如果要问我有多少诗人写出了不朽的名篇，指引和慰藉着人们，至今仍光芒四射，效力无穷，我只能说屈指可数。在当代诗人中我能发掘到我的圣餐吗？现代英国诗歌的伟大蓝图又在何处？对英国人来说，他们看不到诗歌是灵魂的口舌这一事实，而如果认不清这一点，再丰富的描写与奇特的想象也难免落入俗套，摆脱不了诗歌的局限。因此，那些严肃的古代诗人们像古希腊的艺术家一样，注重作品的设计构思，较少考虑诗歌的修饰。激发神圣的灵感源泉，喷薄出更多的诗句，这就是他们的职责所在。如果这种信仰蕴含于诗歌之中，就可以激励我们达成目标，那么我们就可以很好地在诗行中表现出沉稳、坚韧并满足大众需要了。

天赋异禀的华兹华斯是这个时期的例外。他不会恃才傲物，而是自然大方，隐世独立。兰道评价他说："他的诗歌平和。"他的诗作表达了物欲横流的时代的健全心智。遗憾的是，他性情不够温和，缺乏音律感，而且后期佳作寥寥，其他方面则是无人能及。

华兹华斯之短正是丁尼生之长。丁尼生精通音律，对语言格律的驾驭能力十分出色。他笔下的色彩犹如朝霞，从地平线上放射出来，虽然色彩丰富而刺目，但却不失去其主要形态。通过这些精心练就的诗篇，他打动了读者的心灵——这是他强大的感知和思维能力的明证。他立志要当英国的国民诗人，就应当有如伦敦那样的广博胸怀，而非如法炮制保留独特的风格。然而，他想表达一个主题，并用一种无法超越的高度将其中的奥妙表达给民众。他满足于比照自己来描写英国人，但实际上他做得还不够好。诗歌也有等级类别之分。我们必须感谢每一位优秀的诗人。但是具有悦耳的韵律，只是一首诗成功的第一步。最优秀的诗人的最佳表现也只是表明，他们通常所用的文体是如何平庸而又缺乏创意，仅仅偶尔有出彩之处。

豪迈奔放是诗歌的精华所在，可是他们的诗却不是这样。"让我们带上玫瑰之冠，畅饮美酒，将陈旧乏味的天宫摧毁，建立新的天堂吧！"说这话的不是牛津的学生而是哈菲兹。牛津人是不大会欣赏大自然之歌的，而且他们对思维活动的显著影响并不珍视，倒是对真理的追求孜孜不倦，心无旁骛。

根据对立法则，我在不列颠寻找那让人难以抗拒的"东方文化热"。英国人过着自以为傲的时髦生活，无所事事，迷恋物质享受，厌恶精神思考。对此，除了东方文化的博大，别无良药，这使恪守礼仪的英国绅士惊愕困惑。因为东方的文化他们闻所未闻，见所未见，却如同一股可以无视时空存在的力量。当我发现一个英国人像沃伦·黑斯廷斯那样，被印度作品中的宏大的思维风格所吸引，藐视国人的偏见，为他们翻译了《薄伽梵歌》，我并不会觉得惊讶。他说："我是一个粗人，斗胆说两句关于如何正确界定批评范围的话。在评估这一作品的价值时，应当把欧洲古代和现代文学的所有规则排除掉；应当把所有的在我们的模式里面已经成为行为准则的情感和礼教排除掉；同样地，应当把所有外显的宗教规范和道德责任也排除掉。"[①]他继续提议要纵情于那些"与我们的情趣迥然不同的奇特想象，达到我们习惯上觉得难以达到的崇高境界"。

与此同时，我知道大不列颠民族有一种自我修复能力，它使得任何反冲都变得可能。换而言之，这个国家总有少数思想深邃的人，他们能够鉴别每一次才智的喷薄和每个趋势的走向。这种建设性的才智似乎平庸而肤浅，因此在这一点上他们饱受非议，让人难免不想到神灵的存在。我可以充分相信常听到的这样的说法：英格兰有两个民族，但是这两个民族不是"穷人"与"富人"，不是诺曼第人和撒克逊人，也不是凯尔特人与哥特人。他们总是互相转换，因为罗伯特·欧文不会夸大境遇的力量。但是这两种肤色，或者说两种不同风格的思维——感性派和现实派——一直处于相互作用的平衡之中。其中一方为数甚少，另一方则人数众多；一个好学善思，善于尝试；另外一个则是忘恩负义，过河拆桥，恃才牟利。这两个民族，一个聪明过人，一个力大无穷，尽管前者人数稀少，后者千军万马，两者的矛盾与和谐是大不列颠民族力量的源泉。

---

① 参见威尔金斯所译之《薄伽梵歌》。

《泰晤士报》

在美国，报刊的力量广为人知，且与我们的政治体制相得益彰。在英国，报刊与封建制度分庭抗礼，在对抗行事隐秘的君主政权方面是生力军。著名的勋爵萨默斯曾说，他那个时代，“任何法律提案提出或通过，他都会预先从大众报刊上了解到相关信息，提前关注”。报刊无孔不入，不分昼夜。一个穷追不舍的调查会让所有秘密公诸于众，如同将日光显微镜聚焦于种种不法行为，使公众变得比外国密探还要可怕。广大民众早已得到预警，所以不会让敌人有机可乘，从而使英国摆脱了让老牌国家走向毁灭的顽疾。诚然，这种调查令人害怕。人们清楚地知道，所有古老的特权，舒适的垄断都余日无多。他们熟知改革的理由，并一一驳斥反对派的阻挠。“看来阁下您很享受读报的愉悦，”曼斯菲尔德勋爵对诺森伯兰公爵说道，“记住我的话，我俩在有生之年或许看不到，但这位年轻的绅士（尔登勋爵）可能会看到，也可能还要再稍等一段时间，但是迟早有一天，这些报刊会以笔为武器，夺去诺森伯兰公爵的头衔、财产，从国王手中抢去这个国家。”英国社会、政治体制的美国化已经势不可当，而报刊正是这个趋势的驱动力。

英国不乏勇敢、聪明、教育程度高的人。他们才思敏捷，笔触犀利，思路清晰，敢于针砭时弊、讥讽世人。且不论是否有价值，但这确实是在英国报刊之外难以找到的一种技巧。英国人干起报刊这行，如同写诗、骑马和拳击一样，也是后天习得。成千上万聪慧的普莱德、费里里、弗鲁德、胡德、胡克、马金、米尔和麦考利，都在为报纸杂志作诗撰文，就好似在议会和竞选中发表演讲，又如射击和骑马一样稀松平常。这对于他们来说不过就是不经意间选择了一个发挥才能的行当。也许这份职业意味着身体强壮，精力充沛，牛津教育背景，热爱社会活动，但却不需要任何过人的禀赋。英国人喜欢投身报业源于其他行业渐趋拥挤，人们对政治总是满腔热情，谁都可以在新闻行业一试身手获得不菲的收入。

《泰晤士报》将这种才华表现得淋漓尽致。在英国，它是最让人有感触、最令人畏惧和让人服从的力量。你早上在报上所读到的内容，晚上就成为各种场合人们的谈资。它耳听八方，报道的消息最新、最全、最可信。年复一年，不计其数的成功后，《泰晤士报》终于获得了今天的权威地位。我曾经问过一位《泰晤士报》的老撰稿人，《泰晤士报》曾经有过比现在更兴盛的时候吗？“从来没有过，”他回答道，“如今正是它如日中天的时候。”《泰晤士报》印刷机构组织完美，通讯报道网络覆盖全球。以此为后盾，《泰晤士报》尽显英国人坚定不移、能力超凡、一言九鼎的尊贵品质。《泰晤士报》有自己的发展史，也不乏辉煌成就。1820年，它支持卡洛琳皇后，反对国王。它支持济贫法制度，几乎是靠其一己之力促使其通过。在布鲁厄姆勋爵当权时期，它坚决反对他执政，以致其垮台。它对爱尔兰宣战并成功获胜。它声援反对谷物法联盟，在科布登开始感到心灰意冷的时候宣布了他的胜利。它强烈谴责1848年成立的法兰西共和国，令其声名狼藉，并制止了国内对法兰西共和国的一切援助，后来甚至征召了20万特种警察监视宪章运动者，让他们在4月10日那天当众出丑。它起初谴责后转而支持新成立的法兰西帝国，促成法兰西同盟军的成立和瓦解。它统领天下的声音几乎穿透到每一个市政、文学、社会问题。它大胆，及时揭露有损商业社会的欺诈事件。与此同时，《泰晤士报》通过完善印刷机械的方法，打击竞争对手，最终使其远离出版业界。《泰晤士报》发行量的唯一限制是印刷速度不够快，而日报的新颖性和及时性仅能维持短短几个小时。它会击败所有对手，只有与它观点截然相反的报纸才能幸存，因为许多报刊一直靠打倒主流报刊存活。

已故的沃尔特先生曾是《泰晤士报》的印刷商。他逐步将印刷事务安排得井然有序。据说，当他想拥有一小部分所有权的要求遭到拒绝时，他说："随你的便吧，先生。如果你愿意，你可以从这个办公室里拿走《泰晤士报》。我下周一早上就会出版《新泰晤士报》。"那些早就抱怨沃尔特先生的印刷收费太过昂贵的业主们意识到自己已在他的掌控之内，只能任其摆布。

有一天，我和一位朋友去了《泰晤士报》办公大楼。入口是印刷广场上一座美丽的花园。我们走得小心翼翼，犹如置身于一家粉末加工厂。开门的是一位和蔼的老婆婆，我们递上名片后，她将我们带到了莫里斯先生的会客厅。莫里斯先生温文尔雅、和蔼可亲。这些数据现在来看早已过时，但我仍记得他告诉我们当时的日印刷量达到了 35000 份。在 1848 年 3 月 1 日那天日印刷量更是达到了前所未有的 54000 份。二月份以来，日发行量增长了 8000 份。那时的老式印刷机每小时只能印刷 5000~6000 份报纸。增置了引擎后的新印刷机每小时将可以印 12000 份报纸。接待员将我们交给了一位谦恭的助理，由他带我们参观。我估算他们雇用了 120 个员工。我记得我参观了记者室。记者们在这个房间里整理编写他们草草速记的材料。尽管我像所有人那样对编辑室充满了好奇，也未能如愿参观。

《泰晤士报》的工作人员个个都精明能干。老瓦特、斯特林、培根、巴尔内斯、阿尔仕格尔、霍勒斯·武斯、约翰·奥克森福特、摩斯利和贝利纷纷利用各自的专栏，为《泰晤士报》打造名声。尽管如此，仍不乏头号笔杆子不时为其提供帮助。报刊的私密消息令人费解，不免让人回忆起有关夫欧契警察的故事。他的无所不知、无所不能使人们相信他一定收买了约瑟芬皇后。《泰晤士报》的商务及政治通讯员们驻守在国外的每一座城市，他们的报道速度远超于政府的信息传递速度。人们常常听到有关《泰晤士报》工作人员快速升迁的逸闻趣事，就像印度议会官员们平步青云一样不足为奇。有人跟我讲过《泰晤士报》一名记者的机敏应对：在一次采访中，这名记者发现地方法官严禁记者报道，于是他将双手放入大衣口袋，一只手握住铅笔，另一只手拿着写字本，照常工作。

《泰晤士报》已成为欧洲社会公认的一种力量。当然，没有人比它的出版人更清楚这一点。《泰晤士报》文章的口气往往引发欧洲大陆各国政府官方喉舌的评论，有时候甚至会激发外交投诉。在巴黎、柏林、维也纳、哥本哈根以及在尼波尔，"《泰晤士报》会怎么说"都具有震慑作用。它精准的判断力与圆满的成功展露了英国人的综合技能。这份日报是很多人的协力之作，而且据说这些人主要来自刚从大学毕业者与效力于律师事务所的年轻人。他们用儒雅和典故使各个专栏争辉不少。他们的抨击也是激情奔放。攻击目标的精准证明：老一辈提供了弹药，指引了目标，就好比手握可靠情报、心怀既定政策的人，为写作者提供基本事实，指明目标的同时，用年轻人的充沛精力和能言善辩武装自己，共同为某个事业而奋斗。理事会和行政管理部门都因这种分工而受益匪浅。两个能力相等的人，那个不写文章但是时时关注公共事务发展的人具有更高的明断的智慧。但是所有部分都保持同心协力，全部文章都似乎出于同一个意志。《泰晤士报》从不自相龃龉，从来不会因为编辑缺席或撰稿人的疏忽而向读者致歉，从而削弱力量。它言语大胆，坚持己见。它的稿件来源于一大群知识渊博、技能娴熟的投稿者，然后由更博学、更熟练的人来审稿、校对和整理。其中的秘诀不得而知。没有哪位作者有权宣称某篇文字的著作权，因为每篇好文章，不管最初是谁写的，最终刊发，都经过编辑整理。《泰晤士报》视文章高于一切，视文章的作者无关紧要，就此成就了这份报纸的特色，赢得了人们的敬重。

英国人喜欢《泰晤士报》，因为它信息全面。《泰晤士报》所陈述的任何一个事实都如同从英国国会议事录中的引证一样可靠。其次，英国人酷爱《泰晤士报》的独立性，当他们拿起报纸的时候，他们不能事先猜出它的观点。但是，他们最情有独钟的还是《泰晤士报》的民族性和满怀自信的口吻。《泰晤士报》想英国人之所想，折射出他们的认知和理想中的日常生活。我看到英国人在读《泰晤士报》各个专栏的时候，总觉得他分分秒秒越来越像一个地道的英国人。《泰晤士报》具有一种民族的勇气，这种勇气毫不轻率，也不任性。这是一种考虑周全、斩钉截铁的勇气。没有任何一个权贵或富人能够幸免。他们用让人生气的傲慢语气抨击公爵，就如同批评警察一样毫不迟疑。它让英国海军部狼狈不堪，主教们更无从幸免。有几个主教纷纷因为贪婪、偏执和唯命是从遭到抨击。《泰晤士报》有时也会委婉地给女王提点意见，而女王有时也会采纳他们的建议。

甚至在《泰晤士报》的广告专栏也弥漫着自由的氛围，这让英国在外国人心中留下了好印象。1847 年我在伦敦的那些日子里，曾在《泰晤士报》的日常公告里看到有人悬赏 50 英镑，捉拿一名以欺诈手段骗取钱财的贵族，有名有姓，有爵位，还曾当过国会议员。

没有任何一家报纸的口气比《泰晤士报》更傲慢。每一个牛津人或者剑桥人都以为他们刚刚征服了全世界，然后才来为《泰晤士报》撰文。人们会以为全世界都在向《泰晤士报》跪求一份早餐。但这傲慢是刻意为之的。如果它老是“猜测”，“大胆臆测”或“冒昧揣测”，谁会在意它的观点呢？它就是傲慢无礼，也应该如此。

《泰晤士报》的道德感和爱国心是具有代表性的，但绝非是理想化的。它表达的是统治阶级的观点，并非普通大众的观点。《泰晤士报》的编辑头脑清晰，绝不会抽象地去维护俄罗斯、奥地利，或维护英国的既定权力。但是他们会为当前的主流阶层发出呼声，虽然权力中心随时发生转移，他们却有定位权力中心的直觉。《泰晤士报》与当时的统治阶级意气相投，为他们发声，但与此同时，由于能够了解到每一次民意波动，每一个宪章运动决议、每一场教会纷争或者每一次工厂罢工，他们能够察觉到变革之前的第一波颤动。年复一年，他们观望着每一场自由运动的创始者们艰苦卓绝的争斗——观望，只是为了讥讽和阻碍。待到他们认为那些人快要功成名就，即将握住实权之时，他们又俨然一位君王，大喊一声，拼杀出来，令他们援助的人和抛弃的人都目瞪口呆，使胜利成为定局。当然，野心家们认为《泰晤士报》是一笔财富，虽然不能直接得到它，但却能够利用这笔财富飞黄腾达。

《笨拙》周刊和伦敦《泰晤士报》一样，阐释了英国人出类拔萃的判断力。它是同一种意识的喜剧版。其中的许多漫画与最好的小册子相比也不相上下。它及时传递了公众对于公共事件的看法。周刊的速写都出自大师之手，有时也显现出创作天才。它们一致弥漫着浓厚的英国味道，取悦了各个阶层。无论是在《笨拙》杂志里，还是就幽默大师罗尔德、狄更斯、萨克雷、胡德而言，英国人的才智和诙谐体现了人性和自由的方向，这无疑是19世纪的一个新特性。

《泰晤士报》像所有重要的机构一样，指引我们更好地发展。它是英国雄厚国力的鲜活体现。它的存在让那些敢于说真话、敢于了解真相、不愿隐瞒百姓疾苦而受到夸赞的人们引以为荣。只有英勇无畏，才能平平安安。我希望能补充一点，这份报纸期盼正确地引导公众情绪，以无愧于它所具有的强大影响力。国会或是其他地方口口声声地宣称英国媒体爱唱高调，而实际上却并非如此。它不过是发自这个强大、独立自主的国家的一种威严的声音。正如其他帝国一样，它的语调倾向于官方化，甚至有法定的意味。《泰晤士报》具有统治阶级的一切局限性，也奢望着它永远不会处于少数。如果它奋勇坚持真理，证明真理才是唯一出路，并从人性的角度出发补充能量，那么在它的投稿人中就不会有那么多的权贵之人，取而代之的是那些热情洋溢、战无不胜的天才盟友。它也许偶尔会受到拥有可怕势力的联盟的攻击，但是没有一个报刊会因自己有勇有谋而遭受灭顶之灾。它是英国改革的天生领袖。它引以为傲的双重职能，是“非洲之声”和流放者及反对独裁的爱国者的保护神，亦将更好地得到履行。它或许会具备国际议会的权威，虽然国际议会只是仁人志士尚未实现的梦想。它迈向胜利之门的每一小步，都会为开创英国的新纪元献上一份仁慈的力量。

英国的史前巨石阵

离开英格兰之前，我和朋友克莱尔先生约好一同参观巨石阵，我们二人都未曾亲眼见过这个地方。既能欣赏古迹，又有友人相伴，这次旅行让我满心欢喜。卡莱尔先生是对当代文学创作产生重大学术影响的英国新生代思想家，和他一同游历这个国家最古老的宗教遗址简直就像两种极端情况的结合。我很乐意总结自身的经历，也很乐意与别人理性地探讨英格兰的方方面面，但是此人必须才智过人，明察秋毫，而且恪守道义。七月七日这天是星期五，我们沿着伦敦与西南铁路一路前行，途径汉普郡，最后到达索尔兹伯里。我们在那儿雇了一辆四轮马车去埃姆斯伯里。每年夏天，朋友都习惯来汉普郡待上一阵，在这样宜人的天气，一路上听着他讲汉普郡当地的事情，仿佛路途也没有那么遥远了。我们还聊了很多关于美国游客的事情，以及他们来伦敦的通常目的。他们抽出时间来这里欣赏国内无处可寻的艺术作品，却很少光顾眼下让伦敦魅力四射的科学社和博物馆，这一现象我认为理所当然，可我的哲学家朋友却颇有微词。文艺和所谓的高雅艺术常常是他竭力批驳的对象。“是啊，艺术就是一种错觉，歌德和席勒却将大好光阴浪费其中。”他认为歌德在晚年才领悟到了这一点，于是在后期的作品里改换了论调。人们每每谈起文艺、建筑和古迹的时候总没好话。他期待能够神闲气定地逛完大英博物馆，觉得一个真诚的人理应深谙其道却三缄其口。近来，他则认为，只有建筑师才会挑最不是时候的时候说，“你行将就木，神志不清，我可以为你造一口棺材，但是上面不会有任何装饰”。对于科学，他更加难以忍受，还将萨莫赛特宫的学者们比作那个向孔子提问的小孩项橐。项橐问孔子曰：“天上星星有几颗？”孔子答：“且论眼前之事。”他又问，“眼上眉毛共几支？”孔子答曰：“知之甚少，无关紧要。”

克莱尔仍在谈论着美国人，说他们厌恶英国人的冷漠与排外，宁愿跑到法国去和那里的乡下人交朋结友、嬉戏娱乐，也不愿待在伦敦做一个绅士，面对着那些英国人，学习他们博大精深的文化。

我告诉克莱尔，自己很容易多愁善感，而且总是心甘情愿满足英国人提出的任何要求。放眼望去，这个国家的国民个个精明能干，神采奕奕，人人事业有成。我喜欢这儿的人：心地善良、慷慨大方而且无所不有、无所不能。可与此同时，我很清楚，一旦回到马萨诸塞州，美国的地理环境无可避免地会在我内心激发出一种让我无法立刻自拔的心情，感觉我们带着巨大优势规矩办事；感觉美国才应当是大不列颠民族的摇篮和中心，而非此地；感觉任何技术或活动都无法长久抗衡那个国家、那个民族手中巨大的天然优势；我还感觉，英格兰这个历史悠久、资源枯竭的岛国终有一天会像其他家长一般，只能在自己的孩子面前逞强。然而这个观点，英国人无论如何都不会轻易接受。

我们在索尔兹伯里下了火车，乘坐四轮马车去埃姆斯伯里，途径老塞勒姆——一座寸草不生的山丘。那儿曾建有一座小镇，镇上的两人还进了国会，可如今连棚屋都不见踪影。到达埃姆斯伯里后，我们在乔治酒馆稍事歇息。用过晚餐后直奔索尔兹伯里平原。那儿有一望无垠的丘陵，灰蒙蒙的天空，可就是不见一户人家，只能看见巨石阵。这片巨石阵如同浩瀚天空中的一个褐矮星星群——实际上是巨石阵和古坟——它们就像站在平原上的小牛犊，还能看见些许干草垛。在一座山的顶端居然建有古老的神殿，这实在令人印象深刻。几个牧羊人在放羊，他们和羊群零星地散布在平原的各个地方，还有一名商人驾着车正在赶路。看上去，似乎在这座人口众多的岛屿上用这片开阔地来建造原始神殿，是基于大不列颠民族对古代朋友的崇拜。正是出于这种崇拜，才有了后来英国的教会建筑和教会历史。巨石阵柱廊呈圆形排列，直径一百英尺，里面还矗立着第二圈和第三圈柱廊。我们绕着巨石走了一阵，爬上去适应它们的奇形怪状和排列方式，在里面发现一个可以挡风的凹处。克莱尔点了根雪茄。看到这样简单得不能再简单的建筑，实在令人愉悦——两根直挺挺的巨石上面横放着一块过梁——这种建筑早就胜过了所有后来的教堂，胜过了一切历史遗迹。它们和古坟就像是这个星球表面亘古不变的两样东西。古坟，其实就是土丘（巨石阵四周三英里的范围内有160座这样的土丘），仿佛和特洛伊平原上的土丘一样，它向途经赫勒斯滂的水手炫耀着古希腊盲诗人荷马的存在和半人半神英雄阿喀琉斯的盛名。围墙里边生长着金凤花和荨麻，遍地都是野麝香草、雏菊、绣钱菊、麒麟草、蓟花和地毯草。往天空望去，几只云雀展翅翱翔，婉转啼叫。朋友说："云雀是去年孵化的，而大风却已经在这里吹了几千年。"我们通过数步子的方式来测量最大那块巨石的大小，任何人都可以通过这种方式迅速认识这座神秘的神殿。如今这儿总共94块巨石，也许曾经有160块。神殿呈圆形，毫无遮盖，入口处和埃夫伯里的情形极其相似，它朝着正东北方向，"正如所有古代洞穴里神殿的入口一样"。这些巨石是如何运到这里来的呢？这些撒森岩，又叫德鲁伊砂岩，在这附近可是找不到的。人们将它称作"献祭石"，它是这些岩块里面唯一能够经得起火烧的石头（这些是我从书上读到的）。它们一定是被人从150英里以外的地方运来的。

几乎所有巨石的上面都能发现矿物学者用铁锤和凿子敲打过的痕迹。巨石阵内圈有19块稍小一些的花岗岩巨石。我前段时间刚去赛奇威克教授的剑桥博物馆参观了大地懒兽和乳齿象的化石，很容易以为这些巨石是一些比它们还要聪明的大象或者磨齿兽搬过来，并一块又一块堆叠起来的。这些温顺的野兽一定懂得，也只有它们才懂得如何打造榫头和榫眼，还有如何磨平那些不光滑的巨石表面。如今最大的谜团在于，究竟是什么样的神秘祭礼需要在一个国家建造如此宏伟的古迹，在众神的庇护下一直保存到 1800 年后的今天。我们现在来对这个建筑作更深入的了解还不算太晚。一些吃苦耐劳的英国考古学家，像费洛斯或者雷亚德，他们来到这儿，调查一个接一个的巨石，遍寻历史，用尽了英国人特有的理智和毅力。他们选择的研究对象让人百思不得其解，放着自己国家的巨石阵（又叫野牛唱诗班）不研究，偏偏去研究古埃及的金字塔和古代亚述帝国的尼尼微。由于构造简单、保存完善，巨石阵看上去就像是新近建成的一样，即便再过一千年，人们也会感谢这个时代没有抹灭那段本可能消亡的历史。我们在里面数度出入，反复审视这些不可思议的巨石。这座古老的“狮身人面像”让我们忘却了国籍的细微差别。如果这些巨石有意识的话，它们定会觉得我们这两个旅行者和周围的人没什么不一样。我们都能很好地理解它们悠久的历史对英国的意义所在。我这个哲学家朋友沉默寡言，温文尔雅，可我们有缘聚集在此安详之地。他信口说了句：“所到之处，我都会种上几棵柏树，就算是自寻烦恼，至少不可能迷失方向。”这个地方，这些灰色岩块，还有不愿被随意打乱的天然排列方式，让他联想到时代的变迁和宗教信仰的传承。古代时期的英格兰让克莱尔心驰神往。他说自己近年来相关的书读得不多，只看过《诸圣传记》，如今 53 卷都存放在伦敦博物馆里。他从中读到了关于英国历史的一切。他在阅读的过程中，看到爱奥那岛的老隐士坐在那儿写作，一个人向世人阐述自己的观点。《诸圣传记》毫不掩饰地表现出那个时代的人们对上帝和灵魂不灭的信仰，这点从他们修建的修道院和教堂就看得出来。可现在，连清教主义都消失得无影无踪。伦敦是没有宗教信仰的。他幻想着那些曾居住在英格兰的伟人，他们可比伦敦的作家伟大得多。实际上，正是那些作家的出现终结了这一切。

暮色降临的时候，我们离开了那片土丘，打算第二天早上再回去。走到离小酒馆还有两英里的地方，天空突然下起毛毛细雨。尽管可能来不及，但是男男女女都跑了出来，试图抢收铺在地上的干草。在多雨的英格兰，牧草长得茂盛浓密。回到小酒馆，老板端给我们两人的牛奶只够兑到一杯茶里喝。我们表示这可不够，女服务员给我们加了三滴牛奶。朋友非常生气，认为这种待客之道有损英格兰小酒馆的声誉。这还没完，第二天早上他又愤愤不平，因为唯一能搞到的交通工具竟然是一辆双轮马车，我们得乘它前往威尔顿。我和当地一名古文物研究者布朗先生约好一同去参观巨石阵，他可以一路上给我们讲些关于天文石和献祭石的事情。我靠在献祭石旁，他指着那个笔直的，确切说应该是倾斜着的石头，说那才是天文石，又叫我注意看，它的顶部是和地平线平行的。“还真是。”很好，现在再看，夏至来临的时候太阳就能刚好越过那个石头的顶部，而埃夫伯里的德鲁伊神殿也有一颗天文石，在同样的相对位置。

在沉寂的传说里，这一与科学的联系成了一条重要线索，但我们还是乐于将问题的关键放在石头上。这会不会像蒙茅斯的杰弗里叙述的那样，是梅林从爱尔兰奇拉罗斯山搬来的“巨人之舞”？那座供尤瑟王纪念惨遭亨吉斯特屠杀的大不列颠贵族的纪念碑？或是如伊尼戈·琼斯向詹姆斯国王解释的那样，这是古罗马人的杰作？或者像戴维斯在《凯尔特人研究》里所说，它的设计风格和东印度的太阳神庙别无二致？所有的这些作家里面，威廉·斯图克利可谓高人一等。这位英勇无畏的古文物研究者醉心于遗迹的完美几何特征。他将巨石阵和世界上历史最悠久的遗迹和宗教联系起来，并且带着与生俱来的勇气，不愿信守“造物主参照巨石阵的布局来建造世界”这种说法。他发现，索尔兹伯里平原上的卡萨斯跑道①延伸至一片丘陵地带，就像地球仪上的一根纬度线，而巨石阵的子午线正好穿过卡萨斯跑道的中间，而这才是这个理论最精彩的部分：德鲁伊们有磁石，懂得用它制定路线。他们在埃姆斯伯里的巨石阵或其他地方的基本方位，哪怕只偏离正东方向一点，罗盘上都会有变化。德鲁伊是腓尼基人，磁石的名字叫赫拉克勒斯石，而赫拉克勒斯是腓尼基人的神。传说赫拉克勒斯拉弓射向太阳，太阳神赐予他一个金杯，他用来漂洋过海。这究竟是什么，仅仅是

---

① 与巨石阵相连的是一条林荫道和一条卡萨斯跑道。这条林荫道是条地面凹凸不平的狭道，呈直线延伸 594 码，一直到达巨大的入口，然后分成两条支路。它们大都通向一排排古坟，也有通往卡萨斯跑道的—— 一条人工建造的平坦跑道。这片区域在巨石阵东北方向半英里处，周围尽是河岸和壕沟，长达 3036 码，有 110 码宽。

一个罗盘盒吗？在这个金杯或者说小船里面，磁石漂浮在水面就能指向北方，这或许是它的最初形态，随后才放了针悬浮在磁石上面。然而，科学在那时还很神秘，就像腓尼基人觉得大不列颠也很神秘一样，于是他们对罗盘的事情只字不提，直到和提尔人进行交易时泄露了出去。詹森的金羊毛也是一个罗盘——一块小小的天然磁石，人们很轻易就以为这是世上独一无二的罗盘，所以，受贪婪和野心的驱使，沿海国家的青年英雄们自然加入到掠夺这块智慧之石的远征队伍中。因此，寓言里说这艘阿尔戈号能说会道、神秘莫测。名字方面也有些有趣的巧合之处。阿波罗多罗斯使格尼斯成为风神和纳伊斯的儿子。基于这样的暗示，斯图克利又将这宏伟的柱列与历史紧密联系在了一起，根据罗盘上读出的变化反推，大胆提出公元前 406 年就是神殿建成的时间。

尽管搬运如此巨大的石头相当困难，但是所有的城市似乎都只能依靠马匹的力量进行搬运。一年之前，我碰巧在波士顿的鲍登广场见到过人们在给房屋打地基，他们用一台普普通通的起重机吊起了一块极大的花岗岩，与巨石阵里最大的石头不相上下。这些人只是普普通通的石匠，他们既没有爱尔兰人的帮忙，也并不觉得自己所做之事有什么大不了。依我所见，千年以前就有他们这类人存在了。我们很好奇，巨石阵是如何修建起来，又是如何遭人遗忘的。在此处逗留半小时后，我们登上双轮马车向威尔顿的丘陵驶去。克莱尔不再抑制自己对这些领主的不满，一路咒骂着，因为当成千上万的英国人挨饿和失业的时候，他们居然把这片广袤的平原变成了一座肮脏的牧羊场。不过我后来听说，开垦这片土地并不划算，这里只生长一种作物，随后整片土地就全给毁了。

我们来到威尔顿，走进威尔顿庄园。这个远负盛名的地方是彭布罗克伯爵的府邸，连莎士比亚和马辛格都知道它。菲利普·西德尼曾常居于此撰写他的《阿卡狄亚》，还在这儿和布鲁克爵士交谈过。布鲁克是一位思想缜密的诗人。他命人在自己的墓碑上刻着这么一段话：“菲利普·西德尼的朋友，福尔克·格雷维里·布鲁克爵士安息于此。”如今它属于彭布罗克伯爵的财产，是他弟弟西德尼·赫伯特先生的居所，被公认为英国庄园里的贵族典范。我的朋友将赫伯特先生写给他的信递给管家，管家这才带着我们到里面参观。主客厅由两个正方体空间组成，高30英尺，宽30英尺，长60英尺。与之相邻的房间则是一个正方体，长宽高皆30英尺。尽管这些套件及其相邻房间都挂满了漂亮的家族成员的画像、凡戴克和其他名人的肖像画，有的还是名画，方形回廊上还摆满了古董和现代雕塑，连手拿目录的克莱尔都赞叹不已，但是我们的目光还是投向了窗外那片美不胜收的草坪，那里种着全英格兰最好的香柏。我从未见过如此令人陶醉的庭院。我们走了出去，漫步于种植园。经过一座伊尼戈·琼斯建造的小桥，下面的小溪连园丁都不知道叫什么。后来还看到了鹿群。我们爬上一座偏僻的木雕夏舍，它位于背靠树林的小山坡上。下来之后，我们走进意大利花园，又来到一座装饰着法国人半身像的法式凉亭，最后又回到屋内，发现有人为我们在桌上摆满了面包、肉类、桃子、葡萄和红酒。

一离开威尔顿庄园，我们就乘上四轮大马车前往索尔兹伯里。这里有座600年前建成的大教堂，如今焕发着一种整洁而现代的气息。它的顶塔是全英格兰的最高点。不知为何，我对考文垂市一座不知名的教堂印象更为深刻。那座教堂高达300英尺，有着毛蕊花的透亮，丝毫没有教会气息。索尔兹伯里教堂如今被公认为全英格兰哥特艺术的顶峰，因扶壁完全外显，建筑物两侧的精美细节一览无余。大教堂的内室由中央的管风琴遮住，就像屏风一样。不知为何，现实中的建筑物很难满足我的视觉对线条长度的渴望。艺术的规则是，柱廊越长越漂亮，这规则恒久不变。教堂的中殿则很少有这么长的，需要用屏风隔开。

我们信步走进教堂，里面的唱诗班正在举行仪式。听到管风琴的声音，朋友评论道，音乐倒是不错，但是唱得还不够虔诚，有点像僧侣在对着某位美丽的天后喘气。克莱尔不情愿，我们也就没去观赏唱诗班，而是欣赏完此处另外一座老教堂之后就径直回小酒馆。在火车上，我们途经克拉伦登公园，克莱尔想凑近看看克拉伦登法令的诞生地，可只能看见一点森林边缘。我们在毕晓普斯托克下车，见到前来迎接我们的赫尔普斯先生。他让我们上了他的四轮马车，将我们带到位于毕晓普斯沃尔瑟姆的家中。

周日那天大雨滂沱。我们坐在一起谈天说地。朋友问我到底有没有带着美国思想、对国家的正确出路能够说出一大堆道理的美国人？我受到如此挑战，自问自己既没有参加过高层决议也不是国会议员，既非总统也非内阁部长，更没有能力将美国变成另一个欧洲。我所想的，仅仅是最简单最纯粹的东西。我回答说："当然有，但是持有那些观点的人都是我不应该向你们英国人谈起的幻想狂。你们听了只会觉得荒谬，但是事实确实如此。"于是我开始讲述无政府主义和不抵抗主义的信条，期待他进行反驳，我好享受辩论的乐趣。我说道，我确实从未在任何国家看到有人有足够的勇气坚守事实，但是有一点我却十分清楚，那就是这份强大的勇气能得到我的尊敬。我可以轻易地预见到本土暴力革命的失败——尽管伟人都是暴力革命家。显而易见的是，只要上帝还活着，就不需要以暴制暴，只用仁爱和正义就能进行彻底的革命。我设想克莱尔应该对我的过去略知一二，于是坚持认为想在英国实现非暴力这种明显荒谬的观点无法影响一个绅士的判断力。至于我们能在伦敦或者波士顿吃多久的羊排和菠菜，心里可能会引用塔列朗的那句话："先生，我看这没有必要。"[①]由于我在谈话中显得咄咄逼人，晚上开饭的时候克莱尔拒绝走在我的前面——"他简直太可恶了。"我靠在墙边一动不动，主人灵机一动为我们打破了僵局，他说他自己才是最可恶的人，理应走在我们前面，然后克莱尔才跟着，我走在最后。

在前往温切斯特的路上，那天整个下午不论我们走到哪儿，主人都和我们形影不离。我的朋友们都一直在问有关美国风景、森林和房屋的问题，其中就问到了我的房子。要回答好这些问题并不容易。我觉得，在美国，大自然还在沉睡，过度生长，几乎像是有意识一般，对于那些知情人士来说，这种面貌已经远远超出了他们的接受范围。正因为如此，像那些在夜里看到的，雨露中的森林和沼泽中浸泡的恶臭植物一样，使得他们有些郁郁寡欢。人们似乎不会对此产生太深的印象。尽管从排列整齐的篱笆地和过度开垦的英格兰花园驱逐出来已经有很长时间，人们依旧可以看见自然

---

① 但是阁下，我必须到场。

之母沉睡在那片广袤的不毛之地，在高高的阿利根尼牧场，在波涛汹涌的大海，在苍穹笼罩的大草原，依旧可以听见它的低语，偶尔发现它的踪迹。在英格兰，我对此感触颇深，每个人都必须有礼有节，六点吃晚饭时必须穿戴整齐。于是我尽可能用些根本站不住脚的理由去搪塞我的朋友。

进入温彻斯特之前，我们在圣十字教堂门口下了车，看过一些稀奇古怪的古董之后，我们要了一块面包和一份啤酒，这是因为在1136年，教堂的建造者布洛瓦·德·亨利下令赏赐任何在门口要求这两样东西的人。我们从看管教堂的一对老夫妇手里接过这两样东西。据他们说，每天大概有二十个人提出这样的要求。这种持续了七百多年的热情好客并未博得克莱尔的好感，他咒骂一年能赚2000镑的牧师，觉得那些钱本来就该属于穷人，而他们只是花了很少的钱去买这些啤酒和面包碎屑。

在大教堂里，我至少还是对它庞大的规模感到欣慰。它的线条长度超过其他任何一座英国教堂，两侧走廊长556英尺，宽250英尺。我想，比起我见到过的其他教堂，我更喜欢这座教堂，当然，除了威斯敏斯特教堂和约克郡教堂。这里是丹麦王卡纽特安葬的地方，阿尔弗雷德大帝也在此登基和安葬，还有撒克逊的国王们，随后，威廉·维克汉姆也安葬在自己的教堂里。它非常古老。我们走进地下室，看到了老教堂的撒克逊和诺曼第拱形门，人们在此基础上又修建了现代的拱门，这个地下室大概是1400年前或者1500年前建造的。雪伦·特纳说：“阿尔弗雷德安葬于自己建在威斯敏斯特的修道院里，但是他的遗骸又被亨利一世移到了市北边海德牧场的修道院里，最后被安放在高高的祭坛下面。这个建筑在宗教改革运动期间被摧毁，阿尔弗雷德遗体的残骸如今留存于现代建筑的底下，或是深埋于古代建筑的废墟之中。”①威廉·维克汉姆的陵墓向我们开放，克莱尔握了握里面斜倚雕像的大理石双手，又深情地拍了拍它们，因为他非常敬仰这位伟人，他建造了温莎市、这座大教堂、这里的中小学以及牛津新学院。到了黄昏时分，我们缓缓地走出这座古老建筑，与主人分别，登上了回伦敦的火车。

---

① 参见《盎格鲁–撒克逊史》第一卷第599页。

英国的民众

在忙碌了七年之后，英格兰已物是人非，如今再来修改游记，我没有就各种人物做出评论，当然在最后一章或是其他一两处有所涉及，因为他们所属派别的声誉已经告诉公众所有与之相关的事情了。但我必须多讲几句，就是感谢当时那些曾经帮助过我而我却无以为报的人。承蒙新朋友的善意款待，我的旅程十分愉快。我对英伦岛的印象如此明快，无论是对其社交活动还是居家生活都充满了美好的回忆，没有什么地方会比英格兰更好了。在英格兰，有教养的人总能适时感受到幸福家庭的氛围。“名誉，爱，忠顺，还有成群的朋友”，这是他们社会交往的最高法则。刚到利物浦时，一位曼彻斯特的记者朋友前来接我。这位谦谦君子热情接待了我。此后在英国逗留的日子里，他对我的友善与悉心照顾也从未间断。作为一名供职于当地一家极有影响力的报刊社的编辑，他有着文人的聪慧和学养，还有敦厚可爱的高尚品德。他的心里似乎酿着一池甜蜜，润滑着他的一言一行，让人无比舒适愉悦。在我之后的旅程中，同样的好运也时常惠顾，乃至我对于英国人的真诚友好都不再大惊小怪了。我到访之时有幸碰上也在伦敦的美国部长班克罗夫特先生。凭借他的影响力，我在他家中得以接触到一些杰出人士，出入一些特别场所。在卡莱尔先生家里，我见到了一些在社交界和文学界的名人。雅典娜科学协会和改革俱乐部这样的地方都特别向我敞开了友好的大门，使我在地质研究、古文物研究以及皇家学会这样的圈子里受益良多。在伦敦，每一天我都有新的机会去结交那些为社会做出杰出贡献的人士。我见过罗杰斯、哈勒姆、麦考利、米尔恩斯、弥尔曼、巴里·康沃尔、狄更斯、萨克雷、坦尼生、利·亨特、迪斯雷利、赫尔普斯、威尔金森、贝利、凯尼恩，还有年轻诗人福斯特、克拉夫、阿诺德和帕特莫。科学家中，我见过罗伯特·布朗、欧文、赛奇威克、法拉第、巴克兰德、莱伊尔、德·拉·贝歇、胡克、卡朋特、巴贝奇和爱德华·福布斯。我还有幸与贝利小姐、摩根女士、詹姆士夫人以及撒切尔夫人进行了交谈。他们的热情招待让这些私人宅邸也变得亲近，不再陌生。要在这些显赫名流的圈子里找到德才兼备之人实属不易，如果真的要找，就不能只局限在这里了。我记忆中最美好的时光可以说是在英国各地与一些名不见经传之人的私人交谈。可是，如果在我的书里未提及那些豪华庄园的名字，并不是因为我在那里没有感受到真诚与友善。在伦敦那些享受特权的日子里，有两三天尤为快乐。一天是在裘园，威廉·胡克先生带我参观了那个巨大植物园的奇花异草；一天是在博物馆里，查尔斯·费洛斯先生为我详细讲诉了他的艾奥尼亚战利品的历史；还有一天，欧文先生陪着我和我的同胞赫尔普斯先生参观了亨特博物馆。

不管我去哪里——伯明翰、牛津、莱斯特、诺丁汉、谢菲尔德、曼彻斯特或者利物浦，也不论是在杰出人物还是普通大众之中，我都能感受到同样的真诚与热情。在爱丁堡，由塞缪尔·布朗博士牵线搭桥，我结交了德昆西、杰弗里爵士、威尔逊、克罗夫人、克洛夫人、梅苏·钱伯斯以及品德高尚、有天赋之才却英年早逝的画家大卫·斯科特。

1848 年 3 月，在安布尔赛德，我有一两天在马丁纽小姐家中做客。那时候她刚从埃及旅行回来。星期日下午，我陪她去了莱德山。虽然多年前我已去那儿拜访过华兹华斯，但第二次拜访却更让人难以忘怀。我们见到他的时候他正在沙发上熟睡。一开始，他像是一位在打盹儿时被突然唤醒的老人，有些沉默和勉强，但很快他便开始侃侃而谈，说起法国的各种传闻了。出于民族情感，他一直痛恨法国人——他也痛恨苏格兰人。他说，没有一个苏格兰人能用英语写作。他详列了两个句式，历史学家罗伯森的所有句子都是按照其中的一个来构建的。杰弗里和爱丁堡评论者们也不善用英语写作，还有……简直就是危及英语语言的害虫。紧接着，他还说到吉本的英语也无法令人恭维。《爱丁堡评论》写的不过都是那些它想要讲述和说服人们接受的东西罢了。而自从柯勒律治给编辑写了某一封信之后，文学评论的论调已有所转变。华兹华斯夫人至今仍然收藏着该编辑的回复。华兹华斯认为虽然坦尼森的作品有些矫揉造作，但他却是一个真正的诗歌天才。起初他认为坦尼森的一位哥哥是个更为出色的诗人，但现在却觉得阿尔弗雷德才是名副其实的诗人。当我提及不知何谓风格的时候，他说“诚然，风格便是习惯，但是接着你就会明白习惯总是会带来一些麻烦事儿。”就建造伟大都城这点来说，他认为里约热内卢为世界首选之地。我们还谈到了英国人的民族特性。我告诉他，美国的任何一家图书馆里都收藏有柏拉图学派托马斯·泰勒的译本，而美国人却对他一无所知，这事儿可并不值得称道。我问他，如果今天，柏拉图的《理想国》作为一本新书在英国出版，你认为会有人看吗？他坦承不会。“不过，”他顿了顿，用那具有纯正英国血统的人永远都无法舍弃的自满语气继续说到，“不过，我们不是早就将它完全表现出来了吗？”

他对法国人、英国人、爱尔兰人和苏格兰人的评价似乎都较为轻率，大多是由他自己或者他家人在公共马车上所听到的逸闻趣事中得来。他的脸有时显得容光焕发，但讲起话来却不是特别有力或情绪饱满。我们发现这样一个人与普通大众并无多大区别，不过或许这正是被世人普遍接受的对英国人的教养的高度赞扬。他看起来很健康，有着饱经风霜的面孔，满脸皱纹，鼻子硕大无比。

马丁纽小姐住在离华兹华斯家不远的地方。她在我面前称赞的不是他的诗歌，而是他勤俭的品质。他为邻里乡亲树立了朴实无华的家庭典范——舒适、文雅且毫不张扬。她说，他在打理他居住的第一家农舍的家务时，总是会给朋友们准备些面包或者最清淡的食物。若是他们还想要吃点别的东西，那就得交些伙食费了。这可是他家的规矩。我说，这可是我听到的最能体现英国人特性的趣事了。一位邻居绅士还讲述了这样一个故事：沃尔特·司各特曾经有一次在华兹华斯家小住一周。他每天都会以散步为由溜到天鹅客栈去享用冷切肠和黑啤酒。有一天和华兹华斯一起经过客栈门口的时候，店老板问他是不是来喝黑啤酒的，于是这事儿就这么露馅了。当然，这种性格放在伦敦就会有不同的说法。在那里，你会从不同的文人那里听到他们对于华兹华斯的评价：华兹华斯没有知心朋友；华兹华斯难以亲近；华兹华斯为人吝啬云云。以性格宽厚而著称的兰道说，华兹华斯从未赞美过任何人。伦敦的一位绅士给我看了一只米尔顿曾经戴过的表，表面上还刻有米尔顿名字的首字母。这位绅士说，他曾将这只手表展示给华兹华斯，而华兹华斯一手拿着表，接着另一只手就掏出了自己的表给同行之人看。可是出乎意料，众人未作评价。于是他默默收起了自己的表。我并不在意英国学者们对于华兹华斯的贬抑。研读过他作品的人就会知道，他是一个紧随个人强烈嗜好之人，无意在乎是多数人还是少数人，只自信于“创造使自己享受的情趣”的信念。他活得健康而长久，足以见证他曾为之奋斗的那场革命，足以“看到他曾预见的一切”。他的脑海之中有一片沉寂之地，他的诗歌里带着冷酷和贫瘠，缺乏优雅和变化，也没有应有的宽容与宽阔的视野。他遵守英国的政治和传统，在选择和处理题材时有着孩童般的自负。但是我们必须要声明，在华兹华斯时代，唯有他凭借绝对的信任善待人类的心灵。他的诗歌创作总是以遵从真实灵感为信条。《不朽颂》是那个时代智慧所能达到的最高水平。他创造了新的表达方式，他的勇气开拓了诗歌帝国的新领域。

我的结论

英国是真实存在的国家中的翘楚。它绝非一个理想蓝图，而更像是一个古老的建筑群，在各个时代不断修缮、扩建、改造。你看到的英国虽仍差强人意，却已经是最佳状态。伦敦是我们这个时代的缩影，是当今的罗马帝国。额宽臀圆的日耳曼人按罗盘的各个方位站成牢固的正方形方阵，构成了现代世界。他们占据着有利地形，尽管几个世纪以来不断受到侵扰，仍旧坚守阵地。他们个性鲜明，迥异于其他主要民族。英格兰人心慈手软，罗马人则不然。英格兰人不喜公开表露个人观点，私生活对他们来说神圣不可侵犯。私下坦诚率真，公众场合虚与委蛇正是这些恋家之人的特征。他们的政治行为不为社会的主流价值观所操控，而是取决于内心的诉求、个人及家庭的利益。他们固步自封，不愿意看到英国以外的世界，古罗马与古希腊伟大的历史在英国学者的笔下沦为英国政党宣传手册。他们眼光狭隘，看不到英国以外的世界，就算在英格兰国内，他们也无法超越统治阶级的利益。“英国原则”意指财产利益高于一切。英格兰人、苏格兰人和爱尔兰人联手遏制殖民地。英格兰和苏格兰联手遏制爱尔兰制造业和贸易。英格兰人又集结起来遏制苏格兰。在英国，强权阶级欺压弱势群体。

在国内接近三千万人口中，选民的人数仅占一百万。教会惩治不信奉国教者，对科学教育百般刁难。直到最近，不信奉国教者执行的婚姻也还是属于违法的。不合理的阶级立法制度给予富人很大的权利，他们的财富足以买断法律。这种“法律游戏”只是一种变向压迫。贫困限制和阻碍了整个国家的发展，在萧条时期，变得尤其可怕。在收成不好的时候，贫农们连口粥都喝不上，许多人甚至只得可怜地靠海贝与海藻果腹。在城市里，小孩被训练成乞丐沿街乞讨，长大后就去抢劫。男男女女为了赚取安葬费不惜毒害大批孩子，最后被处刑。在爱尔兰地区，人们无论在身形和外貌上都已退化，鼻子塌陷，牙龈暴露，智力退化，野蛮残忍。在往澳大利亚移民时，多数爱尔兰人被专员拒之门外，理由就是过于瘦弱难以在当地有所作为。在对俄战争期间，尽管征兵的身体标准已经降低，但合格的新兵依然凤毛麟角。

虽然英格兰的外交政策野心勃勃、出手阔绰，也并不总是大方公正的。尽管英国外交使节出于贵族政治偏见，通常与欧洲大陆皇室沆瀣一气，商业利益往往会受到一定钳制，但商业利益仍是英国外交的首要考虑。正是出于商业利益，英国外交上主张瓜分波兰，背弃热那亚、西西里、帕尔加、希腊、土耳其、罗马和匈牙利。

当然，英国也有一些值得大家尊重的地方。他们废除了西印度群岛的奴隶制，终止了东方的活人献祭习俗。在国内，他们制定了一些友好条例。作为贸易大国，英国对全世界所有国家实行开放政策。这是他们根深蒂固的一种理念，千年以来受到法律不间断的强烈支持。《大宪章》中曾规定：“所有出入、滞留、水陆经停英国，或在境内按传统习俗交易的商人都将得到安全保障，并免除任何不正当的苛捐杂税，但战争时期或来自交战敌对国除外。”这是被强制执行的一项法律法规，不容亵渎。然而这条贸易规定取得了显著的成果，它向持不同观点的政治流亡者伸出了客观公正并坚定不移的慷慨之手，这一事实也许给地球上的这一片土地增添了额外的光彩。但这种虚情假意并没有让拒人于千里之外的英国人显得平易近人，也没有让他们那强势的民族性有所收敛，虽然这民族性让他们在没有英国人的地方显得格格不入。

我们谈到一个国家时不得不浮光掠影地讨论表象。英国精神并非体现在某个英雄身上，而是分期分批分散于品行不端、身心有缺陷的人身上，因此我们无法深入研究某个英雄的传记从而了解英国精神。然而英国人丰富的天性足以证明英国精神的富足。他们拥有怎样的力量和天资；异彩纷呈的骑士风度、贵族精神、贵妇生活显示了怎样的王者风范和忠肝义胆；八百年来《柯林斯贵族大全》抒发了对骑士制度怎样的自豪！怎样的脚踏实地和坚强不息树立了怎样的尊严！战场上的勇士，劳动中的力士，熟练的工人，杰出的发明家与工程师，出色的海员和飞行员，优秀的职员以及学者，个个独一无二，无可替代！这是一个人才辈出的民族。英国大量人才涌现要归因于中产阶级的优越地位。中产阶级是文人和科学家孕育之地，因此也出产了大量艺术美学作品。因为他们是大众的，所以他们也是世界的。他们的殖民活动将群岛与各大洲联系起来，他们的语言也似乎注定要成为人类共通语言。我注意到英国人性情中有一种内敛能力。在英国，根本不会有不留余地、孤注一掷的人，更没有狂暴怒汉，他们不会放纵情感、得意忘形，不会像穆罕默德时代的阿拉伯人一样，也不会有 1789 年激情万丈的法国大革命。然而，谁又能看到积蓄已久的泉水喷薄而出的那天呢？谁能预想到他们训练有素的部队爆发的那天呢？两百年间英国人或出海、或出征、或经商、或殖民，一批批从不列颠岛蜂拥而出。他们穿越各个气候带，主要沿着帝国统治带——温带地区，带着撒克逊人的种子，带着天性中的自由、法律、艺术和思想——在一些地区已经比英国本土生长得更为壮大——以征服地球。他们采用开明的殖民政策，以满足一个庞大帝国的需要，殖民地加拿大和澳大利亚已满足于自己实质性的独立。他们用实际行动来对印度赎罪，通过一些福利设施，首先在半岛上兴修水利和道路通信工程，其次教化民众，使他们在英国军队最终撤回以后具备自治的能力。

他们的思想正处于发展受阻状态，犹如神人中的瘸子伏尔甘，学者中的瞎子胡贝尔和桑德森。他们并没有投身于普通永恒事物的研究，却热衷有形的文明世界，将时间花在转瞬即逝的事物之上。但是他们用心阅读，并将所学知识身体力行。英国人的思想能转变任何抽象思维，可以将其具体化为一副轻便的用具，或者是一个运营的机构。他们不屈不挠，讲求实用，因此得以守住所有成果。因此，我们可以说，只有英国人才配享有自由——自由是柄双刃剑，除了智者和强者，对其他任何人都很危险。英国人把渴望自由制度的王国命名为多愁善感之国。他们的文化并不只是外表虚华，而是根植于他们的家庭和种族观念之中。他们天性压抑内敛，却越发显得温文尔雅。我时常见到他们与美国人结伴而行，我不得不承认他们气质优越，出类拔萃，而身边的美国同伴则犹如行尸走肉。

英国人的思维习惯、沉闷的日常生活、乌龟天性——像乌龟那样天生喜欢用爪子牢牢抓住地面，生怕被掀得仰面朝天，里面有一种制约思维的局限性。英国人有一种惰性，抵制一切形式的改革——法制改革、军队改革、扩大选举、犹太人特权、解放天主教徒、废除奴隶制、废除强制征兵、制定刑法典和限定继承权等。但是他们却大肆赞扬这种惰性，因为英国宪法是优秀的宪法，任何法律都未必能预见民意。这些可怜的乌龟只能把地面抓牢了，因为他们长不出翅膀，学不会飞。然而他们心中仍然激荡着某种神圣的东西，等待某个欢欣的时刻绽放。这都藏匿于他们的顽强意志之中。先辈哲人曾说过："意志是力量的尺度。"而品格则是英格兰民族的象征。他们所作的一切都与意志有关。你无法用基督教、商业、宪章、普通法、议会或者文学来解释他们的成功，他们靠的是英国人天性中的顽强、讥诮、精力和不受外物打扰的冷静。正是这些品质使基督教、商业、宪章、普通法、议会或者文学都成为他们的利器。他们稳扎稳打，沉默寡言，就像一匹外表驽钝的良驹，听任主人唠叨岿然不动，而一旦马鞭加身就可以甩开场上所有马匹。他们直觉很准，却不善思维。

封建制度苟延于财产与特权的极度不平等之中，残喘于有限的选举权中，残存于凭阶级地位加官晋爵的社会壁垒之中，更多的是存在于这些人逆来顺受、惟命是从的观念中。学校里高、低年级的不平等现象不断在社会阶级中上演。英国人对比自己社会地位低下的人漠不关心，同样也不会对比自己社会地位高的人有任何期许。地位优越的人的一点点宽容都会让他惊愕万分，反倒降低了他对他们的好感。但是从大历史背景下来看，封建制度带给人们的灾难相对少一些。在减少有名无实的选区与伸张正义上，封建制度的作用有目共睹。福克斯、伯克、皮特、厄斯金、威尔伯福斯、谢里丹、罗米利，或者别的政客，在他们能否赢得更多选票成疑的时候，都是通过这种手段进入议会。所以现在我们说，衡量英国的正确方式是它所孕育的人民。在500年封建统治期间英国培养了比其他国家更多的能人异士。尽管我们不是上帝，不可能平衡诞生10个伟人的概率和让一万个普通人过上舒服日子的概率，但是回首过去，我们宁愿要一个阿尔弗雷德，一个莎士比亚，一个弥尔顿，一个悉德尼，一个雷利，一个威灵顿，而不要一百万个愚蠢的民主党人。

美国的政治制度更加民主、更人性化，但是美国并没有比英国培育出更多、更优秀的人才，也没有更多的发明创造、经典著作或者社会福祉，议会也不比国会睿智或高明。法国倒是摒弃了其令人窒息的老套的封建体系，但至今也没有展现什么突出的智慧或美德。

行动的力量从未被超越——因为行动创造价值。英国人强调个体的重要性，个体是每个社会发展的主要目的和成果。社会允许和鼓励追求个性，成就自我，并捍卫每个人奇思妙想的权利。鲁什沃斯说："《大宪章》就像是这样一个个体，他拒绝君主统治。"通过公众活动和推崇个人至上，英国人用七百年时间不断修订和完善了自由的准则。英国是一片盛产爱国者、殉道者、圣人和吟游诗人的沃土。它诞生于海洋，如果有一天海洋将它淹没，人们仍将铭记这个国家，一个以不朽的法律并宣称以自由法典为天赋人权而闻名于世的岛国。

曼彻斯特演讲

那是1847年的十一月，我到达曼彻斯特几天之后，曼彻斯特雅典娜图书馆在自由贸易大厅举行了年度盛宴。我和其他几个宾客一起受邀出席，并在大会上发言。近期翻阅了关于我演讲的新闻报道，我有重印之意，因为它很贴切地表达了我初到英国的感受，并且经过更深入的了解思考之后所得出的结论与这种感受相契合。这些我已经在前面的章节有所涉及。历史学家阿奇博尔德·艾力森爵士主持开幕式并首先致辞。随后发言的是理查德·科布登先生和布兰克利勋爵等人，其中还包括《笨拙》漫画周刊的撰稿人乔治·克鲁克尚克。宴会上还宣读了狄更斯先生因未能出席而发来的道歉信。宣称要出席的杰罗尔德先生并没有到场。我在会上自我介绍之后讲了以下这番话：

主席先生，各位来宾：

与诸位优秀人士相聚，我深感愉悦。站在这讲台上，见到如此众多的杰出人士我倍感荣幸。其实我早已熟知他们。实际上还在美国的时候，我就和诸位一样对他们了如指掌，就像自由贸易同盟的朋友们熟知同盟的宗旨和他的领导人一样。在波士顿和纽约的少男少女们每隔两周就可以按时买到集幽默、天赋，政治、社会和头脑智慧于一体的“笨拙”漫画周刊。先生们，我一上船，就在船舱的桌上看到一本《欧洲的历史》（阿利森爵士著，By Sir A. Alison）。那是船长这一类人读的书，类似一本指南，告诉航海探险的新英格兰人登陆之后会看到些什么。至于说《董贝父子》，先生们，只要有纸张印刷的地方就能找到，只要是识字的人都读过这本书，不识字的，也会找个慈眉善目的人念给他听。

其实这些话本不该由我来讲。这些赞美之词固然真诚，但是若能出自那些更能感同身受和透彻理解这些优点的人之口更合适。在此，我无意与诸位说些客套话，我更想聊一聊比起赞美更让诸位感兴趣的事情，谈一谈世世代代都不变的美好东西。能吸引一个归隐山林的美国人，使他想看一看英格兰的正是撒克逊人的道德特质——强烈的是非感和对民族的爱与奉献——这也是帝国的特质。正是这种特质用地球的权杖武装着撒克逊人；正是这种特质奠定了撒克逊人贵族气质的基础，在异想天开之中迷失自我。只是一旦迷失，勇气也随之而丧失。无论是做买卖还是修理机械，他们总是办事诚实可信，工作踏实可靠。这也是这个民族的品质。究其根源，良知是因素之一，另一个因素便是忠诚——友爱、忠诚已成为习惯，跨越各个阶层：从杰出人士的推选，到互助会的发起，到仁慈善良的行为，再到温暖坚定的支持，年复一年，无论老幼。这对施予者和受予者都同样地可敬可爱。这与其他民族虚伪的和气、过度的谦恭、短暂的融合形成了鲜明对照。

诸位，可能你们会认为我迂腐学究，即使今天是节日，我也没有丝毫兴趣，除非这节日用于庆贺真实而非虚假的欢乐。正是基于我所陈述的这些原因，你们理应继续举办这场文学的周年盛会。此刻，在这个经济萧条与商业灾难的年代，在这个困苦和赤贫的年代，我认为我说这番话是合乎情理的。我似乎听你们有人说，尽管我们来了又要离去，但这一年一度盛宴的华丽，绝不会因一个花冠或一片橡树叶而受到损伤。因此，我要告诉你们，我在孩童时期就知道我的先辈们来自大不列颠岛。它并不是开满荷花的花园，也不是一年四季都晴空万里，花香四溢，欢歌笑语的天堂，不，它是一个寒冷、多雾、阴郁的国度。那里的野外寸草不生，只有强壮的男人和善良的女人。他们坚忍不拔，意志顽强；他们最好的品质逐渐显露；他们的美德在争执的时候才展现；他们才华出众却沉稳持重；他们爱恨分明，但须长期观其言行才能略有所知；在繁华岁月，他们郁郁寡欢，但是在逆境之中，他们高尚卓越。这难道不是真的吗？智慧的祖先不会称赞那彩旗飘飘、扬帆起航的船舰，而是赞美那穿越风暴平安归来的水手，即使帆布破旧，船舷斑驳，旗帜垂落。因此，先生们，我敬重古老的英格兰，它有着几千年来集于一身的财富、荣耀、功勋还有弱点。现在，它不可避免地忠于无法轻易改变的古老习俗；它已不堪重负：贸易转型、新兴形态、纺织、艺术、机器还有人类竞争。我看见，它没有沉沦，没有懦弱，因为它深谙黎明前的黑暗。我看见，凭借其天性，它于阴云之中寻觅光亮。我看见，在战争的风暴与灾难之中，它充满了神秘的活力和强大的动力。我看见，它虽年老，但不衰弱，它青春洋溢，坚忍不拔，充满信心。看到此情此景，我要说，让我们共同向它致敬！民族之母，英雄之母，它依然充满力量，与时俱进；它依然智慧，敏捷，包容务实，对待客人它热情友好，对待家人它体贴宽宏。这是真真切切的！这毋庸置疑！如果事实并非如此，如果伴随着商业危机，英格兰的勇气也遗失殆尽，我将回到马萨诸塞海角，回到我自己的印第安小溪。我将告诉我的同胞，古老的民族已经逝去，从此以后，人类的希望将长埋于阿里哈尼山脉，或者，无名之处。